U0593060

●兰州大学教材出版基金项目●

全国重点马克思主义学院——兰州大学马克思主义学院重点学科建设项目

心理学导论

主　编　张云德

副主编　万顺梅　乔　昆

李丽君　王　丽

兰州大学出版社
LANZHOU UNIVERSITY PRESS

图书在版编目（ＣＩＰ）数据

心理学导论 / 张云德主编. -- 兰州 ：兰州大学出
版社，2017.2
ISBN 978-7-311-05128-0

Ⅰ．①心… Ⅱ．①张… Ⅲ．①心理学－高等学校－教
材 Ⅳ．①B84

中国版本图书馆CIP数据核字(2017)第034321号

策划编辑　梁建萍
责任编辑　张雪宁
封面设计　周晓萍

书　　名 心理学导论
作　　者 张云德　主编
出版发行 兰州大学出版社　（地址:兰州市天水南路222号　730000)
电　　话 0931-8912613(总编办公室)　0931-8617156(营销中心)
　　　　　0931-8914298(读者服务部)
网　　址 http://www.onbook.com.cn
电子信箱 press@lzu.edu.cn
印　　刷 甘肃春宇印务有限公司
开　　本 710 mm×1020 mm　1/16
印　　张 27.25
字　　数 481千
版　　次 2017年2月第1版
印　　次 2017年2月第1次印刷
书　　号 ISBN 978-7-311-05128-0
定　　价 49.00元

（图书若有破损、缺页、掉页可随时与本社联系）

前　言

　　心理学作为人文类、教育类学科的专业基础学科之一，尤其在思想政治教育学科体系中占有十分重要的地位，作者总结近二十多年来从事学生管理工作的经验和教育心理学、管理心理学、心理学的教学体会，有针对性地编著了这本适应于思想政治教育类学生的教材。本书坚持唯物主义观点，从对人类脑功能的解读入手解读人类知、情、意、行的心理远程，对强化学生坚定马克思主义物质观，坚持心理认知的"一元论"具有积极的作用。

　　全书分为总论、认知论、情意过程、问题解决与社会适应四部分内容：总论部分系统介绍了心理学研究的基本理论和方法，强调了人类心理的"一元性"物质基础，以帮助学生理顺大脑与互联网的迷思为主线，促使学生更好地了解心理的本质、产生出对心理学客观的学习诉求；认知论、情意过程部分介绍了心理过程的具体特点和规律，以学生掌握基本的心理现象及心理行为生成规律为目的，促进学生对心理学基础知识的认识和了解；问题解决与社会适应部分结合思想政治教育专业的特点介绍了在社会情境中的适应问题，以思想政治教育所面对的社会问题解决为目标，促进学生正确认识个体或社会问题产生的心理根源，使学生能够从心理学的视角来思考思想政治教育专业研究的内容，了解以心理学方法解决思想政治教育工作中所面临问题的对策。

　　作为思想政治教育专业本科生专用教材，我们总结了目前此专业学生课程设置中心理学科类课程较少的特点，以及在普通心理学知识介绍的基础上，将问题解决与社会适应这一内容融入此课程中更有利于学生掌握心理学知识的良好教学效果，对普通心理学知识在教材中做了延展，以使本教材更有利于思想政治教育专业学生或工作者了解心理学知识，并能更好地应用于学习和工作之中。

　　在本教材成书之际，作者非常感谢兰州大学教务处批准此书列入《兰州大学教材出版基金》项目，也非常感谢作为全国"十大马院"之一的兰州大学马克思主义学院将其列入重点学科支持计划。同时，还要感谢中国人民解放军第一医院的万顺梅主任医师、兰州大学医学心理研究所的乔昆老师和兰州大学思想政治教育研究所的王丽、李丽君两位同学等四位副主编在内容调整、结构设计以及文字编辑和审校中所做出的工作。

　　本书适用于各层次思想政治教育专业学生和心理学爱好者学习，对于促进读者身心健康，更好地适应社会环境，提高思想政治觉悟均有益处。

张云德

2016 年 4 月 28 日

目 录

第一编 总论

第三编　情意过程

第一编 总 论

绪　论

第一节　课程简介

一、本课程主要涉猎内容

从生理、情感以及人类活动的内容看，本课程将要涉及人类大脑、性别、性、儿童；焦虑、狂躁、歧视、爱慕、爱恋、憎恶、喜欢；语言、记忆、认知、互联网等内容的学习与研究。

从学科分支上看，本课程将要涉及哲学、神学、逻辑学、文学、人类学、解剖学、生理学、教育学、管理学、计算机科学、社会学等内容。

二、课程目的

1.认识人自己

人类在不断地发展和研究中，始终背负着一个使命，那就是认识人本身。这一命题涉及认识我们的行为，以及解答人是怎样来认识各种各样的事物的，人又是怎样来获得经验的，人是怎样对外界刺激信息进行加工、存储并在这个基础上解决问题的。在这一点上，人类已完成的三次大的科技革命的飞跃——曼哈顿计划、阿波罗计划、人类基因组计划和人类在1996年已开始的人类脑计划（即信息网络通讯计划）都是人类认识自己及我们所生存的自然界的活动。在以上活动中，人类通过曼哈顿计划不仅认知了自然力，而且学会了掌握自然力，后来在核能发电等领域的应用也证明了这一目的；通过阿波罗计划，人类不仅完成了"嫦娥奔月"的梦想，更是实现了对物体运行速度、远程信息传送与接收及"外空间"的认知；通过人类基因组计划，人类终于又进一步地了解了我们"人"自身的构成——人是由DNA链构成的，并且我们之间肤色、体质、相貌，甚至气质、性格、能力上的差异仅表现为个别基因片段甚或位点基因的差异。至此，我们对自然与人的关系有了较深入的了解。而目前人类正在进行的人类脑计划（信息网络通讯计划）则是从人的物质结构出发了解我们知、情、意、行及观念、思维等心理态度与活动本质的努力。随着这一计划的深入，我们将会更加了解我们自己。就这一点上，如果说人类基因组计划回答了"我们是什么？"的问题，人类脑计划将会告诉我们"我是谁"。

当然，在本课程中，因课时及教学内容的有限性，我们仍以传统的认识、思维、意识等内容为主加以介绍。

2.认识人的情绪情感及行为的本质

人为什么会有脾气？脾气和性格之间是一个什么样的关系？人类行为是否都具有意识？它们都是由人的动机推动的？人为什么会做梦？梦与现实生活中发生的事情之间存在着某种内在联系吗？人与人之间是否存在着差异？这些差异主要表现在智力上吗？这是本课程要达到的主要目标，我们期望通过本课程的学习，能帮助同学们了解人的情绪、情感及行为的形成过程和它们的相互关系，继而应用相关知识调整自身心态，做一个积极、乐观、上进的人。同时，以此为基础，带动和影响身边的人，以自身行为和思想教育工作使身边的人"活"起来，使更多的人走出抑郁、焦虑、恐惧等不良心理，成为和谐社会幸福奔小康的一员。

三、心理学的分类

在传统的心理学模式下，一般依照研究目的、应用方向、学科内容等将心理学分为以下不同类型：

普通心理学（General Psychology），它是研究心理现象一般规律的科学。它研究心理学的基本理论，阐述正常成人心理（认识、情绪、意志和个性等）的一般规律，同时也概括各分支学科的研究成果。普通心理学为各分支心理学提供了理论基础，是学生学习心理学的入门学科。

神经心理学（Neuro Psychology），它是从神经科学的角度来研究心理学问题。神经心理学是把脑当作心理活动的物质本体来研究以解答脑和心理或脑和行为的关系。它在人的感知、记忆、言语、思维、智力、行为和脑的机能结构之间建立了量的关系，用标志脑机能结构的解剖学、生理学、生物化学的术语来解释心理现象或行为。它综合了神经解剖学、神经生理学、神经药理学、神经化学和实验心理学及临床心理学的研究成果，采用独特的研究方法，成为心理学与神经科学交叉的一门学科。

　　发展心理学（Developmental Psychology），它是研究心理发展规律的科学。发展心理学的研究对象是描述心理发展现象，揭示心理发展规律。心理发展有广义的和狭义的两方面，广义的心理发展是指包含心理的种系发展和心理的个体发展；狭义的心理发展仅指个体心理发展。个体心理发展的研究对象是人生全过程及各个年龄阶段的心理发展特点，这些年龄阶段包含婴儿期、幼儿期、儿童期、少年期、青年期、中年期、老年期等时期。

　　认知心理学（Cognitive Psychology），它是一门研究认知及行为背后的心智处理（包括思维、决定、推理及动机和情感的程度）的心理科学。这门科学包括了广泛的研究领域，旨在研究记忆、注意、感知、知识表征、推理、创造力及问题解决的运作。它将人看作一个信息加二的系统，认为认知就是信息加工，包括感觉输入的编码、贮存和提取的全过程。

　　生理心理学（Physiological Psychology），它是心理学研究的重要组成部分，它探讨的是心理活动的生理基础和脑的机制。它的研究包括脑与行为的演化；脑的解剖与发展及其和行为的关系；认知、运动控制、动机行为、情绪和精神障碍等心理现象和行为的神经过程和神经机制。

　　社会心理学（Social Psychology），它是研究个体和群体的社会心理现象的心理学分支。具体地说，它是研究社会认知、社会动机、社会态度、社会情感、团体心理（如民族心理、阶级心理等）以及时尚、风俗、舆论、流言等社会心理现象的特点及其变化发展的条件和规律的科学。

　　临床心理学（Clinical Psychology），它属于应用心理学的范畴，主要是了解、预防及舒缓心理上的困扰及心理疾病。从临床心理学早期及目前的工作性质来看，它以帮助有行为障碍和精神疾病的人尽快康复为目的。然而，临床心理学的任务并非仅限于此，它还帮助正常人，用心理学知识缓解人们的心理压力，解决人们的心理问题，培养和训练人们良好的个性，使其达到最有成效的水平并具有良好的适应能力，使正常人的精神活动更具有创造力。

　　教育心理学（Educational Psychology），它是心理学的一门分支学科，亦属于应用心理学范畴，其研究内容是教育和教学过程中的种种心理现象及其变化，揭示在教育、教学影响下，受教育者学习和掌握知识、技能、发展智力和个性的心理规律；研究形成道德品质的心理特点，以及教育和心理发展的相互关系等。本课程第三编将对与思想政治教育相关的学习及社会规范的心理适应和较正进行介绍。

工业心理学（Industrial Psychology），它是应用于工业领域的心理学分支。它主要研究工作中人的行为规律及其心理学基础，其内容包括管理心理学、劳动心理学、工程心理学、人事心理学、消费心理学等等。工业心理学除了研究人际关系、人机关系、人与工作环境关系外，还需要研究劳动作业的内容、方式、方法与人的工作效能的关系问题，这是劳动心理学的任务。

四、心理学的研究对象

　　心理学是研究人的心理现象、行为和心理活动规律的科学。人的心理活动和行为之间相互作用、相互依存，两者之间遵循着一定的规律。

　　心理学学科性质兼有自然科学和社会科学的双重性质，一般把心理学称为边缘科学或中间科学。从心理学研究的对象出发，可以得知，心理学不仅是一门认识客观世界和主观世界的科学，也是一门认识和调控人的心理活动与行为的科学。

　　首先，心理学研究的对象是心理现象。心理现象分为心理过程和个性两个方面。其中，心理过程又包括认知过程和情绪过程两个方面。认知过程是人认识客观事物的过程。包括感觉、知觉、记忆、思维和想象。情绪过程是人脑对客观事物是否满足自身物质和精神需要而产生的主观体验。同时，个性也表现在心理动力和心理特征两个方面。心理动力是人从事活动的基本动力。包括需要、动机、兴趣、爱好、理想、价值观、人生观和世界观等。心理特征是一个人在认知、情绪与意志活动中形成的稳定而经常表现出来的特征，包括能力和人格。

　　其次，心理学作为研究人的行为和心理活动规律的科学，主要探讨的是关于人的心理活动与行为产生的因果关系。这一过程可以概括并归纳为以下四个方面的内容：陈述，将心理对象进行科学描述，或根据人的行为或反应观察，对其心理活动进行推测；解释，将心理活动与行为表现之间的因果关系进行分析与阐明；预测，在准确测量和描述的基础上，推知心理活动即将出现的发展或变化；调节与控制，引导个体的心理与行为朝着目标规定的方向变化，或对异常心理与行为进行矫正。

五、心理学的研究领域与方法

　　（一）心理学的主要研究领域

　　1.自然科学与社会科学研究并存

　　一方面，心理学研究中许多目标和手段与自然科学一致，如在目标上注重实验和证"实"，强调可重复性。在手段上以实证方法为主，不同于社会科学的单纯逻辑推演。另一方面，也有许多研究内容如人的观察力、记忆力和注意力等，都是在社会实践中形成和发展起来的，其研究还必须借助于社会科学的方法。因此心理学的研究既具有社会科学性质，又具有自然科学的性质。

2.基础科学与应用科学研究

心理学不仅是一门基础科学，同时又是一门应用科学。它在内容上包括基础心理学和应用心理学两大领域。基础心理学注重于理论体系的建立和基本规律的探讨。应用心理学则将心理学的基本理论运用于实际生活，以提高人的生活质量和工作质量。

（二）心理学的主要研究方法

1.观察法

观察法是科学研究中应用最广泛的方法。观察法是指在自然情景中对人的心理现象与行为表现进行有系统、有计划的观察记录，经过分析以获得其心理活动产生和发展规律的方法。

观察法有两种方式，一是参与被观察者的活动过程，成为其中的一个成员；另一种是在旁观察而不参与被观察者的活动。在旁观察时要注意不使被观察者发觉自己的活动正在被他人观察，否则就会影响他们的行为表现，从而导致结果失真。

2.实验法

实验法是指有计划有目的地控制条件，使被试产生某种心理现象，然后进行分析研究的方法。实验法所要探索的就是自变量和因变量之间的因果联系。

在实验的过程中，给予被试者的一系列变化的刺激信息，称为变量。由实验者安排、控制与实施的实验条件叫自变量或独立变量。由自变量引起的被试者心理和行为的变化叫因变量。

实验法一般采用两组或两组以上被试进行比较，当采用两组时，其中一组是实验组，另一组是控制组或对照组。

3.测验法

测验法是使用标准化测验工具度量个体间对同一事物反应的差异，或同一个体在不同的时间或情景中的反应差异。

测验法的使用必须具备两个基本要求：测验的信度和效度。

测验法经常用来探讨那些难以确定自变量和因变量关系的课题以及复杂的心理社会方面的问题。

4.调查法

调查法是指就某一问题要求被调查者自由表达其意见或态度，以此来分析群体心理倾向的研究方法。

调查法一般有两种方式。一种是问卷调查，另一种是晤谈法。

问卷法是采用事先拟定的问题，由被试按问题的回答来收集相关资料，以此来分析和推测群体心理特点及有关心理状态。在进行问卷调查的时候，要按照科学的程序制定好问卷，即问卷一定要有信度和效度。

晤谈法是通过面谈方式搜集资料来分析和推测群体心理特点及心理状态的研究法。

晤谈法是一种有目的的会晤，测验者按照事先准备好的测验项目，提纲式地同测验者在轻松、自然的状态下按测验的要求进行谈话，听取被测验者对测验问题的回答，之后对测验结果进行分析，以了解被测验者的心理现象和个性特征。

第二节　现代心理学的发展历程概述

一、现代心理学的学科发展过程

（一）科学心理学的诞生

1879年冯特在德国莱比锡大学建立了世界上第一个心理实验室，用自然方法研究最基本的心理现象：感觉。这一行动使心理学开始从哲学中脱离出来，成为一门独立的学科，它标志着科学心理学的诞生。冯特对心理学科的影响主要有以下几点：

首先，是冯特将心理学确定为一门新的科学，并为之划定了研究的领域，确定了一个宏观的框架。在冯特创立他的实验室之前，心理学像一个流浪儿，在各个学科之间徘徊，居无定所。直到1879年，冯特才使心理学成为一门实验科学，并且使他有了一个安身之处和自己的名字。

其次，是他将实验方法引入这门新兴学科，甚至他的实验室成为半个世纪以来心理学实验室的典范。

心理学经过两千多年在哲学内部的长期发展，19世纪中叶以后，哲学已经为心理学积累了不少理论和概念。同时，自然科学的，特别是生理学的发展为心理学奠定了科学的基础知识和研究方法，心理学摆脱哲学的附庸地位成为独立的实验科学的条件已经成熟，冯特看到了这一点，经过不懈地努力于1879年在莱比锡大学创立世界上第一个心理实验室，至此科学心理学诞生。冯特因此被誉为"科学心理学之父"。

（二）各个心理学派之间的纷争

1.结构主义心理学

结构主义心理学的创始人是冯特（Wilhelm Wundt，1832—1920），后经他的学生铁钦纳（E. Titchenner）在美国宣扬推广。

结构主义心理学派认为心理学应该研究人的意识经验，研究方法上主要是通过内省法来研究个人的直接经验，对经验的研究须从内容、过程和原因三个方面进行。也就是说从意识经验的构造方面来说明整个人的心理。

2.机能主义心理学

机能主义心理学是19世纪末20世纪初由美国心理学家詹姆斯（William James，1842—1910）与杜威（John Dewey，1859—1952）所创立。机能主义心理学派以实用主义为其哲学基础。

研究方法上，机能主义心理学派认为对个体在适应环境时的心理与意识活动进行了解远比研究心理或意识的结构重要。所以，机能主义主张研究意识和"意识流"，研究要回答的关键问题是："行为的机能或目的是什么？"他们认为，人的知觉活动、思维活动和心智功能与环境事物相互作用，它们在人与环境相互影响的过程中起了重要作用，是使个体适应环境的重要机能。

3.行为主义心理学

行为主义或称行为论和行为学派，是美国心理学家华生（J. B. Watson，1878—1958）于1913年所创立的心理学派。

行为主义主张，心理学是一门科学，而科学的研究只限于以客观的方法处理客观的资料。所以，心理学所研究的对象应是能够客观观察与测量的外显行为而不是意识经验。因此，行为主义将心理学研究的内容由内隐的意识转向外显的行为。

华生认为心理学应该遵循刺激—反应的公式，即只要确定了刺激与反应之间的关系，就可以预测行为，并通过控制环境去塑造人的行为。所以在这一学派看来行为不是由遗传决定的，而是在环境因素的影响下，经被动学习以后的结果。

4.格式塔（Gestalt）心理学

这一学派由德国心理学家魏特海默（M. Wertheimer）、柯夫卡（K. Koffka）

和苛勒（W. Kohler）所创立，较行为主义稍早一年。

Gestalt 为德文，格式塔是德文"整体"的音译，含有"形状"或"组型"之意，因此，这一学派主张人的心理应该作为一个整体来研究，认为整体不等于部分的相加，意识和经验也不等于感性和感觉等元素的集合。因此反对把心理现象分解为它的元素。

5. 精神分析

精神分析（psychoanalysis）是由奥地利精神医学家、心理学家弗洛伊德（Sigmund Freud，1856—1939）在1896年所创立。

精神分析理论主要由三个部分组成：用潜意识、生本能、死本能和力必多（Libido）等观念来解释人的行为动力；用口腔期、肛门期、性器期、潜伏期、性征期以及恋父、恋母情结等来解释人格发展的不同阶段及其特征；用本我、自我、超我来解释人格结构，并以焦虑和各种心理防御机制解释三个"我"之间的矛盾冲突。

精神分析是精神病诊治的基本方法之一，也是影响人类文化和心理学发展的重要理论。

6. 人本主义心理学

人本心理学（Humanistic Psychology），由美国心理学家马斯洛（Abraham Maslow，1908—1970）与罗杰斯（Carl Rogers，1902—1987）于20世纪50年代所创始。

这一学派认为心理学研究应以正常人为对象，研究人类异于动物的一些复杂经验，诸如：价值、生活责任、生命意义等真正属于人性各种层面的问题。认为人是最重要的，其本性是善良的，并蕴藏着巨大、无限的潜力。所以人本主义重视人自身的价值，提倡发挥人的潜能。

因人本心理学兴起的年代较精神分析论与行为主义晚，故而被称为现代心理学上的第三势力（third force）。

7. 认知心理学

20世纪50年代随着信息论和计算机科学与技术、语言学、神经科学等学科的迅速发展而兴起的心理学的新研究方向。美国心理学家奈塞尔（U. Neisser）出版的《认知心理学》著作标志着心理学发展到了一个新的阶段。

认知（cognition）是指我们对事物知晓的历程。在此历程中，包括对事物的注意、辨别、理解、思考等复杂的心理活动。认知心理学用模拟计算机的程序来建立人的认知模式，探讨人对信息获得、存储、加工和使用的过程。

瑞士心理学家皮亚杰从认知发生论的角度对认知发展做出了巨大贡献。

认知心理学（cognitive psychology）不像前述六大学派一样，是由某人独创的，它是受多种因素影响，逐渐演变而成的。

二、当代心理学的发展现状

科学心理学诞生至今的一百多年期间，心理学的历史是各个学派各扬其长、各露其短的历史。随着科学研究工作的深入和资料的大量积累，无论哪个学派想要独自囊括心理学的全部内容是不可能的，大量的互相矛盾的事实，使得各学派很难坚持己见。因此，各对立学派逐渐在概念和方法上相互承认并接受其他学派的贡献，而不像过去所认为的那样是互不相容的。同时，心理学各分支学科的专业化程度也迅速发展。因此，当代心理学呈现出多种研究取向相互整合和各专业分支学科繁荣发展的特点。

（一）多种研究取向的整合

由于心理现象的复杂性，心理学中的任何主题都可以从不同的研究方向加以深入研究。当代心理学形成了五种主要的研究取向，即生物学取向、行为取向、认知取向、社会文化取向和心理动力学取向。这五种研究取向代表了当代心理学的主要理论观点，下面将对这几种研究取向进行简要概述。

生物学取向着重从生物、生理、遗传基因的角度研究心理与行为。心理学家运用人类和其他动物生理学方法，探寻各种心理活动如感知、意识、记忆、思维、情绪、意志等的神经机制，并且还研究有关基因和其他生物因素对能力和人格特质发展的作用。

行为取向着重研究个体的行为是怎样受环境和经验影响的，行为主义、新行为主义和社会认知学习论是持有这种理论观点的代表学派。

认知取向主张用信息加工观点来研究人类心理的过程和结构，把人的认知加工看作由感觉系统、记忆系统、控制系统和反应系统所构成，每个系统与其他系统相关联并执行某些操作。主张通过可观察的行为来推断人们内在的心理过程。

社会文化取向着重研究社会文化怎样影响个体心理与行为。从个人的交际方式到社会生活的行为习惯，人们的言谈都受到社会背景和文化环境的影响。

心理动力学取向着重研究个体的心理与行为的动力因素，如本能、内驱力等。

（二）分支学科的涌现和发展

当代心理学作为庞大的学科体系，包含多种心理学分支。这些心理学分支分担了理论和应用部分的任务。并且，随着科学研究的深入和对社会生活的观察，出现了大量专业化分支学科，并发展繁盛。

在基础研究领域，主要有普通心理学、实验心理学、生理心理学；应用研究领域涉及广泛，主要有人格心理学、发展心理学、比较心理学、社会心理学、变态心理学、教育心理学、咨询心理学等分支学科。

从研究方向及目的看，普通心理学是研究人格结构、人格动力、人格发展、人格适应以及人格评价技术等内容的心理学分支学科；发展心理学是研究个体生命历程中心理发展规律的一个心理分支学科；比较心理学是将动物心理与人类心理进行比较，以探索人类心理是如何演化而来的一个心理学分支学科；社会心理学是研究社会心理的基本过程及其变化发展的条件和规律的学科；变态心理学是研究异常心理的类别及其成因的分支学科；教育心理学是研究教育过程中的各种心理问题，揭示教学与心理发展的相互关系，为人才培养服务的一个心理分支学科；咨询心理学是研究心理咨询理论、技术及咨询关系等方面，以帮助生活适应或心理异常者重建积极人生的一个心理学分支。

以上两个领域中的心理分支学科也是相互联系、相互渗透的。当代心理学分支学科还在随着研究的深入而继续发展，特别是应用领域的分支学科发展相当迅速。

【选读资料】

选读资料一：心理学前沿问题的研究——大脑与互联网

一、问题

在互联网繁杂混乱的现象背后，有两个问题始终摆在人们的面前，第一，互联网的发展有没有规律可循？第二，互联网的最终结局是什么？

从2005年开始，网络经济领域陆续涌现出的web2.0、长尾理论、维基经济学、海星组织等概念和理论，从不同方面探讨和描述了互联网的一些发展规律。

总体上看，它们是对网络经济的表象和特征的描述，并不能有效回答这两个问题：互联网发展的规律是什么？互联网发展的最终结果究竟是什么？

二、互联网发展的规律

为了实现人类大脑的充分联网，科技的进步不断延长人的大脑与互联网接驳的时间。互联网早期，人们使用台式机登录互联网，随后人们可以携带笔记本随时寻找联网接口，无线通信技术的广泛应用和手机的电脑化进程使人们可以随时随地与互联网进行接驳。互联网进化的终极目标是使人类的大脑充分联网，但是目前互联网不可能通过物理手段直接将线路和信号接驳到人的大脑中。互联网进化到这一阶段产生的解决办法是用大脑映射（brain mapping）作为缓冲，即将人脑的功能映射到互联网中，从图0-1到图0-6就能反映出这种映射关系。

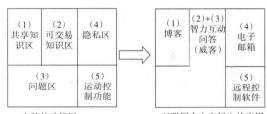

图0-1　人脑功能在互联网中的映射

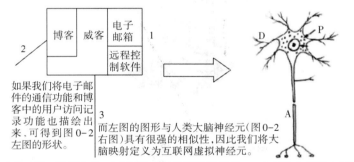

1.大脑映射 2.访问留言 3.电子邮件通信或远程控制软件　　P.胞体 D.树突 A.轴突

图0-2　互联网虚拟神经元与人类大脑神经元

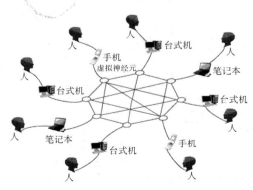

图0-3　互联网虚拟神经网状结构

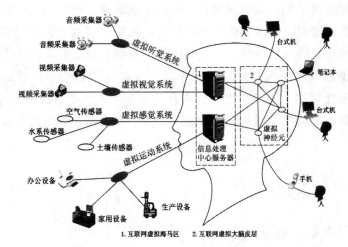

1. 互联网虚拟海马区　　2. 互联网虚拟大脑皮层

图0-4　互联网虚拟大脑

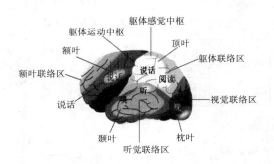

图0-5　人类大脑皮层的功能分区

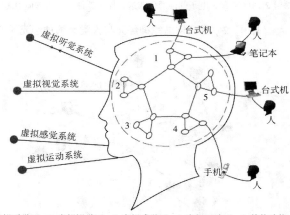

1.虚拟听觉区　2.虚拟视觉区　3.虚拟感觉区　4.虚拟运动区　5.其他功能区

图0-6　互联网虚拟大脑皮层

三、结论

互联网的起源和进化的最终目标是为了实现人类大脑的充分联网，这一目标产生了强大的拉动力，不断引导互联网向前发展，这就是互联网发展的规律。互联网进化的最终结果是：

第一，实现人类大脑的充分联网。

第二，形成一个与人类大脑高度相似的互联网虚拟大脑。

四、互联网进化论进一步的研究方向

1．研究互联网进化论还需要解决的问题

（1）推动互联网进化的背后机理是什么？

（2）互联网进化过程中，哪些技术是过渡性产品，通过互联网进化规律，可以预见哪些还未出现的技术和产品？

（3）通过对目前人类大脑研究成果的了解，我们可以预见互联网还将会发生哪些变化？

2．研究互联网虚拟大脑对医学研究人类大脑的启示

（1）人类大脑神经元中是否同样具备共享信息区、问题区、隐私区的分区功能？

（2）人类大脑是否拥有和互联网中一样的地址编码系统，即每个大脑神经元和功能区是否具有唯一的编码地址？

（3）人类大脑是否拥有和互联网中一样的信息索引系统，一个类似于google或百度一样的信息搜索引擎？

选读资料二：道德问题

道德是与我们生活息息相关的、极其重要的核心；凡涉及道德的问题必然会提到"正义与邪恶"；通过某人对他人残忍的行为，我们将其称为"制度上的邪恶"——或许并非出于恶意，而是由它所处的社会环境所导致。

"人性究竟是善还是恶？或什么应更多地归咎于所处的环境？"在谈论"人性之恶"的同时，必然会谈论到"人性之善"，如：奥斯维辛集中营的Schindler、卢旺达的Rusesabagina，然而上述案例中有趣的是"我们并不能提前预测Schindler和Rusesabagina会成为英雄"。我们所有人都会面对的一个"个人化的问题"就是"在那种情形下我们应该如何做呢？"

选读资料三：心理疾病

"心理疾病"即忧郁、焦虑等主要的心理失调，因为其重要的社会意义，

在当今大学生中较为普遍，也许我们同学中就有人深受情绪失调、焦虑失调的折磨，甚至有人已服用药物进行治疗；本课程会涉及最新的研究成果，解释"人们为何会心理失调"，并讨论"治疗心理失调的最好方法"。

一些较为罕见的心理失调，如"记忆失调"——包括"无法接受新记忆的失调""健忘症等"。

案例1：一例最有趣的医学案例——Phineas Gage 案例简介

故事发生在1848年9月13日，Gage原来是铁路上负责碎石的工人，后来做得好当上了工头。他很聪明，有能力，精力充沛。

当时碎石使用炸药，需要先在石头上凿孔，然后填入炸药。为了防止炸药朝洞外飞而不炸碎石头，需要在炸药之外，再用铁钎夯上沙子。Gage干这个尤其在行。一次，当Gage让助手往洞里填沙子的时候，有人跟他说话，分散了他的注意力，没有注意到洞里还没填上沙子，就一铁钎下去，结果炸药爆炸，将铁钎炸飞，穿透了Gage的面颊。

Gage幸存了下来，但是人格大变，从原来的仔细、有计划、好脾气和关心他人，变成了完全不同的人，暴躁、粗鲁、短视、不假思索、毫无计划。于是医生开始探索，后来发现，人的情感、社会交往、遵守法规等，与人的行走、呼吸、吃饭是受着不同的大脑中枢控制的。

Gage的病例成为神经学家研究人的大脑的逻辑、理性、情感等等的开始。这是一个非常著名的案例，用以说明"大脑如何引起心理的变化，大脑的损伤将会严重影响我们的日常行为"。

问题一：多重人格障碍问题

在此情形下一个人会拥有不止一种人格——讨论该现象是否真实，是一种"真实的现象"还是"人们主观想象出的现象"。

"多重人格的案例"迫使我们去研究"什么是自我"的问题——我们在多大程度上是由多种人格组成的？在多大程度上是自始至终由单一人格构成？

问题二：精神变态（的病人）

无论起因是大脑损伤还是先天的因素，都不具备道德因素——能帮助我们研究自由意志和责任的问题，或研究心理疾病和邪恶的关系或区别。

问题三：科塔尔综合征（Cotard's syndrome）

由大脑同一部位引发的相关阻碍是科塔尔综合征，其临床表现为：患者感到自己已不复存在，或是一个没有五脏六腑的空虚躯壳，并认为其他的人，甚至整个世界包括房子、树木都不存在了。令人惊奇的是"他们并非是疯子才会拥有严重且古怪的心理问题，而是能精确定位于大脑的某一部位"。

　　我们会用现代心理学理论来解释这些综合征为何会发生，然而，我们关注这些"罕见心理综合征"的原因并非"某种可怕的、变态的好奇心"，而是"通过研究这些极端的案例，有助于我们正确理解正常的生活，会使我们对日常坚信的信念形成巨大的反差"。

　　科塔尔综合征的重要之处在于"它能告诉我们如何看待世界"——让我们明白："在认识某物叫什么"和"知道某物是什么"之间是存在差别的。

第一章　心理学的物质基础——大脑

小调查

1.你见过或听过有关灵魂的话题吗？你认为你死后会是什么样子？

2.你是否坚信眼见为实？

3.我们的心智更多来自天性还是教养？

第一节　人们对自身心理活动的认识

DNA双螺旋结构的发明者、诺奖得主弗朗西斯·克里克（Francis Crick）曾"惊人假设"道："你及你的哀乐、记忆和抱负不过是神经细胞及其缔结分子的巨大集合的生理反应而已。"

人们对自身心理活动的认识，涉及传统的观点（二元论）和现代科学的观点（心理学和神经科学）；现代心理学和神经科学的最新成果认为，神经元是大脑的基本单位，人们已较为详细地研究了神经元的组成及各部分的功能，并获得了较普遍地接受。心理活动是人脑对客观世界的反映，是与"人身"这一主体不可分离的"一元性"表达。

一、二元论在心理学中的误区

在实际生活中，大多数人是"二元论者"。在每个宗教和历史上大多数哲学体系中，我们也都能发现二元论的身影。例如，柏拉图的哲学思想中就清晰地展现出二元论。

在二元论最有力和最著名的支持者笛卡尔那里，展示得更为明确一些。笛卡尔曾就问题"人类仅仅是生理的机器、仅仅是生理的客体吗？"的论述中明确地讲道："非也！动物才是机器；野兽才是机器——动物、非人类的动物仅是机器（人），但人类却不同。人类拥有双重属性，与动物一样，人类拥有生理上的肉体；但与动物不同的是，人类不仅是生理上的。人类无形的心灵会拥有、占据生理上的肉体；心理占据肉体，并与肉体相联系。"这就是众所周知的二元论观点："对人类而言，我们至少拥有两种不同的成分——有形的肉体和无形的心灵。"笛卡尔为二元论提出了两个论据。

（一）基于"人类行为观察"的两个世界

笛卡尔生活在一个技术相对复杂的时代，那个时代已具有机器人，当然不是现代的电动机器人，而是靠水力驱动的机器人。"那些机器是通过某种方式对某种行为做出某种反应，因此机器人的确能做某些事情"，事实上，我们人类的身体也是如此运作的——如果你敲击某人的膝盖，他的小腿会弹起——或许这就是人类的本质？但笛卡尔否认了上述观点，认为有些人类能做的事情机器人不可能完成。笛卡尔认为，所有物质的东西，都是为同一机械规律所支配的机器，甚至人体也是如此。同时他又认为，除了机械的世界，还有一个精神世界存在，人类的行为不仅仅具有反射能力，还具有协调、创造性、自发性等能力。例如，当我们人类使用语言时，有时对语言的使用是一种发射。某人问道："最近如何？"我们条件反射性地答道："不错，你呢？"但有时我能选择性地回答道："OK，相当不错！"笛卡尔认为"机器不具有选择能力；因此，我们人类不仅仅是机器"。这种二元论的观点后来成了欧洲人的根本思想方法之一。

（二）我思故我在

第二个论据非常著名，在此笛卡尔使用了"怀疑的方法"。他首先问了自己一个问题："我究竟能确信什么？"对此问题笛卡尔答道："我相信上帝的存在，但坦白地讲，我不能肯定上帝存在。我相信我生活在一个富有的国度，但我可能被愚弄。我相信我拥有家庭和朋友，但或许我会被欺骗——比如，或许有恶魔会欺骗我，诱惑我。"我认为"我体验了一些实际上并不存在的经历"。当然，上述理念的现代演绎充分地体现在电影《黑客帝国》中，《黑客帝国》的创意就源于笛卡尔哲学、"笛卡尔对邪恶灵魂的忧虑"。或许，现在我们所经历的一切均不是真实的，而是一些邪恶生物创造的幻觉。同样地，笛卡尔甚至怀疑自己身体的存在。

事实上，笛卡尔注意到"疯子有时会认为他们拥有额外的四肢，或他们有不同于真实大小和现状的身体"。笛卡尔问道："'我如何得知自己没有疯呢？'——疯子并不认为他们是疯子，那么'我不认为我是疯子'这一事实并不意味着'我不是疯子'，但我如何能知道呢？"笛卡尔答道："我现在并没有做梦"，笛卡尔不容置疑地回答道："我自己现在正在思考。"——而这又形成了对自己的反驳。

因此，笛卡尔运用质疑的方法得出"与拥有不确定的身体不同，拥有心灵是确定的"。且笛卡尔用此论据来支持二元论，支持"身心分离"的观点。于此，笛卡尔总结道"我确知我是一个实体，该实体的本质或精髓是'思考'"；而该思考实体的存在，是不需要任何空间，也不依赖于任何有形的实体。即：我的灵魂、我的本质，完全不同于我的肉体。——"我思故我在！"

二、实际生活中"二元论者"的由来

（一）二元论已深植于语言中

我们说在实际生活中，大多数人是"二元论者"，这并不危言耸听。二元论是融入我们的常识之中的普遍观点，我们通常"对某些接近我们的事物"有某种特定的表达模式，如：我的手臂、我的心脏、我的小孩、我的汽车；我们将上述表达模式拓展到谈及"我的身体、我的大脑"，当我们谈论"拥有自己的大脑"时，貌似"大脑与我们是分离的"。

（二）二元论已深植于常识中

二元论揭示了"在直觉上人格的同一性"。常识告诉我们"即使某人的身体遭受剧变，某人可能仍是同一个人"。最佳例子通常出现在科幻小说、电影中。我们也能理解一些涉及剧变情节的小说或电影，比如：当某人死去，并会投胎于某个小孩的肉体。

还有一个古代的例子：在耶稣诞生前几百年，荷马就曾描述过"奥德赛的几个同伴的命运"——他们被一个女巫变成了一群猪。准确地说，不是变成猪，而是更为承认地"将他们封锁在猪的体内"；他们拥有猪的肉体（脑袋、声音、猪鬃和身体），但他们的心理却从未改变。因此，他们被关在猪圈里哭泣。

如果你能想象"命运的安排，将我们自身被置于其他生物的体内"，那是因为你将自己当成了"与你寄居的肉体相分离的心理实体"。我们相信很多人是能够"灵魂附体"，这也正是滑稽闹剧采用的一贯伎俩，这种理念同样出现在史蒂夫·马丁（Steve Martin）和莉莉·汤姆林（Lily Tomlin）主演的经典电影《衰鬼上错身（All of Me）》里；但的确有很多人认为"这种事会真发生"；《春光灿烂猪八戒》中也有类似的情节。

（三）二元论已深植于宗教中

常识告诉我们"你的身体内可能会存在不止一个人的心灵"，这种观念出现在不同背景的文化中，包括"驱邪"——很多宗教系统认为："人们的行为，尤其是邪恶和非理性的行为，可能是因为某些邪恶心理占据了他们的肉体所导致的。"

世界上大多数人——在大部分时间，所有宗教和大多数国家的大多数人们——会相信"人们可能会肉体毁灭而其灵魂不灭"或转世再生。

（四）二元论已深植于文化中

按照肉体的结局（最终去向）的不同，各种文化会大相径庭。有些文化有"灵魂（心理）的结局（的诠释）"；有些文化会认为"你将进入天堂或下地狱"，有些文化会认为"你将占据他人的肉体"，还有些文化会认为"你将进入一个无形的精神世界"。但所有这些文化所共享（的观点）是"你的本质，是与你所寄居的物理肉体相分离的；在你的有生之年，你所寄居的肉体能被毁灭"。

曾经在美国芝加哥进行的一项调查表明：就问题"当你们死亡时，会发生什么？"而言，被调查的采访者——无论是基督徒、犹太教徒（犹太教教义几乎没有对来世进行清晰的诠释），还是无宗教信仰的人士、无神论者——均回答"死后他们将步入天堂"。

由此可见，二元论是深入人心的。

三、反对二元论者的必要性

的确，有很多人信奉二元论，但当今科学界已达成共识，并认为"二元论是错误的"，并不存在那个"与肉体分离的你"，尤其是不存在"与大脑分离的你"。认知科学家、心理学者和神经学者倾向于"心理就是大脑的活动"，心理反映大脑的活动，就像"计算结果反映计算机的活动"一样。

为何要反对二元论而赞同"心理就是大脑的活动""没有大脑也就没有心理"的观点呢？当然，有很多理由。

首先，二元论有其自身的缺陷。

人类的好奇心驱使我们去探索一些未知的问题——儿童是如何学习语言的？哪些东西会被我们认为是迷人的或丑陋的？心理疾病的根源何在？二元论会肤浅地认为"心灵是无形的，是整个世界的一部分"，因此不能合理地解释这一系列问题。

具体地讲，像笛卡尔一样的二元论者也在努力解释"有形的肉体是如何与无形的心灵相联系的？"——是通过什么样的渠道？有时如何产生（身心）联系的？毕竟，笛卡尔深信"身心间是有联系的"，你的肉体听命于你的指令——如果你砸或踢你的脚，你会感到疼痛；如果你饮酒，酒精会影响你的推理能力。但笛卡尔仅能用挥手这样的动作来展示"有形的身体是如何与无效的心灵相联系的"。

笛卡尔生前足够理性地总结道"物理客体不具备完成某些特定事情的能力"，正如曾经得出"不存在一个纯物理客体能下象棋，因为那种能力已经超越了物理世界的能力范围"，因此你不得不求助于对"无形心理"的解释。

其次是存在性证明，物理客体证明了二元论的缺陷。

科学研究证明，对文字的听、说、读、写等不同的活动，能激活你大脑的不同区域，如图1-1所示；在某种程度上，如果将你置于功能性磁共振成像（fMRI）下并观察你的实时活动，通过观察你大脑的活动模式，我们可以知道"你正想的是音乐还是性"；在某种程度上，我们可以明了"你正在解决道德困惑还是别的难题"。

如果"我们人类的本质就是生理大脑的活动"，就很容易解释上述现象；但对二元论者却很难。因此，当今科技界的共识就是"包括意识、情感、抉择和道德等的所有人类心理活动都是大脑活动的产物"。

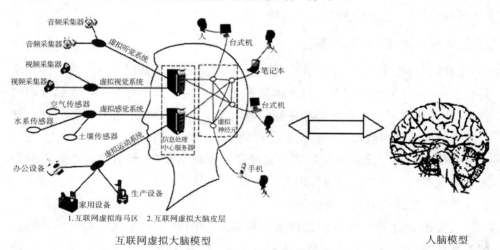

图1-1　互联网虚拟大脑功能区域图

四、心理的本质

当今科技界的共识是：心理是脑的机能，任何心理活动都产生于脑，即心理活动是脑的高级机能的表现；心理是对客观现实的反映，即所有心理活动的内容都来源于外界环境；心理是外界事物在人脑中的主观能动的反映。

（一）心理是脑的机能

最新成果表明：我们能以各自不同的方式探索心理活动所带来的直接影响。

从进化论看，只有在动物产生神经结构后才有心理活动。随着脑结构的产生及复杂化程度的不同，心理活动亦相应发展和复杂化，人脑是人类长期进化过程的产物。

从个体发育看，随着脑的发育、复杂化，心理活动亦相应发展。人生下来的时候就具有控制行为的脑中枢（例如新生儿生来就有调节吮吸活动的中枢）。这些神经联系是先天遗传的、固定的。

脑的生理学研究，如使用计算机成像技术［包括计算机辅助测试扫描（Computer-aided Test Scans）、功能鉴定测试（Performance Evaluation Test）、功能性核磁共振成像（Functional Magnetic Resonance Imagining）等］证明，各种心理活动都和一定的大脑部位相关，如视觉在枕叶，听觉在颞叶后部，记忆在海马、颞叶、额叶，意志、人格在前额叶。（详见本章第二节"神经系统"）

临床观察也证明，任一部位脑损伤时除发生生理功能障碍外，也会发生心理障碍。梅毒等疾病会让人精神错乱；咖啡因和酒精等化学物质能影响人的思维能力。

从上述可见，各种心理都产生于脑，心理是脑的机能。

（二）心理是对客观现实的主观能动的反映

从野生儿（狼孩、猪孩）的研究发现，狼孩虽是人脑，但由于在狼的环境中长大，其心理活动基本是与正常孩子有区别的"狼的（或猪的）心理"，说明心理是生活环境为主要内容的外界事物在脑中的反映。

人脑对现实的反映不仅反映当前所看到、所听到的事物，也反映过去经历过的事物在脑中留下的记忆痕迹。通过社会实践，人脑还会产生新的联系，人脑的结构和机能在社会实践中不断变化发展。因此，个体在心理与行为上的差异固然有遗传上的原因，但更主要的是取决于人们的社会实践以及在社会实践中学到了什么。

在这里，主观性是指同一事物对不同人来说，由于经历不同，信念、认识不同，反映也不同。能动性指人脑对事物的反映不是全部的反映，而是有选择地进行的反映。所以，不同个体对事物的主观能动反映会因其知识、经历、观念、认知及选择的影响而表现出不同特点来。

第二节　神经系统的结构和功能

像大脑这样的东西如何能引发我们的心理活动呢？即：大脑是如何运作的？大脑是如何产生思维的？

一、神经元的结构和机能

神经系统主要由神经细胞和神经胶质组成。

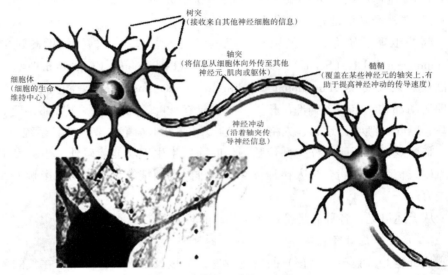

图1-2　神经元功能示意图

神经元（neuron）即神经细胞（图1-2），是神经系统结构和功能的基本单位。神经元的形状和大小不一，但多数神经元具有一些共同结构。大致都可以分为细胞体和突起两部分。胞体的中央有细胞核。细胞核是细胞的能量中心。通过化学反应，胞体为神经活动提供能量，并大量制造用于传递信息的化学物质。自胞体伸出树突（dendrite）和轴突（axon）两种突起：树突是神经元中细小的触须，能从其他神经元细胞那里获得（刺激）信号，这些刺激信号既可以是兴奋的——它们会增加神经元产生神经冲动的可能性，也可能是抑制性的——会降低神经元产生神经冲动的可能性。如图1-3所示。

细胞体会将刺激信号聚集起来，从数学的角度看，兴奋信号为正，抑制信号为负，当其接受的刺激信号达到一定量值——60或更多时，神经元将会产生神经冲动，神经冲动沿轴突传递。如图1-2所示。

呈树枝状的被称为树突，它接收其他神经元的信息并传至胞体；轴突比树突长得多，通常能达到数米之长，例如，有一根轴突能从你的脊柱达到你的大脚趾。如图1-3中A所示。

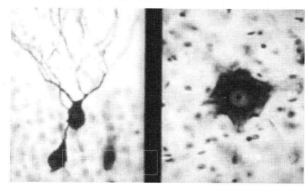 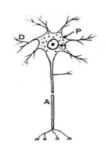

P.胞本　D.树交　A.轴交

图1-3　神经元示意图

在神经元之间，一个神经元的轴突和另一个神经元的树突间，有一个很小的间隙，大约万分之一毫米宽（0.1微米），这个极小的间隙被称为"突触"——当神经元发起神经冲动时，其轴突会释放能穿越突触的化学物质。这种化学物质被称为"神经递质（neurotransmitter）"，神经递质能影响树突。因此，神经元彼此间是通过化学方式进行通信的。这些化学物质（神经递质）既能提高另一个神经元"产生神经冲动的"可能性，也能抑制另一个神经元"产生神经冲动"，即神经递质既能增强也能抑制其他神经元产生神经冲动。

髓鞘由胶质细胞构成，包裹在轴突上，起着绝缘作用。髓鞘有助于神经冲动更快速地传递。因此，神经元具有如下特色：有上千亿的神经元，且每个神经元与周围成千上万个其他神经元相连接，由此构成了一个"极其复杂的计算装置"。

神经元具有两个最主要的特性，即兴奋性和传导性。神经元的兴奋性具有一种很特殊的现象，当刺激强度未达到某一阈限值时，神经冲动不会发生，而当刺激强度达到该值时，神经冲动发生并能瞬时达到最大强度，此后刺激强度即使再继续加强或减弱，已诱发的冲动强度也不再发生变化。这种现象称为全或无定律（all-or-none law）。神经元的传导功能在性质上类似电流传导，但作用机制不同。电流靠接触传导，而相邻神经元则靠其间一小空隙进行传导。这一小空隙，叫作突触（synapse）。突触的作用在于传递不同神经元之间的神经冲动。如图1-2所示。

神经元的功能表现多种多样，归纳起来可分为三类。

（1）感觉神经元（传入神经元），其树突的末端分布于身体的外周部，接受来自体内外的刺激，将兴奋传至脊髓和脑。

（2）运动神经元（传出神经元），其轴突达于肌肉和腺体。运动神经元的兴奋可引起它们的活动。

（3）联络神经元（中间神经元），介于上述两种神经元之间，把它们联系起来或组成复杂的网络，起着神经元之间机能联系的作用，多存在于脑和脊髓里。

二、神经系统

神经系统包括周围神经系统和中枢神经系统。

（一）周围神经系统的结构和机能

周围神经系统（peripheral nervous system，简称PNS）从中枢神经系统发出，导向人体各部分，可分为躯体神经系统和自主神经系统。周围神经系统担负着与身体各部分的联络工作，起传入和传出信息的作用。

1.躯体神经系统

躯体神经系统（somatic nervous system）包括脑神经和脊神经。脑神经共12对，主要分布于头面部；脊神经共31对，主要分布于躯干和四肢。它们的主要功能是在神经活动的反射过程中：一方面通过传入神经纤维把来自感受器的信息传向中枢神经系统；另一方面通过传出神经纤维把中枢神经系统的命令传向效应器官，从而导致骨骼肌的运动。它们起着使中枢神经系统与外部世界相联系的作用。通常认为，躯体神经系统是受意识调节控制的。

2.自主神经系统

自主神经系统（autonomic nervous system）分布于内脏器官、心血管、腺体及其他平滑肌。它也包含感觉（传入）神经纤维和运动（传出）神经纤维。传入纤维传导体内脏器的运动变化信息，这种刺激的感受对机体内环境的调节起着重要作用。而分布于各脏器的传出神经纤维，在正常情况下它们保持相对平衡和有节律性的内脏活动，如呼吸、心跳、消化、排泄、分泌等，以调节机体的新陈代谢；当环境发生紧急变化时，促使机体发生应付紧急情况的一系列内脏活动。内脏活动一般不由意识直接控制，并且也不在意识上发生清晰的感觉。

自主神经系统可分为交感神经系统（sympathetic nervous system）和副交感

神经系统（parasympathetic nervous system）。这两类神经都几乎向所有的腺体和内脏发放神经冲动。交感神经的功能主要表现在当机体应付紧急情况时产生兴奋以适应环境的变化，如心跳加快，冠状血管血流量增加，血压增高，血糖升高，呼吸加深变快，瞳孔扩大，消化减慢等一系列反应。副交感神经的作用具有保持身体安静时的生理平衡，如协助营养消化的进行，保存身体的能量，协助生殖活动等。这两种系统在许多活动中具有拮抗作用，又是相辅相成的。例如，交感神经使心搏加快，而副交感神经则使之减慢；性兴奋是副交感神经的作用，而性欲高潮则是交感神经的一种反应。

（二）中枢神经系统的结构和机能

中枢神经系统（central nervous system，简称CNS）是人体神经系统的主体部分，包括脑和脊髓，其主要功能是传递、储存和加工信息，产生各种心理活动，支配与控制人的全部行为。

1.脊髓（spinal cord）

脊髓上接脑部，外连周围神经，31对脊神经分布于它的两侧。脊髓的活动受脑的控制。来自躯干、四肢的各种感觉信息通过感觉神经传送至脑，进行高级的分析和综合；脑的活动也要通过运动神经传至效应器。脊髓本身也可以不经大脑完成许多反射（reflex）活动，如牵张反射、膀胱和肛门反射等。

2.脑（brain）

要了解"不同的脑组织"的功能，我们首先应当明确"的确存在一些活动无须大脑的参与"。对"无须人脑参与的行为"的研究常常利用"这种怪诞的方法"——如历史上曾经发生在各国以砍头执行死刑的刑场上的情形——当犯人被斩首后，心理学家们将涌向"无首的尸体"并考察尸体的反射等。这种实验的确听起来让人毛骨悚然。但在生活实践中，我们都了解一些"无须人脑参与的行为"：婴儿吸奶、疼痛时四肢的收回（即使脑袋搬家，四肢也会收缩）、呕吐等行为均无须人脑参与。

人类的脑是由约140亿个脑细胞构成的重约1400克的海绵状神经组织。脑是中枢神经系统的主要部分。

下面就如图1-4所示的关键部位做以介绍。

（1）脑干

如图1-4所示，脑干位于颅腔内与脊髓相连接的部位。脑干是生命中枢，功能主要是维持个体生命，包括心跳、呼吸、消化、体温、睡眠等重要生理功能。脑干包括延脑、脑桥、中脑。

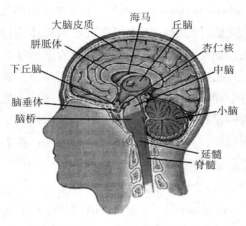

图1-4 脑的纵切面图

①延脑位于脊髓的上端，与脊髓相连，呈细管状，大如手指。延脑的主要功能在于控制呼吸、心跳、吞咽及消化，稍受损伤即危及生命。从身体所发出的上行神经和自脑发出的下行神经在延脑发生交叉，这就意味着身体的左侧和右脑相连，右侧和左脑相连。

②脑桥位于中脑与延脑之间。脑桥的白质神经纤维通到小脑皮质，可将神经冲动自小脑一半球传至另一半球，使之发挥协调身体两侧肌肉活动的功能，如果受损可能使睡眠失常。

③中脑位于脑桥之上，恰好是整个脑的中点。中脑是视觉与听觉的反射中枢，凡是瞳孔、眼球、肌肉等活动，均受中脑的控制。

④脑干网状结构在脑干内有纵横交错的神经纤维交织成网的神经细胞胞体。脑干网状结构可以调节睡眠和觉醒的周期，与选择性注意机制有关，可调节肌张力，并具有调节呼吸、心率、血压和血管收缩的机能，还是呕吐中枢。这个区域受损会导致昏迷。

（2）小脑

如图1-4所示，小脑位于大脑半球后方，覆盖在脑桥及延髓之上，横跨在中脑和延髓之间。它由胚胎早期的菱脑分化而来，小脑通过它与大脑、脑干和脊髓之间丰富的传入和传出联系，参与躯体平衡和肌肉张力（肌紧张）的调节，以及随意运动的协调。

（3）间脑

如图1-4所示，间脑位于脑干与大脑之间，连接大脑半球和中脑，由于大脑半球高度发展而掩盖了间脑的两侧和背面，中间有一窄腔即第三脑室，是仅次于端脑的中枢高级部位。间脑可分为5个部分：背侧丘脑、后丘脑、上丘脑、底丘脑和下丘脑。

①背侧丘脑又称丘脑，位置在胼胝体的下方，具有转运站的功能。如丘脑受损，将使感觉扭曲，无法正确了解周围的世界。

②后丘脑位于背侧丘脑的后下方，与听觉和视觉有关。

③上丘脑包括松果体等。松果体属于内分泌系统中最主要的分泌腺之一，能合成、分泌多种生物胶和肽类物质，主要是调节神经的分泌和生殖系统的功能，而这种调节具有很强的生物节律性，并与光线的强度有关。

④底丘脑位于间脑与中脑的过渡区。人类一侧底丘脑核受损，可产生对侧肢体，尤其是上肢较为显著的不自主的舞蹈样动作，称半身舞蹈病或半身颤搐。

⑤下丘脑位于丘脑之下，是自主神经系统的主要控制中心。它直接与大脑皮质的各区相连，又与主控内分泌系统的脑垂体连接。下丘脑的主要功能是控制内分泌系统、维持新陈代谢、调节体温，并与饥、渴、性等生理性动机及情绪有关。如下丘脑受损，将使个体的饮食习惯与排泄功能受到影响。

（4）边缘系统

如图1-4所示，边缘系统（limbic system）是位于胼胝体之下包括多种神经组织的复杂神经系统。边缘系统的构造与功能尚不能十分确定，在范围上除包括部分丘脑和下丘脑之外，还包括海马和杏仁核等。海马（hippocampus）的功能与学习、记忆有关，杏仁核（amygdala）的功能与动机、情绪有关。

（5）端脑

如图1-4所示，也就是平常所说的大脑，是覆盖于脑干、间脑和小脑之上的部分脑组织。大脑皮质（cerebral cortex）是中枢神经系统中最重要的部分，平均厚度为2.5～3.0毫米，面积约为2200平方厘米，上面布满了下凹的沟和凸出的回。大脑容量的大约80%都是大脑皮层；大脑皮层可以被分为不同的脑叶：额叶（在大脑的前部）；顶叶（大脑各半球位于每块顶骨之下的分隔物）和颞叶（额叶后的一对脑叶，与人的行为、学习、人格和随意性运动有关）。如图1-5所示。

有关脑叶的一个非常不可思议的发现是，脑叶包含了拓扑结构的地理定位图——身体（部位）的定位图。一些心理学家曾做过一个经典的实验：打开狗的大脑，并电击狗的大脑的不同位置，狗的大腿会乱踢。因此提出了脑的定位学说。

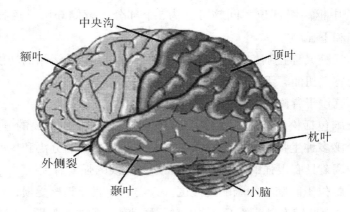

中央沟

额叶

顶叶

枕叶

外侧裂

颞叶

小脑

图1-5　大脑半球各叶部位

　　另外，麦吉尔大学的彭菲尔德（Penfield）博士曾在人身体上做过相同的实验：当他们实施一些大脑手术时，用小电极刺激大脑的不同部位，实验者除身体运动外，还声称"看见了颜色、听见了声音、有某种触觉等"。通过大量实验证实"大脑中存在人体的定位图"。

　　运动皮层在左边，而感觉皮层在右边；当你打开头颅并刺激大脑的不同部位，与此相对应的身体部位会发生相应的反应。关于定位图，有两点需要注意：

　　其一，定位图具有地形学特征，即"在身体上相邻的2个部位，他们在大脑里对应的区域也是相邻的"。

　　其二，身体部位在大脑中对应皮层的大小，与身体部位的实际大小不成比例。相反，对运动或感觉的控制程度，决定了"身体在大脑对应区域的大小"。例如：舌头上的感觉器官多于肩膀，因而舌头在脑位图上有巨大的面积，而肩膀在脑位图上几乎没有标示。如果画一张人体示意图展示"身体与其相对应的躯体感觉皮层"，会得到"感觉躯体图"。

　　因此，在大脑中存在"人体定位图"，而这张很重要的"人体定位图或投射区域"仅占大脑皮层的1/4。从老鼠、猫、猴子和人的大脑皮层研究中发现，"躯体定位图"占皮层的比例越来越小，大脑皮层中越来越多的部分另有他用——如：语言、推理和道德思想等。我们如何断定"大脑其余部分在负责什么功能"呢？

　　有很多方法能让我们断定"大脑其余部分的功能"，典型的是应用现代的成像技术——如：电脑断层扫描、正电子发射断层扫描、功能性核磁共振等技术。如果你想了解"大脑的哪个部分负责语言功能",你可以将某人置于扫描仪下，并让实验者暴露在语言环境中、完成一项语言任务或聊天，然后观察他们大脑的哪些区域处于活动状态。

在逻辑上，通过大脑某部分损伤后而失去某些生理功能，来定位大脑具体功能的位置是探索大脑功能的方法之一，主要是通过考察那些大脑严重损伤（如：病变、肿瘤、撞击或受伤等）的患者所发生的生理、心理变化来定位大脑各部位的具体功能，从而确定大脑的功能分区，如图1-6所示。

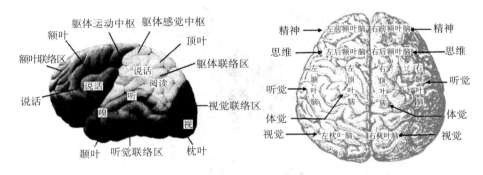

图1-6 大脑的功能分区

从这一点上讲，在极大程度上，神经心理学家不喜欢骑摩托车必须戴安全帽的交规；神经心理学家更喜欢不戴安全帽就能驾车上路的年代，因为严重的交通事故使他们得以"人道地"从活人身上去了解大脑是如何运作的。

在这里，可以列举脑损伤引起的一些运动控制障碍和精神性运用不能：

失用（症）：不是指瘫痪，某人患有运动控制障碍仍能完成一些简单的动作，但不能协调他们的动作。

失认症：不是指失明，患者的眼睛功能完好，但失去识别某些物体的功能——有时称之为"精神性失明"。因此，有人会患有视觉性失认症从而失去辨别物体的能力。如面容失认症就是失去辨别面容的能力。还有如色盲、夜盲等。

失语症：是一种语言阻碍症，保尔·布罗卡（Paul Broca）于1861年发现了一个经典的病例：一个脑部损伤的患者仅能说一个单词"Tan"，而其他的单词完全无法说出。"接受性失语症"是另一种语言阻碍症，患者能非常流利地说话，但所说的话没有任何意义，他人也无法理解它们的含义。

通常，大脑的很多功能是"复制的、冗余的"——如果你失去了一半大脑，大脑的另一半实际上能完成很多功能；但有些功能在大脑的某部分比其他部分更普遍、更具优势。可见，大脑的有些功能就有"单侧性"。如"右撇子"而言，语言功能在左半大脑，而数学和音乐功能在右半大脑。

人体的神经支配具有"转向、交叉规律"，如：在你左侧视野看见的东西会定位于你的大脑右侧，在你右侧视野看见的东西会投射到你的大脑左侧。同理，行为上也存在交叉关系：右半大脑控制身体的左侧，左半大脑控制身体的右侧。（图1-7）

左右大脑是被一个称之为"胼胝体"的大网连接在一起。

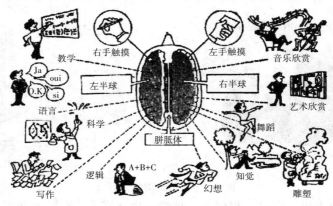

图1-7　大脑两半球的功能分工

【选读资料】

选读资料一：对人脑研究成果的应用——神经递质

一、神经递质相关背景知识介绍

突触（synapse）：神经元的神经线连接部位。前一个神经元的神经冲动传到突触，会引起突触间隙化学物质即神经递质的变化，神经递质的变化将神经冲动传至下一个神经元。

神经键：是一个神经元的轴突接触并影响另一个神经元的树突或胞体、一个肌肉细胞或分泌腺细胞而形成的神经回路，神经突触是组成神经键的主要部分。

神经递质：通过神经键传递神经脉冲的化学物质，如碱性有机化合物或多巴胺。

目前，神经递质已成为人们生活中关注的热点，因为很多精神药理学——

无论是医疗类还是消遣类——都在研究神经递质（的仿造）。有两种方式能仿造神经递质，也就有两类相应的药物。

（一）兴奋剂（agonist）

能增强神经递质的效果，既可通过释放更多的神经递质，也可通过阻止神经递质的清除，在某些情形下也可通过模仿神经递质的效果来仿造神经递质。

（二）抑制剂（antagonist）

会抑制神经递质的释放量，既可通过摧毁神经递质来实现，也可通过使神经递质难以产生来完成，在某些情形下还可以通过药物进入神经元的树突并在树突上形成一个保护层，以达到神经递质无法连接的树突和轴突。

科学家通过这些神经元影响心理活动的奇思妙想，证实了药物也能影响到人的心理活动。

二、对人脑研究成果——神经递质的具体应用

（一）箭毒马鞍子（Curare）

它是一种非常特殊的抑制剂，能阻碍运动神经元对肌肉纤维的作用，其结果就是能使人瘫痪——因为发向手臂和腿的指令无法传达，手和腿均无法动弹；运动神经元被抑制，且因为"人的呼吸方式要通过运动神经元来控制"，接下来人会死亡。

（二）酒精

酒精是一种抑制剂——很多人对此感到疑虑并认为酒精不是抑制剂，恰恰相反，当人大量饮酒时，则不再压抑，而成了一个更加有趣的人：变得更加自信、更加性感和迷人。那么酒精究竟是怎样起抑制作用的呢？答案是：酒精抑制了大脑中起抑制作用的脑组织的活动。大脑中有部分组织（主要在前叶）会告诉人们：别慌，沉住气；老兄，别打我，别说脏话。酒精使得部分脑组织（起抑制作用的脑组织）放松，甚至停止运作。如果摄入足够量的酒精，酒精就会延续抑制大脑中起兴奋作用的脑组织，然后人就会醉倒在地。

（三）安非他命（降肾上腺素，去甲肾上腺素 $C9H13N$）

安非他命能增强唤醒的程度，特别是能增加去甲肾上腺素释放量，而去甲肾上腺素是一种"负责一般性唤醒的神经递质"。安非他命类药物包括"快快"和"可乐"。如：苯异丙胺-安非他命，是一种无色挥发性液体，主要用作中枢神经系统兴奋剂。

（四）去甲肾上腺素（$C8H11NO3$）

是激素和交感神经冲动介导者，有强大的血管收缩作用和神经传导作用，

会引起血压、心率和血糖含量的增高，是含于血液中的复合胺。

（五）百解忧（Prozac）

作用于血清素（抗抑郁药）。当我们讨论临床心理学和抑郁症时，我们会了解"神经递质代谢障碍"对抑郁症这样的心理障碍的影响程度。抑郁症的一个问题就是缺乏一种称之为"血清素"的神经递质；而百解忧能增加血清素的含量，从而在某种程度上有助于减轻抑郁症的症状。

（六）5-羟色胺（serotonin）

一种来源于色胺酸，尤见于脑、血清和胃黏膜等动物和人体组织的有机物，C10H12N2O，在血管收缩、刺激平滑肌、神经细胞间冲动传导以及周期性体内过程调节中起作用。

（七）多巴胺（dopamine）

由多巴的脱羧产物，在大脑中形成单胺神经递质，是中枢神经系统正常运行的必要因素。在大脑中的浓度降低会引起帕金森氏病。

（八）左旋多巴（L-DOPA）

左旋形式的多巴，用于治疗帕金森综合征[①]，也作levodopa。

选读资料二：人工智能

神经元是如何运作——聚集在一起、引起冲动并相互通讯——从而让生物做一些有趣的事情（如能说话和思考等）的呢？

过去我们认为"大脑是像计算机一样组装起来的"，然而大脑至少在两方面优于电脑：

其一，大脑具有更好的抗损伤能力。即使你遭受严重的脑损伤，你仍旧能保持某些心理活动；在某种程度上，仿佛在大脑里建立了抗损伤保护机制，一旦大脑的某部分受到损伤，该保护机制允许大脑的其他部分取代受损脑组织的功能。

其二，大脑的反应速度极快。电脑依靠线缆和电流来运作，而大脑是应用反应速度极慢的细胞组织；那么这里的悖论是"如何用反应速度极慢的材料来产生极快运转的电脑"？如果大脑是采用PC一样的组装方式，那么识别一张人脸会花费4小时，但事实上我们识别人脸是瞬间完成的。

───────────────

[①] 帕金森症（Parkinson）是一种有关"运动控制损伤、缺乏和难以移动"的疾病。帕金森症的一个病因就是"重缺乏一种称之为多巴胺（dopamine）的神经递质"，药物左旋多巴L-DOPA能够增加分泌量，从而（至少暂时）减轻帕金森症的症状。

因此，问题变为"大脑是如何组装的"？答案是"与很多商用计算机不同，大脑是通过大规模并行分布处理来完成的'。在心理学之外，由工程技术人员和计算机科学的研究人员进行了大量探索，试图解决"如何让计算机完成人脑所能做的工作"。

一条解决之道就是，研究人员从自然界得到提示广构建"大规模分布式网络"，以完成一些推理工作。有趣的是该网络看起来"在某种程度上像神经结构"，并称之为"神经网络"；且研究人员常常声称"通过模仿人脑的运作，他们正在研究神经网络模型以建造智能机"。

特别是从1996年以来，神经信息工作者们已进行了大量的研究，目的是期望在2004年能完成人类脑计划。到现在，这个新兴领域的研究仍未取得实质性的进展。如：没有任何一台机器能够识别人脸广理解两岁儿童的说话；没有任何一台机器能够完成人类做的有趣事情。主要原因在于人脑使用了比任何一种简单神经网络更为复杂的方式进行组装、连接。

隐藏在心理学背后的假设——尤其是在神经科学和认知心理学背后——是"将心理看成一台信息处理机，一台精致的计算机"。

我们在研究像"识别面部、语言、运动控制、逻辑"等不同问题时，采取的策略是"什么样的程序能解决上述问题"？然后我们会继续探索"这个程序在我们的生理大脑中是如何表示的"。

我们研究人类的心理，就像"我们研究一部来自外星球的计算机"一样——这是我们热衷的一个策略，但仍存在所谓的"意识难题"，该难题涉及"个体的主观经验"，像"焦虑、考虑"等事件是如何让我们产生意识和主观经验的？

这仍然是一个巨大的难题，尽管有部分哲学家和心理学家认为"他们已经解决了该问题"，但大多数学者认为"在我们能回答赫胥黎（Huxley，英国生物学家）的问题前，我们仍需要继续研究"。

赫胥黎提出："刺激人的神经组织便能产生像意识状态这样奇妙的感觉，这好比'当阿拉丁一擦他的神灯，巨大的神灵就会出现'一样的难以解释。这就像魔术一般，'一堆灰色的、令人恶心的肉块竟能产生如此丰富的情感'。"

另一个观点是"心理活动的机械论"，我们所要明确的不是该观点的奇妙、壮观和不可思议，而是"该观点涉及我们匚活的基本问题。如，我们是如何抉择的？为何我们会爱自己的子女？当我们陷入爱河时会发生什么"等。

你或许会感到疑惑，"这样的研究课题如何能与人文主义的价值观保持一致"? 例如，当我们在一套法律和道德体系中与他人相处时，我们会从"自由意志和责任"的角度出发进行思考。如果你在行驶时与我们抢道，这当然是你的自由选择，但你抢道的行为反映出"你较差的素养"；如果你冒生命危险挽救了一条生命，你做了件值得称赞的壮举。但很难将上述行为（素养、壮举）与如下观念保持一致，该观念认为"（人类的）所有行为均是神经化学的生理过程的产物"；该观念也很难与人们宣传的"人类的内在价值观"保持一致；最后，"心理的机械论观点"也很难与"人类拥有精神价值"的观点保持一致。

面对上述困境，有三种可能的选择：

①你可以像大多数人一样，拒绝接受"科学的心理观"，你也可以选择接受"身心分离的二元论"，从而拒绝接受科学心理学的前提——"大脑应为人类的心理活动负责"。

②你可以选择接受"科学的世界观"并抛弃那些"人文价值观"，一些哲学家和心理学家持该态度，并宣称"自由意志、责任、精神价值和内在价值都是一种幻觉"，这些都是"前科学"的概念，应该从现代科学中清除。

③你可以试图将（现代和传统）两种观点加以调和——将"科学的心理观"与"你希望保持的人文价值观"协调一致。

第二章　精神分析心理学概述

第一节　精神分析理论的基本理论

精神分析理论属于心理动力学理论，是奥地利心理学家、精神科医生弗洛伊德于 19 世纪末 20 世纪初创立的。精神分析理论作为现代心理学的奠基石，它的影响远不是局限于临床心理学领域，而是对整个心理科学乃至西方人文科学的各个领域均有深远的影响，甚至有学者将其与达尔文的进化论相提并论。这一理论主要包括：精神层次理论、人格结构理论、性本能理论、释梦理论、心理防御机制理论。

一、精神层次理论

该理论阐述人的精神活动，包括欲望、冲动、思维、幻想、判断、决定、情感等会在不同的意识层次里发生和进行。不同的意识层次包括意识、下意识和潜意识三个层次，它们类似深浅不同的地壳层次而存在，故称之为精神层次。

人的心理活动有些是能够被自己觉察到的，只要我们集中注意力，就会发觉内心不断有一个个观念、意象或情感流过，这种能够被自己意识到的心理活动叫作意识。而一些本能冲动、被压抑的欲望或生命力却在不知不觉的潜在境界里发生，因不符合社会道德和本人的理智，无法进入意识而被个体所觉察，这种潜伏着的无法被觉察的思想、观念、欲望等心理活动被称之为潜意识。下意识是介于意识与潜意识的中间层次，一些不愉快或痛苦的感觉、知觉、意念、回忆常被压存在下意识这个层次，一般情况下不会被个体所觉察，但当个体的控制能力松懈时比如醉酒、催眠状态或梦境中，偶尔会暂时出现在意识层次里让个体觉察到。

二、人格结构理论

弗洛伊德认为人格结构由本我、自我、超我三部分组成。

本我即原我，是指原始的自己，位于人格结构的最低层次，包含生存所需的基本欲望、冲动和生命力。本我是一切心理能量之源，本我按快乐原则行事，它不理会社会道德、外在的行为规范，它唯一的要求是获得快乐，避免痛苦，本我的目标乃是求得个体的舒适、生存及繁殖，它是无意识的，不被个体所觉察。

自我，位于人格结构的中间层次，其德文原意便是指"自己"，是自己可意识到的执行思考、感觉、判断或记忆的部分，自我的机能是寻求"本我"冲动得以满足，而同时保护整个机体不受伤害，它遵循的是"现实原则"，为本我服务，或保护本我的存在。

超我，是人格结构中的最高层次，代表理想的部分，它是个体在成长过程中通过内化道德规范、社会及文化环境的价值观念而形成的，其机能主要在于监督、批判及管束自己的行为。超我的特点是追求完美，所以它与本我一样是非现实的，超我大部分也是无意识的。超我要求自我按社会可接受的方式去满足本我，它所遵循的是"道德原则"。

可见，本我的表达要通过自我的现实"审查"和超我的道德"审查"才能呈现出来；而自我的现实"审查"以保护个体机体不受伤害为目的，是"调和"本我与超我的协调者，参与个体社会化的全过程；超我的道德"审查"是塑造社会化个体的主要内容，参与了人的社会化过程的全部。

三、性本能理论

弗洛伊德认为人的精神活动的能量来源于本能，本能是推动个体行为的内在动力。人类最基本的本能有两类：一类是生的本能，另一类是死亡本能或攻击本能，生的本能包括性欲本能与个体生存本能，其目的是保持种族的繁衍与个体的生存。弗洛伊德作为泛性论者，在他的眼里，性欲有着广义的含意，是指人们一切追求快乐的欲望，性本能冲动是人一切心理活动的内在动力，当这种能量（弗洛伊德称之为力必多）积聚到一定程度就会造成机体的紧张，机体就要寻求途径释放能量。

弗洛伊德将人的性心理发展划分为 5 个阶段：

①口欲期（0~1 岁左右），其快乐来源为唇、口、手指头。在长牙以后，

快乐来自咬牙；刚生下来的婴儿就懂得吸乳，乳头摩擦口唇黏膜引起快感，叫作口欲期性欲。

②肛门期（1～3岁），其快乐来源为忍受和排粪便，肌紧张的控制；1岁半以后学会自己大小便，粪块摩擦直肠、肛门黏膜产生快感，叫作肛门期性欲。

③性蕾欲期（生殖器期）（3～5岁），其快乐来源为生殖部位的刺激和幻想，恋母或恋父；儿童到3岁以后懂得了两性的区别，开始对异性父母眷恋，对同性父母嫉恨，这一阶段叫性蕾欲期，此期间充满复杂的矛盾和冲突，儿童会体验到俄狄浦斯（Oedipus）情结（恋母弑父情结）和厄勒克特拉（Electra）情结（恋父弑母情节），这种感情更具性的意义，不过还只是心理上的性爱而非生理上的性爱。只有经过潜伏期到达青春期性腺发育成熟才有成年的性欲。

④潜伏期（5～12岁），这时的儿童对性不感兴趣，不再通过躯体的某一部位而获得快感，而是将兴趣转向外部，去发展各种知识和技能，以便应付环境的要求。

⑤生殖期（12岁以后），性欲逐渐转向异性。这一阶段起于青春期，贯穿于整个成年期。成年人成熟的性欲以生殖器性交为最高满足形式，以生育繁衍后代为目的，这就进入了生殖期。弗洛伊德认为成人人格的基本组成部分在前三个发展阶段已基本形成，所以儿童的早年环境、早期经历对其成年后的人格形成起着重要的作用，许多成人的变态心理、心理冲突都可追溯到早年期创伤性经历和压抑的情结。

弗洛伊德在后期又提出了死亡本能即桑纳托斯（thanatos），它是促使人类返回生命前非生命状态的力量。死亡是生命的终结，是生命的最后稳定状态，生命只有在这时才不再需要为满足生理欲望而斗争。只有在此时，生命不再有焦虑和抑郁，所以所有生命的最终目标是死亡。死亡本能派生出攻击、破坏、战争等一切毁灭性行为。当它转向机体内部时，导致个体的自责、自伤，甚至自杀，当它转向外部世界时，导致对他人的攻击、仇恨、谋杀等。

四、释梦理论

弗洛伊德是一个心理决定论者，他认为人类的心理活动有着严格的因果关系，没有一件事是偶然的，梦也不例外，绝不是偶然形成的联想，而是欲望的满足。在睡眠时，超我的检查松懈，潜意识中的欲望绕过抵抗，并以伪装的方式乘机闯入意识而形成梦。可见梦是对清醒时被压抑到潜意识中的欲望的一种委婉表达。梦是通向潜意识的一条秘密通道。通过对梦的分析可以窥见人的内部心理，探究其潜意识中的欲望和冲突。所以，他认为并已体验到通过释梦可以治疗神经症。

五、心理防御机制理论

心理防御机制是自我的一种防卫功能，很多时候，超我与本我之间，本我与现实之间，经常会有矛盾和冲突，这时人就会感到痛苦和焦虑，这时自我可以在不知不觉之中，以某种方式调整冲突双方的关系，使超我的监察可以接受，同时原我的欲望又可以得到某种形式的满足，从而缓和焦虑，消除痛苦，这就是自我的心理防御机制，它包括压抑、否认、投射，退化、隔离、抵消转化、合理化、补偿、升华、幽默、反向形成等形式。

压抑——当一个人的某种观念、情感或冲动不能被超我接受时，就被潜抑到无意识中去，以使个体不再因之而产生焦虑、痛苦，这是一种不自觉的主动遗忘和抑制。如很多人宁愿相信自己能中六合彩而不愿想象自己上街时会遇车祸的危险，其实后一种的概率远比前者大。这是一种压抑机制的不自觉运用，因为当人意识到每次上街都要面临车祸的威胁时就会感到焦虑，人为了避免焦虑故意将其遗忘。

否认——指有意或无意地拒绝承认那些不愉快的现实以保护自我的心理防御机制。如有的人听到亲人突然死亡的消息，短期内否认有此事以减免突如其来的精神打击。

投射——指个体将自己不能容忍的冲动、欲望转移到他人的身上，以免除自责的痛苦。如一个人性张力过大，做梦时梦见另一个人与异性在发生性行为，这是自我为了逃避超我的责难，又要满足自我的需要，将自己的欲望投射到别人的身上从而得到一种解脱的心理机制。

退行——当人受到挫折无法应付时，即放弃已经学会的成熟态度和行为模式，使用以往较幼稚的方式来满足自己的欲望，这叫退行。如某些性变态病人就是如此，成年人遇到性的挫折无法满足时就用幼年性欲的方式来表达非常态的满足，例如在异性面前暴露自己的生殖器等。

隔离——将一些不快的事实或情感分隔于意识之外，以免引起精神上的不愉快，这种机制叫隔离。如人们来月经很多人都说成"来例假"，人死了叫"仙逝""归天"，这样说起来可以避免尴尬或悲哀。

抵消——以象征性的行为来抵消已往发生的痛苦事件。如强迫症病人固定的仪式动作常是用来抵消无意识中乱伦感情和其他痛苦体验。

转化——指精神上的痛苦、焦虑转化为躯体症状表现出来，从而避开了心理焦虑和痛苦。如歇斯底里病人的内心焦虑或心理冲突往往以躯体化的症状表现出来，如瘫痪、失音、抽搐，晕厥、痉挛性斜颈等等，病者自己对此完全不知觉，转化的动机完全是潜意识的，是病者意识不能承认也无法感知的。

补偿——是指个体利用某种方法来弥补其生理或心理上的缺陷，从而掩盖自己的自卑感和不安全感，所谓"失之东隅，收之桑榆"就是这种作用。

合理化——是个体遭受挫折时用利于自己的理由来为自己辩解，将面临的窘境加以文饰，以隐瞒自己的真实动机，从而为自己进行解脱的一种心理防御机制。如狐狸吃不到葡萄就说葡萄是酸的。

升华——指被压抑的不符合社会规范的原始冲动或欲望用符合社会要求的建设性方式表达出来的一种心理防御机制。如用跳舞、绘画、文学等形式来替代性本能冲动的发泄。

幽默——是指以幽默的语言或行为来应付紧张的情境或表达潜意识的欲望。通过幽默来表达攻击性或性欲望，可以不必担心自我或超我的抵制，在人类的幽默中关于性爱、死亡、淘汰、攻击等话题是最受人欢迎的，它们包含着大量的受压抑的思想。

反向形式——自认为不符合社会道德规范的内心欲望或冲动会引起自我和超我的抵制，表现出来会被社会惩罚或引起内心焦虑，故朝相反的途径释放导致反向形成。如有些恐人症的病人内心是渴望接触异性的，但却偏偏表现出对异性恐惧。

人类在正常和病态情况下都在不自觉地运用心理防御机制。运用得当，就可减轻痛苦，帮助渡过心理难关，防止精神崩溃；运用不当或过度就会表现出焦虑、抑郁等病态心理症状。

第二节　精神分析的发展概略

一、精神分析理论简介

（一）弗洛伊德的精神分析理论

弗洛伊德认为人的意识可分为意识和无意识两种，意识（也与无意识相对应称为有意识）是与直接感知有关的心理部分，是人能体验到的部分；而无意识是包括个人的原始冲动、各种本能及与本能有关的欲望部分，这些欲望和冲动因受到禁忌和法律等的控制而压抑到意识之下，虽然不被意识但未被泯灭，仍在不断活动，随时有可能被召回到意识之中，这可召回的部分就是处于意识和无意识之间的前意识。人被压抑的欲望以性欲为主，弗洛伊德认为性的后面有一种潜在的力量促使人去寻求一种不受约束的快乐或快感，他称之为"力比多"。

"力比多"作为人的本能能量，是人做出一切行为和人格发展的原动力，弗洛伊德认为个体人格的形成和发展与性欲有密切关系，并以此为据把人格分为本我、自我和超我。

人格的这三个结构系统在人格发展的各阶段——从口唇期一直到生殖器期的五阶段中相互联系，相互作用。另外，梦的解释、生本能和死本能、焦虑和自我防御机制等也都是组成弗洛伊德精神分析理论的重点内容。

（二）阿德勒、荣格等人对弗洛伊德理论的修改和补充。

奥地利精神病学家阿德勒认为，所有人都有一种自卑感，他们为克服缺陷以达到优越目标，所以人是不断地超越自卑。人们对付困境的方法和策略经过不断总结和归纳逐渐被固定下来，形成了一套特殊的行为方式，即"生活风格"。他还认为儿童在家庭中的出生次序及所处地位对人格形成有重要影响，例如，他认为最后出生的儿童常受到娇惯，长大后可能会出现问题，但也可能发展起异乎寻常的性格。他因主要研究人的个性心理行为所以其心理学被称为个体心理学。

瑞士心理学家荣格则对弗洛伊德的"力比多"的观点做了修正，认为它是一种普遍的生命力，表现为生长和增殖，也表现为其他活动。荣格在分析个体的人格时把个体结构看作意识、个体无意识和集体无意识的统一体。集体无意识是荣格最具特点的理论，其主要内容是"原型"，即遗传的先天倾向。他认为人们的科学和艺术创造活动都是原型在起作用。荣格的精神分析心理学被称为"分析心理学"。

二、精神分析的发展概略

精神分析的发展离不开弗洛伊德的理论，但即使是弗洛伊德本人在其形成精神分析理论的过程中也多次修改其教义、修订概念及拓展治疗技巧的内容。在弗洛伊德以后的精神分析发展史也如此，故当一个概念被提及时，必须同时提及该概念的使用年代，为理解方便，著名的自我心理学家拉伯帕特（David

Rapaport）最早对精神分析从自我心理学的历史演变角度做出概括。他在1959年发表的《精神分析的自我心理学的历史概括》[1]一文中，把自我心理学的历史分为四阶段。我们也参照他所划分的这一时段，将精神分析学说的发展划分为四个阶段。

（一）创伤范式研究阶段

弗洛伊德于1881年在维也纳完成其医学课程的学习，在梅尼耶尔特（Meynert）生理实验室工作了一段时间后，转至法国，师从著名神经病学家夏柯特（Charcot）。弗洛伊德对在夏氏那儿所见到的能通过催眠而诱发的走神现象（mental dissociation）及在严重癔症发作时常见的、介于意识与潜意识之间的走神现象印象深刻。

在夏柯特与其他法国精神病学家，如简列特（Janet）看来，这类障碍多半与神经系统获得性或遗传性缺陷有关，该缺陷导致了精神层面的分离。弗洛伊德回到维也纳后开始了与内科医生约瑟夫·布洛伊尔（Josef Breuer）的合作。布氏在此几年前在对一例女性癔症患者（著名病例安娜·欧，Anna O）治疗时发现，当患者在催眠状态下能自由交谈时，其症状便得以缓解。

通过与布洛伊尔对此病例的共同复习及连续观察，弗洛伊德认为，精神层面的分离并非为心理性神经症患者所特有，它可以在每个人身上出现。潜意识中愤怒的张力若无恰当的发泄机会，便会导致神经症的症状产生。弗洛伊德意识到，神经症症状实质为因防止和克服情感及记忆中不快乐或极具威胁的成分呈现于意识层面而主动产生的一种防御过程。尽管弗洛伊德本人及其他分析师在不同的时期对走神的实质及意识结构中潜意识部分有过各式的解释，但这种主动性走神的解释——不管其以何种形式出现——一直在精神分析的理论中占重要地位。

起初，特别是在弗洛伊德与布洛伊尔早期的合作阶段，一直受到防御的潜意识成分被认为是早年曾发生过真实的创伤事件（real traumatic event）所致的极具情感色彩的记忆的持续。他们在共同发表并广为人知的论文《癔症的研究》（1895）中提到：在神经症病人症状的背后，均隐藏着曾经发生过的创伤性经历。这种创伤性经历被认为具备"情感累积"的作用。这种累积效应与创伤性记忆一起被主动地从意识中"分离"出去，但可以以症状的转换形式而出现。基于这种解释，治疗的内容便应该建立在各种将遗忘的记忆呈现于意识层

---

[1] David Rapaport. "A Historical Survey of Psychoanalytic Ego Psychology". *Psychological Issues*, 1959, 1(1): pp. 5 - 17.

面的尝试基础之上，使情感自动得以"投注"（catharsis）或"发泄"（abreac-tion）。

因此，精神分析的第一阶段可以追溯到弗洛伊德与布洛伊尔的合作时期，直至1897年，弗洛伊德发现许多有关创伤性"记忆"的病例，特别是带有性虐待症状的癔症病人所描述的那些曾发生过的创伤性记忆事实上并不存在，多半为其杜撰而成。

（二）内驱力范式研究阶段

第二阶段从弗洛伊德拒绝神经症创伤性理论开始至20年代早期，此期间弗洛伊德发表了其称之为精神分析结构模式的理论（Freud，1923）。此阶段反映了从早期强调外部事件的影响（创伤性情景）到强调潜意识中的欲望、冲动及驱力，以及这些成分外显的过程。在这一阶段，性本能代表了最主要的潜意识中的欲望，儿童时期的反应因不断重复而呈现于现时的情景中，此种主要观点在当时倍受关注。

除此以外，对分析师从病人意识内容解释其潜意识意义的研究也受到了重视。事实上，弗洛伊德将精神分析的目的描述为"将潜意识在意识中加以呈现"。如我们所知，每个理论总不可避免有迂回发展的时期，在这一阶段，讨论的热点也由其外部现实转向对潜意识欲望及冲动与人的关系研究上来。

1900年弗洛伊德发表了《释梦》（1900）一书，他对梦的解释为描述潜意识欲望外显的方式提供了很好的例证。欲望想直接表达的冲动与个人现实检验及其固有的思维方式发生冲突，在本能驱力与防御性力量之间必须存在一种妥协方式，使潜意识冲动以乔装的方式得以满足，梦的外显过程便成为这种潜意识冲动得以检验或改头换面而得到满足的方式。同样，分析师对病人进行的自由联想，也为病人提供了潜意识欲望转换释放的另一种形式。

如在第一阶段，弗洛伊德仍相信在所谓精神结构（mental apparatus）中存在着意识和潜意识部分，对于它们之间的关系弗洛伊德将潜意识分为两部分：其一为潜意识系统（unconsciousness），在其中存在的本能的驱力与欲望若想突破防线上升为意识，便会对个体产生威胁，其后果为产生焦虑和不快乐的感觉，故在潜意识中存在着不断抵御发泄的抗争，若其进行了表达那一定是被歪曲了的或通过了检验的部分；潜意识的另一部分称为前意识系统（precon-sciousness），属于排斥于意识层面以外的经验和想法，因"压制"（repression）的反作用而被逐至潜意识层面。前意识层面的内容在合适的时机下可以进入意识层面，故个体除对其进行合理的使用外，也可借此将一些潜意识冲动发放至意识层面——欲望正是借此而得以表达。此期间的精神结构又通常被描述为"定位模式"（topographical model），前意识系统存在于潜意识与意识之间（以后则倾向其属于意识系统）。

弗洛伊德将本能的驱力视为一种"能量"，该能量可在不同精神内容中被投注。弗洛伊德开始用"力比多"（libido）一词来描述本能驱力中的性能量，虽然日后弗洛伊德认为"攻击性"与"性驱力"同样重要，但并未另设一个与"攻击能量"相匹配的概念。

在潜意识中这些驱力的能量可以自由地在内容上进行转换，在功能上称此为"初级过程"（primary process），在潜意识中所有的元素缺乏逻辑及正式意义上的关联：无时间观念，只有简单和原始的一些联系规则，在潜意识中的驱力及欲望均遵循"快乐原则"（pleasure principle），即不惜一切代价发泄，获得满足及减轻痛苦，这种方式是不被前意识和意识所容许的，在后两个层面，逻辑性、理念（"次级过程"，secondary process）及对外界现实的体验与常规的行为模式占主要地位。

与潜意识不同，前意识及意识将（或试图将）外界现实加以检验，弗洛伊德称之为"现实原则"（reality-principle）。故在被压抑的潜意识中，当原始的性欲望与人们的道德、伦理标准相悖时，冲突将会不可避免地产生，这时就会出现一些挣脱的方式用于抵抗冲突。

到目前为止，我们讨论了本能驱力和本能欲望，这些成分被视为以某种方式相互独立存在。在弗洛伊德看来，这还远远不够，因为本能的驱力自幼年开始便在儿童的内心世界中被赋予重要的内容而存在，很遗憾精神分析家们选择了"客体"（object）这一物化的名词用以描述代表上述情感的重要形式。每个潜意识欲望均有其所赋予的客体，同一客体可以为相反的欲望所赋予，典型的例子如同一个人同时表现为爱与恨的感情。此种"两难情结"（ambivalence）为导致内心冲突的最为强烈的来源。弗洛伊德认为，成年人在处理其人际关系时，（常以改头换面的形式）重复了他们在婴儿时期所经历的关系及冲突，这种趋于重复的倾向常为弗洛伊德病人所有难以解释症状的基础。

在通过精神分析呈现出来的儿童时期的早期冲突中，普遍存在着一种约产生于4～5岁，与欲望及客体关系有密切关系的俄狄浦斯情结（Oedipus complex）。弗洛伊德对之的主要描述为，男孩存在着想与其母亲性交，并完全占有母亲的欲望，并想以某种方式不受制于父亲，部分儿童还有弑父的念头。在弗洛伊德看来，这种男孩对父亲的爱与害怕受拒绝或身体受到伤害，特别是害怕因父亲的报复将其生殖器阉割之间的冲突称为"阉割焦虑"（castration anxiety），女孩也存在相类似的欲望关系模式，只是将父母的角色进行了调换。不过上述两种相反的情结无论在男孩或女孩身上均可找到，故我们也可发现有些男孩想占有父亲，摆脱母亲的控制，即每个人（无论男女）在早期均具备的双性倾向。

精神功能及婴儿期性行为为第二阶段的产物，其重点为对潜意识中本能的驱力，特别是性驱力及其变异形式的转换所进行的研究（Freud，1905）。对此的讨论就此告一段落，由于其重要性，我们在以后的章节里还将尽可能地对其相关概念加以讨论。

在心理学模式的第二阶段，这些概念显得相对简单和直截了当一些，然而，我们将会感觉到，随着弗洛伊德理论的发展，上述情形会变得复杂起来。

（三）自我范式研究阶段

1923年，弗洛伊德的精神结构理论发生了重大改变，这是第三阶段开始的标志。弗洛伊德对一些他设想为潜意识中的负疚感所困的病人的解决方式印象深刻。作为补充，一系列不连续、相互对立的概念出现于已经被广泛使用着的精神结构"定位模式"图，即潜意识、前意识及意识系统模式中。基于此，弗洛伊德对其理论模式重新进行了修改，准确地说，弗洛伊德进一步发展了其理论，因为他的新观点并未取代过去的理论，而是从另一角度对问题进行了阐述。

对此我们一定要留意，精神分析——如同一种发展的理论一样——在早期是不具备连续性与完整性的。1923年弗洛伊德在其"自我及本我"（Ego and the Id，1923）一文中将"本我—自我—超我"三重结构归纳进"结构"模式中，或称为"第二定位模式图"。

"本我"曾在与潜意识有关的概念中粗略地提到过，主要指包含原始本能驱力及与之有关的所有与生俱来的和与之整合了的因素。它主要受"快乐原则"的调控，并遵循初级过程而行动。在成熟与发展过程中，作为与外界交互作用的结果，本我进行调整后以"自我"的形式出现。

自我的基本功能在于在适应来自本我压力及不违背现实要求的同时对自身满足及获取经验加以尝试，它具备延迟本能释放的作用，或者通过各种机制，包括防御机制对本能加以控制。

超我作为第三个因素，产生于儿童早期冲突内化或其残留的发展过程，特别当他们与父亲或其他具有权威意义的形象发生关系时，他们对之进行了认同。超我作为良知的载体部分，部分是潜意识的，但大部分超我及自我，包括所有的本我则在意识之外发挥作用。

在此有必要重提"结构"理论，其内容与最初的阶段相比又发生了改变。自我充当了中介者的角色，它必须时刻面对来自本我和超我的要求，对问题进行调解。由于上述要求常互为矛盾，自我必须达成最大的妥协，妥协的最后结果便是产生症状。尽管对个体而言，经受症状是痛苦和难受的，但它代表了个体在特殊情形下所能选择的最佳适应方式。

在精神分析的发展中，这一特殊阶段持续至1939年弗洛伊德去世为止。

（四）理论认同和继承阶段

我们之所以勉强地将此期视为第四阶段，是因为在此阶段中许多精神分析师在弗洛伊德后继续了他的工作。由于在此期间理论内容的增加及实践的检验使许多人开始想到弗洛伊德以往的著作并最终认同了弗氏的观点。

尽管有关自我的问题以往也在弗洛伊德的著作中提到过，1936年安娜·弗洛伊德（Anna Freud）的《自我及其防御机制》以及1939年哈特曼（Hartmann）的《自我心理及其适应性问题》著作的问世无疑成为第四阶段发展的重要里程碑。安娜·弗洛伊德重点对正常精神功能下的防御机制进行了研究，并将防御的概念扩展至针对来自外界及内部本能冲动将可能导致的危险所进行的防御。哈特曼则重点对所谓自我的"无冲突区"（conflict-freesphere）的自然发展进行了研究。

弗洛伊德一直将其兴趣放在对临床现象的观察上，旨在通过对个体特别的训练和对其能力的培养解脱其冲突，哈特曼则坚持许多经过相对自主的发展过程可以表现为正常的功能，而非总表现为精神上的冲突。

所谓"自我心理"反映了多数精神分析师对正常和异常自我功能赋予同样重视的特别兴趣。值得一提的是，当今许多精神分析师，特别是与临床工作有关的人，其思路主要来源于前述的第二阶段。尽管一些精神分析学家〔如阿洛（Arlow）及布伦纳（Brenner）〕以极大的努力对精神分析结构理论中的概念做过介绍，仍有精神分析师在描述他们的病人时使用第二阶段时的结构模式，而对第三阶段的概念只字不提。

1960年自我心理学在美国开始受到重视，这也为推动其新的发展创造了机会。众多的学术理论包括了海恩斯·科胡特（Heinz Kohut）提出的"自身心理"，爱迪特·杰可布逊（Edith Jacobson）、汉斯·罗耶瓦尔德（Hans Loewald）和奥托·凯恩伯格（Otto Kernberg）提出的"客体关系"。凯恩伯格的观点可视为自我心理及梅朗丽·克莱（Melanie Klein）理论的发展。

　　在英国，克莱学派的研修院有着很大的影响，其他在英国研究客体关系的学派如罗纳德·费尔贝恩（Ronald Fairbairn），迈克尔·巴林特（Michael Balint）及唐纳德·温尼科特（Donald Winnicott）也有同样的影响。近年来威尔弗莱德·比杨（Wilfred Bion）的文章逐渐为人所重视，与其相对立的雅克·拉康（Jacques Lacan）的观点在一些知识分子圈里对认识精神分析具有极大的意义。

　　在精神分析学派发展方面一些自1960年以后成长起来的精神分析师如玛格丽特·玛乐尔（Margaret Mahler）及有着"婴儿观察家"称号的丹尼·斯坦恩（Daniel Stern）和罗伯特·爱默德（Robert Emde）所写就的作品被众多精神分析师尊为从精神分析角度理解人类发展过程的经典教义，起到了举足轻重的影响。

　　自弗洛伊德以来研究人类思维的精神分析理论已经有很大的发展，但精神分析理论与其应用之间的鸿沟仍在加大，故此，对精神分析的临床概念的认识与再认识便愈显得重要。

【选读资料】

选读资料一：弗洛伊德

　　弗洛伊德·西格蒙德（Freud Sigmund， 1856—1939），奥地利医生、心理学家，他是精神分析学派的创始人。

　　1856年5月6日出生于摩拉维亚，4岁时举家迁居维也纳。他在中学时代就显示出非凡的智力，成绩一直名列前茅，17岁考入维也纳大学医学院，1876年到1881年在著名生理学家艾内斯特·布吕克的指导下进行研究工作。1881年开始私人营业，担任临床神经专科医生，1886年与马莎·伯莱斯结婚，育有三男三女，女儿安娜·弗洛伊德后来也成为著名的心理学家，1938年因遭纳粹迫害迁居伦敦，于1939年12月23日因口腔癌在

弗洛伊德

伦敦逝世。

　　弗洛伊德对精神分析的兴趣是在1884年与J. 布洛伊尔合作期间产生的，他们合作治疗一名叫安娜·欧的21岁癔症患者，他先从布洛伊尔那里学了宣泄疗法，后又师从J. 沙可学习催眠术，继而他提出了自由联想疗法，1897年创立了自我分析法。他一生中对心理学的最重大贡献是对人类无意识过程的揭示，提出了人格结构理论、人类的性本能理论以及心理防御机制理论。

　　弗洛伊德早年从事神经学的研究，随后在J. M. 夏尔科、A. A. 利博尔特和J. 布洛伊尔的影响下，使用催眠治疗精神疾病。1893年与布洛伊尔合作发表《癔病的研究》。在这本著作中，他提出一个假设，认为病人把曾经有的情绪经验排除到意识之外，由此阻碍了许多心理能力；通过催眠回忆，情绪发泄后，病就痊愈了。由此逐渐发展了精神分析技术。

　　由于对病人及对自己的梦的观察和分析，弗洛伊德发现和确认了无意识心理现象，提出梦是愿望的满足，形成了梦的分析技术。1900年出版《梦的解析》一书。这是用前所未有的思路，别出心裁地开创一种研究心灵和精神病理现象的新领域。1905年弗洛伊德出版《性学三论》一书，他把生物发生原则用于研究心理性欲的发展，对这一问题做了种系发生和个体发展的观察与概括。1914年弗洛伊德发现自恋的心理现象，并以先天的内部驱力即爱力，来解释人的行为，认为生命由此得以支持。这一能量称为生本能，其投注于外即为爱情的对象，投注于内即为自我爱恋。1920年，弗洛伊德修正关于本能驱力的理论，提出死本能作为补充。1923年在《自我与本我》一书中，他详细阐述了他的人格结构理论，认为人格结构包括本我、自我和超我三个部分。1927年发表了《幻想的未来》，对宗教做了精神分析的评述，1930年他对现代文明做了剖析，并在生命的最后年代（1934—1938）写了《摩西和一神教》的批评性著作。

　　弗洛伊德终生从事著作和临床治疗。他的思想极为深刻，探讨问题中，往往引述历代文学、历史、医学、哲学、宗教等材料。他思考敏锐，分析精细，推断循回递进，构思步步趋入，揭示出人们心灵的底层，这就是精神分析的内容极其丰富的根源。

　　弗洛伊德生平的经典著作主要有：《歇斯底里研究》（1895）、《梦的解释》（1900）、《性欲三论》（1905）、《图腾与禁忌》（1912）、《论无意识》（1915）、《精神分析学引论》（1917）、《自我与本我》（1923）、《焦虑问题》（1926）、《自我和防御机制》（1936）。

　　对于弗洛伊德的主要学术理论及其观点，本书已在本章第一节部分做了详细介绍，在此不再赘述。

选读资料二：荣格

卡尔·荣格（Carl Gustav Jung，1875—1961），瑞士心理学家和精神分析医师，分析心理学的创立者。荣格是一个智力早熟的人，他性格孤僻，想象力丰富。十几岁时就广泛阅读过古希腊罗马哲学家、中世纪经院神学家以及近代哲学家黑格尔、康德、叔本华、尼采等人的著作。1907年开始与弗洛伊德合作，发展及推广精神分析学说长达6年之久，之后与弗洛伊德理念不和，分道扬镳，创立了荣格人格分析心理学理论，提出"情结"的概念，把人格分为内倾和外倾两种，主张把人格分为意识、个人无意识和集体无意识三层。他的分析心理学因集体无意识和心理类型的理论而声名远扬。

（一）荣格生平简介

1895年荣格进入巴赛尔大学主修医学。1900年的12月，他在苏黎世的伯戈尔茨利精神病院谋得了助理医师的执照，导师是布雷勒，开始接触弗洛伊德的精神分析学说。1903年荣格发表毕业论文，题为《心理学与超自然》。1904年至1905年期间，荣格积极地参与由布雷勒领导的关于早发性痴呆（后改为精神分裂症）的实验计划。在布雷勒的指导下，荣格进一步地发展了"字词联想"的测验方式。此后他尝试用电压检流计探测皮肤和线的方式来量度病患们的心理状态，将字词联想测验用于侦测罪犯上。1905年，荣格升任苏黎世大学的精神医学讲师，并在同年升格为精神科医院的资深医师，主讲精神心理学，也讲授弗洛伊德的精神分析以及原始人心理学。1906年，荣格发表关于字词联想（Studies in Word Association）的研究结果，并将之寄给弗洛伊德。

1907年3月，荣格与弗洛伊德两人正式在维也纳会面。6个月后弗洛伊德将自己的研究成果寄给了荣格，于是两人开始了长达6年的紧密交往与合作。1908年荣格任心理分析与精神病理研究年鉴编辑。次年他随弗洛伊德及心理学家弗伦齐来到美国，参加在克拉克大学的心理学会议。1910年荣格被推选为国际心理分析学会会长，也是该协会第一本心理分析期刊的主编。同时荣格开始准备论文《无意识心理学研究》，其中阐述了他与弗洛伊德在心理学研究方面的差异，两人之间的分歧日益加剧。除了对心理学的看法不同之外，弗洛伊德如父亲式的权威亦让荣格受不了。1912年弗洛伊德到荣格住所附近的克罗伊茨林根访友，但未拜访荣格，使之大为愤慨。此后不久荣格再次赴美在福德曼大学做了数次演讲，公开驳斥了弗洛伊德的性本能学说，相关内容之后汇总到他同年著作《心理分析理论》一书中。1912年荣格还出版了《无意识心理学研究》，这标志着他与弗洛伊德的彻底决裂。

在1914年时，他辞掉了职位，专心研究自己的学说。1921年出版了《心理类型》一书，探讨意识头脑对于世界可能产生的态度，此书出版后荣格在心理学界名声大振。1939年二战爆发，荣格辞去国际心理治疗协会主席一职，之后他在瑞士长期从事人格心理学研究和心理学治疗工作。1945年二战结束，荣格终于离开瑞士，到世界各地访问演讲，期间还出版了《心理学与宗教》，引起了宗教界的强烈反响。1946—1952年间，荣格因病长期卧床，但他仍然出版了四部著作，即《论精神的实质》《埃里恩：自身的现象学研究》《答约伯》及《共时性：相互关联的偶然性原理》，其着重以人格心理学思想对宗教进行深入的剖析与探讨。1961年6月5日，荣格安然病逝于湖上的家中，享年86岁。荣格最后一本著作《记忆、梦与反思》是他的自传，在其死后不久出版。

（二）主要学术理论

荣格认为集体无意识反映了人类在以往历史进化过程中的集体经验。人从出生那天起，集体无意识的内容已给他的行为提供了一套预先形成的模式，这便决定了知觉和行为的选择性。我们之所以能够很容易地以某种方式感知到某些东西并对它做出反应，正是因为这些东西早已先天地存在于我们的集体无意识之中。集体无意识一词的原意即是最初的模式，所有与之类似的事物都模仿这一模式。他曾对下面四种最初的模式做过详尽的论述。

一是人格面具。所谓人格面具，即指一个人公开展示的一面，其目的在于给人一个好的印象，以得到社会的承认，保证能够与人，甚至不喜欢的人和睦相处，实现个人的目的。

二是阿妮玛。这是男性心理中女性的一面。他认为每个人都天生具有异性的某些性质，要想使人和谐平衡，必须允许男性人格中的女性性质在人的意识和行为中得到展现。如果一个男人展现的完全是男性的气质，那他的女性气质始终留在无意识中，那么，他的无意识就有一种软弱、敏感的性质，所以那些表面最富于男子气的人，内心又往往十分软弱柔顺。有些男人则反其道而行之，过分突出阿妮玛以至显得儿女情长，英雄气短；有的甚至患上易装癖、恋物癖，或者成为富于女性气的同性恋者。

三是阿妮姆斯。阿妮姆斯是女性心理中男性的一面，它为女性提供了一个理想化的男性形象。那就是英勇强悍、聪明机智、才华横溢、体格健壮。荣格认为对一个女性来讲，否认她的男性倾向，就是否认她精神生活中的一个重要方面，这是不幸的；但另一方面，一个过分强调男性特征的女性也同样是不幸的。

四是暗影。这是精神中最隐蔽、最奥秘的部分。由于它的存在，人类就形成不道德感、攻击性和易冲动的趋向。暗影代表一个人的性别，同时影响着这个人与其他同性别的人的关系。他们往往把自己受压抑的暗影冲动强加到别的同性别的人身上，因而与同性别的人之间总处不好。唯有当自我与暗影相互协调和谐时，人才会感到自己充满生命的活力。

除集体无意识理论外，荣格还提出了人类心理类型说。他勾勒出八种不同类型的人：

一种是外倾思维型。这种人按固定的规则生活，客观、冷静，善于思考但固执己见。他们通常压抑天性中性感的一面，因而显得缺乏鲜明的个性，甚至冷漠无情。如果压抑过分，则会变得专制、自负、迷信，拒绝接受任何批评。

一种是内倾思维型。这种人喜欢离群索居，由于判断力贫乏而不愿社交。他们极端聪明却又不顾实际。发展过度就会变得顽固执拗，刚愎自用，不体谅别人，骄傲自大，拒人于千里之外。

一种是外倾情感型。这种类型的人以女性较多，她们理智屈从于情感，往往表现为反复无常，朝秦暮楚，多愁善感，浮夸卖弄，过分殷勤，强烈地依恋他人但情感并不执着。

一种是内倾情感型。这种人文静多思，敏感忧郁，沉默寡言，难以捉摸，然而有时又表现得恬淡宁静、怡然自得，给人以莫测高深之感。

一种是外倾感觉型。这种人追求欢乐、善于社交、不断寻求新的刺激，他们头脑清醒但对事物浅尝辄止，他们情感浅薄经常沉溺于各种嗜好，具有变态行为和强迫行为。

一种是内倾感觉型。这种人爱好艺术，沉浸在自我主观感觉中，与自己的内心世界相比，他们觉得外部世界索然乏味。这种类型的大多数人表现得较为沉静、随和，有一定的自制力，但思维和情感大都不够深沉。

一种是外倾直觉型。这种人异想天开，喜怒无常，见异思迁，好高骛远，一个问题没解决又忙于解决另一个问题，不能持之以恒，由于情感转移快，难得知己。

最后一种是内倾直觉型。这种人往往是能产生一些新奇观念的梦想家，别人看他们不可思议，而他们自己却自视甚高，自以为是不被理解的天才。

选读资料三：精神分析的过去、现在与未来①

自从弗洛伊德创立精神分析以来，已经百余年了。精神分析并没有成为一个僵化的理论，它一直在发展和变化。下文力图回顾精神分析的过去，总结精神分析的目前发展现状，展望一下精神分析的未来，使大家对于精神分析，有一个历史的、发展的、动态的、整体的观点。

精神分析的过去

总体上说，精神分析的过去，为精神分析奠定了基础和框架，其伟大蓝图，基本上由总设计师弗洛伊德勾画出来，现今精神分析的一切发展，无不在弗洛伊德圈定的框架之内。弗洛伊德理论的核心，是本能决定论。在生理本能的驱使下，原我发展出自我和超我——人格的结构理论由此而来；由于自我的抑制作用，意识又被区分为意识和潜意识——意识的分域理论得以产生，在此基础上，还研究了人类的原始思考程序——梦、象征和意象。

在本能的驱使下，婴儿经过口欲期、肛欲期和俄狄浦斯期，完成性心理和人格的成熟——以此为基础奠定了人格和性心理发育理论，推导出著名的"性"决定论、童年决定论和潜意识决定论；在本能的驱使下，婴儿由自恋转向对象客体恋、童年决定的客体恋的关系模式，会在成年后的人际关系模式中再现——移情模式和机制得到发现——从而为成年期通过精神分析治疗童年创伤引起的心理障碍奠定了理论基础；死亡本能的揭示，把精神分析的注意力转向了自我、自恋、施虐受虐、退行以及强迫性重复；防御机制以及阻抗的发现，都是死亡本能揭示后的产物。而且，由于死亡本能理论，使精神分析与天体物理学、热力学以及生物学的结合成为可能。

弗洛伊德的工作是伟大的，至今没有人能同时涉猎如此宽的领域，并且，在每个新的领域，都有惊人的创造和发现。

但是，弗洛伊德的理论也有许多致命的缺陷，首先，它是一种打着理智幌子的浪漫主义，因为它理论的核心是，"只有一个人原我、自我、超我实现完美的和谐，一个人才能快乐和健康"。但是，世界上根本就不存在"完全和

　　① 苏晓波：《精神分析的过去、现在与未来》，载《德国医学》，2000年第17卷第4期，第190-191页。

谐"的人。所以，弗洛伊德的理论必将人类引向理想主义和接踵而来的悲观主义。而弗洛伊德本人成了像基督那样判断别人"对"与"错"的制定者。使每个人都感到"有病"，是一种缺陷取向的理论。尽管他反对"一神教"，但是，他自己也不知不觉地成了"精神分析第一神"，他是理论的创立者，他认为每个学精神分析的人必须首先被分析。这样一来，弗洛伊德就成了世界上唯一一个没有被别人分析过的"永远正确"的精神分析鼻祖。所以，他的理论在情感上是难以被别人接受的；其次，由于弗洛伊德自身的情结拖累，以及由于他是一个男性分析师，导致他过分强调俄狄浦斯情结，使他忽视了母婴关系，导致他的理论在解释一些心理现象，尤其涉及口欲期冲突的时候，显得牵强附会，难以令人满意。而且，由于弗洛伊德个人的性格气质，使他所进行的精神分析过于理智化，常常使人理解了很多，但是，情结并没有被真正修通。弗洛伊德创立的精神分析的这些缺陷，为精神分析后来的分化和发展准备了动力。

作为对于弗洛伊德理论缺陷的一种反作用，荣格出现了。荣格摒弃理智、反对父亲意象、公然向婴儿和女性退行、强调向潜意识学习、与阴影和解，将潜意识崇拜和理性崇拜推倒，转向集体无意识崇拜和感性崇拜。荣格更加强调人性和自性。荣格给精神分析注入灵魂、情感、价值、意义和精神，使弗洛伊德冰冷严肃的精神分析，变得温暖、友好，赋予精神分析以人性，使即使处于疯狂和"地狱"中的人也可以抱有希望。并且，荣格把精神分析与东方哲学进行了结合。如果说弗洛伊德为精神分析奠定了高度和广度，那么，荣格就为精神分析奠定了深度。弗洛伊德和荣格的工作，可以说是开天辟地之作、高屋建瓴之势。两位伟人身后的研究，无一能在广度和深度方面望其项背。如果把弗洛伊德和荣格的工作比作摩天大厦和巨大的地基的话，他们后面的心理分析理论所做的，基本上是"装修"工作。

可以说，弗洛伊德研究了人类心理的生物因素、荣格研究了人类心理的灵魂因素，那么，阿德勒则研究了人类心理的社会性。（阿德勒的贡献还在于，他最先重视"自卑"对人心理发展的意义。这为后来的自恋研究埋下了伏笔。）这样一来，精神分析就涵盖了人类几乎所有的心理现象和层面，达到了理性、人性、社会性的初步和谐，为精神分析的发展搭建了基本框架，将精神分析推向了现在的框架内的"装修时代"。

精神分析的现在

对于现代精神分析来讲，最重要的理论发现，是客体关系理论。其中最重要的人物是克莱。这是一位女分析师，她的发现均来自对婴儿的观察。她的性别优势和研究方法，都是前所未有的。客体关系理论对于精神分析的发展重要意义有两点：一是将心理治疗中所关注的心理冲突，由俄狄浦斯期转向口欲期；二是将精神分析技术，由干巴巴的解析转向对治疗师与患者关系本身，以及对移情和反移情的重视。将所关注的心理冲突转向口欲期，有以下好处：首先，揭示了童年期母婴关系与患者成年后心理障碍的密切关系，为预防心理障碍奠定了理论基础；其次，对于口欲期问题的关注，使精神分析的治疗作用不再局限于俄狄浦斯期冲突和神经症，从而将精神分析治疗的适应症扩展到边缘型人格障碍和有自恋移情的自恋性人格障碍。对治疗关系的重视，是完成精神分析心理治疗从理论到实践的桥梁。

客体意象的内化以及处理反移情与负移情，已经成了当代精神理论与实践的核心。正是在重视关系的背景之下，精神分析与人本主义和存在主义携起手来。

谈到现代精神分析，不能不谈到比杨，他的"container"概念，是最具有操作性和现实意义的，对于"container"的把握，成为掌握精神分析和处理负移情和反移情治疗技术的重要尺度。

还有一位可以被划分为现代精神分析理论大师的人物，就是科胡特。因为他的"self psychology"对于弗洛伊德的自恋理论有了重大发展。尤其他的"自恋有自己的独立于性心理发育的发育过程"的观点，可以说是划时代的，是对于精神分析理论框架的重大修改。有一大部分自恋性人格障碍的患者，必须在他这种理论的指导下，才能得到治愈。

其他的精神分析理论家，基本上是精神分析理论的油漆工，起着润色、协调和综合的作用，其中，最著名的当属凯恩伯格。

现代精神分析的特点就是没有杰出的力挽狂澜的伟人出现，每个人所完成的，基本上都是在弗洛伊德和荣格所建立的精神分析大夏的框架内，装修一个又一个小房间，使大厦漂亮、充实起来，使大厦变得更精美、更实用，当然，同时也变得更平庸和自大。精神分析培训动辄1000小时、2000小时；精神分析治疗可以拖后几年甚至十几年。精神分析越来越成为少数人拥有、为少数人服务的奢侈品。他们似乎已经忘记了，他们每一个装修漂亮的小房子，都是在弗洛伊德和荣格两位大师的框架内建构起来的。但是，正是这种平庸和自大，给精神分析的未来发展，孕育了变革的契机。

精神分析的未来

精神分析的未来，就在过去和现在的基础上孕育着。有三大趋势引人注目：

第一大趋势是"适应性"的概念。这一看似简单的概念，有可能摧毁精神分析的全部框架，因为按照"适应的，就是健康的"新概念，任何看似病态的东西，对于拥有者本人，都是健康的，都是适应性反应。这样一来，精神分析甚至一切心理治疗，都可能变得毫无意义。

第二大趋势是精神分析的生物学趋势，即一些精神分析家逐渐在把人类的心理活动，与其他生物或者动物做比较，在这样的视角下，人的心理活动更像动物习性学。更极端的研究者，将社会生物学观点引入精神分析理论，认为所有的心理活动都以围绕基因的保留与延续为最终目的，试图为弗洛伊德的"元心理学"和荣格的"超心理学"找到分子生物学基础。更有甚者，甚至将天体物理学、量子物理学引入精神分析。

第三大趋势是精神分析与东方哲学的融合，或者，甚至被东方哲学吞并。首先，在理论上，发现仅一百年的精神分析的观点，早在几千年前，即已被东方哲学所拥有。比如，密宗的修炼过程，与精神分析几乎没有大的区别。易经中的变化和道家的水哲学，都是最早也最深奥透彻的精神动力学。东方哲学的起点就是整体观，而精神分析在方法上基本是分裂的、破坏性的。现代精神分析中的一些系统观点，已经露出东方思想的雏形。

展望未来，精神分析将会同时向两极发展，一极是分裂性的，即进一步对精神分析的所有细节进行深入的、割裂性的、可能达到分子水平甚至量子水平的研究；另一个趋势，就是强调整体和综合。所以，精神分析未来的希望，很可能在于"在分子生物学水平的基础上，精神分析与东方哲学的融合"。可以说，精神分析的未来，在东方。作为东方的一分子，我们应该肩负起精神分析未来发展的重任。

第三章　行为主义心理学概论

第一节　行为主义的三个发展阶段

一、理论的产生

20世纪初期，有些心理学家不满意当时的心理学对心理现象的主观推测，而着重研究行为中可以观察到的、可以量化的方面，排除主观现象，如感情或动机，他们集中研究行为，这类学者形成心理学的一个流派，被称为"行为主义心理学派"。主要代表人物有巴甫洛夫、约翰·华生、斯金纳、托尔曼、班杜拉等。

二、行为主义理论的内容

行为主义观点认为，心理学不应该研究意识，只应该研究行为。所谓行为就是有机体用以适应环境变化的各种身体反应的组合。这些反应不外是肌肉收缩和腺体分泌，它们有的表现在身体外部，有的隐藏在身体内部，强度有大有小。

（一）早期行为主义理论

1913—1930年是早期行为主义时期，由美国心理学家华生在巴甫洛夫条件反射学说的基础上创立的，他主张心理学应该摒弃意识、意向等主观的东西，只研究所观察到的并能客观地加以测量的刺激和反应，无须理会其中的中间环节，华生称之为黑箱作业。他认为无论是正常行为还是病态的行为都是经过学习而获得的，也可以通过学习而更改、增加或消除，另外，查明了环境刺激与行为反应之间的规律性关联，就能根据刺激预知反应，或根据反应推断刺激，达到预测并控制动物和人行为的目的。他认为，行为就是有机体用以适应环境刺激的各种躯体反应的组合，有的表现在外表，有的隐藏在内部，在他眼里人和动物没什么差异，都遵循同样的规律。

（二）新行为主义理论

1930年起出现了新行为主义理论，以托尔曼为代表的新行为主义者修正了华生的极端观点。提出了中间变量的概念，认知变量就是能力，它们包括对象知觉、运动技能等等。（详见本章第二节）

（三）近期行为主义理论

近期行为主义的代表理论有班杜拉的社会学习理论（观察学习理论）、罗推尔的社会行为学习理论、米契尔的认知社会学习理论等。他们的共同特点表现在既坚持行为主义的研究精神又吸收了认知心理学的研究成果。其具体表现为：

1.大胆地使用以往被传统行为主义所摒弃和拒绝的心理学概念

探索认知、思维、意象等在行为调节中的作用。

2.强调行为和认知的结合

既可以通过人的思维、信念和期待等认知过程预测人类的行为，也可以通过改变人的认知来改变人类的行为，通过行为的改变也可改变人的信念、期待等认知过程，如经典的ABC疗法（见本章选读资料）。

3.强调自我调节的作用

传统的行为主义强调外在强化对行为的影响，忽视了"自我"在行为调节中的作用。新行为主义者认为，如果行为仅仅由外部的奖励或惩罚所决定，人就会像风向标一样，不断地改变方向，以适应作用于他们的各种短暂的影响。但现实并非如此。人们能依据自我的判断做出认可、顺从或拒绝的行为，自我具有很强的调节作用。

4.强调心理过程的积极与主动性

新行为主义者强调要把行为主义同建构论结合起来，重视以往经由学习而获得的认知规则在对环境信息做出反应过程中的作用。如人会因个体经验对任务成功与失败的归因而影响到其后继行为。

5.坚持客观主义的态度

新行为主义更强调心理学客观性的一面，认为心理学从物质基础到心理反应都是以客观生活为依据的，哪怕是臆想，也有客观世界的影子。

三、行为主义学派的三个核心观点

第一，行为主义者非常强调学习的作用。行为主义认为你一切的知识和具有的本质均源于经验；人性压根就不存在；相反，人类是具有无限可塑性的。

第二，"反心理主义"，即行为主义者沉沦于"追求科学"的理念之中，与弗洛伊德有很大不同。行为主义者认为那些内在心理状态——如欲望、意愿、目标、情感等均是非科学的；那些无形且模糊的概念从未基于"严谨的科学"。

第三，行为主义者认为生物种群之间并不存在引人注目的巨大差异。行为主义者或许会承认人类能够完成一些老鼠或鸽子无法胜任的事情，但他们或许只会说"它们只不过是在一般性联想学习能力上有所差异而已"，或他们甚至会否认人和老鼠根本没有区别——只不过相对于老鼠而言，人类生活在刺激更加丰富的环境中罢了。

从以上介绍我们不难发现，行为主义与精神分析有着本质的区别，如表3-1所示：

表3-1　心理分析与行为主义主要思想对比表

学派	开山鼻祖	主要思想
心理分析	弗洛伊德首创并宣扬其心理分析的教义	性、潜意识是其教义的两大要素
行为主义	约翰·华生开创，斯金纳对前人的思想理论进行收集、整理、归纳后，进行系统的扩展和总结	(1)学习源于经验 (2)反"心灵主义" (3)生物种群间无明显差异

第二节　新行为主义理论

一、新行为主义理论的提出

1930年起出现的新行为主义理论修正了华生的极端观点。托尔曼指出在个体所受刺激与行为反应之间存在着中间变量，这个中间变量是指个体当时的生理和心理状态，它们是行为的实际决定因子，它们包括需求变量和认知变量。需求变量本质上就是动机，它们包括性、饥饿以及面临危险时对安全的要求。认知变量就是能力，它们包括对象知觉、运动技能等等。托尔曼还给出了一个公式，$B=f(S、P、H、T、A)$，其中 B 为行为，S 为环境刺激，P 为生理内驱力，H为遗传，T为训练方式，A为年龄，也就是说行为是环境刺激（S）、生理内驱力（P）、遗传（H）、过去训练的经验（T）以及年龄（A）等实验变量的函数。同时他也指出行为并不仅仅由环境刺激决定。

二、新行为主义理论的核心

操作性条件反射是斯金纳新行为主义学习理论的核心。斯金纳把行为分成两类：一类是应答性行为，这是由已知的刺激引起的反应；另一类是操作性行为，是有机体自身发出的反应，与任何已知刺激物无关。与这两类行为相应，斯金纳把条件反射也分为两类。与应答性行为相应的是应答性反射，称为S（刺激）型；与操作性行为相应的是操作性反射，称为R（反应）。S型条件反射是强化与刺激直接关联，R型条件反射是强化与反应直接关联。这一理论，从斯金纳的实验与巴甫洛夫的条件反射实验的不同点可见端倪：

第一，在斯金纳箱中的被试动物可自由活动，而不是被绑在架子上；

第二，被试动物的反应不是由已知的某种刺激物引起的，操作性行为（压杠杆或啄键）是获得强化刺激（食物）的手段；

第三，反应不是唾液腺活动，而是骨骼肌活动；

第四，实验的目的不是揭示大脑皮层活动的规律，而是为了表明刺激与反应的关系，从而有效地控制有机体的行为。

所以，斯金纳认为，人类行为主要是由操作性反射构成的操作性行为，操作性行为是作用于环境而产生结果的行为。在学习情境中，操作性行为更有代表性。斯金纳很重视R型条件反射，因为这种反射可以塑造新行为，在学习过程中尤为重要。斯金纳用这一理论广泛解释了学习现象。包括不良行为的形成，均涵盖在操作性条件反射之中。

另一个新行为主义学派的杰出代表是斯坦福大学的班杜拉（A. Bandura 1925—）。他以学习理论为基础，进一步提出，人自身的能动作用，强调人与社会环境的相互作用，从而提出了新的"社会学习理论"，也称"模仿学习理论"。社会学习理论认为人类行为既不是单纯地取决于内驱力，也不是单纯地被环境所摆布。人有自己独特的认知过程，它们不但参与行为模式的形成，而且参与人格的形成和保持。

三、新行为主义的现实意义

20世纪70年代以来，由于计算机和有关信息加工技术的发展，原先应用在教学机器中的程序设计，已在计算机辅助教学技术中被广泛地应用。

18世纪以来科学的极大发展破除了以前很多想当然的或迷信的东西，神秘主义受到挑战。实证主义空前具有市场，强调实证的、具有社会性的可用作客观观察的知识。行为主义心理学派在心理学发展中的贡献和局限促进了心理学的客观研究，扩展了心理学的研究领域。对行为的突出强调，不仅促进了心理学的应用，而且使人们看到了新的希望。

四、行为主义与学习的原则

第一种学习的原则是"习惯化"原则，也是最简单的学习模式，在学术上被描述为"由于重复暴露在某种刺激环境中而熟悉该刺激，从而造成对该刺激的反应降低的倾向"。习惯化因诸多原因而显得尤其重要，原因之一就是，很多聪明的发展心理学家们将习惯化作为研究人类无法用语言交流的生物，如：非人类动物或是婴儿的一种方式。

第二种学习原则就是众所周知的经典条件作用。通常而言，经典条件作用就是在一个刺激和另一个刺激之间建立联系的学习模式；于此，刺激是一个专业术语，表达外界环境中出现的事件，如某种味道、声音或视觉等。一般而言，在经典条件作用中，反应就是某种准备过程，条件反应是对无条件刺激的一种准备。

第三种学习类型被称为"操作性条件作用或工具性条件作用"——斯金纳支持并在最大程度上发展了这个理论。操作性条件作用是学习"你所做的"和"取得多大的成功"或"哪些条件（行为）起作用"和"哪些条件（行为）不起作用"之间的关系。操作性条件作用很重要且与经典条件作用非常不同，理解两者间巨大差异的方法是，就经典条件作用而言，你的行为是受限的；而操作性条件作用，你可能被严格地绑定并固化下来，在大脑里建立"这些你喜欢的联系"。

五、当今社会对行为主义的批评

行为主义心理学在美国心理学中占统治地位长达40年之久。行为主义的理论结构和实验方法，随着科学技术的发展，将会变得更加精确、客观和专门化。但是由于它们对人性的理解太过片面，研究的对象太过狭窄，应用的方法太过机械，因而研究的实效相对来说限制较大。从20世纪50年代起，行为主义心理学遇到了人本主义心理学和认知心理学两方面的严重挑战。

行为主义的三个基本观点表现为：

第一，知识并非天生的，你必须通过学习而获得（知识）；第二，无须诸如欲望、目标等概念，你就能诠释人类的心理（活动）；第三，这些（行为主义的）机制适用于所有领域和所有物种。

针对这三个观点当今社会几乎所有人都会一致同意"这三条主张是错误的"。这是因为人们普遍认为：

首先，"所有知识都是习得的"是个错误的观点。就人们所拥有的创造力及其所创造的知识并不来自于"习得"就可以否定这一绝对化论点。其次，"讨论心理状态是不科学的"也是没人会再相信的观点；"动物需要强化和惩罚才能进行学习"的观点一样被否定。最后，就学习而言，是否存在动物特殊的局限性？答案同样是否定的。

第三节　行为主义与社会学习理论

一、理论的提出

新行为主义的产生，主要有两方面的原因。一方面是由于早期行为主义无视有机体的内部过程，引起了不少人的非难和反对。在行为主义阵营内部也出现了一批改造和发展早期行为主义的人物，他们先后提出了自己的理论体系，以求摆脱这种困境。托尔曼首先提出了"中介变量"的概念，试图用在刺激和反应之间的有机体内部发生的变化来解释"刺激—反应"公式所不能解释的事实。赫尔也嫌 J. B. 华生用"刺激—反应"的一般原理作为行为解释的原则未免太天真，认为这些有机体内部进行的事实，应该从一套表述清晰的公式出发，用最严格的逻辑，演绎出一系列互相联结的定理，从而建立一种可靠的行为科学理论体系。

斯金纳则认为，早期行为主义把意识经验排除在科学考虑之外的做法，在策略上是很不明智的。他指出，一种适当的行为科学必须考虑有机体内部所发生的事件，并认为可以对有机体的内部过程进行研究而无须放弃行为主义的基本立场。行为主义产生的另一方面原因是操作主义哲学思潮对新行为主义者的影响。操作主义以探讨科学体系的严密性和精确性为宗旨，强调"操作分析"的方法，认为由于测量操作的方式不同，同一客观概念并不总是具有同一意义。人类通过科学所能得到的知识，仅仅是人们所进行的种种测量、观察、记录、运算等操作的结果。

20世纪30年代以后，操作主义原则在美国风行一时，特别受到新行为主义者的重视。他们都认为用科学的操作来规定心理学上一些术语的意义，可以减少许多无谓的争论，有助于把心理科学体系建立在客观的实验操作的基础之上。

二、理论描述

（一）托尔曼的目的性行为主义

1.整体的行为及其目的性

托尔曼将行为的性质区分为分子的和整体的两类，认为华生混淆了分子运动和整体运动的区别，主张心理学应该研究"行为—动作"的整体性。他总结了整体行为的四个特征，并认为整体在某种程度上统治了它的部分，而且这些整体是由学习获得的，而不是天生的、现成的纯知觉的格式塔。

2.中介变量

托尔曼反对华生简单的、机械的"刺激—反应"公式，提出了"中介变量"是介于刺激与反应之间的一种变量，代表着反应的内部心理过程。他试图从可以观察到的环境刺激和行为反应之间探索有机体内部过程，来解答"为什么有这反应"的问题。他认为中介变量是不能直接观察到的，但是通过实验设计，加以数量化，就可以被人们间接地推断出来。

3.学习理论

托尔曼的学习理论在他的整个理论体系中占有重要地位，他提出以学习的认知理论替代"刺激—反应"学习的理论。符号学习和潜伏学习是他的两项最主要的研究。

（1）符号学习

托尔曼认为学习者所学习的并非简单的、机械的活动反应，而是学习达到目的的符号及其所代表的意义。他设计了位置学习、阻塞途径等实验，根据结果阐明了学习者是根据对情境的认知，在所有选择点建立了一个完整的"符号—格式塔"模式，托尔曼称之为"认知地图"。他认为，"认知地图"是动物对环境有了"顿悟"——建立了一种综合的知识，在动物的头脑中产生了某些类似一张现场的地图，知道目标的所在，从而改变它们的行为，以适应环境。他的"符号—格式塔"理论是他全部学习理论中最基本的概念，可用以说明行为的目的性，行为的整体性，行为的期望和预见性。

（2）潜伏学习

托尔曼设计了另一个实验，发现动物存在着效果未显示于外的学习，他称之为"潜伏学习"，并认为潜伏学习的效果正是有机体在追求目的时运用已有"认知"的结果。

（二）赫尔的行为主义

1.赫尔的心理学体系

赫尔在达尔文进化论思想的影响下，以有机体对环境的适应性行为作为他的理论体系的出发点，认为适应性行为最终是根据物质世界的原理起作用的，心理只是一种用来指导和控制适应性行为的假设的实体，在神经生理学达到高度成熟时，这些过程就可以归结为物理化学的因子。另外，他还总结了科学理论体系所应具有的三个基本特征，并把这样的理论体系称为"假设—演绎"的系统。

2. 赫尔的行为原理

赫尔的行为原理也就是他的学习理论。

（1）习得律

赫尔认为学习就是有机体本身去自动获得那些具有适应作用的感受器-效应器联结的能力。而学习进行的基本条件就是在强化情况下刺激与反应的接近，这就是赫尔的学习理论的核心。

习惯强度和反应势能是赫尔学习理论的两个中心概念。传入和传出神经冲动间的动力关系就是习惯强度，任何刺激只要它所引起的反应在时间上接近，就会同该反应形成联结；反应势能作为一种具有兴奋作用的势能，一种反应激起的可能性，它是由内驱力和习惯强度的乘积决定的。

（2）抑制和消退律

赫尔提出反应抑制和条件抑制的概念，以此来解释一个习得反应若在不加强的情况下重复引起，这个反应会逐渐削弱以至完全消失的原因。他认为消退的原因是由于条件抑制和反应抑制的逐渐增强，也就是说，消退不是由于强化的重复，而是由于抑制的影响。

（3）反应的发生和反应阈限

他认为最重要的两个变量就是反应阈限和一些不相容反应。在其他条件相等的情况下，有效反应势能在阈限以上，反应就会发生；在同时存在着不相容的反应的情况下，那个反应势能最大的反应，就是应该发生的反应。

（三）班杜拉的"社会学习理论"

另一个新行为主义学派的杰出代表是斯坦福大学的班杜拉。他以学习理论为基础进一步提出人自身的能动作用，强调人与社会环境的相互作用，从而提出了新的"社会学习理论"，也称"模仿学习理论"。社会学习理论认为人类行为既不是单纯地取决于内驱力，也不是单纯地被环境所摆布。人有自己独特的认知过程，他们不但参与行为模式的形成，而且可以参与人格的形成和保持。

这方面的重要概念有如下三种：

第一，"替代学习"或"观察学习"，即人们能够操纵符号，思考外部事物，可预见行为可能的结果，而不需要实际去体验它。这是学习理论中最重要的概念之一。据此，学习者可以通过概念的学习而获得经验，而无须体验外部事物。

第二，"自我奖赏或批判"，即人们可以评价自己的行为，为自己提供自我强化（自我奖赏或批判），而不必依靠外部强化。通过自我批判与强化能促进主体的体验，从而完成学习过程。

第三，人们可以调节、控制自己的行为，而不是被外界左右，即人的行为的可控性决定了人可以自主地选择控制学习的内容。

按照"学习理论"，对行为问题的咨询与治疗，其实质是一个非常简单的过程，即在行为反应过剩的情况下，治疗就是要消退这些反应。而在行为反应不足的情况下，治疗就是要建立刺激—反应之间的联系。其基本假设是：如同适应性行为一样，不良行为也是习得的，也是个体通过学习获得的。个体可以通过学习消除那些习得的不良或不适应行为即纠正不合理信念，也可通过学习获得适应性行为，即直接地形成合理信念。

按照这种理论，沃尔普（Wolpe）将行为治疗定义为：行为治疗是使用实验确立的行为学习原则和方式，克服不良行为习惯的过程。对待求助者不良行为的态度，应该就事论事，即在行为治疗中要治疗的东西就是不良行为本身。它不假设也不探讨在这些不良行为背后是否存在着什么更深层次的东西。但是，对行为的直接治疗，并不拒绝承认求助者的内在认知和情感活动，在行为治疗家眼中，人的内在思想活动、信念、情感等，已经有行为表现出来了，它们只是内隐活动与外显的活动之分。所以，作为消除或改变外显活动的行为治疗，已经将内隐的活动包括在内，它们都是行为治疗的目标。

"认知行为治疗"的理论依据就是与"内隐""外显"活动相一致的观点，从行为治疗过程来讲，在治疗前、治疗中和治疗后，精神分析、评估的对象不是行为背后的东西，而是可观察、可量化的"关键行为"，即"靶行为"。在治疗前，先要发现"靶行为"，并对其做十分具体的描述，然后，定出详细的治疗方案，其中，方案的每一步，都要进行评价，并且评价指标力求一致，便于重复。

行为治疗的主要方法有系统脱敏法、模仿学习、自我管理技术、角色扮演、自信心训练、厌恶疗法、强化法、"认知—行为"疗法等。（行为疗法的步骤与特点见选读材料五）。

三、对班杜拉观察学习理论的评价

（一）班杜拉观察学习理论的贡献

①注重社会因素的影响，改变了传统学习理论重个体轻社会的思想倾向，把学习心理学的研究同社会心理学的研究结合在一起，对学习理论的发展做出了独树一帜的贡献；

②吸收认知心理学的研究成果，把强化理论与信息加工理论有机地结合起来，改变了传统行为主义重"刺激—反应"轻中枢过程的思想倾向，使解释人的行为的理论的参照点发生了一次重要的转变；

③强调学习过程中的社会因素和认知过程在学习中的作用，在方法论上注重以人为被试的实验，改变了行为主义以动物为实验对象，把由动物实验中得出的结论推广到人类学习现象的错误倾向；

④他的概念和理论建立在丰富坚实的实证资料的基础上，其实验方法比较严谨，结论比较有说服力。

（二）班杜拉观察学习理论的局限性

①由于班杜拉的理论具有开放性特征，导致了其缺乏富有内在统一性的理论框架；

②大多数发展心理学家认为班杜拉的观点忽视了发展变量的重要性，即它忽视了儿童在多大程度上能独立进行学习，以及发展阶段在多大程度上对儿童的观察学习产生影响；

③班杜拉在研究攻击行为观察学习中所采用的一些方法难以让人苟同，对儿童的健康成长产生不利影响；

④班杜拉虽然强调了人的认知能力对行为的影响，但他以研究行为为重心和目的，实际上并没有给认知因素以应有的位置。

【选读资料】

选读资料一：巴甫洛夫

伊凡·彼德罗维奇·巴甫洛夫（Иван Петрович Павлов）是俄国生理学家、心理学家、医师、高级神经活动学说的创始人，高级神经活动生理学的奠基人。条件反射理论的建构者，也是传统心理学领域之外而对心理学发展影响最大的人物之一，曾荣获诺贝尔生理学奖。

1849年9月26日，巴甫洛夫出生在俄国中部小城梁赞，他的父亲是位乡村牧师，母亲是一位牧师的女儿，有时在富人家做女佣以贴补家用。巴甫洛夫是父母5个子女中的长子，自幼养成负责的个性。从小学习勤奋，兴趣广泛。当时，沙皇亚历山大二世颁布法令，允许家庭贫困但有天赋的孩子免费上学。由于他父亲喜欢看书，家中有许多像赫尔岑、车尼尔雪夫斯基等人的进步著作，在父亲的影响下，他一有空就爬到阁楼上，读父亲的藏书。1860年进入梁赞教会中学，1864年毕业后进入梁赞教会神学院，准备将来做传教士。

19世纪60年代，俄国一些伟大的革命民主主义者赫尔岑、别林斯基、车尔尼雪夫斯基等与社会生活和科学上的反动思想进行着艰苦卓绝的斗争。在此期间从皮萨列夫（Dmitri Ivanovitch Pisarev）的文章《动植物世界的进步》中，他知道了达尔文的进化论，并受到当时俄国著名生理学家谢切诺夫（Ivan Mikhailovich Sechenov）1863年出版《脑的反射》一书的影响，对自然科学发生兴趣，逐渐放弃神学。这些革命先驱的思想深深影响了巴甫洛夫，尽管巴甫洛夫出身于宗教家庭，但他本人既不想像父亲一栏一辈子当一个牧师，也不相信上帝的存在。

21岁时即1870年他和弟弟一起考入圣彼得堡大学，先入法律系，后转到物理数学系自然科学专业。大学期间他和弟弟尽管在大学里学习优异并且年年获得奖学金，但是生活还是比较清贫，需要给别人做家庭教师才能维持日常生活。为了节省车费他们每天都要步行走很远的路。巴甫洛夫在大学里以生物生理课为主修课，学习十分刻苦，巴甫洛夫不懂就问，每次手术都做得又快又好，渐渐地有了名气。谢切诺夫当时正是这里的生理学教授，而年轻的门捷列夫则是化学教授。

巴甫洛夫在大学的前两年表现平凡，在大学三年级时上了齐昂（Ilya Cyon）教授所开授的生理学，对生理学和实验产生了浓厚兴趣，找到了所要主修的学科从此投入生理学的研究。为了使做实验得心应手，他不断练习用双手操作，渐渐地相当精细的手术他也能迅速完成，齐昂老师很欣赏他的才学，常常叫他做自己的助手。在齐昂的指导下，1874年，巴甫洛夫四年级时在老师的指导下和同学阿法纳西耶夫（Afanasyev）完成了第一篇科学论文《论支配胰腺的神经》，获得了学校的研究金质奖章。

因为在生理学上投入时间太多，大学最后一年，他主动要求留级，1875年，巴甫洛夫获得了生理学学士学位。再进外科医学学院攻读医学博士学位，以使将来有资格去主持生理学讲座。在此期间成为自己老师的助教。1878年，他应俄国著名临床医师波特金教授的邀请，到他的医院主持生理实验工作。实验室听起来好听，其实就是一间破屋子，它既像看门人的住房，又像一间澡堂，巴甫洛夫却在这里工作了十余年。在这里，他主要研究血液循环、消化生理、药理学方面的有关问题。1879年从医学院毕业并获四年的奖学金，31岁的他和教育系的女学生谢拉菲玛（Seraphima Vasilievna）结婚，婚后妻子把他们的生活料理得井然有序，巴甫洛夫不仅能安心工作也能好好地休息。

1878年至1890年，巴甫洛夫重点研究血液循环和神经系统作用的问题，当时，神经系统对于许多器官的支配作用和调节作用还没有被人们清楚地认识。在极为恶劣的工作条件下，巴甫洛夫坚持研究，发现了胰腺的分泌神经。不久，他又发现了温血动物的心脏有一种特殊的营养性神经，这种神经只能控制心跳的强弱，而不影响心跳的快慢。科学界人士把这种神经称为"巴甫洛夫神经"。巴甫洛夫自此开辟了生理学的一个新分支——神经营养学。1883年写成《心脏的传出神经支配》的博士论文，获得帝国医学科学院医学博士学位及讲师职务和金质奖章。

1884—1886年期间，他赴德国莱比锡大学路德维希研究室进修，继续研究心脏搏动的影响机制。此时，他提出心脏跳动节奏与加速是由两种不同的肌肉在进行，而且是由两种不同的神经在控制。1886年，他自德国归来后重回大学实验室，继续进行狗的"心脏分离手术"。1887年，他逐渐将研究的方向转向人体的消化系统。从1888年开始，巴甫洛夫对消化生理进行研究。他发明了新的实验方法，不是用被麻醉的动物做急性实验（每次实验完了，动物也就死掉了），而是用健康的动物做慢性实验，从而能够长期观察动物的正常生理过程。他还创造了多种外科手术，把外科手术引向整个消化系统，彻底搞清了神经系统在调节整个消化过程中的主导作用。他还发现分布在胃壁上的第十对脑神经、迷走神经与胃液的分泌有关。用同样的方法分泌胃液，迷走神经切断，就不再分泌。但如果不假饲，只刺激迷走神经，也能分泌胃液。是什么东西对迷走神经产生了刺激？原来味觉器官感受到了食物刺激，便会通过神经传给大脑，通过大脑传给迷走神经让胃液分泌。这就是条件反射学说。为此他领取了诺贝尔奖的生理学医学奖。他是第一个享受这个荣誉的俄国科学家。巴甫洛夫因在消化生理学方面的出色成果而荣获1904年诺贝尔生理学和医学奖金，成为世界上第一个获得诺贝尔奖的生理学家。从1903年起，巴甫洛夫连续30多年致力于高级神经活动的研究。通过长时间的研究，他发现了大脑皮层机能的活动规律。巴甫洛夫创立的动物和人类高级神经活动的学说，给唯心主义心理学以致命的打击，为创立科学的唯物主义心理学奠定了基础。晚年的巴甫洛夫转向精神病学的研究，认为人除了第一信号系统（即对外部世界直接影响的反应）外，还有第二信号系统，即引起了人的高级神经活动发生重大变化的语言。巴甫洛夫的第二信号系统学说解释了人类所特有的思维生理基础。

十月革命的初期，俄国人民生活极端贫困，但巴甫洛夫却并未停止研究。

巴甫洛夫是专心投入学术研究的典型学者，只专心研究，不注意衣食住行等生活细节。他结婚时即同他妻子约定，妻子不干涉他的研究，他不负责家庭事务，并向妻子承诺，不饮酒，不打牌，不应酬，每年9月至次年5月，每周工作7天，只有暑假陪妻子到乡下度假。70岁以后，巴甫洛夫每天仍乘电车上班，有次电车尚未停稳，就从车上跳下来，跌倒在地，路旁一位老妇人惊叫说："天啊！看这位天才科学家连电车都不会搭！"巴甫洛夫的工作热忱一直维持到逝世为止。最后他在病中挣扎起床穿衣时，因体力不支倒在床上逝世。

巴甫洛夫逝世后，苏联政府在他的故乡梁赞建造了巴甫洛夫纪念馆，并设立纪念碑。

选读资料二：斯金纳

伯尔赫斯·弗雷德里克·斯金纳（Burrhus Frederic Skinner，1904—1990）是行为主义学派最负盛名的代表人物，也是世界心理学史上最为著名的心理学家之一，直到今天，他的思想在心理学研究、教育和心理治疗中仍然被广为应用。

斯金纳生于宾夕法尼亚州的一个小镇上，父亲是当地的律师，他从小就爱制作各种小玩意，成为行为主义心理学家后，又发明并改造了很多动物实验的装置。在中学和大学期间，他曾立志当一名作家，并曾获得希腊文特别奖，他曾经试图进行文学创作，但很快就发现无论是自己还是其他作家对人的行为的理解都少得可怜，为了更深入地理解人的行为，他转向了心理学。

在哈佛大学攻读心理学硕士的时候，他受到了行为主义心理学的吸引，成为一名彻头彻尾的行为主义者，从此开始了他一生的心理学家生涯。他在华生等人的基础上向前迈进了一大步，提出了有别于巴甫洛夫的条件反射的另一种条件反射行为，并将二者做了区分，在此基础上提出了自己的行为主义理论——操作性条件反射理论。他长期致力于研究鸽子和老鼠的操作性条件反射行为，提出了"及时强化"的概念以及强化的时间规律，形成了自己的一套理论。

斯金纳还将操作性条件反射理论应用于对人的研究，他认为，人是没有尊严和自由的，人们做出某种行为，不做出某种行为，只取决于一个影响因素，那就是行为的后果。人并不能自由选择自己的行为，而是根据奖惩来决定自己以何种方式行动，因此，人既没有选择自己行为的自由，也没有任何的尊严，人和动物没有什么两样。

斯金纳还将自己的强化理论推广到教育心理学领域，他提出了一种新型的教育模式，并研制设计出了新型的教学机器。在他的领导之下，新教材开始编制，教学机器也在各大中学校广为应用，一时间在教育界掀起了一场轰轰烈烈的程序教学运动。

斯金纳在各个领域推销他的操作性条件反射理论，在心理治疗领域，他提出了塑造行为的行为矫正技术，不断地利用奖惩来塑造人们的行为，促使人们做出好的行为，改变不良行为。现在行为主义学派的行为矫正技术仍然在心理治疗领域广为应用。

斯金纳还提出了自己对理想社会的设想，在其名著《沃尔登第二》一书中，他描述了一个理想的乌托邦似的社会，在这个社会中，孩子从诞生之日起，就通过强化来进行严格的行为形成训练，孩子们要被训练成具有合作精神和社交能力的人，所有的训练都是为了社会全体成员的利益和幸福。这本书在美国极受推崇，大学生们尤其热衷于阅读此书，在弗吉尼亚州，甚至还有人真正根据《沃尔登第二》的模式建立起了一个公社。

斯金纳在美国公众中的名声远比在心理学界的名声大得多，一位崇拜者写道："（斯金纳）是一个神话中的著名人物……科学家英雄，普罗米修斯式的播火者，技艺高超的技术专家……敢于打破偶像的人，不畏权威的人，他解放了我们的思想，从而脱离了古代的局限。"这些话虽然有些夸张，但斯金纳在心理学界的贡献仍然是不可磨灭的。

其主要著作有：

The Behavior of Organisms: an Experimental Analysis （《有机体的行为：一种实验分析》），1938。通过对白鼠和鸽子的观察，经验性地描述学习的法则，从而为操作性条件作用原理奠定了基础。

Walden Two （《沃登第二》），1948。根据人类行为的科学原理，试图形成一种以积极控制的方法加以管理的理想社会。

Science and Human Behavior （《科学与人类行为》），1953。探讨了人类行为的一些重要方面，如思维、自我和社会化等。

Schedules of Reinforcement，1957。

Verbal Behavior （《言语行为》），1957。

Cumulative Record: Definitive Edition，1959。

The Analysis of Behavior: A Program for Self-instruction，1961。

The Technology of Teaching （《教学技术学》），1968。探讨了他的基本原理在人类学习中的运用。

Contingencies of Reinforcement: A Theoretical Analysis （《强化的相倚关系：一种理论分析》），1969。

Beyond Freedom and Dignity （《超越自由与尊严》），1971。对他自己观点的总结，并驳斥了他人的种种批评。

About Behaviorism （《关于行为主义》），1974。

Particulars of My Life: Part One of an Autobiography，1976。

Reflections on Behaviorism and Society，1978。

The Shaping of a Behaviorist: Part Two of an Autobiography，1979。

A Matter of Consequences: Part Three of an Autobiography，1983。

Enjoy Old Age: A Program of Self-management，1983。

Upon Further Reflection，1987。

Recent Issues in the Analysis of Behavior，1989。

选读资料三：班杜拉

阿尔伯特·班杜拉（Albert Bandura，1925—），美国心理学家，社会学习理论的创始人。1974年当选为美国心理学会主席，1980年获美国心理学会颁发的杰出科学贡献奖。其最大贡献是提出了自我效能感理论、社会学习理论与行为矫正技术。他认为来源于直接经验的一切学习现象实际上都可以依赖观察学习而发生，其中替代性强化是影响学习的一个重要因素。

班杜拉于1925年出生在加拿大的艾伯特省的蒙达，他在加拿大一个小的农业社区成长，父亲是波兰的小麦农场主。像斯金纳一样，他也是在一个小镇上长大的。1949年班杜拉从不列颠哥伦比亚大学获文学学士学位。1952年，从爱荷华大学获得博士学位。在爱荷华大学学习期间，他提出了社会学习理论。那时，他认为心理学家应当"把临床现象用经过实验验证的方式加以概念化"。班杜拉认为，心理学研究应当在实验中进行，以控制决定行为的因素。1953年，他到维基台的堪萨斯指导中心，担任博士后临床实习医生，同年应聘在斯坦福大学心理学系执教，1964年升任正教授。在这期间，受赫尔派学习理论家米勒（N. Miller）、多拉德（J. Dollard）和西尔斯（R. R. Sears）的影响，把学习理论运用于社会行为的研究中。此后，除了1969年任行为科学高级研究中心研究员一年外，一直在该校任教。其中，1976年至1977年间出任心理学系主任。

阿尔伯特·班杜拉获得许多荣誉和奖励。1972年，从美国心理学会获得杰出成就奖，从加利福尼亚州心理学会获得科学家奖。1974年，班杜拉被选为美国心理学会会长。1977年，他被命名为认知理论之父。1980年他被选为西方心理学会会长。1989年，他又在国家科学院医学研究所任职。

在其一生中，班杜拉撰写的文章和书籍，在心理学研究中被广泛引用。

1959年班杜拉与理查德·沃尔特斯合作写成了第一部书《青春期的攻击行为》。1973年，他写作了《攻击行为：社会学习分析》。四年后，他出版了他最优秀的著作《社会学习理论》。这些书和文章多数涉及决定攻击性行为的心理学研究。1946年，多拉德和米勒出版了《社会学习与模仿》一书。阿尔伯特·班杜拉认为该书对他提出建模理论做出了贡献。

选读资料四：情绪 ABC 疗法

合理情绪疗法是 20 世纪 50 年代由埃利斯在美国创立，它是认知疗法的一种，因此采用了行为治疗的一些方法，故又被称为认知行为疗法。合理情绪疗法的基本理论主要是 ABC 理论，这一理论又是建立在艾利斯对人的基本看法之上的。他认为激发事件 A（activating event 的第一个英文字母）只是引发情绪和行为后果 C（consequence 的第一个英文字母）的间接原因，而引起 C 的直接原因则是个体对激发事件 A 的认知和评价而产生的信念 B（belief 的第一个英文字母）。即人的消极情绪和行为障碍结果（C），不是由于某一激发事件（A）直接引发的，而是由于经受这一事件的个体对它不正确的认知和评价所产生的错误信念（B）所直接引起。错误信念也称为非理性信念。A（Antecedent）指事情的前因，C（Consequence）指事情的后果，有前因必有后果，但是有同样的前因 A，产生了不一样的后果 C1 和 C2。这是因为从前因到后果之间，一定会透过一座桥梁 B（Bridge），这座桥梁就是信念和我们对情境的评价与解释。又因为同一情境之下（A），不同的人的理念以及评价与解释不同（B1 和 B2），所以会得到不同结果（C1 和 C2）。因此，事情发生的一切根源缘于我们的信念（信念是指人们对事件的想法，解释和评价等）。情绪 ABC 理论的创始者埃利斯认为：正是由于我们常有的一些不合理的信念才使我们产生情绪困扰。如果这些不合理的信念存在，久而久之还会引起情绪障碍。情绪 ABC 理论中：A 表示诱发性事件，B 表示个体针对此诱发性事件产生的一些信念，即对这件事的一些看法、解释。C 表示自己产生的情绪和行为的结果。

合理情绪疗法的治疗过程一般分为四个阶段。

1.心理诊断（psychodiagnosis）

这是治疗的最初阶段，首先治疗者要与病人建立良好的工作关系，帮助病人建立自信心。其次摸清病人所关心的各种问题，将这些问题根据所属性质和病人对它们所产生的情绪反应分类，从其最迫切希望解决的问题入手。

2.领悟（insight）

这一阶段主要帮助病人认识到自己不适当的情绪和行为表现或症状是什么，产生这些症状的原因是自己造成的，要寻找产生这些症状的思想或哲学根源，即找出它们的非理性信念。

3.修通（working through）

这一阶段，治疗者主要采用辩论的方法动摇病人非理性信念。用夸张或挑战式的发问要病人回答他有什么证据或理论对 A 事件持与众不同的看法等等。通过反复不断的辩论，病人理屈词穷，不能为其非理性信念自圆其说，使他真正认识到，他的非理性信念是不现实的，不合乎逻辑的，也是没有根据的。开始分清什么是理性的信念，什么是非理性的信念，并用理性的信念取代非理性的信念。

这一阶段是本疗法最重要的阶段，治疗时还可采用其他认知和行为疗法。如给病人布置认知性的家庭作业（阅读有关本疗法的文章，或写一些与自己某一非理性信念进行辩论的报告等），或进行放松疗法以加强治疗效果。

4.再教育（reeducation）

这是治疗的最后阶段，为了进一步帮助病人摆脱旧有思维方式和非理性信念，还要探索是否还存在与本症状无关的其他非理性信念，并与之辩论，使病人学习到并逐渐养成与非理性信念进行辩论的方法。用理性方式进行思维习惯的训练，这样就能够建立新的情绪，如解决问题能力的训练、社会技能的训练，以巩固这一新的目标。

在理性情绪疗法的整个过程中，由于与非理性信念进行辩论（disputing）是帮助病人的主要方法，并获得所设想的疗效（effect），所以 ABC 理论基础上所建立的这一疗法可以用"ABCDE"五个字头作为其整体模型。即：

A（Activating events）诱发性事件；

B（Believes）由 A 引起的信念（对 A 的评价、解释等）；

C（emotional and behavioral Consequences）情绪和行为的后果；

D（Disputing irrational believes）与不合理的信念辩论；

E（new emotive and behavioral effects）通过治疗达到的新的情绪及行为的治疗效果。

理性情绪疗法中最常用的，也是区别于其他心理治疗的最具特色的几种治疗技术：与不合理信念辩论的方法、合理情绪想象技术及认知的家庭作业。

与不合理信念辩论技术为艾利斯所创立。这一辩论方法的施治者必须积极主动地、不断地向求治者发问，对其不合理的信念进行质疑。提问的方式，可分为质疑式和夸张式两种。

合理的情绪想象技术（Rational-Emotive Imagery，REI），是理性情绪疗法中最常用的方法之一。它与心理治疗中通常所用的想象技术既有联系又有区别。它也是需要由治疗者进行指导，帮助来访者进行想象的技术。

认知的家庭作业。认知的作业主要有：理性情绪疗法自助量表（RET Self-Help Form），与不合理的信念辩论和合理的自我分析（Rational Self-Analysis，RSA）。

选读资料五：行为治疗的七个步骤和六个特点

行为治疗一般包括七个步骤

第一，对靶行为进行功能性分析。进行这类分析时，特别注意靶行为经常发生和很少发生的情景。

第二，对靶行为严重程度的标定。

第三，靶行为矫正目标的制定。

第四，制定并实施干预计划，增加积极行为，减少消极行为。

第五，监测干预计划的实施并根据情况进行调整。

第六，结束阶段。一旦达到目标，即可逐步结束干预计划。

第七，检测阶段。如有靶行为复发，可给予辅助性处理。

行为治疗技术，一般都具有六个特点

第一，注重形成靶行为的现实的原因，而不是它的历史原因。

第二，以可观察的行为作为评价治疗效果的标准，这种行为可以是外显的，也可以是内隐的。

第三，依据实验研究，从中引申出假设和治疗技术。

第四，用尽量客观的、操作的术语描述治疗程序，以便使治疗过程能够被重复。

第五，精心发现靶行为，并认真选择测量行为改变的方法。

第六，对于每个求助者，咨询师根据其问题和本人的有关情况，采用适当的经典条件作用、操作性条件作用、模仿学习或其他行为治疗技术。

第四章　认知心理学

第一节　认知心理学的理论概述

一、认知心理学

认知心理学起始于20世纪50年代中期，60年代以后飞速发展，1967年正式形成。1967年美国心理学家奈瑟尔《认知心理学》一书的出版，标志着认知心理学已成为一个独立的流派。唐纳德·布罗德本特于1958年出版的《知觉与传播》一书则为认知心理学取向立下了重要基础。此后，认知心理取向的重点便是唐纳德·布罗德本特所指出的认知的信息处理模式——一种以心智处理来思考与推理的模式。

认知心理学有广义、狭义之分，广义的认知心理学认为凡是研究人的认识过程的都属于认知心理学。而目前西方心理学界通常所指的认知心理学，是指狭义的认知心理学，也就是所谓的信息加工心理学，它是指用信息加工的观点和术语，通过与计算机相类比、模拟、验证等方法来研究人的认知过程，认为人的认知过程就是信息的接受、编码、贮存、交换、操作、检索、提取和使用的过程，并将这一过程归纳为四种系统模式：即感知系统、记忆系统、控制系统和反应系统。认知心理学强调人已有的知识和知识结构对他的行为和当前的认知活动所起的决定作用。可见认知是一种心理活动，它包括知识的获得、贮存、转化和作用。而认知心理学则代表心理学研究的一种特定的理论定向、角度和途径。这种途径强调心理结构和过程。

二、认知心理学的主要观点

认知心理学的主要代表人物有美国心理学家和计算机科学家纽厄尔（Alan

Newell，1927—1992）和美国科学家、人工智能开创者之一的西蒙（Herbert Alexander Simon，1916—2001）等。他们的主要理论观点有：

1.把人脑看作类似于计算机的信息加工系统

他们认为人脑的信息加工系统是由感受器（receptor）、反应器（effector）、记忆（memory）和处理器（或控制系统）（processor）四部分组成。首先，环境向感觉系统即感受器输入信息，感受器对信息进行转换；转换后的信息在进入长时记忆之前，要经过控制系统进行符号重构，辨别和比较；记忆系统贮存着可供提取的符号结构；最后，反应器对外界做出反应。

2.强调人头脑中已有的知识和知识结构对人的行为和当前的认识活动有决定作用

认知理论认为，知觉是确定人们所接受到的刺激物的意义的过程，这个过程依赖于来自环境和来自知觉者自身的信息，也就是知识。完整的认知过程是定向抽取特征与记忆中的知识相比较等一系列循环过程。知识是通过图式来起作用的。所谓图示（schema）是一种心理结构，用于表示我们对于外部世界已经内化了的知识单元。当图示接收到适合于它的外部信息时就被激活。被激活的图示使人产生内部知觉期望，用来指导感觉器官有目的地搜索特殊形式的信息。

3.强调认知过程的整体性

现代认知心理学认为，人的认知活动是认知要素相互联系相互作用的统一整体，任何一种认知活动都是在与其相联系的其他认知活动配合下完成的。另一方面，在人的认知过程中，前后关系很重要。它不仅包括人们接触到的语言材料的上下文关系，客观事物的上下、左右、先后等关系，还包括人脑中原有知识之间、原有知识和当前认知对象之间的关系。

4.产生式系统

产生式系统（production system）的概念来源于数学和计算机科学，1970年开始广泛应用于心理学。它说明了人们解决问题时的程序。在一个产生式系统中，一个事件系列产生一个活动系列，即"条件—活动"（C—A）。其中的条件是概括性的，同一个条件可以产生同一类的活动；其次，条件也会涉及某些内部目的和内部知识。可以说，产生式的条件不仅包括外部刺激还包括记忆中贮存的信息，反映出现代认知心理学的概括性和内在性。

三、认知心理学的特点

认知心理学家关心的是作为人类行为基础的心理机制，其核心是输入和输出之间发生的内部心理过程。但是人们不能直接观察内部心理过程，只能通过观察输入和输出的东西来加以推测。所以，认知心理学家所用的方法就是从可观察到的现象来推测观察不到的心理过程。有人把这种方法称为会聚性证明法，即把不同性质的数据汇聚到一起得出结论。而现在，认知心理学的研究通常需要有实验、认知神经科学、认知神经心理学和计算机模拟等多方面的证据的共同支持，而这种多方位的研究也越来越受到青睐。认知心理学家们通过研究脑本身来揭示认知活动的本质过程，而非仅仅推测其过程。最常用的就是研究脑损伤病人的认知与正常人的区别来证明认知加工过程的存在及具体模式。

四、认知心理学的方法

认知心理学家往往把信息加工过程分解为一些阶段，即对从刺激输入到反应的全过程进行分解。最常使用的方法是反应时法，即通过测量一个过程所需要的时间，来确定这个过程的性质和与其他过程的关系。假定一个人看屏幕上投射的字母 E，如果投射时间很短，比如一毫秒，那么这个人就不会看到什么，这说明知觉不是瞬时的；投射时间长一点，比如五毫秒，那么这个人就会看到某种东西，但不知是什么，这说明知觉产生了，但辨别尚未产生；如果投射时间长度足以使人看出这个字母不是 O 或 Q，但看不出是 E 还是 F 或 K，那么这个人就产生了部分的辨别。由此人们就可以确定完全辨别、部分辨别或刚刚看出有东西所需的时间。这一切表明，知觉是累积的，它包括几个特定的阶段。反应时研究法也是一种会聚性证明法。认知心理学家使用较多的是选择反应时，而不是简单反应时。因为选择反应时可以提供更多的有关内部状态的信息。

计算机模拟和类比是认知心理学家采用的一种特殊方法。要使计算机像人那样进行思维，计算机的程序就应当符合人类认知活动的机制，即符合某种认知理论或模型。把某种认知理论表现为计算机程序就叫计算机模拟。因此，计算机模拟首先可以用来检验某种理论，发现其缺陷，从而加以改进。计算机模拟所提供的输出可以与人类行为相比较。如果理论是正确的，那么这个输出就应当类似于人类解决同样课题时所给出的输出；如果程序的输出与人的不一样，那么找出差别也就找到了改正理论的依据。计算机模拟还可以预测复杂的行为。虽然我们理解一些概念，并能把它们按步骤变成程序，但是当步骤的系列很长，很复杂，需要大量联系时，我们往往不能预测其结果。在这种情况下，计算机模拟有时可得出惊人的结果。有些认知心理学家常用信息系列的流程图来描述计算机程序的主要特点。但这种流程图并不具备计算机实际运算的细节，只为编制计算机程序提供了轮廓，它可以进一步变化为计算机程序，而这部分工作往往是由计算机软件专家实现的。

口语记录（出声思考）也是认知心理学家，特别是研究思维的认知心理学家常用的一种方法。这个方法与其他客观方法相结合，可以产生良好的效果。

第二节 认知心理学的产生与发展

一、认知心理学的产生

认知心理学是20世纪50年代中期在西方兴起的一种心理学思潮，是作为人类行为基础的心理机制，其核心是输入和输出之间发生的内部心理过程。它与西方传统哲学也有一定联系，其主要特点是强调知识的作用，认为知识是决定人类行为的主要因素。

认知心理学是最新的心理学分支之一，在1950至1960年之间才发展出来，到20世纪70年代成为西方心理学的主要流派。1956年被认为是认知心理学史上的重要年份。这一年几项心理学研究都体现了心理学的信息加工观点。如乔姆斯基（Chomsky）的语言理论及纽厄尔和西蒙的"通用问题解决者"模型等。"认知心理学"第一次在出版物上出现是在1967年乌尔里克·奈瑟尔（Ulric Neisser）的新书中。而唐纳德·布罗德本特于1958年出版的《知觉与传播》一书则为认知心理学取向立下了重要基础。此后，认知心理取向的重点便是唐纳德·布罗德本特所指出的认知的信息处理模式——一和以心智处理来思考与推理的模式。因此，思考与推理在人类大脑中的运作便与电脑软件在电脑里运作相似。

二、认知心理学发展历史

认知心理学是心理学发展的结果，它与西方传统哲学也有一定联系。其主要特点是强调知识的作用，认为知识是决定人类行为的主要因素。这个思想至少可以追溯到英国的经验主义哲学家如培根、洛克等人。笛卡尔强调演绎法的作用，认知心理学重视假设演绎法。康德的图式概念也成为认知心理学的一个主要概念。

认知心理学也继承了早期实验心理学的传统。19世纪赫尔姆霍茨和东德斯提出的反应时研究法到今天已成为认知心理学家广泛采用的方法，并有了新的发展。

冯特是现代实验心理学的奠基人，认知心理学对心理学的对象和方法的看法与他的观点很接近。他认为心理学的对象是经验，是意识内容，方法是控制条件下的内省。有些心理学家认为，认知心理学又返回到冯特的意识心理学上去了，所不同的是方法更加可靠，更加精巧了。詹姆斯关于两种记忆，即初级记忆和次级记忆的提法，今天已成为认知心理学关于记忆研究的基础。

格式塔心理学对认知心理学的影响很明显。它以知觉和高级心理过程的研究著称，强调格式塔的组织、结构等原则，反对行为主义心理学把人看成是被动的刺激反应器。这些观点对认知心理学有重大影响，如认知心理学把知觉定义为对感觉信息的组织和解释，强调信息加工的主动性等。

在方法上，格式塔心理学主张研究直接的生活经验，主张把直接的生活经验材料与实验资料结合起来，如重视观察者对自己知觉内容的直接描述，并把这个方法称为现象学方法。这种观点，既不同于冯特和铁钦纳只承认经过严格训练的被试的内省，也不同于行为主义只重视实验室实验的做法，却与认知心理学的基本观点相一致。

认知心理学是反对行为主义的，但也受到它的一定影响。认知心理学从行为主义那里接受了严格的实验方法、操作主义等内容。认知心理学已不专注于内部心理过程的研究，也注意了行为的研究。一般认为，人们使用从环境得来的信息结合记忆内存储的东西指导未来的行为，并塑造生活环境。

第三节　认知心理学与其他各心理学派的关系

认知心理学是现代心理学自身发展和矛盾运动的自然结果。具体地说，它与早期实验心理学、格式塔心理学、行为主义心理学和皮亚杰的发生认识论都有着密切的继承关系。

一、与早期实验心理学关系

自冯特建立实验心理学开始，认知研究才从哲学角度转向了心理学角度。冯特从心理化学的观点出发，用元素分解的方式研究认知及其心理现象，同时，又采取构造主义立场探讨心理元素构成各和心理复合体的方式和规律，并以统觉概念加以概括"现代认知心理学继承和发展了早期实验心理学这一研究传统，例如，反应时的实验便是现代认知心理学研究的主要课题之一"。[①]因此，可以说现代认知心理学是实验心理学在推翻行为主义之后向早期实验心理学的回归。早期实验心理学把主体的直接经验作为心理学的研究对象，提倡实验加内省的方法。认知心理学在批判和改造的基础上，继承了冯特的内省法，提出了"口语报告分析法"或"出声思考法"。

二、与格式塔心理学关系

格式塔心理学于20世纪初期兴起，它是一种反对元素分析而强调整体组织的心理学体系。格式塔心理学对知觉、思维等问题进行了大量研究，强调完形的组织、结构等原则，认为思维是"情境的改组"或整个问题情境的"顿悟"。

认知心理学强调研究的整体性和内部心理机制，强调对信息的破译、编码和整合，重视内部心理活动之间的相互联系，采用模拟的方法进行综合性研究，这与格式塔心理学的观点是一脉相承的。另外，认知心理学与格式塔心理学的研究领域比较接近。格式塔心理学集中于知觉、思维和学习等领域的研究，认知心理学的信息加工则主要是对信息的接收、编码、存储等过程的研究，涉及表征、注意、记忆、问题解决和创造性思维等认知过程的研究。但格式塔心理学的组织原则主要局限于知觉领域，无法解决人的复杂的意向活动和认知活动。同时，格式塔心理学一方面强调内部完形的整体性，另一方面又强调现场的直接观察经验，难以深入分析直接经验与内部心理结构的作用机制。

三、与行为主义心理学关系

从实证心理学的角度来讲，行为主义称霸于20世纪的前半叶，认知心理学称霸于20世纪的后半叶。但即使在20世纪前半叶，行为主义内部的中介概念早就在动摇着行为主义理论并为认知心理学做准备，认知心理学是在与行为主义的斗争中形成和发展起来的，但又与行为主义有着最密切的联系。

行为主义的研究为认知心理学提供了有效的实验方法学体系。从方法上，认知心理学是对行为主义的深化。信息加工心理学也如行为主义尽可能地使心理过程的探讨保持操作性，以期体现出客观性。信息加工心理学在"刺激—中间变量—反应"模式的基础上提出了"输入—内部信息加工—输出"这样一个与计算机的操作相似的研究模式。

① 叶浩生：《心理学史》，高等教育出版社，1998年版，第498页。

从理论方面看，新行为主义者托尔曼所倡导的"目标—对象—手段"的整体行为观和带有认知综合特征的目的行为主义对信息加工心理学的兴起产生了一定的影响。这也使认知心理学家诺尔曼提出了一个以调节系统为核心的信息加工系统，强调行为与认知的整合。

四、与皮亚杰的发生认识论的关系

（一）皮亚杰认知发展理论的主要思想

皮亚杰提出人类发展的本质是对环境的适应，它是儿童主动寻求了解环境，在与环境的相互作用过程中，通过同化、顺应和平衡的过程，使认知逐渐成熟起来。

皮亚杰认为，儿童从出生到成人的认知发展伴随同化性的认知结构的不断再构，使认知发展形成几个按不变顺序相继出现的时期或阶段。他认为逻辑思维是智慧的最高表现，因而从逻辑学中引进"运算"①作为划分智慧发展阶段的依据。他将婴儿从出生婴儿到青春期的认知发展分为感知运动、前运算、具体运算和形式运算四个阶段。

①感知运动阶段（0～2岁），即智慧的萌芽阶段，儿童在这一阶段主要是感觉和动作的分化，后期思维开始萌芽。

②前运算阶段（2～7岁），儿童在这个年龄段各种感知干支运动图式开始内化为表象或形象图示，语言的出现和发展突出。此阶段的儿童思维具有单维性、不可逆性、自我中心、刻板性、不合逻辑等特点。

③具体运算阶段（7～11岁），在这个阶段，儿童的守恒观念形成，出现初步的逻辑思维。思维具有多维、可逆、去自我中心、动态性、具体化等特征。

④形式运算阶段（11～15岁），此阶段，儿童形成了解决结局各类问题的推理逻辑，可以了解形式中的相互关系与内涵意义，出现抽象的逻辑思维。

（二）皮亚杰认知发展理论对教育的影响

①各门学科的教学都应当对不同发展阶段的学生提出既不超出当时的认知结构的同化能力，又能促进他们向更高阶段发展的有启迪作用的适当内容。教育者应该根据儿童的认知方式进行教学设计，在教学设计中突出学习者特征分析十分重要。

②皮亚杰在他的认知发展理论中第一次最为详尽地描述了儿童智慧发展的基本阶段和机制，同时也印证了儿童心智发展的主动性以及内发性。

①此处的运算指心理运算，即能在心理上将事物从一种状态转换成另一种状态。

③皮亚杰按照认知发展的差异划分认知发展阶段，这在实际的教学应用中具有普遍的适用性。

④皮亚杰对认知发展阶段的划分以个体认知方式而非年龄为标准，处于不同发展阶段的儿童年龄差异大，处于同一发展阶段的儿童也可能有较大年龄差异，这为教学实践中因材施教的原则提供了理论依据。

⑤皮亚杰认为教育的真正目的并非增加儿童的知识，而是设置充满智慧刺激的环境，让儿童自行探索，主动学到知识。这意味着我们在教育中要注意发挥学生的主体性，设法向儿童呈现一些能够引起他们的兴趣、具有挑战性的材料，并允许儿童依靠自己的力量解决问题，为后期的认知学习理论奠定了坚实的基础。

（三）各界对皮亚杰认知发展理论的评价

皮亚杰认知发展理论在教育心理学领域具有较为深远的影响，该理论强调个体主动性和能动性的作用，极大地推进了关于儿童认知发展的研究，对认知发展过程进行了具体表述和解释，值得教育工作者深入学习研究。同时，皮亚杰的认知发展理论也颇具争议。有学者认为皮亚杰认知发展理论具有局限性，过分强调了年龄差异，没有解释改变的过程，低估了社会环境因素，因为社会因素和很多个人因素，并不是每个孩子都按照皮亚杰给定的年龄段发展，他的理论无法解释"神童"的出现。

世界上的任何事物都具有两面性，皮亚杰认知发展理论也是如此。从教育研究的角度看，在学习中应该辩证地看待和分析问题，用这些理论知识正确地指导实践，在实际教学过程中更好地提高学生学习效率，改善教学效果。

【选读资料】

选读资料一：皮亚杰专栏

家庭背景

让·皮亚杰1896年8月9日出生于瑞士的纳沙特尔。皮亚杰的父亲亚瑟·皮亚杰是纳沙特尔大学教授，主要研究中世纪的历史与文学。由于皮亚杰的父亲所学的是人文领域，他十分重视皮亚杰的科学观念，更着重于培养皮亚杰对于事实的追求与爱好；皮亚杰的母亲丽贝卡·杰克逊则是一位虔诚的宗教徒，她坚持让皮亚杰接受严格的宗教训练，并且为皮亚杰选择了一位对哲学颇有研

究的教父科努特。皮亚杰是家中的长子，
这样的家庭背景使得皮亚杰有机会去接触
与思考有关哲学和科学的知识，进而发展
出一套属于皮亚杰自己独到的思想与见
解。由于父亲的教导，皮亚杰重视以科学
的系统性来求知。

不凡少年

1907年，10岁的皮亚杰在公园发现一
只患有白化症的小麻雀，随即写了一篇关
于白化症麻雀的文章，并寄给纳沙特尔自
然科学史杂志《冷杉树》刊登出来。文中皮亚杰细致的观察与详细的分析，让
他得到了纳沙特尔自然博物馆馆长与之一同搜集标本的邀请，并聘请他共同参
与了软体动物的研究。随后，皮亚杰发表了一系列和软体动物有关的论文，并
对正统门德尔的进化论提出质疑；这些富有挑战性的文字，在欧洲动物学界引
起了很大的反响。

求学生涯

在中学时期，皮亚杰经常随他的教父外出度假，皮亚杰在这位教父的启发
下产生了对认识论的兴趣。

1915年，19岁的皮亚杰获生物学学士学位。随后，他继续攻读生物学博士
学位，并同时攻读哲学博士学位。在纳沙特尔大学读书期间，对哲学、生理心
理学和逻辑学富有兴趣。他认为生物学和哲学的融合是通向认识论的捷径，进
而对儿童思维的发生与发展的研究产生兴趣而开始转向心理学。

1918年，他获生物学和哲学的双博士学位。同年皮亚杰去苏黎世在烈勃斯
和雷舒纳的心理实验室工作，并在布鲁勒精神病诊疗所学习精神分析学说。

1919年皮亚杰到巴黎大学，学习病理心理学，并学习科学的逻辑学和哲学。

1921年获得法国国家科学博士学位，继而在巴黎给智力测验学者塞西蒙当
助手，在一所小学的比纳实验室研究儿童心理，受西蒙委托应用勃德的推理测
验测量巴黎儿童，并进行标准化。

著书立说

1921年皮亚杰受日内瓦大学克拉巴莱德的邀请，任日内瓦大学卢梭学院研

究主任，从此开始创立自己的"发生认识论"体系。在此期间，皮亚杰和妻子瓦朗蒂纳·夏特内结婚。

1925—1929 年，皮亚杰在纳沙特尔大学任心理学、社会学和哲学教授。1925 年和 1927 年他的两个女儿杰奎琳和露西安娜先后出生，1931 年皮亚杰的儿子罗伦出生。皮亚杰在妻子协助下，以大量时间观察儿童动作并进行各种实验。他对自己三个孩子的研究，提供了他创立儿童心理发展理论的重要基础。

1929 年到 1954 年皮亚杰在日内瓦大学任科学思想史教授，兼卢梭学院助理院长，同时他还担任日内瓦国际教育署局长，到 1967 年卸任。

到 1932 年，皮亚杰已发表了诸如《儿童的语言和思维》《儿童的判断和推理》《儿童的世界概念》等 5 本论述儿童心理的专著。这些著作使他蜚声海内外，成为国际著名的儿童心理学权威。同时，皮亚杰在 1929—1939 年的十年期间，坚持研究数学、物理和生物学中主要概念的形成和历史，并在卢梭学院以较大规模从事儿童的动作和思维活动的研究，进行了一系列的实验。1932—1971 年皮亚杰任日内瓦大学教育科学学会会长。

1937 年皮亚杰在巴黎举行的国际心理学会议上提出了关于儿童的具体运算和运算的整体结构的论文。

1938—1951 年皮亚杰受聘洛桑大学实验心理学和社会学教授。1939—1951 年日内瓦大学聘其为社会学教授。

1940 年起任日内瓦大学卢梭学院（现改称教育学院）院长兼实验心理学讲座和心理实验室主任。瑞士成立心理学会，他连任学会主席三年。

1939—1945 年间，皮亚杰从事两方面研究：儿童到成年期的知觉发展和儿童的时间、运动和速度概念以及与这些概念有关的行为的发展。

1952—1964 年皮亚杰任巴黎大学发生心理学教授。

1954 年在加拿大举行的第十四届国际心理学会议上，被选为国际心理学会主席。

1955 年起，任日内瓦发生认识论国际研究中心主任，直至 1980 年卸任。他创立的"发生认识论"主要研究作为知识形成基础的心理结构（即认识结构）和探讨知识发展过程中新知识形成的机制。该中心集合各国著名学者共同研究儿童认识的发生与发展问题，据 1970 年报道，已出版 22 卷专著。

皮亚杰于 1967 年所发表的《生物学与认知》，总结了他一生从事研究工作的成果。

1971—1980 年皮亚杰被日内瓦大学聘为荣誉教授。

晚年生活

鉴于皮亚杰的杰出贡献，美国心理学会在皮亚杰73岁时（1969年）授予他"卓著科学员贡献奖"。

1972年，皮亚杰撰写了《教育的权利》一文，主张教育学的根本任务，是在于让儿童得到全面性的发展，使每个儿童都能有完善的人格。他在荷兰获得荣誉地位相当于诺贝尔奖的"伊拉斯姆士"奖金。

同年皮亚杰退休，自职位上退休后，回到瑞士的山上静养，但是皮亚杰并没有因为退休而放弃研究工作，他终其一生都致力于发展"发生认知论"——将哲学基础的认知论建立在科学之上。

1977年国际心理学会授予皮亚杰"爱德华·李·桑代克"奖这一心理学界的最高荣誉。

1980年在瑞士去世，享年84岁。皮亚杰一生探索不止，留给后人60多本专著、500多篇论文，他曾到过许多国家讲学，获得几十个名誉博士、荣誉教授和荣誉科学院士的称号。

选读资料二：奈瑟尔

人物介绍

乌尔里克·奈瑟尔被誉为是"认知心理学之父"，他倡导以生态的方法来进行认知研究。奈瑟尔的目标是推动心理学在正确的方向发展。

主要经历

奈瑟尔（1928—2012），1928年出生于德国的一个知识分子家庭，三岁时随着父母移民美国。1946年他考入哈佛大学，先是主修物理学，后因受当时该校年轻教授米勒的影响而改学心理学。1950年毕业后他进入斯瓦兹莫尔学院，师从完形心理学创始人之一的苛勒教授，这对他之后从事认知心理学的研究产生了深刻的影响。取得硕士学位后，由于对当时占据主流地位的行为主义丝毫不感兴趣，他先是到麻省理工学院新成立的心理系学习，但很快发觉该系对信息理论的研究范围太窄，于是在不久之后重返哈佛大学并于1956年取得心理学哲学博士学位。1957年他在布兰代斯大学开始自己的第一份教学工作，虽然当时的系主任斯洛对他影响很大，但他并没有因此而转入人本主义阵营，相反在这一阶段他因在视知觉研究领域进行了大量的探索而崭露头角。

1967年，他出版了被誉为认知心理学界"圣经"的《认知心理学》一书，这也成为心理学发展史上的一座里程碑，他因此而被誉为认知心理学之父。奈瑟尔始终认为对认知心理学的攻击行为是不舒服的行为，因为他认为行为主义的假设是错误的，主要是这些假设限制了心理学家的研究。在认知心理学中，他并没有明确攻击行为，而是提出了一个引人注目的替代。他的研究范围从早年的视知觉研究，注意、记忆、语言、自我概念的研究等到晚年时转移到了智力测量的研究。

奈瑟尔的认知研究具有生态效度的观点，面对认知心理学研究范围越来越窄的趋势，1976年出版了《认知与现实》一书，他提出认知研究应具有生态效度，强调认知心理学的研究应重视实验室以外的世界。

奈瑟尔的研究领域颇广，其中对记忆和注意的实证研究最多，尤其对自然情景中生活事件的记忆和记忆错觉很感兴趣。在研究视知觉和注意的关系时，提出了在视知觉加工之前存在一个自动的预注意阶段。在对注意限制的研究中，他验证了刺激的属性和语义特征对注意产生的影响，并提出了一个建设性的观点：即知觉是由已存在的知识来塑造，注意受个人经验的影响。他所创造的视觉字母识别实验至今仍被用来研究刺激特征对注意的影响。奈瑟坚持认为认知研究应具有生态效度。这一观点在他对记忆的研究中得到充分的说明，同时他还是最早走出实验室研究记忆的心理学家，正是他对水门事件录音带中约翰·迪安证词的分析才引发了心理学家研究真实生活中的记忆现象和记忆问题的热潮。

晚年的奈瑟尔将注意力转向了对人类智力的研究，主要研究如何测量人的智商以及解释不同社会阶级和种族在IQ上的差异。1996应邀担任全美心理协会主席后，他成立专门的委员会对弗林效应（IQ测验分数每十年平均提高三点的现象）进行了深入的研究，最后证实弗林效应的确存在，人类智力有普遍提高的趋势。在对教育程度的提高、营养的增加、技术变革等因素充分研究之后，他提出现代社会丰富的视觉环境冲击对IQ测量分数的提高起了关键作用。

主要贡献

奈瑟尔从不盲目跟随主流，但却总能引领心理学研究的潮流。他对心理学的贡献主要有以下几点：

首先，出版了第一部认知心理学专著。在《认知心理学》这本专著出版之前，虽然信息处理理论为基础的认知心理学思想已经兴起，认知、认知学习及认知主义等名词也已存在，但认知心理学这一名词，却是从奈瑟尔的专著出版之后才定案的，可以说他定义了一个即将统治心理学界的新领域，因此有人说他，"是在适当的时间出版了适当的专著"。

　　其二，在专著中他对认知心理学这个学科进行了定义：认知心理学是对感官接受信息后，经过转换、简化及加工等心理操作，从而获取知识、储存知识及运用知识等内在过程的科学研究。他的定义至今仍为现代认知心理学家所广泛采用和认同。

　　其三，认知心理学家反对行为贬低内部心理过程的观念、注意、感知、思维、记忆、语言等认知过程，但是当时这些过程都是被孤立地作为研究对象，是奈瑟尔把这些以前看似不相关的研究领域融合为一个紧密相关的科学。主张以整体的观点来研究人的心理活动，因此可以说是他为认知研究提供了整个框架。

　　面对认知心理学研究范围越来越窄的趋势，他于1976年出版了《认知与现实》一书，提出认知研究应具有生态效度，强调认知心理学的研究应重视实验室以外的世界。他批评当时认知心理学的主流研究将注意力过分地集中于内在心理加工过程，过分夸大接受者的作用而忽略了环境的影响。他还强调知觉和进化相似，都涉及对环境的适应性问题。奈瑟尔认为如果认知心理学的研究只局限在严格控制条件下的实验室内从事与日常生活无关的研究，那么它的发展将难免重蹈行为主义的覆辙。

第二编　认知论

第五章　意识和注意

　　心理学把意识作为自己的研究对象。现代心理学认为意识为人类所独有，是一种高级心理过程。动物有心理，但没有意识。它们没有语言，不能进行抽象思维，不能进行有目的、有计划的复杂活动。意识是人类特有的思想活动的基础。本章将对意识及其基本状态，以及与意识密切相关的注意现象进行详细解读。

第一节　意识和意识状态

一、意识概述

（一）什么是意识

　　意识是指人通过以感觉、知觉、记忆和思维等心理活动过程为基础的系统整体对自己身心状态与外界环境变化的觉知。意识是人类大脑所特有的反映功能，是人和动物的心理的根本区别。意识是心理活动的重要组成部分。从意识的发生、发展过程来看，意识是心理发展的高级形态。

　　意识的核心是语言与思维。人类意识的感知、表象、记忆以及解决问题的过程，都离不开语言和思维，其中语言既是主要的表达和沟道方式，也是用于思维的元单位，而思维则是解决问题的创造性关系节点，是一个动态的关系节点，它以任务为目标连接着语言所要表达的感知、表象、记忆等内容。

　　意识不仅包括感觉、知觉、记忆和思维等认知过程，还包括情感与意志活动。人的意识是认知和体验的整体统一。

（二）意识水平

　　意识是一个多维度、多层次的高级心理反映形式。意识水平反映了个体在某一时间里对自身活动及其状态的觉知程度，主要有无意识、下意识、潜意识三种不同的水平。无意识水平，是指个体对其内在的身心状态或外界环境的变化没有觉知的意识状况。例如，个体的生理变化。下意识水平，是指保持在人脑中的过去经验或信息，平时虽然不被觉知，但可在需要时再次复现或提取而达到觉知的意识状况。潜意识水平，是指蕴含在意识层之下的欲望、情绪等经验被控制和压抑而使个体在当时不觉知的意识状况。

二、意识的特征

意识主要具有三个基本特性：自觉性、能动性和社会历史制约性。

意识的自觉性，是指人对外部环境刺激和自身内部心理事件的了解。意识的自觉性使人能够产生饥饿、寒冷、欲求、需要等内在意志。

意识的能动性，是指人积极主动地反映客观环境和改造世界的能力与作用，它使人能够自觉地进行活动。意识的能动性又表现在意识的目的性和计划性、主动性和创造性两个方面。前者主要体现在人们认识世界都是有一定目的的，并通过计划去实现其目的。后者主要体现在人们在认识客观事物时会主动创造出一些现实不能直接感觉到的认识，例如人们会追溯过去，预测未来。

意识的社会历史制约性，是指意识是在社会环境中形成与发展起来的，它直接或间接地受到社会历史条件的影响与制约。如人对人类自身组成从躯体到细胞再到基因的认识过程。

三、自我意识

自我意识是指人对自身以及对自己与客观环境关系的觉察与认识。自我意识是人的意识活动能动性的体现，是人的心理区别于动物心理的本质特征表现。自我意识包括自我认知、自我体验、自我调节三个部分。

自我认知，是自我意识的认知成分，它包括个人的自我感觉、自我观察、自我分析和自我评价等。

自我体验，是自我意识的情感成分，它是对自己情绪情感状态的体验。

自我调节，是自我意识的能动性成分，是指个体根据自身状态和客观环境的变化而自觉改变自己的观念与行动的过程。

四、意识状态

意识状态是指人在不同时间、不同条件下意识所呈现的特征。意识状态可以分为正常的意识状态与异常的意识状态两大类。

（一）正常的意识状态

一般指人脑没有发生任何病变，也没有受到任何药物等非正常刺激影响下的意识状态，即生理和心理功能健全时的状态。

1.主动的意识状态

意识最清晰，要求注意力最集中，能对自己的行为进行有效的调控。如考试临近，个体会主动去学习，制订相应的学习计划和任务，并不断检验自己是否已经掌握。这就是意识的主动状态。

2.自动化的意识状态

在这种意识状态下，对注意力的要求较少，但不会影响同时进行的其他任务。如个体边看电视边吃饭。虽然更多的注意力在电视上，但并不会影响其吃饭，只是吃饭的活动中意识的参与成分比较少，变成了自动化的状态。

3.被动的意识状态

意识处于一种模糊的状态，其产生与维持不需要主动的注意力，不能进行有效的调控。如个体在上课时的瞌睡状态，虽然知道老师在讲课，但讲的是什么内容完全不清楚。这是一种个体很难控制的被动的意识状态。

4.睡眠状态

在睡眠状态下，个体仍然有意识活动。当人进入睡眠状态时，脑内神经细胞的电位仍在变化着，只是出现了不同的波形。在做梦时，脑电波的变化更为明显。

（二）异常的意识状态

异常的意识状态是指通过药物、毒品、酒精等事物使人进入特殊的意识状态。这种状态是由于外在事物对大脑进行着某种干扰。它暂时麻痹了人的神经，使人意识迷乱，甚至产生幻觉。

第二节　注意

一、什么是注意

注意是人的心理活动对一定对象的指向和集中，是和各种心理活动（感知觉、记忆、思维、想象等）紧密联系的一种共同心理特征，是心理过程的积极状态。

注意是心理活动的特点，心理过程的一种状态，也是心理活动总的指向，一般是将感知觉功能聚集指向于某一特定对象的感知状态。例如侧耳倾听某人的说话，而忽略房间内其他人的交谈，或者在驾驶汽车时接听手机而忽视了对路况的观察。所以，注意不是一种心理过程，它并不反映任何事物及其属性。

注意和意识既有联系又有区别。一方面，注意和意识密不可分。当人们处于注意状态时，意识内容比较清晰。人从睡眠到觉醒，再到注意，其意识状态分别处在不同的水平上。另一方面，注意和意识又有区别。注意是心理活动的选择与维持的心理特性，而意识主要是对客观事物内容的觉知，它所反映的是注意的对象或具体内容。

总之，在注意条件下，意识与心理活动指向并集中于特定的对象，从而使意识内容或对象清晰明确。意识过程紧张有序，并使个体的行为活动受到意识的控制。

二、注意的特征

注意的指向性和集中性是注意的两个主要特征。

指向性是指心理活动对客观事物的选择。人在觉醒状态时，周围虽然存在着诸多客观事物，但人在某一时刻并不把这些客观事物都作为自己心理活动的对象，而只是选择特定的客观事物作为心理活动的对象，所谓"逐鹿者不见山"即属此例。

集中性指人的心理活动在特定方向上的保持和深入。其表现为：心理活动在指向于一定客体的同时，一方面会离开其他无关客体，另一方面会主动地抑制和排除无关事物的干扰，甚至会视而不见，听而不闻，从而保证对指向对象反映的清晰性、鲜明性、准确性。

三、注意的功能和外部表现

（一）注意的功能

在人的活动中，注意具有一系列重要的功能，其中主要的三种功能介绍如下：

第一，注意具有选择的功能。注意使得人们在某一时刻选择有意义的、符合当前活动需要和任务要求的刺激信息，同时避开或抑制无关刺激的作用。这是注意的首要功能，它确定了心理活动的方向，保证我们的生活和学习能够次序分明、有条不紊地进行。

第二，注意具有保持的功能，即将注意对象的映象或内容维持在意识中，得到清晰、准确的反映，直至完成任务，达到预定目的为止。如果选择的注意对象转瞬即逝，心理活动无法展开，也就无法进行正常的学习和工作。

第三，注意具有调节和监督的功能，即控制心理活动向着一定的方向或目标进行。注意可以提高活动的效率，这体现在它的调节和监督功能上。注意集中的情况下，错误减少，准确性和速度提高。另外，注意的分配和转移能保证活动的顺利进行，并适应变化多端的环境。

（二）注意的外部表现

注意是一种内部心理特性与状态，但可以通过人的外部行为表现出来。人在集中注意某一对象时，常常伴随着特定的生理变化与外部表现。

首先，适应性动作的出现。人在注意状态下，感觉器官一般是朝向注意对象的，并做出一些适应性反应。当我们注意一个物体时，会"注目凝视"；注意一种声音时，又会"侧耳细听"；在我们专注于回忆往事、思考问题时，又常会"眼神发呆，若有所思"。当然，最明显的适应性动作就是个体能够跟随组织者的思路，配合做各种运算或操作等，这也说明个体正处于积极的有意注意状态。

其次，无关动作的停止。当人们集中注意时，就会高度关注当前的活动对象，一些与活动本身无关或起干扰作用的动作会相应减少甚至停止。

再次，呼吸运动变化。人在注意时，呼吸常常是轻缓而均匀，有一定的节律。但有时在紧张状态下高度注意时，人的呼吸会变得轻微而缓慢，吸气短促，呼气延长，常会"屏息静气"，甚至牙关紧闭，双拳紧握。

如在视觉注意中，眼睛有三种基本运动形式：注视、跳动、追随运动。如图5-1所示（左为要审阅的照片，右为视觉运动轨迹）：

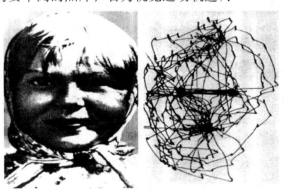

图5-1　被试审阅照片时的眼睛移动情况

四、注意的种类

根据注意时有无目的性和意志努力的程度，把注意分为：不随意注意、随意注意、随意后注意。

（一）不随意注意

不随意注意也叫无意注意，指事先没有预定目的，也不需要意志努力的注意。例如，你正在听课，教室的门突然被打开，"哐当"一声响，你不由得看了一眼。这就是不随意注意。不随意注意是注意的一种初级表现形式。

引起不随意注意的因素主要有两个方面：第一，刺激物本身的物理特点，即刺激物的强度、刺激物的新颖性、刺激物的运动变化、刺激物的对比。第二，人本身的状态，主要体现在需要和兴趣、情绪情感状态、期待的事物等。前者是引起不随意注意的主要原因。

（二）随意注意

随意注意也叫有意注意，指一种自觉的、有预定目的的、必要时需要一定意志努力的注意。

随意注意是在无意注意的基础上发展起来的，是受意识的调节和支配的注意，具有两个基本特征：有预定的目的、需要意志的努力。

引起和保持有意注意的因素主要有（只关注主观因素）：第一，对活动目的与任务的依从性。随意注意是一种有预定目的的注意。目的越明确，越具体，随意注意越易于引起和维持。第二，对兴趣的依从性。有趣的事物容易引起随意注意。在随意注意的产生中，间接兴趣有重要作用。第三，对活动组织的依从性。智力活动与实际操作相结合，有利于引起和保持随意注意；根据任务的需要，提出一定的自我要求，经常提醒自己保持注意；提出问题有利于加强随意注意。 第四，对个性的依从性。随意注意也叫"意志的注意"，它体现了人的意志的特点。因此，一个具有顽强、坚毅性格特点的人，易于使自己的注意服从于当前的目的与任务；相反，意志薄弱、害怕困难的人，不可能有良好的随意注意。

（三）随意后注意

随意后注意又称有意后注意，指有预定目的，不需要意志努力的注意，是注意的一种特殊形式。从特征上讲，它同时具有不随意注意和随意注意的某些特征。它和自觉的目的、任务联系在一起，这方面类似于随意注意，但不需要意志努力，又类似于不随意注意。例如，初学文言文时，你可能对"之乎者也"这一套不感兴趣，只是为了完成学习任务，这时候的注意是随意注意。但当你对文言文的基础掌握之后，对文言文本身产生了兴趣，凭兴趣可以自然而然地将注意力集中到学习上，这时候的学习就是随意后注意了。

随意后注意既服从于当前活动的目的与任务，又能节省意志努力，因而对完成长期的、持续的任务特别有利。随意后注意是在随意注意的基础上发展起来的。

第三节 注意的品质

注意的品质是指注意在范围、紧张度、稳定性，以及注意的分配与转移等方面的注意特征，注意的品质决定了注意指向的准确性和集中度，是影响注意结果的直接因素。

一、注意的范围

注意的范围也叫注意的广度，是指在同一时间内意识能清楚地把握对象数量多寡的注意特征。

注意范围受知觉对象的特点、活动任务的难度等多种因素的影响。简单任务下，注意的广度大概是7±2，即5～9个项目。

影响注意范围的因素主要包括两个方面：一是对象的特点。对象越集中，排列越有规律，注意的范围也就越大；二是个体经验和心理状态。个体对自己熟悉的事物注意范围大，心情处于紧张状态下注意范围小。如在图5-2中人们一眼可以看出的小圆点数目即此时的注意广度。

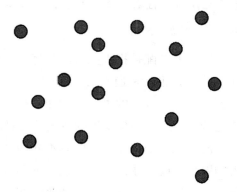

图5-2 注意的广度测试图

二、注意的紧张度

注意的紧张度指心理活动指向并高度集中在某个事物上，而同时离开其余事物的注意特征。注意的紧张度是注意在强度上的表现。注意的紧张度与广度一般来说是呈负相关的。

高度的责任感、浓厚的兴趣和爱好，能引起人高度紧张的注意。而厌倦、疲劳则会大大削弱注意的紧张度。注意的紧张度使人能够排除各种无关刺激物的干扰。高度集中的注意是提高学习效率的必要前提。

三、注意的稳定性

注意的稳定性也叫注意的持久性，是指注意能较长时间地保持在某种事物或某种活动上的注意特征。注意维持的时间越长，注意越稳定。

在稳定注意的条件下，经过一定时间之后，人的注意会不随意地离开客观事物，产生一种周期性起伏的现象，即注意周期性的加强或减弱，如凝视图5-3，就会发现图形在产生起伏性的变化。这种现象叫注意的起伏或注意的动摇。注意的起伏并不影响注意的稳定性。

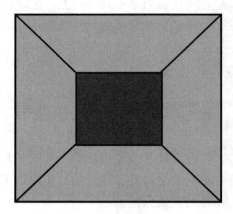

图5-3　注意稳定性测试图

与注意稳定相反的状态是注意分散，即分心。影响注意稳定性的因素主要有：第一，对象本身的特点。注意对象如果是内容丰富、特征比较复杂、活动并变化着的，那么个体的注意就容易稳定和持久。第二，活动的目的任务。活动的目的任务越明确，越有利于注意的稳定。第三，人的主观状态。活动者的积极态度和对注意事物的兴趣，是保持个体注意稳定的有利条件。

四、注意的分配

注意的分配是指人把自己的注意指向于两种或两种以上的对象或活动上的注意特征，也就是通常所说的"一心二用"。在现实生活中，许多活动要求我们同时做两件以上的事情。例如，教师在讲课时，一边讲授，一边写板书或操作电脑，一边要观察学生的情况并及时调整教学活动。

能否顺利地把注意分配到不同活动，主要依赖于以下两个条件：第一，活动的熟练程度。注意的分配，要求同时进行着的两种或几种活动中，必须有一种活动达到相当熟练以至自动化或部分自动化的程度。第二，活动之间的内在关系。同时进行的两种或几种活动之间的关系，对注意的分配具有一定影响，有内在联系的活动便于注意的分配。

五、注意的转移

根据新任务的要求，主动地把注意从一个对象转移到另一个对象上去的注意特征。注意的转移与注意的分散不同。注意转移是根据任务的要求而转移，而注意的分散则是心理活动离开了当前的任务。

注意转移的难易程度和速度，主要受到以下三个因素的制约：第一，原来活动吸引注意的强度。强度越强，注意转移越难，速度越慢。第二，新事物的性质与意义。前后从事的两种活动性质越相近，注意越容易转移。第三，事先是否具有转移注意的信号。

注意的转移还与人的高级神经活动类型和已有的习惯有关，它反映一个人神经过程灵活性的高低。

【选读资料】

选读资料一：睡眠

人的一生大约有三分之一的时间是在睡眠中度过的，人们很早以前就对睡眠进行过研究。近几十年来，科学家用脑电波的变化作为观察脑的活动的客观指标，获得了重要的成果。根据脑电波的变化，可以将睡眠分为以下四个阶段。

第一阶段的脑电波主要是混合的、频率和波幅都比较低的脑电波。这一阶段，个体的身体放松，呼吸变慢，很容易被外界刺激所惊醒。这个阶段大约持续10分钟。

第二阶段出现"睡眠锭"（即一种短暂爆发的，频率高、波幅大的脑电波）。在这个阶段，睡眠已属浅睡，个体很难被叫醒，肌肉进一步放松。这一阶段大约持续20分钟。

第三阶段脑电波的频率会继续降低，波幅变大，出现δ波，有时会有"睡眠锭"。这一阶段大约持续40分钟。

第四阶段又称深度睡眠阶段。在这一阶段，个体肌肉进一步放松，身体功能各项指标变慢，梦游、梦呓、尿床等行为发生在这一阶段。这一阶段持续20分钟左右。

这四个阶段大约要90分钟。此后便进入快速眼动睡眠阶段。这一阶段的脑电波同个体在清醒状态时的脑电波活动很相似，δ波消失，高频率、低波幅的脑电波出现。睡眠者的眼球开始快速左右上下移动，而且通常伴随着梦境。这一阶段大约持续5～10分钟。

在快速眼动睡眠阶段之后，又会重复上述四个睡眠阶段。第四个睡眠阶段结束之后，又会出现一次快速眼动睡眠阶段，而且时间会比第一次长，直至最后一次可能长达一小时。这样的睡眠周期不断循环，直至醒来。不过，随着黎明的渐渐来临，第四阶段和第三阶段的睡眠会逐渐消失。

选读资料二：梦

研究发现，睡眠中人人都会做梦，只是醒来以后有人记得自己做过梦，有人却不记得。通过仪器能够检测人的睡眠过程，可以准确地检测出人在睡眠中是否正在做梦，并对梦进行研究。在快速眼动睡眠阶段，眼动仪会检测出眼球出现了快速运动，而眼球上下左右地颤动是在清醒状态下的表现，睡眠中出现了眼球的颤动，说明大脑的活动比一般睡眠阶段加剧了。如果在这一阶段叫醒睡眠者，他们都会说自己正在做梦，这就给我们检测做梦、研究做梦提供了条件。

梦的最主要特点是梦境的不连续性，即梦中的思想和行为，或者情境会突然变成与之前无关的其他思想和行为或者场景。前后没有联系，没有因果关系。因为梦不是在意识的控制之下，不仅是一种无意想象，而且是一种极端的无意想象。

梦是一种正常的心理现象，做梦并不会影响人的休息。梦的内容也不是吉凶的预兆，不应对梦抱有担心的心理。

弗洛伊德认为，潜意识中的本能冲动在人睡眠时以伪装的形式骗过所有松懈的心理检查机制而得到表现，就构成了梦境。梦是愿望的一种表现形式，在一定程度上满足了本能欲望，缓释积聚的心理能量，又不唤起检查机制的警觉，保护了睡眠。由于梦所代表的欲望大多是我们的意识所不能接受的。为了不直接引起良心的不安，只能采用曲折隐晦的手法来求得自我表现。手法之一是重新组合，将各种形象特征组合在一起而更具象征意义。手法之二是情感重点的转换，梦境中最不突出的部分常常最能反映潜在的意义。手法之三是象征化，某些梦的反复出现，对于同一个人甚至不同的人具有相同的意义。手法之四是继发作用，梦中的情节，甚至几个相关联的梦的情节按一定的线索串联在一起，组合成整体。弗洛伊德还将梦境分为显梦和隐梦两个层次。显梦使梦的表面情节可以回忆起来；隐梦则通过显梦表现本能的欲望，通过精神分析人们可以了解这些欲望。

荣格认为，梦是自然现象，是潜意识与自我的交谈。他将潜意识进一步分为个人潜意识和集体潜意识。所谓个人潜意识是指发生在个体身上并和个体的经验相联系的心理内容。而集体潜意识是指在漫长的历史演化过程中世代积累的人类先祖的经验，是人类必须对某些事件做出特定反应的先天遗传倾向。在梦中，个人潜意识的内容得到表现，集体潜意识中的各种原始意象也以原始的象征方式显现出来。梦是个人潜意识和集体潜意识的交织，而后者占主导。

第六章　感觉和知觉

　　感觉和知觉是人类认识世界的开端，是一切知识的源泉。感觉与知觉的形式是主观的，但其反映的内容是客观的，它们是主观与客观的有机统一。感觉和知觉既有联系又有区别。感觉是知觉的基础，知觉以感觉为前提；知觉不是感觉的简单相加，知觉还需借助自己的经验和知识来帮助认识外界事物。

第一节　感觉

一、感觉的含义

（一）什么是感觉

　　感觉是人脑对直接作用于感觉器官的客观事物的个别属性的反映，但有时我们对物体个别属性的反映却不是感觉。例如，我们回忆起看到过的一个物体的颜色，虽然反映的是这个物体的个别属性，但这种心理活动已不属于感觉，而属于记忆了。所以，感觉反映的是当前直接作用于感觉器官的物体的个别属性。

　　感觉是其他心理活动的基础，通过感觉才能进行复杂的知觉、记忆和思维等活动，从而更好地全面反映客观事物。

　　感觉是维持人的正常心理活动的重要保障，如果把感觉剥夺，就会使人的思维过程发生混乱，导致注意力不能集中，甚至会产生严重的心理障碍。通过感觉剥夺实验，人们研究了感觉被剥夺后被试者的心理反映。图6-1所示是人类第一个感觉剥夺实验，是由加拿大吉尔大学的心理学教授赫布和贝克斯顿等人于1954年进行的。实验过程是：将被试者分别关闭在有极少刺激的实验环境中，要求被试者戴上眼罩——剥夺其视觉，戴上耳塞——剥夺其听觉，戴上手套——剥夺其触觉，并且要求被试者待的时间尽量长一些。实验结果表明，很少有人能在这种环境中生活一周，并且被试者在被剥夺感觉期间，都出现了不同程度的理智紊乱，如注意力不集中、思维不连贯、条理不清、反应迟钝、烦躁不安、情绪不稳定，甚至出现严重的压抑、恐惧以及幻觉等。被试者解除隔离后，在一段时间内仍存在各种心理功能紊乱的现象。

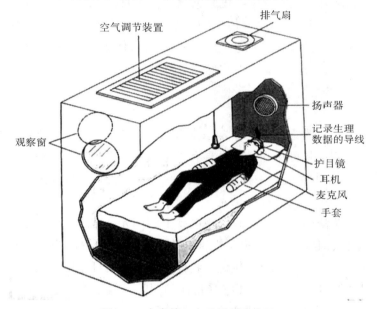

图6-1　人类第一个感觉剥夺实验

（二）感觉的特点

感觉主要有以下三个特点：第一，感觉反映的是当前直接面对的客观事物。感觉所反映的是当下能够直接面对并引起我们的感觉器官反应的客观事物，而不是过去的或间接的事物，更不能是如"望梅止渴"而产生的想象。第二，感觉反映的是客观事物的个别属性。即某一个具体的特征，而不是事物的整体。通过感觉（主要有视觉、听觉、嗅觉、味觉、肤觉等，其中肤觉包括触觉、冷觉、温觉、痛觉等）我们不仅能够了解客观事物的个别属性，如物体的大小、颜色、气味、软硬等，而且能够了解自己身体内部的状况和变化，如疼痛、饥饿等。第三，感觉是客观内容和主观形式的统一。感觉的内容是对于客观事物的反映，但是感觉并不是事物本身，而是人脑的属性和技能的展示，具有相对的独立性。因此，感觉是客观内容和主观形式的统一。

二、感觉的分类

感觉是由物体作用于感觉器官引起的，根据刺激的来源不同，我们可以把感觉分为外部感觉和内部感觉。

外部感觉是由身体外部刺激引起的，反映外界事物个别属性，包括视觉、听觉、嗅觉、味觉和皮肤感觉（皮肤感觉又包括触觉、温觉、冷觉、痛觉）。

内部感觉是身体内部组织传来的刺激引起的，反映有机体自身状态的感觉。内部感觉包括运动觉、平衡觉和机体觉（机体觉又叫内脏感觉，包括饿、胀、渴、窒息、恶心、便意、性和疼痛等感觉）。

（一）外部感觉

1.视觉

以眼睛为感觉器官，辨别外界物体明暗、颜色等特性的感觉叫作视觉。产生视觉的适宜刺激是可见光。光是具有一定频率和波长的电磁波。宇宙中存在各种电磁波，而其中只有一小部分是可见光。产生视觉的适宜刺激是波长为380～780纳米的电磁波，即可见光。

接受光波刺激的感受器是眼睛视网膜上的感光细胞。视网膜上的感光细胞有两种：视锥细胞和视杆细胞。视锥细胞大多集中于视网膜的中央窝及其附近，大约有六百万个，能分辨颜色和物体的细节。视杆细胞主要分布在视网膜的边缘，大约有1.2亿个，主要感受物体的明暗，但不能分辨颜色和物体的细节。当适宜的光刺激透过眼睛到达视网膜，引起视网膜中的感光细胞产生神经冲动，神经冲动沿视神经传导到大脑皮质的视觉中枢时，视觉就产生了。

光波的基本特性表现在三个方面，即强度、波长、纯度。与物理属性相对应，人对光波的感知也有三种特性：明度、色调与饱和度。

与光的强度对应的视觉现象是明度。明度指由光线强弱决定的视觉经验，是对光源和物体表面的明暗程度的感觉。如果我们看到的光线来源于光源，那么明度决定于光源的强度。如果我们看到的是来源于物体表面反射的光线，那么明度决定于照明的光源的强度和物体表面的反射系数。

与光的波长对应的视觉现象是色调。色调指物体的不同色彩。不同波长的光作用于人眼引起不同的色调感觉，如700纳米的光波引起的色调感觉是红色，620纳米的光波引起的色调感觉是橙色，70纳米的光波引起的色调感觉是蓝色。

饱和度反映的是光的成分的纯度。例如，浅绿色、墨绿色等是饱和度较小的颜色，而鲜绿色是饱和度较大的颜色。

与光的时间特性对应的视觉现象是后像和闪光融合。视觉刺激对感受器的作用停止后，感觉现象并不消失，还能保留短暂的时间，这种现象叫后像。例如，注视亮着的电灯几秒钟后，闭上眼睛，眼前会出现一个亮着的灯的形象位于暗的背景上，这是正后像，后像的品质与刺激物相同；随后可能看到一个黑色的形象位于亮的背景上，这是负后像。彩色视觉常常有负后像。例如，注视一个红色正方形一分钟后，再看白墙，在白墙上将看到一个绿色的正方形。当断续的闪光达到一定的频率，人们不会觉得是闪光，会得到融合的感觉，这种现象叫闪光融合。例如，日光灯的光线其实是闪动的，每秒钟闪动100次，但我们看到的却不是闪动的，而是融合的光。

2.听觉

声波振动鼓膜产生的感觉就是听觉。引起听觉的适宜刺激是频率（发声物体每秒钟振动的次数）为16～20000赫兹的声波。低于16赫兹的振动是次声波，高于20000赫兹的振动是超声波，都是人耳不能接受的。接受声波刺激的感受器是内耳的柯蒂氏器官内的毛细胞。当声音刺激经过耳朵传达到内耳的柯蒂氏器官内的毛细胞时，引起毛细胞兴奋，毛细胞的兴奋沿听神经传达到脑的听觉中枢，这就产生了听觉。

听觉器官对声波的反映表现为音高、响度和音色。

音高指听起来声音的高低。音高主要决定于声音的频率。一般地，声波振动频率越大，听起来音调越高；反之，音调越低。通常成年男性说话的音调要低于成年女性的音调。言语声的音高一般在85～1100赫兹。音高还受声音的持续时间等因素的影响。声音刺激都至少要持续一定的时间（低频声音的持续时间比高频声音的持续时间要长），才能让人体验到音高。疾病、年龄等因素也会使人对音高的感觉产生影响。

响度指声音的强弱程度，主要由声波的振幅决定。振幅越大，声音的响度也就越大；振幅越小，响度越小。测量响度的单位是分贝。生活中，耳语声的响度是20分贝，普通谈话的响度是60分贝，繁忙的街道的响度是80分贝，响雷的响度是120分贝。长时间处于85分贝以上环境中的人会产生听力损伤。

音色指声音的特色，由声波的波形决定。例如，即使胡琴和小提琴发出音高、响度相同的声音，听起来还是两种不同的声音，这种差别就是音色的差别。由于声音具有各种不同的特色，我们才可能辨别不同的发声体。

3.嗅觉

气态物质的分子作用于鼻腔黏膜时产生的感觉叫作嗅觉。引起嗅觉的适宜刺激是有气味的挥发性物质，接受嗅觉刺激的感受器是鼻腔黏膜的嗅细胞。有气味的气态物质作用于嗅细胞，细胞产生兴奋，经嗅束传至嗅觉的皮层部位（位于颞叶区），因而产生嗅觉。

许多动物要借助嗅觉来寻找食物、躲避危险、寻求异性。人的嗅觉已退居较次要的地位。例如，德国牧羊犬的嗅觉比人类的嗅觉敏锐一百万倍。但即使这样，人的嗅觉仍为我们的生存提供着重要的信息。例如，有毒的、腐烂的物质常伴有难闻的气味，这对于想食用它们的人来说是一种警告。人的嗅觉受多种因素的影响，如刺激物的作用时间、机体生理状态、空气的温度和湿度等。温度太高、太低，空气湿度大小，机体感冒与否等，都会影响嗅觉的敏感性。

研究表明，嗅觉刺激可以唤起人们的记忆和情绪。做词汇练习时闻着巧克力香味的学生，第二天回忆词汇时，再次提供巧克力香味比不提供回忆的词汇要多。芳香的气味可以使人心情好，增强自信，提高工作效率。

4.味觉

可溶性物质作用于味蕾产生的感觉叫作味觉。如果用干净的手帕将舌头擦干，然后将冰糖或盐块在舌头上摩擦，这时你感觉不到任何味道，甚至可以把奎宁撒在干舌头上，只要唾液不溶解它，就不会感觉到苦味。引起味觉的适宜刺激是可溶于水或液体的物质，接受味觉刺激的感受器是位于舌表面、咽后部和腭上的味蕾。

味蕾的再生能力很强，所以即使因吃热的食物烫伤了舌头，也不会对味觉有太大影响。但是，随着年龄的增长，味蕾的数量会逐渐减少，因此人的味觉敏感性会逐渐降低。吸烟、喝酒会加速味蕾的减少，加速味觉敏感性的降低。基本的味觉有酸、甜、苦、咸四种，其他味觉都是由这四种味觉混合而来。舌尖对甜味最敏感，舌中对咸味最敏感，舌的两侧对酸味最敏感，舌后部对苦味最敏感。食物的温度对味觉敏感性有影响，一般来说，食物的温度在20～30℃时，味觉敏感性最高。机体状态也会影响味觉敏感性，饥饿的人对甜、咸较敏感，对酸、苦不太敏感。

巴特舒克（Linda Bartoshuk，1993）研究发现，人类因味觉引起的情绪反应是固定的。把甜的或苦的食物放在新生儿的舌头上时，新生儿舌头和面部的反应与成人一致。没有舌头的人仍有味觉，味觉感受器在嘴的后部和顶部。如果舌头的一边失去味觉，我们不会注意到，因为舌头的另一边对味觉会非常敏感。大脑难以对味觉定位，虽然舌头中间的味蕾较少，但我们体验到的味觉来自整个舌头。某些有营养的物质不能引起味觉，如脂肪、蛋白质、淀粉及维生素。

5.肤觉

外界刺激作用于皮肤引起的各种各样的感觉叫作肤觉。

引起肤觉的适宜刺激是物体机械的、温度的作用或伤害性刺激，接受肤觉刺激的感受器位于皮肤、口腔黏膜、鼻黏膜和眼角膜上（如皮肤内的游离神经末梢、触觉小体、触盘、环层小体、棱形末梢等），呈点状分布。肤觉的基本形态包括触压觉、温度觉、痛觉。其他各种肤觉是由这几种基本形态构成的复合体。

由非均匀的压力在皮肤上引起的感觉叫作触压觉。触压觉包括触觉和压觉。机械刺激作用于皮肤表面而未引起皮肤变形时产生的感觉是触觉；机械刺激使皮肤表面变形但未达到疼痛时产生的感觉是压觉。相同的机械刺激在皮肤的不同部位引起的触压觉的敏感性是不同的，额头、眼皮、舌尖、指尖较敏感，手臂、腿次之，胸腹部、躯干的敏感性较低。

温度觉指皮肤对冷、温刺激的感觉。温度觉包括冷觉和温觉两种。冷觉和温觉的划分以生理零度为界限。生理零度指皮肤的温度，随温度的变化而变化。温度刺激高于生理零度，引起温觉；温度刺激低于生理零度，引起冷觉；温度刺激与生理零度相同，则不能引起冷觉和温觉。人体不同部位的生理零度不同，面部为33℃，舌下为37℃，前额为35℃。当温度刺激超过45℃时，会使人产生热甚至烫的感觉。这种感觉是温觉和痛觉的复合。

痛觉是对伤害有机体的刺激所产生的感觉。引起痛觉的刺激很多，包括机械的、物理的、化学的、温度的以及电的刺激。痛觉对有机体具有保护作用。天生无痛觉的人常常寿命不长，因为他们体会不到因机体受伤或不适而产生的痛觉，因而不会主动去为医治自己的身体而努力。不仅仅是皮肤，全身各处的损伤或不适都会产生痛觉。因此，痛觉既可以是外部感觉，也可以是内部感觉。痛觉常伴有生理变化和情绪反应。皮肤痛定位准确，肌肉、关节痛定位不准确，内脏痛定位不准且具有弥散的特点。影响痛觉的因素很多，我们可以通过药物、电刺激、按摩、催眠、放松训练、分散注意力等方法减轻痛觉。我国学者研究表明，人体皮肤对痛觉的敏感性一年中经历两次周期性的变化，春、秋两季比夏、冬两季要迟钝，其原因尚不明了。

（二）内部感觉

1.运动觉

反映身体各部分运动和位置的感觉叫运动觉。引起运动觉的适宜刺激是身体运动和姿势的变化，接受运动觉刺激的感受器位于肌肉、韧带、关节等的神经末梢。凭借运动觉，我们可以行走、劳动，还可以进行各种体育活动，完成各种复杂的运动技能；凭借运动觉与触觉、压觉等的结合，我们可以认识物体的软硬、弹性、远近、大小、滑涩等特性。

2.平衡觉

反映头部位置和身体平衡状态的感觉叫平衡觉。引起平衡觉的适宜刺激是身体运动时速度和方向的变化，以及旋转、震颤等，接受平衡觉刺激的感受器是位于内耳的前庭器官，即椭圆囊、球囊和三个半规管。平衡觉的作用在于调节机体运动，维持身体的平衡。平衡觉与视觉、机体觉有联系，当前庭器官受到刺激时，视野中的物体仿佛在移动，我们会产生眩晕、恶心、呕吐等。

3.机体觉

机体内部器官受到刺激时产生的感觉叫机体觉。引起机体觉的适宜刺激是机体内部器官的活动和变化，接受机体觉刺激的感受器分布于人体各脏器的内壁。机体觉在调节内部器官的活动中具有重要作用，它能及时地反映机体内部环境的变化、内部器官的工作状态。当人体的内部器官处于健康、正常的工作状态时，一般不会产生机体觉。机体觉的表现形式有饥、渴、气闷、恶心、窒息、便意、性、胀、痛等。

三、感觉的测量

感觉的测量能说明心理量与物理之间的对应关系，这种对心理内容的量的说明，是心理学研究的主要内容之一。

（一）感受性和感觉阈限

感受性是指人的感受器对适宜刺激的感觉能力。感觉能力强，感受性就高；感觉能力弱，感受性就低。感受性是用感觉阈限的大小来度量的。阈限是刺激强度的界限或临界值。所以，感觉阈限就是人感到某个刺激存在，或者是刺激变化的强度，或者是引起感觉的刺激强度变化所需量的临界值。感觉阈限是测量人的感觉系统感受性大小的指标。

感觉阈限可以分为绝对感觉阈限和差别感觉阈限两类，感受性也可分为绝对感受性和差别感受性。

刚刚能够引起感觉的最小刺激强度叫绝对感觉阈限，又叫绝对阈限，表示的是绝对感受性。绝对感受性是指刚刚能够觉察出最小刺激量（强度）的能力。能够察觉出来的刺激强度越小，感受性就越高，反之就是感受性低。因此，绝对感觉阈限与绝对感受性之间成反比关系。

刚刚能够引起两个同类刺激物之间的最小差别量，叫作差别感觉阈限，又叫差别阈限。差别阈限表示的是差别感受性，差别感受性是指刚刚能够觉察出同类刺激之间最小差异量的感觉能力。一个人能够觉察到的差别越小，说明他的差别感受性越高。因此，差别感觉阈限与差别感受性之间成反比关系。不同的感觉，具有不同的差别感觉阈限和差别感受性。

（二）感觉阈限测量

传统心理物理学对感觉阈限的测量方法有：极限法、平均误差法、恒定刺激法、信号检测论等。

极限法，也叫最小变化法，是直接测量感觉阈限的基本方法。极限法的刺激是按大小顺序呈现的，有递增和递减两类系列，刺激间的变化很小且间距相等。每次呈现刺激后让被试报告是否有感觉。刺激的增减应尽可能的小，目的是系统地探求被试由一类反应到另一类反应的转折点，即在刺激时由有感觉变为无感觉（递减系列），或由无感觉变为有感觉（递增系列）。递减递增系列是交替进行的，每个系列的起始点也不一样，以免被试形成定势。当被试报告有感觉，就用"+"表示，报告无感觉就用"-"表示，被试不能肯定有无感觉时用"?"表示。

平均误差法，用来测定绝对感觉阈限和差别感觉阈限。实验者规定以某一刺激标准刺激，然后要求被试调节另一个比较刺激，使后者在感觉上与标准刺激相等。每一次比较都会得到一个误差，把多次比较的误差平均起来就可得到平均误差。因为平均误差与差别阈限成正比，所以可以用平均误差来表示差别感受性。

恒定刺激法，其特点是只用少数几个刺激，通常为5～7个，并且这几个刺激在测定阈限的整个过程中是固定不变的。恒定刺激法也是因此而得名的。刺激的最大强度要大到它被感觉到的概率达到95%左右，刺激的最小强度要小到它被感觉到的概率只有5%左右，每个刺激呈现的次数应相等，呈现的顺序要随机排列。可以用于测定绝对感觉阈限和差别感觉阈限。

信号检测论，用于测试人对刺激信息的辨别能力，它能够将被试反应的主观因素与感受性两者区分开。

四、感觉现象

（一）感觉适应

由于刺激物对感受器的持续作用，从而使感受性发生变化的现象叫感觉适应。各种感觉都能发生适应的现象，感觉适应可以使感受性提高，也可以使感受性降低。最典型的就是视觉适应。

视觉适应是最常见的感觉适应现象。视觉适应包括明适应和暗适应。暗适应是视觉分析器在弱光刺激下其感受性提高的过程。从亮处到暗处，开始什么也看不见，但随着时间的延长，原来看不见的慢慢看见了，这就是感受性提高的过程。明适应是视觉感受器在强光刺激下其感受性降低的过程。因此，人从暗处刚一到亮处时就会觉得光特别强，眼睛都睁不开，但是很快就觉得光线不那么刺眼了，这就是感受性降低的过程。

（二）感觉对比

感觉对比是指同一感受器接受不同刺激而使感受性发生变化的现象。感觉对比包括同时对比和继时对比。不同刺激物同时作用于同一感受器时，产生的对比叫同时对比。如同时看黑白背景上的"灰"产生的明度对比。不同刺激物先后作用于同一感受器时，产生的对比叫继时对比。如先苦后甜的对比。

明暗同时对比，如同时看两张明度相同，分别放到黑色背景和白色背景上的灰色纸，我们会发现，黑色背景上的"灰"变得亮了，白色背景上的"灰"显得暗了，这就是明暗同时对比的结果。不仅明度有对比的效果，颜色也会发生对比。我们常说红花还得绿叶配，就是因为绿色可以诱导出红的感觉，对比的结果使得绿叶衬托下的红花看起来更鲜艳了。彩色对比的效果是产生对比色的补色。

除视觉对比（包括明度对比和色调对比）外，还有嗅觉对比、味觉对比和温度对比等。

第二节　知觉

一、知觉的含义

（一）什么是知觉

对客观物体的个别属性的认知是感觉，对同一物体所产生的各种感觉的结合，就形成了对这一物体的知觉。知觉（perception）是人脑对直接作用于感觉器官的客观事物整体属性的反映。

知觉是在感觉的基础上产生的，它是对感觉信息整合后的反映，但已高于感觉。感觉只反映事物个别属性，知觉却认识了事物的整体；感觉是单一器官活动的结果，知觉却是各种感觉协调的结果；感觉不依懒于个人的知识和经验，知觉却受个人知识和经验的影响。同一物体，不同的人对它的感觉是相同的，但对它的知觉却会有差别。知识和经验越丰富，对物体的知觉越完善、越全面。显微镜下的血样，只要不是色盲，无论谁看都是红色的，但医生能看出里面的红细胞、白细胞和血小板等，没有医学知识的人就看不出来。

知觉虽然已经达到了对物体的整体认识，比只能认识事物的个别属性的感觉更高级，但知觉来源于感觉，而且两者反映的都是事物的外部现象，都属于对事物的感性认识，所以，感觉和知觉之间又有不可分割的联系。

（二）感觉和知觉的关系

感觉和知觉是相同又相异的心理活动过程，二者既有相同之处又有差异和区别。

感觉和知觉的共同点表现在：第一，感觉和知觉都是对当前直接作用于感觉器官的客观事物的反映；第二，感觉和知觉过程是人脑的活动，是人脑对感觉器官接收到的刺激信息的加工处理过程。

感觉和知觉的区别主要是：第一，感觉是介于心理和生理之间的活动，知觉是纯粹的心理活动；第二，感觉是对事物个别属性的反映，知觉是对事物整体属性的反映；第三，感觉是单一分析器活动的结果，知觉是多种分析器协同活动的分析与综合结果；第四，感觉是知觉的基础，知觉总是在感觉的基础上进行的，它是感觉的深入和发展。

二、知觉的分类

根据不同标准，可以对知觉进行不同的分类。依据知觉活动时感受器的不同，将知觉分为：视知觉、听知觉、嗅知觉和味知觉等。依据知觉对象的不同，可以把知觉分为空间知觉、时间知觉和运动知觉等。但是，由于知觉与感觉不同，知觉的分类也与感觉的分类是不同的。区分各种知觉往往只是以同时参与知觉的不同感觉器官中某一种占优势的器官为基础的。在两个或若干个感觉器官以同等程度参与知觉的情况下，就产生了复杂的综合的知觉。比如对有声电影或戏曲的视—听知觉就是这样。下面我们主要对视知觉、听知觉、空间知觉、时间知觉和运动知觉进行简要介绍。

（一）视知觉、听知觉

视知觉、听知觉、嗅知觉和味知觉是依据知觉活动时感受器的不同对知觉进行的划分。

视知觉在心理学中是一种将到达眼睛的可见光信息解释，并利用其来计划或行动的能力。视知觉是更进一步的从眼球接收器官到视觉刺激后，一路传导到大脑接收和辨识的过程。因此，视知觉包含了视觉接收和视觉认知两大部分。简单来说，看见了、察觉到了光和物体的存在，是与视觉接收好不好有关；但了解看到的东西是什么、有没有意义、大脑怎么做解释，是属于较高层的视觉认知部分。

听知觉是大脑对听到的信息进行加工和处理，把声音和状况、物体等之间联系起来，帮助我们做出判断和推理。主要内容有：辨别能力、听觉广度、听觉记忆力、听觉专注能力、听觉理解能力、听说结合能力等。

（二）空间知觉、时间知觉和运动知觉

空间知觉、时间知觉和运动知觉是依据知觉对象的不同对知觉进行的划分。

1.空间知觉

它是人对客观事物三维空间特性的反映，包括形状知觉、大小知觉、深度知觉和方位知觉等。空间知觉是一种较复杂的知觉，需要人的视觉、听觉、运动觉等多种分析器的联合活动来实现。在我们的生活、学习中，空间知觉具有重要的作用。例如，学习汉语拼音、汉字时，需要正确辨别上下、左右，否则难以顺利地掌握汉字的结构和识别汉语拼音；下楼梯时，如果我们不知道有几个台阶，每个台阶有多高，就容易摔倒。下面就空间知觉的不同形式做以介绍：

（1）形状知觉

它指对物体的轮廓和边界的整体知觉。形状知觉是人类和动物共同具有的知觉能力，但人类的形状知觉能力比动物的更高级，因为人类能识别文字。形状知觉是靠视觉、触觉、运动觉来实现的。我们可以通过物体在视网膜上的投影，视线沿物体轮廓移动时的眼球运动，手指触摸物体边沿等，产生形状知觉。

（2）大小知觉

它指对物体长短、面积和体积大小的知觉。依靠视觉获得的大小知觉，决定于物体在视网膜上投影的大小和观察者与物体之间的距离。在距离相等的条件下，投影越大，则物体越大；投影越小，则物体越小。在投影不变的情况下，距离越远，则物体越大；距离越近，则物体越小。大小知觉还受个体对物体的熟悉程度、周围物体的参照的影响。对熟悉物体的大小知觉不随观察距离、视网膜投影的改变而改变。对某个物体的大小知觉也会因该周围参照物的不同而改变。

（3）深度知觉

它指人对物体的远近距离即深度的知觉。对物体深度和距离的判断可以依据的线索很多，如小的物体似乎远些，大的物体似乎近些；被遮挡的物体远些；远处的物体看起来模糊，能看到的细节少；远的物体显得灰暗，近的物体色彩鲜明；看近物时，双眼视线向正中聚合，看远物时，双眼视线近似平行等。我们还可以通过立体镜来了解深度知觉。

（4）方位知觉

它是人对自身或客体在空间的方向和位置关系的知觉。人依靠视觉、听觉、运动觉等来判断方位，这种能力是后天形成的。依靠视觉进行方位判断必须借助参照物。参照物可以是自己的身体、太阳的位置、地球的磁场、天地等。不同方位辨别由易到难的次序分别是上、下、后、前、左与右。由于人的两只耳朵分别在头部的左右两侧，因此同一声源到达两耳的距离不同，两耳所感知的声音在时间上、强度上存在差别，正因如此，我们也能依靠听觉进行方向定位。

2.时间知觉

它是人对客观事物或现象的延续性（时间长短）、顺序性（先后）和周期性的反映。时间，既没有开始也没有结束。生活中，我们对时间的知觉既可以借助于自然界的变化，如太阳的东升西落、月的圆缺、四季变化等，也可以借助于生活中的具体事件或自身的生理变化，如数数、打拍子、节假日、上下班等，还可以借助于时钟、日历等计时工具。在不同的心理状态下，人们对时间的估计有很大差别。研究表明，在悲伤的情绪下，人们在时间估计方面会出现高估现象；在欢快的情绪下，在时间估计方面会出现低估现象。

3.运动知觉

它是人对物体在空间位置移动的反映。物体运动速度太慢或太快都不能使人产生运动知觉。人没有专门感知物体运动的器官，对物体运动的知觉是通过多种感官的协同活动实现的。当人观察运动物体时，如果眼睛和头部不动，物体在视网膜的像的连续移动，就可以使我们产生运动知觉。如果用眼睛和头部追随运动的物体，这时视像虽然保持基本不动，眼睛和头部的动觉信息也足以使我们产生运动知觉。如果我们观察的是固定不动的物体，即使转动眼睛和头部，也不会产生运动知觉，因为眼睛和颈部的动觉抵消了视网膜上视像的位移。

运动知觉又可具体细分为真动知觉、似动知觉和诱动知觉。

（1）真动知觉

它是对物体本身以一定速度和轨迹做连续位移的知觉。真动知觉依赖于物体适宜的运动速度。我国心理学者用实验证明，当对象在两米距离时，运动知觉的下阈是0.6毫米/秒，上阈是600毫米/秒。

（2）似动知觉

它是指在特定条件下静止的物体看起来是运动的，没有连续位移的看成是连续运动的现象。似动知觉又称为φ现象。我们看电影、电视时，所看到的其中的物体运动并不真实存在，而是许多相似画面的连续呈现。如图6-2所示，当间隔0.06秒依次呈现直线a、b，我们便会看到a向b移动；当以低于0.03秒的

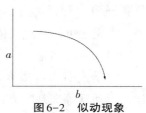

图6-2　似动现象

时间间隔呈现a、b，我们便会看到a、b同时出现；当以长于1秒的时间间隔呈现a、b时，我们便会看到a、b先后出现。

（3）诱动知觉

它指不动的物体因其周围物体的运动而使它看起来好像在运动的现象。例如，夜空中移动的云朵后面的月亮本来是不动的，但是看起来月亮在移动，而云朵是静止的。

三、知觉的基本特征

知觉不同于感觉，它不仅是各种感觉的结合，而且还是运用知识和经验对外界物体进行解释的过程。所以，知觉具有以下特征：

（一）知觉的选择性

由于人们知觉外界物体的范围是有限的，但每一时刻作用于感觉器官的外界物体又是很多的，人们不可能把作用于其感觉器官的所有物体都纳入自己的意识范围，注意到它们。所以，人就要根据自己的需要和感觉通道的容量，迅速地从背景中选择出知觉的对象，而把其他对象当作背景。知觉中的对象与背景之间的关系是相对的，它们可以互相转换。如图6-3的两幅图形我们均可以因知觉选择的不同而发现不同的图形。

图 6-3-1　知觉的恒常性　　　　　　　　图 6-3-2　知觉的恒常性

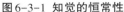

　　把刺激物从背景中区分出来成为知觉对象，既与客观事物本身的特点有关，也与个体的主观因素有关。客观刺激物本身的特点主要有：第一，客观刺激物的强度大、对比明显，容易成为个体的知觉对象；第二，在空间上接近、连续，形状上相似的客观刺激物容易成为知觉的对象；第三，在相对静止的背景上运动着的客观事物，容易成为知觉对象；第四，客观事物维度变化多的刺激，容易被人知觉为对象。

　　知觉者的主观因素主要包括：知觉者的需要与动机、愿望与要求、目的、任务、兴趣、爱好、已有知识经验等。这些都是把对象从背景中区分出来的重要主观条件。

　　（二）知觉的整体性

　　知觉的整体性是指个体根据自己的知识与经验，把直接作用于感官的不同属性、不同部分的刺激信息作为整体反映的过程。

　　客观事物的各个部分、各个特征以及各种属性，对主体整体知觉的作用并不一样，特别是客观事物中的关键性成分，对知觉的整体性起决定性作用。在知觉时，主体把过去的知识经验参与其中，大脑在对来自各感官的信息进行加工处理时，就会利用已有的知识经验，对刺激物中缺失的部分加以主观上的整合与补充，把客观事物知觉为整体——即主观轮廓（如图 6-4）。

图 6-4　知觉的主观轮廓

（三）知觉的理解性

知觉的理解性是指在知觉过程中，个体根据自己已有的知识与经验，对感知的事物进行加工处理，并用语词加以概括，赋予其确定意义的过程。知觉的理解性与个体的知识经验、实践经历、言语指导、兴趣爱好有关，受这些因素的影响，个体对于同一事物表现出不同的知觉结果。如图6-5表达了个体经验对知觉理解的影响。图6-6的墨迹图也是测试主体的知觉理解力的常用方法。

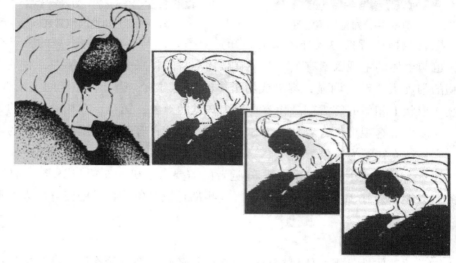

图6-5　个体经验对知觉理解的影响

图6-6　墨迹图

（四）知觉的恒常性

在知觉过程中，由于个体的知识经验的参与，知觉并不因知觉条件，如距离、角度、光亮等的变化而改变，仍保持相对稳定不变的特征就是知觉的恒常性。知觉的恒常性包括大小的恒常性、明度的恒常性、形状的恒常性和颜色的恒常性。

大小的恒常性是指在一定范围内，人对物体大小的知觉不完全随距离的变化而变化，也不随视网膜上视像大小而变化，其知觉映像仍按照实际大小知觉的特性。如在不同的距离看同一个人，离得远时，在视网膜上形成的视像小，而离得近时，视像大。但人们都会把他知觉为同样的高度。这就是大小恒常性的缘故。（如图6-7）

图6-7　大小的恒常性

明度恒常性是指当照明条件改变时，人知觉到的物体的相对明度保持不变的知觉特性。如石灰在暗处看起来也比放在明处的煤块亮，这就是明度的恒常性。（如图6-8）

图6-8-1　明度的恒常性

图6-8-2　明度的恒常性

形状恒常性是指人在观察熟悉的物体时，当其观察角度发生变化而导致视网膜上的映像发生改变时，其原本的形状知觉保持相对不变的知觉特征。

如从不同的角度看打开和关闭的门，打开后尽管它在视网膜上的图案投影已经是正方形甚至菱形的了，但是我们仍然会把它知觉成原有的图案，这就是形状的恒常性。（如图6-9）。

图6-9　形状的恒常性

颜色恒常性是指当照射物体表面的颜色光发生变化时，人们对该物体表面颜色的知觉仍然保持不变的知觉特性。如室内的白色家具在黄色灯光照射下看起来还是白色的，红色的瓷杯也不会因不同角度的光线不同所显示的颜色变化被感知错误。这就是颜色的恒常性。（如图6-10）

图6-10　颜色的恒常性

四、知觉的组织原则

由感觉到知觉的选择处理过程，称为知觉的组织。最主要的四种知觉组织原则是相似原则、接近原则、闭合原则和连续原则

（一）相似原则。

相似原则（similarity）。刺激物的形状、大小、颜色、强度等物理属性方面比较相似时，这些刺激物就容易被组织起来而构成一个整体。（如图6-11）

（二）接近原则

图6-11　知觉的相似原则

接近或邻近原则（proximity），是指彼此比较靠近的东西容易被组合在一起。（如图6-12）

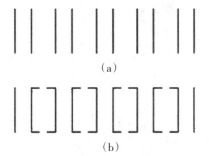

（a）

（b）

图6-12　知觉的接近原则

（三）闭合原则

闭合的原则（closure），有时也称封闭的原则。有些图形是一个没有闭合的残缺的图形，但主体有一种使其闭合的倾向，即主体能自行填补缺口而把其知觉为一个整体。（如图6-13）

图6-13　知觉的闭合原则

（四）连续原则

连续性的原则（continuity）。如果一个图形的某些部分可以被看作是连接在一起的，那么这些部分就相对容易被我们知觉为一个整体。（如图6-14）

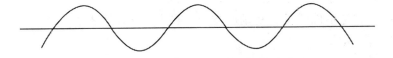

如图6-14　知觉的连续性原则

第七章　记忆

　　记忆是人脑对过去经验的保持和再现，也是人脑对输入的信息进行编码、储存和提取的过程，是人生活、学习、工作的基本技能，是人类智慧的根源。记忆力的培养历来是教育研究的主要任务，如何在保证记忆高度精确的前提下识记敏捷且保持长久成为记忆研究的首要目标；反过来，通过减少遗忘来保持记忆成为研究的主要方法之一。而减少遗忘就需要了解记忆与遗忘的规律，了解记忆信息存储、信息加工以及处理刺激信息的心理机制，进而通过目标、方法的应用提高人的记忆能力，并将之应用于信息技术中去。

第一节　记忆及记忆过程

一、什么是记忆

　　记忆是指人脑对过去经验的保持和再现。所谓过去的经验是指，感知过的事物，思考过的问题，体验过的情绪，练习过的动作。这些经验都可以以映像的形式储存在人脑中，并能在将来的一定条件下重新得到恢复的过程就是记忆。所以，记忆不像感觉、知觉那样，反映当前作用于器官的事物，而是对过去经验的再现和反映。

　　记忆可以将人过去的经验和当前的心理活动联系起来，在时间上把人的心理活动联系成一个整体。这样人们在这一过程中就不断地积累知识和经验，并通过思维活动，认识事物的本质和内在联系。因此，记忆是人生活、学习、工作的基本技能，是人类智慧的根源。

二、记忆过程

　　记忆包括"记"和"忆"的过程，主要通过识记、保持、再认或回忆三个基本环节实现。识记是记忆过程的第一个基本环节，指个体识别与记住事物的过程，它具有的选择性特点，是记忆的前提和关键；保持是对已识记知识经验在人脑中的巩固过程，是记忆过程的第二个基本环节；回忆或再认是在不同条件下恢复过去经验的过程。过去经历过但不在面前的事物，在人脑中重新呈现出来的过程，称为回忆。过去经历过的事物再次出现在面前，能把它们加以确认是已识记过的事物的过程，称为再认。再认和回忆是记忆过程的第三个基本环节。（如图7-1）

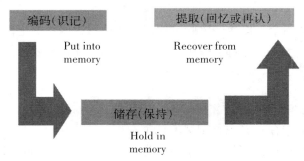

图7-1 记忆的过程

三、记忆的种类

（一）内隐记忆和外显记忆

根据记忆时意识参与的程度，可以把记忆分为内隐记忆和外显记忆。

内隐记忆是指在无意识情况下，个体的知识与经验自动地对当前任务项目产生影响的记忆。内隐记忆强调的是信息提取过程中的无意识性，它并不在乎识记信息过程中是否有意识的参与。

外显记忆是指个体有意识地或主动地收集某些知识经验来完成当前任务项目时的记忆。外显记忆是有意识地提取信息的记忆过程。

（二）陈述性记忆和程序性记忆

根据信息加工与存储的方式不同，把记忆分为陈述性记忆和程序性记忆。

陈述性记忆是指对事实性信息的记忆。陈述性记忆具有明显的可以用语言传授的特征，即在需要时可将记得的事实陈述出来。

程序性记忆是指对具有先后顺序的活动的记忆。程序性记忆中主要包括：智力技能、动作技能。它们是通过个体观察学习与实际操作练习而习得的记忆。

（三）形象记忆、情景记忆、语义记忆、情绪记忆、运动记忆

根据记忆的内容不同，把记忆分为形象记忆、情景记忆、语义记忆、情绪记忆、运动记忆。

形象记忆，指个人以感知过的事物的形象为内容的记忆。

情景记忆，指个人以亲身经历的、发生在一定时间和地点的事件或情景为内容的记忆。

语义记忆，指个人对各种有组织的知识为内容的记忆，又称为语词逻辑记忆。

情绪记忆，指个人以曾经体验过的情绪或情感为内容的记忆。

运动记忆，指个人以过去经历过的身体运动或动作形象为内容的记忆。

四、记忆的神经生理机制

（一）记忆机能定位观点

认为在大脑中存在着视觉记忆的视觉中枢，听觉记忆的听觉中枢，语言记忆的言语中枢和动作记忆的运动中枢。记忆与大脑皮层的额叶和颞叶有密切关系。言语记忆的信息储存在大脑左半球，形象记忆的信息可能存在于大脑右半球。

（二）记忆机能整体观点

认为记忆是一种整合的心理现象，与广泛的神经细胞活动有关，是整个大脑皮层的机能。

（三）突触生长观点

艾克尔斯通过实验研究发现，大脑中的记忆形成时，位于传递信息的两个神经细胞接触的部位——"突触"会生长起来，即外界的知识和（或）实践经验是通过突触的生长传递到脑中并形成记忆的。

（四）记忆分子观点

认为记忆经验是由神经元内的核糖核酸的分子结构来承担的。记忆经验由脱氧核糖核酸（DNA）借助核糖核酸（RNA）来传递遗传信息。

五、记忆的测量

记忆力以及记忆效率是可以通过一定方法测量的。记忆测量方法很多，一般有以下几个方法。

（一）回忆法

在测试中，被试原来学习或识记过的材料不呈现在其面前，要求把他们复

述出来或默写出来。保持量的计算以正确回忆项目的百分数为指标。计算公式如下：

$$保持量 = \frac{正确回忆的项目量}{原来学习的项目量} \times 100\%$$

（二）再认法

在测量时，把数量相等的识记过的材料与未识记的材料混杂起来，然后按随机方式向被试呈现，要求被试把识记过的材料和没有识记过的材料区分出来，即由被试报告每个项目是否识记过。保持量按下列公式计算：

$$保持量 = \frac{（认对数 - 认错数）}{呈现材料的总数} \times 100\%$$

（三）节省法

这是德国心理学家艾宾浩斯提出的一种方法。具体做法是：先让被试学习一些材料，经过一定的时间后，让他们重新学习这些材料，然后比较先后两次所用时间或次数的相差数值，以节省的时间或次数的多少为指标来衡量记忆的效果。节省的效果可以用以下公式来计算：

$$保持量 = \frac{（初学时间或次数 - 再学时间或次数）}{初学时间或次数} \times 100\%$$

（四）重建法

又称重构法，在测量中要求被试再现学习过的刺激次序。实施方法是：先在被试面前呈现按一定次序排列的若干刺激，呈现后把这些刺激打乱，置于被试前要求其按原来的刺激次序重建，重建的成绩主要是以排对的次序数来计分。

六、记忆的组织

信息加工的观点认为，记忆是对输入信息的编码、存储和提取的过程，人是一个主动的信息接收器、加工器和提取器。记忆内在的信息加工过程，以及信息的内部表征和组织方面，并提出了记忆信息表征与记忆的组织模型，主要有层次网络模型和激活扩散模型。

（一）层次网络模型

层次网络模型是由美国心理学家柯林斯和奎利恩（Collins & Quillian）在1969年提出的语义记忆储存网络模型（如图7-2）。在这个模型中，语义记忆的基本单元是概念，每个概念具有一定的特征。他们把上下级及同级水平的概念按层次组织成一个网络，网络中有节点、线段及连线。节点代表概念（命题或组块），每个节点上的小线段表示该概念的有关特征或属性，从节点向上的连线表示与上一级概念的联系及归属，如"金丝雀"属于"鸟"，而"鸟"又属于"动物"。概念的特征是分级储存在记忆中的，如"会吃东西""会呼吸"的属性只附在动物这个节点上，而不附在较低的节点"鸟"或"鱼"上；同理，鸟这个节点仅储存它所独有的特征或属性，而不储存所有动物的共同属性。这种处理符合认知经济原则，这个模型最初用于计算机理解汉语的系统，后用于人的记忆。

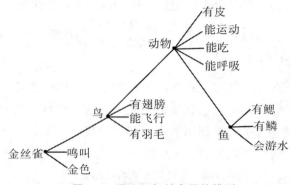

图7-2　语义记忆储存网络模型

（二）激活扩散模型

柯林斯和劳福特斯（Collins & Loftus）在1975年提出了语义激活扩散模型。与层次网络模型不同，它放弃了概念的层次结构，而以语义联系或语义相似性将概念组织起来，如图7-3所示。概念之间的连线表示它们的联系，连线的长短表示联系的紧密程度，连线愈短，表明两个概念有愈多的共同特征。这样的语义记忆结构无疑不同于逻辑层次结构，但它本身并不排除概念的逻辑层次关系，如"机动车"是"小汽车"和"卡车"等的上级概念，有连线相通。然而，概念之间有更多的横向联系。"小汽车"还与"卡车""公共汽车""急救车"等机动车有联系。

激活扩散模型的加工过程是很有特色的。当一个概念被加工或受到刺激，在该概念结点就产生激活，然后激活沿该结点的各个联结，同时向四周扩散，先扩散到与之直接相连的结点，再扩散到其他结点。前面提到概念间的连线按语义联系的紧密程度而有长短之分，现在连线则又有强弱之别。连线的不同强度依赖于其使用频率的高低，使用频率高的连线有较高强度。由于激活是沿不同的连线扩散的，当不同来源的激活在某一个结点交叉，而该结点从不同来源得到的激活的总和达到活动阈限时，产生这种交叉的网络通路就受到评价。

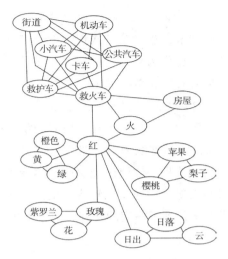

图 7-3　激活扩散模型

第二节　遗忘

一、什么是遗忘

遗忘是指识记过的内容不能再认与回忆，或者是错误地再认与回忆。用信息加工的观点来说，遗忘就是信息提取不出来或提取出现错误。遗忘可分为暂时性遗忘和永久性遗忘。

暂时性遗忘是指已转入长时记忆中的内容一时不能被提取，但在适宜条件下还可恢复。例如遇到熟悉的朋友，一时说不出对方的名字，这叫作舌尖现象。永久性遗忘是指识记过的材料，不经过重新学习则不能再行恢复的现象。

遗忘也是巩固记忆的一个条件，如果一个人不遗忘那些不必要的内容以减轻大脑的记忆负荷，要记住和恢复必要的材料是困难的。德国心理学家艾宾浩斯最早对人类记忆和遗忘规律进行了实验研究。他在记忆实验中创制了无意义音节字表作为实验材料和节省法的统计处理方法。实验的目的是探讨识记后保持量的变化规律。他自己既充当主试又充当被试做了一系列实验。如第一次识记 8 组，每组 13 个无意义的音节字表，每次识记到连续两次无

艾宾浩斯

误的背诵为止，经过一定的时间后（7种不同的时距）进行回忆，当有些音节不能恢复时，再重学这些音节，达到第一次识记后恰能背诵的标准，以重学比初学节省诵读的时间的百分比作为保存量的指标。艾宾浩斯根据实验结果得出了以下公式：$b=100k/\{(\log t)^c+k\}$。b为保存量，t为时距（分钟），c和k为常数（近似估值为$k=1.84$，$c=1.25$）。公式表明，遗忘量（v）=100-保存量（b），保持量或者遗忘量的比值与时距的对数成正比。后来的学者将此实验结果绘制成曲线图。这就是我们所说的保持曲线或遗忘曲线。（见图7-4。）

从保持曲线可以看出，遗忘的规律是先快后慢，表明人类的遗忘不是均速进行的，刚学过的短时间内遗忘的速度比较快，量比较多。但是，随着时间的消逝，遗忘逐渐缓慢了下来，到了一定的时间，几乎不再遗忘了。

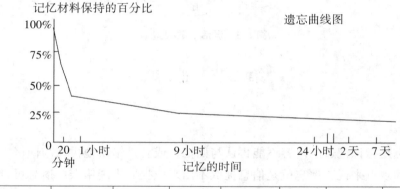

学习后	20分钟	1小时	9小时	24小时	2天	6天	31天
遗忘率(%)	42	56	64	66	72	75	79

图7-4　艾宾浩斯遗忘曲线

二、遗忘的原因

关于遗忘的原因，目前有四种影响比较大的学说，一是记忆痕迹衰退说，另外是干扰抑制说、动机性遗忘说和线索依赖性遗忘说。

（一）记忆痕迹衰退说

主要强调生理活动过程对记忆痕迹的影响，认为遗忘是因为记忆痕迹得不到强化而逐渐减弱、衰退以至消失的后果。从巴甫洛夫的条件反射理论来看，记忆痕迹是人在感知、思维、情绪和动作等活动时大脑皮层上有关部位所形成的暂时神经联系，联系形成后在神经组织中会留下一定的痕迹，痕迹的保持就是记忆。通过刺激作用于痕迹，使得暂时的精神联系恢复，保持在人脑中的过去的经验便会以回忆或再认的方式表现出来。有些没有被强化的痕迹，随着时间的推移而造成衰退或遗忘。记忆痕迹衰退说目前还没有得到精确有力的实验证明，但这种说法接近于常识，容易为人们接受，因为某些物理的、化学的痕迹有随时间而衰退甚至消失的现象。

（二）干扰抑制说

认为遗忘的主要原因是因为在学习和回忆时受到了其他刺激干扰的结果，一旦排除了这些干扰，记忆就可以恢复。干扰抑制理论与记忆衰退理论的不同点在于记忆痕迹并没有从头脑中消失，只是由于相互抑制而造成了遗忘。干扰抑制说最明显的证据是前摄抑制和倒摄抑制。

前摄抑制是指先学习与记忆的材料对后继学习与记忆材料的干扰。先、后学习的两种材料越相近，干扰或抑制作用越大。倒摄抑制是指后学习与记忆的材料对先前学习与记忆材料的保持与回忆的干扰。

前摄抑制和倒摄抑制一般是在学习两种不同但又彼此相似的材料时产生的。对于不同内容材料的学习要进行合理安排，以减少彼此之间的干扰。同样在学习某一种材料的过程中也会出现前摄抑制干扰和倒摄抑制干扰。

（三）动机性遗忘说

动机性遗忘说又称为压抑说，认为遗忘是由于某种动机的压抑所致。弗洛伊德把记忆和遗忘看作个人自我维护的动态过程，他认为个体会把一些痛苦经历压抑到潜意识领域里，以避免生活中的痛苦记忆而引起焦虑、羞耻感或不安等。

这种难以回忆的经验，既不像记忆痕迹衰退理论所说的是痕迹的自然消失，也不像记忆干扰说所述的是由于学习材料之间的相互干扰所造成的抑制。但通过某种方式，例如催眠或自由联想等，能够恢复被压抑的记忆。

如果能消除人为的压抑，消除记忆材料与消极情绪之间的联系，那么遗忘现象就可能被克服。

（四）线索依赖性遗忘

这种学说认为遗忘不是由于痕迹的消退，而是因为检索线索困难所致。图尔文（E.Tulving）将线索依赖性遗忘和痕迹消退说做了重要的区分。他认为遗忘有两种可能性，一种可能是信息从记忆系统中消失了，这是痕迹消退说的观点；另一种可能是信息仍存储在记忆系统里，但一时不能被提取出来，这是线索依赖性遗忘。近年来有关神经可塑性研究，尤其是图尔文关于内隐记忆的研究，为线索依赖性遗忘提供了证据，并认为这是长时记忆产生遗忘的主要原因。

第三节　记忆系统

　　把记忆看作人脑对输入的信息进行编码、储存和提取的过程，并按信息的编码、储存和提取的方式的不同，以及信息储存时间长短的不同将记忆分为瞬时记忆、短时记忆和长时记忆三个系统。可以用记忆信息三级加工模型表示。（如图7-5，7-6）

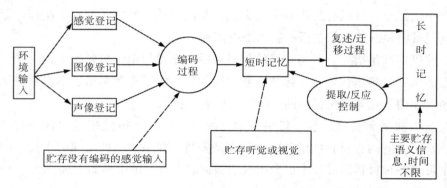

图7-5　三种记忆信息加工与存储模型

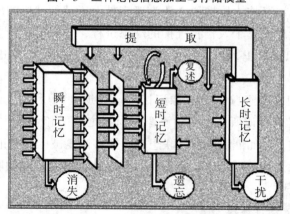

图7-6　三种记忆信息加工与存储模型

一、感觉记忆系统

　　美国心理学家斯波林的实验证明，刚看完卡片时能记住的比较多，但保持的时间比较短，斯波林将刚看完卡片能保持很短时间的记忆叫瞬时记忆。

　　瞬时记忆又叫感觉记忆或感觉登记，是指外界刺激以极短的时间一次呈现后，信息在感觉通道内迅速被登记并保留一瞬间的记忆。一般又把视觉的瞬时记忆叫图像记忆，把听觉的瞬时记忆叫声像记忆。瞬时记忆的特点是：

第一，瞬时记忆进入感觉记忆中的信息完全依据它所具有的物理特征编码，并以感知的顺序被登记，具有鲜明的形象性。

第二，瞬时记忆的容量很大，但保留的时间很短。容量为9～20比特，时间4秒以内。图像记忆保持的时间约1秒左右，声像记忆虽可以超过1秒，但不会长于4秒；如果对瞬时记忆中的信息加以注意，或者说当意识到瞬时记忆的信息时，信息就被转入短时记忆了，否则，没有注意到的信息过1秒钟便会消失，也就是遗忘了。

第三，感觉记忆的记忆容量由感受器的解剖生理特点所决定，几乎进入感觉器官的刺激信息都能被登记。

二、短时记忆系统

短时记忆是指外界刺激以极短的时间一次呈现后，保持时间在1分钟以内的记忆。与感觉记忆在功能上的区别是，感觉记忆中的信息是无意识的，也是未经加工的感觉痕迹。短时记忆中的信息是来自于感觉记忆并对其进行操作、加工，是正在操作的、活动的记忆，只有当那些被加工、处理和编码后的信息，才能被转入长时记忆中存储，否则就会遗忘。

短时记忆是信息在感觉记忆之后的高一级加工水平阶段，具有以下基本特点：

第一，短时记忆的容量有限，一般为7±2，即5～9个项目，这也就是平常我们所说的记忆广度。为扩大短时记忆的容量，可采用组块的方法。

第二，指外界刺激以极短的时间一次呈现后，保持时间在1分钟以内的记忆。

语言文字的材料在短时记忆中多为听觉编码，即容易记住的是语言文字的声音而不是它们的形象，非语言文字的材料主要是想象的记忆，而且视觉记忆的形象占有更重要的地位，此外，也有少量的语义记忆。

短时记忆中的信息是当前正在加工的信息，因而是可以被意识到的。短时记忆中既有从瞬时记忆中转来的信息，也有从长时记忆中提取出来的信息，它们都是当前正在加工的信息，所以短时记忆又叫工作记忆。短时记忆的信息经过复述可能转入长时记忆系统。

三、长时记忆系统

长时记忆是指信息经过充分加工，在人脑中长久保持的记忆，又称为永久性记忆。长时记忆就像一个巨大的图书馆，保存着个体将来可以运用的各种事实、表象和知识。长时记忆一般具有以下特点：

第一，长时记忆的容量无限。

第二，长时记忆中的信息保持时间长久，它能够按时、日、月、年乃至终身计算，在理论上被认为是永久存在的。

长时记忆中的信息编码方式是以意义编码为主，意义编码有两种形式：语义编码、表象编码。它们被称为信息的双重编码。表象编码是人对信息的意义编码形式之一，它主要是加工处理非言语对象和某事件的知觉信息。语义编码是按言语发生的顺序以系统方式来表征信息的，包括言语听觉和言语运动两方面的信息。

第四节　记忆品质和知识巩固

一、记忆品质

要培养记忆力，应是在保证记忆高度精确的前提下，既要识记敏捷，又要保持长久，更要善于根据当前要求准确及时地把所需事物提取出来用于解决问题，满足要求。为使记忆高度发展，培养记忆力应以记忆的基本品质为目标。如教师在教学中应有意识地培养学生良好的记忆品质，提高他们的记忆能力。记忆的良好品质表现在以下几方面：

（一）记忆的敏捷性

识记的敏捷性是指识记速度快慢方面的特征。对于同一种材料，有些人能很快记住，有些人则需要很长时间。记忆的这种品质具有非常明显的个体差异。如《三国演义》中的张松只把曹操新写的《孟德新书》看一遍后就能一字不漏地背出来，而有的人虽然长久而刻苦地学习，识记效果也不理想。识记的敏捷性必须与其他品质结合起来，才具有意义。

（二）记忆的持久性

记忆保持的持久性是指记忆在时间持续上具有的品质。人与人之间在记忆保持的持久性上具有显著的差异。如有的人识记过的事物能在脑中保存很久，甚至终生不忘；有的人则所谓"记性好，忘性大"，识记过的事物保持不了多久。

（三）记忆的准确性

记忆的准确性是指对记忆内容的识记、保持和提取的精确程度方面的特征。这是记忆品质中最核心、最关键的品质。没有记忆的精确性，甚至精确性不高，记忆的其余品质都将失去应有的意义和实际价值。人与人之间在这方面表现的差异也非常突出。有的人记忆十分精确，而有的人记忆总是似是而非、错漏严重。

（四）记忆的准备性

记忆的准备性是指善于根据当前的要求把需要的事物从记忆中准确迅速地提取出来。这方面的个体差异也是显著的。如有的人记住的东西不少，就是在需要时不能准确迅速地提取出来；而有的人则能把当前需要的事物准确迅速地提取出来，表现得"对答如流""出口成章"。马克思在这方面的品质最为突出。法拉格在《回忆马克思》中提到：无论何时，无论任何问题，都可以向马克思提出来，都能够得到你所期望的最详尽的回答……他的头脑就像停在军港里升火待发的一艘军舰，准备一接到通知，就开向思想的海洋。记忆的准备性，是使知识运用于实际的重要品质。记忆的准备性主要取决于记忆的组织是否到了系统熟记的程度，以及是否善于运用追忆的方法去寻找线索。

二、记忆的巩固

（一）掌握有效的记忆术

记忆术是记忆窍门和方法，是旨在促进人们记忆材料的程序，主要有以下五种方法。

1.定位法

定位法即所谓传统记忆术，是将记忆项目与熟悉的地点位置相匹配，使地点位置作为恢复各个项目的线索。这种记忆术来自古希腊。在古代，主要是在演讲中采用这种方法。他们都事先记住要讲的几个主要论点，如走到这个门说这个论点，走到那个窗子说那个论点，走到另一个门再说另一个观点等等，这样，所要讲的几个论点就不至于漏掉。这个方法的产生据说是一个古希腊的诗人在宴会上朗诵了一首诗，随后，他就出去了。他刚一出去，屋顶塌了，厅里的人全部都遇难，无法辨认尸首，这个诗人根据宴会中各个座位坐的是谁而辨认出了尸首。以后他就认为，把东西一定位就能记住了。因此，这种记忆的定位法传了下来。定位法能产生效用，主要符合这样两种原理：一是把没有组织的材料加以组织了；二是把一个东西放在一个位置上，使其定位，这就是建立了联系，进行了更深一步的加工。

2.联想记忆法

联想记忆法是通过当前的事物回忆另一事物，建立事物间的联系而进行记忆的方法。可以采取接近联想、对比联想等各种联想进行记忆。如学习古代汉语，靠死读、死记，固然可以弄懂一些词语、句式和古汉语语法，但如果我们运用接近联想来帮助记忆，就可以把它同现代汉语联系起来，比较古今词义、句式、语法的异同，看有什么发展变化，这样就可以理解得更深，记得更牢固。学习散文，可以比较一下杨朔、秦牧、刘白羽等名家的散文作品在立意、选材、结构、语言、风格上各有什么特色，留下的印象往往是强烈而深刻的。又如学习数理化知识时，如果将对立的公式、规律、定理、逆定理收集在一起，进行对比联想，既可加深理解，又能巩固记忆；解释某个词语时，可以联系它的反义词进行思索，印象就会深刻得多。经验证明，记忆以联想为基础，联想又是记忆的重要途径之一。

3.形象记忆法

形象记忆法是对抽象的材料赋予一定形象而进行记忆的方法。运用形象记忆法，主要是对那些抽象难记的材料，尽可能地赋予一定的形象，通过联想使它们变成看得见、听得到、摸得着，能强烈刺激视觉、听觉、嗅觉、触觉等器官的具体生动的东西。例如在中学地理课教学中，有的教师采用图像形象记忆法，把某一国家或地区画成简单的几何图形，如欧洲像个平行四边形，亚洲像个不规则的菱形，非洲像个三角形加上一个半圆形，澳洲像一个五边形，南北美洲像一对直角三角形等等。这样就可以提高记忆效果。

4.谐音记忆法

谐音记忆法是根据记忆内容的读音，编成另一句读音相同的话，利用二者音调相谐产生的联想来帮助记忆。例如，有人利用谐音来记忆圆周率3.1415926535，编成谐音是：山巅一寺一壶酒，尔乐苦煞吾。这样很容易就记住圆周率小数点后的10位数字了。又如马克思生于1818年，卒于1883年，编成谐音是"一爬一爬，一爬爬上山"，这就容易记住，并不易忘记。谐音记忆法可以把"死"变"活"，把枯燥乏味的记忆材料变得兴趣盎然，记起来诙谐滑稽、轻松有趣。它还能化"难"为"易"，把晦涩难记的东西变得流畅易记。在记忆数学、物理、化学、历史、地理等科和外语单词方面，谐音记忆法有着广阔的用武之地。

5.PQ4R法

目前最流行而又取得公认的记忆技术是PQ4R法。PQ4R法的取名是下面所述学习材料时应该遵循的6个步骤的英文缩写。

（1）预习（Prepare）

涉猎全章学习材料，确定要探讨的一些总课题。确定作为单元来阅读的各分段，把以下②至⑤四个步骤应用在各分段上。

（2）提问（Question）

提出有关分段的问题。把各分段的标题改为适当的问句。例如一个分段标题是"信息在头脑中的贮存"，可改为"何谓信息在头脑中的贮存"或"头脑中的信息是如何进行贮存的"等等。

（3）阅读（Read）

仔细阅读各分段的内容，尝试回答自己对于分段所拟定的问题。

（4）思考（Reflection）

在阅读时思考内容，力图予以理解，想出一些例子，把材料和自己原有的知识联系起来。

（5）复述（Repeat）

学完一个分段后，尝试回忆其中所包含的知识，力图回答自己对本分段所提出的问题。如果不能充分回忆，就重新阅读记忆困难的部分。

（6）复习（Review）

学完全部材料后，默默回忆其中的要点，再次尝试去回答自己所提出过的各个问题。这种记忆技术由于学习者对学习材料进行了良好的"主观上的组织"，因此能够产生良好的记忆效果。

（二）正确复习

人们常说，"熟能生巧""温故知新"。这两句俗语中包含了很重要的道理：要掌握某种知识或技能，一定数量的重复练习是必要的。学生要获得巩固的知识，不能没有复习或练习。可是，复习或练习必须要讲求方式和方法，要适度。要充分利用记忆规律进行有效的学习和练习。在组织复习与练习时应注意以下几点：

1. 及时复习

及时复习可以有效地防止识记后急速发生的遗忘。由于遗忘的发展一般是先快后慢，所谓及时复习就是在初期大量遗忘开始之前就进行复习。通常是在识记后两三天遗忘最多，所以复习要及时。乌申斯基曾正确地指出，我们应当"巩固建筑物"，而不要等待去"修补已经崩溃了的建筑物"。预防遗忘，只要粗略地复习，就可收效；而要恢复已经遗忘的东西，就要花更大的力气。可见，及时复习可收到事半功倍之效。

2.合理分配复习时间与内容，分散与集中复习相结合

每次复习的内容应适当，不要过于紧张和疲倦，对复习材料数量、复习时间要合理安排。实验证明，在识记数量多的材料时，分散复习比集中复习效果好。在组织复习时，对分量少、难度小的材料可集中复习，分量重、难度大的内容可分散复习。心理学的研究还指出，间隔时间不太长的分散复习可以收到最好的效果。但是，间隔的时间太短也是不利的。间隔时间的长短应根据材料的性质、数量，识记已经达到的水平等因素而定。

3.复习方式多样化

进行多样化的复习不仅使学生感到新颖，有利于调动学生的兴趣和积极性，也有利于思维的练习和智力的提高。为了促使学生牢固地掌握知识，有时候可全面地复习，按部就班地复习，这种复习可普遍地恢复过去形成的联系，也有利于发现那些识记不牢固的部分。而更重要的是灵活采用多样化的复习方式，教师可采用提问、做练习、调查、讨论、实验操作或课外小组科技活动等种种形式，使学生对学习的有关知识进行复习、巩固。在学习与日常生活中，人们通常使用的复习方法有"理解法""背诵法""循环记忆法""练习和实验操作法"等。还有编写复习提纲、绘制图表、制作索引书目、卡片、剪报等，使脑内储存与外部储存结合起来，这些都有助于记忆内容的系统化。

4.运用多种感官参与复习

识记时，应避免仅用单一分析器识记，应采用"多通道协同记忆法"。这种方法是指各种感官相配合的记忆方法，即耳听、眼看、手写、口念并举，加强输入信息的强度，在头脑中形成的是广泛的、多方面的联系。具有广泛联系的材料，能使记忆比较牢固。有人曾经做过这样的试验，用三种方法让三组学生记住10张画的内容，对第一组的学生只给他们说画上的内容，不让他们看画；第二组学生只让他们看画，不给他们讲画的内容；第三组学生既给他们看画，又给他们讲画的内容。过了一段时间，检查这三组学生对10张画的记忆情况，结果表明，第一组记忆得最少，只有60%；第二组稍多，有70%；第三组记忆得最多，达到86%。这个实验说明，学习时调动的感官越多，记忆的效果就越好。我国宋朝著名教育家朱熹也说过，读书有"三到"，谓心到，眼到，口到。朱熹在这里讲的"三到"，也就是利用各种"联系通道"来增强记忆效果的意思。

5.尝试回忆与反复识记相结合

这是一种再认与回忆相结合的方法，它可以大大提高记忆效果。简单地重复阅读，效果不好。应该在材料还没有完全记住前就要积极地试图回忆，回忆不起来再阅读，这样容易记住，保持时间也长。

6.掌握复习的"量"

及时复习的内容的数量也应注意。不能片面地不考虑学生的年龄特点，过多地布置家庭作业或进行大量的课堂练习，盲目地增多复习量，致使课业负担过重，甚至影响学生的健康。有的教师甚至因学生写错字或做错题，罚学生重复抄写几十遍，这种做法都是错误的。

知识的巩固不能只靠单纯地复习和练习。教师教学中更应注意使学生在学习新课中复习旧课，有更多的机会去应用知识，使学生在短期内获得较多的知识。让学生在掌握广阔的知识的基础上，把握、了解事物间的联系，更深地理解知识、巩固知识。

第八章　思维

　　恩格斯曾将思维赞誉为"地球上最美丽的花朵"。思维作为人类特有的高级心理活动，其活动表现为对作用于人脑的客观事物进行分析、综合、比较、归类、抽象、概括、系统化、具体化等具体过程；思维以概念为具体单位，以推理为主要活动形式，以问题解决为目的，它是人类认识世界、分析问题、完善自身发展的重要活动，也是人类区别于动物的最主要特征。

第一节　思维概述

一、思维的定义和特征

（一）思维的定义

　　感觉是对事物个别属性的认识，知觉是对事物整体属性的认识；它们认识的都是事物的外部现象，属于感性认识的阶段。记忆反映的是过去的经验。有了记忆，人们就能把经验储存在大脑中，在需要的时候可以把它们提取出来。这样，人们在认识事物时就能同时调动记忆、感觉、知觉等心理活动，把过去的经验和当前的经历加以比较，由表及里、去粗取精，达到对事物本质的认识，进入理性认识的阶段，这个过程就是思维的过程。

　　因此，思维是人脑对客观事物概括地、间接地反映，它所反映的是事物的本质特征和内在联系。

（二）思维的基本特征

　　思维作为人的高级心理活动，具有间接性和概括性两个基本特征。

　　思维的间接性是指思维对感官不能把握的，或不在面前的客观事物，借助一定媒介，并通过概念、判断和推理形式的加工反映出来。例如，早起看到白茫茫遍地都是白雪，就可以判断昨晚下雪了。下雪时自己没有看到，但从眼前的景象可以判断出，雪是昨夜下的，这就是从已知推断出未知的间接反映。

　　思维不仅能对没有直接作用于感觉器官的事物，借助于媒介加以反映，甚至能对根本不能直接感知的客观事物，借助于媒体加以反映。例如，原子核内部的结构并不是用显微镜看到的，而且以后也不一定会有直接能看到原子核内部结构的仪器，但人们是通过实验认识了原子核内部结构的。

　　人们通过思维还能对尚未发生的事情做出预见，例如，天文学家可以根据天体运行的规律，预报什么时候会出现月食或日食，而且还能预报出精确的时间；气象台能够根据气象资料，运用现代化的计算手段，推算出近期的天气变化，做出天气预报。

　　之所以能够进行间接的反映，就是因为认识到了事物之间的内在联系，如果事物之间没有这种内在的联系，那么人们就难以通过已知推测出未知。

　　思维的概括性是指能够抽取同类事物共同的、具有本质特征的，以及事物之间必然的联系来反映客观事物；思维所反映的是同类事物的共同特征；人通过思维能从部分事物相互联系的事实中找到事物之间普遍的或必然的联系，并将其推广到同类事物中去。例如，从众多事物中抽取它们的数量特性，形成数的概念，把各种树木的共同特点抽取出来加以概括，形成树的概念。

　　思维中的概念是以词的形式来表现的，概念的形成就是思维概括性反映的结果，即一个概念概括了一类事物的共同属性。这一点从概念的形成可以加以说明：首先，形成概念需要把事物的特性从事物中抽取出来，即加以抽象；其次，把抽象出来的事物加以分类；最后，用词把分类后的某一类事物标示出来。这个标示事物的词就成了概念，这就是概括。进一步来看，在概念形成以后，人们就能借助于概念去认识那些还没有认识的事物，将符合某一概念特征的事物纳入该概念下。例如，形成了概念以后，看到具有树的基本特性的植物，自然会把它归入树的概念之中，这就开辟了认识世界的新途径，给人们认识世界提供了更加便捷的方法，也扩大了人类认识世界的空间，使人们接受知识这一间接经验成为可能。

　　正是因为思维具有间接性和概括性，人的思维才超出感性认识的范围，人们才能认识到感性认识所不能达到的事物内在规律。因为人能认识到事物的本质，能预见到事物的发展，所以人的认识又具有了超脱现实的性质。如果没有这种超脱现实的能力。人的发明、创造也就成为不可能。

（三）思维与感觉和知觉的关系

思维与感觉、知觉虽然都是人脑对客观事物的反映，但它们对客观事物的认识存在着根本区别。

从反映的内容来看，感觉和知觉反映的是客观事物的个别属性、整体特征、表面现象及外部联系，而思维反映的是客观事物共同的、本质的属性与特征和内部联系。

从反映的形式来看，感觉和知觉属于感性认识，是人脑对客观事物外部特征的直接反映；而思维属于理性认识，是对客观事物必然联系的间接反映。

二、思维的种类

按照不同的分类方法，可将思维分为动作思维、形象思维、抽象思维或聚合思维与发散思维，或直觉思维与分析思维，或常规思维与创造思维等不同的种类，以便人们从不同的角度理解和研究思维。

（一）动作思维、形象思维和抽象逻辑思维

根据思维的形态，可以把思维分为动作思维、形象思维和抽象逻辑思维。

动作思维又称为实践思维或操作思维，是指凭借个体直接的感知活动，以实际动作为支柱去解决问题的思维。例如，儿童在垒积木的时候，是边操作，边思考的，操作的动作是思维的支柱。

形象思维指以人脑中的具体形象（表象）为支柱来解决问题的思维，例如，作家塑造一个典型的人物形象，画家创作一幅画，要在头脑里先构思出这个人物或这幅画的画面，这种构思的过程是以人或物的形象为素材的，所以叫形象思维。

抽象逻辑思维是以语词为基础，利用概念、判断和推理形式进行的思维，又叫词的思维或逻辑思维。抽象思维以词为中介来反映现实，这是思维最本质的特征，也是人的思维与动物心理的根本区别。

（二）聚合思维和发散思维

按照探索问题答案方向的不同，可以把思维分为聚合思维和发散思维。

聚合思维又称为求同思维或集中思维，是指把问题所提供的各种信息聚合起来，朝着同一方向思考并得出一个正确答案的思维。例如，利用公式解题，按说明书把购买的电子产品的各种性能调试出来，都是聚合思维。

发散思维又称为求异思维或分散思维，是指从目标出发，沿着各种不同途径去思考，探求多种解决问题答案的思维。当需要解决的问题不止一个答案的时候，或当需要解决的问题没有现成的途径和方法可以借鉴，没有过去的经验可以参考的时候，就要进行发散思维，沿着不同的方向去寻找问题的答案。可见，发散思维是更具创造性的思维。

聚合思维和发散思维是相辅相成、密切联系的。当需要沿着不同途径去寻找问题的答案的时候，我们进行的是发散思维。当需要从各种可供选择的答案中去确定一个更合适的答案的时候，我们又要比较各种答案，进行聚合思维。

（三）直觉思维和分析思维

按照思维是否有比较完整的分析过程和逻辑程序进行划分，可以把思维分为直觉思维和分析思维。

直觉思维，一种非逻辑思维，是指面临新问题、新事物或新现象时，能够迅速理解并做出判断的思维过程。直觉思维是一种心理现象，它不仅在创造性思维活动的关键阶段起着极为重要的作用，还是人生命活动、延缓衰老的重要保证。直觉思维是完全可以有意识加以训练和培养的。

分析思维，按照严密的逻辑规律，逐步分析与推导，最终得出合乎逻辑的正确结论的思维。例如：警察通过线索、取证、分析认证等找出犯罪对象的思维；学生推理论证几何题的思维等。

（四）常规性思维和创造性思维

按照思维是否具有创造性，可以把思维分为常规性思维和创造性思维。

常规性思维又称为习惯性思维和再造性思维，是指运用已有的知识经验，按照现成方案和程序，运用惯常方法或模式寻求解决问题的思维。

创造性思维是指以新异、独创的方式来解决问题的思维。例如文学家塑造新的典型人物形象，设计师发明新的机器等。

三、思维和语言

思维和语言是人类反映现实的意识形式中的两个方面，它们统一构成人类所特有的语言思维形式。

（一）语言

语言是以语音为物质外壳，由词汇和语法构成，并能表达人类思想的符号系统。语言是人类最重要的交际工具，是人们进行沟道交流的主要表达方式。具有以下特点：

第一，语言具有概括性。所谓概括，就是把比较复杂的事物用简明扼要的语句加以表述，对事物的共同特点加以归结。概括是认识过程从具体到抽象的一种表现形式，它是以准确而科学的分析能力为前提和条件的。

第二，语言具有物质性。语言作为一种物质性的结构系统，有一定的自然属性，例如语音材料是由音波构成的，语义要素是大脑加工过程的产物，整个说话的过程是一连串生理、物理、心理的过程。

第三，语言是交流思想与感情的工具。语言是人们进行沟通交流的主要表达方式，人们借助语言保存和传递人类文明的成果。语言是民族的重要特征之一，一般来说，各个民族都有（或有过）自己的语言。

（二）思维与语言的关系

思维和语言既是互相统一、联系的，又是相互区别，有差异的。

思维和语言的联系体现在以下两个方面。首先，思维离不开语言。思维的形成过程和成果都离不开语言。思维以语言为工具，思维的成果需要语言来表达和巩固。同时，语言可以帮助思维逐步深化、条理化，可以将思维的成果传递给别人。其次，语言离不开思维。语言的形成和发展都依赖于思维，它所表达的是思维的结果，并且其发展依赖于创造性思维活动；同时，语言的交际过程同样依赖于思维。语言只有存在运用的理解性才有意义，而其中的理解性就是思维所要表达的内容；反之，如果这一过程中没有思维，交际参与者们就会各说各话，无法沟通，也就无所谓交际。语言中词和句子的意义是思维赋予的，语言的层级关系、组合、聚合等与思维的活动模式相吻合。

总之，语言与思维相互依存，各以对方的存在为前提；又相互适应，思维水平越高，语言发展的水平就越高。

思维和语言又是相互区别的。首先，思维和语言的职能不同。思维的职能在于反映客观现实，认识客观事物的特点、规律及相互间的联系和区别。而语言的职能在于为交际和思维提供工具。其次，二者特点不同。思维作为大脑的一种机能，其构造对全人类而言是相同的，客观世界对全人类而言是统一的，人类认识活动的基本过程也是一致的，都是由感性认识上升到理性认识，都必须遵循思维的基本规律，因此，思维具有全人类性；而语言是社会约定俗成的，不同民族有不同的语言，因此，语言具有民族性。最后，二者所属的范畴不同。语言是交际和思维的工具，属于物质的范畴，而思维是反映客观事物的认知过程，属于人的心理活动范畴。

四、思维过程

思维活动表现为对作用于人脑的客观事物进行分析、综合、比较、归类、抽象、概括、系统化、具体化等具体过程。

（一）分析与综合

分析与综合是思维过程的基本环节。一切思维活动，从简单到复杂，从概念形成到创造性思维，都离不开头脑的分析与综合。分析是在头脑中把事物的整体分解成各个部分、方面或个别特征的思维过程。例如，我们把植物分解为根、茎、叶、花、果实、种子；把几何图形分解成点、线、面、角、体，这都属于分析过程。综合是在头脑里把事物的各个部分、方面、各种特征结合起来进行考虑的思维过程。例如，把单词组成句子，把文学作品的各个情节联成完整的场面，这都属于综合过程。

分析与综合在人的认识过程中有不同作用。通过分析，人可以进一步认识事物的基本结构、属性和特征；可以分出事物的表面特性和本质特性，使认识深化；可以分出问题的情境、条件、任务，便于解决思维问题。通过综合，人可以完整、全面地认识事物，认识事物间的联系和规律；整体地把握问题的情境、条件与任务的关系，提高解题的技巧。分析与综合是思维过程中的两个不可分割、相互联系的方面。分析是以事物综合体为前提的，没有事物综合体，就无从分析。综合是以对事物的分析为基础的，分析越细致，综合越全面；分析越准确，综合越完善。

（二）比较与归类

比较是根据一定标准，在两种或两种以上有某种联系的事物间，辨别高下、异同的思维方法，它为客观全面地认识事物提供了一条重要途径。归类是按照种类、等级或性质将在某一方面具有相似性的事物置于一定的地方或系列中的一种思维方式。

比较是在头脑中把各种事物或现象加以对比，确定它们之间的异同点的思维过程。人们认识事物，把握事物的属性、特征和相互关系，都是通过比较来进行的。只有经过比较，区分事物间的异同点，才能更好地识别事物。通过比较，对思维这一概念的认识就更加准确了。

比较与分析、综合是紧密联系的。比较总是对事物的各部分、各种属性或特性的鉴别与区分，因此没有分析就谈不上比较，分析是比较的前提。然而，比较的目的是确定事物间的异同，因此比较也离不开综合。要比较事物，既要对事物进行分析，又要对事物进行综合，离开分析与综合，比较难以进行。比较既可以是同中求异，也可以是异中求同。

归类是在头脑中根据事物或现象的共同点和差异点，将事物或现象区分为不同种类的思维过程。归类是在比较的基础上，将有共同点的事物划为一类，再根据更小的差异将它们划分为同一类中不同的属，以揭示事物的一定从属关系和等级系统。例如，学生掌握数的概念时，把数分为实数和虚数；又把实数分为有理数和无理数；有理数又可分为整数、小数和分数等。由于学生年龄的差异，思维发展水平不同，归类的水平也不同。小学生往往不是根据事物的本质特征，而是根据事物的外部特征和事物的功能进行归类；少年期学生容易把本质特征与非本质特征并列来进行归类；青年期的学生则会按事物的本质特征进行归类。

（三）抽象与概括

抽象是在头脑中把同类事物或现象的共同的、本质的特征抽取出来，并舍弃个别的、非本质特征的思维过程。例如，我们对人的认识，人可以分为男性、女性；白种人、黄种人、黑种人；人能吃食物，能睡觉，能喝水，能活动，能知觉，能记忆，能说话，能思维，能制造和使用工具等；而其他动物也能吃食物，能睡觉，能喝水，能活动，能知觉，能记忆。通过分析、比较，抽出人类特有的共同的、本质的属性，即能说话、能思维、能制造和使用工具等，舍弃能吃饭、能睡觉、能喝水、能活动等其他动物也有的属性，这就是抽象过程。

概括是在头脑中把抽象出来的事物的共同的、本质的特征综合起来并推广到同类事物中去，使之普遍化的思维过程。例如，我们把"人"的本质属性——能言语、能思维、能制造和使用工具综合起来，推广到古今中外一切人身上，指出："凡是能言语、能思维、能制造和使用工具的动物都是人。"这就是概括。抽象与概括的关系十分密切。如果不能抽出一类事物的本质属性，就无法对这类事物进行概括。而如果没有概括性的思维，就抽不出一类事物的本质属性。抽象与概括是相互依存、相辅相成的。任何概念、原理和理论都是抽象与概括的结果。

学生的概括可以分为两种水平。①初级形式的感性的概括。这种概括形式是根据事物的外部特征，对不同事物进行比较，然后对它们的特征加以概括。如，小学生根据鸟会飞这一外部特征得出"会飞的动物就是鸟类"，从而错误地认为鸭、鹅不会飞，所以不是鸟类。这种概括是属于知觉和表象水平的概括。②高级形式的科学概括。这是根据事物的本质特征进行的概括。如，学生通过学习有关动物学的知识，能准确地概括出鱼的本质特征，即"用鳃呼吸的脊椎动物是鱼类"。这种水平的概括属于思维水平的概括。

（四）系统化与具体化

具体化是指在头脑里把抽象、概括出来的一般概念、原理与理论同具体事物联系起来的思维过程，也就是用一般原理去解决实际问题，用理论指导实际活动的过程。具体化是把理论与实践结合起来，把一般与个别结合起来，把抽象与具体结合起来，可以使人更好地理解知识、检验知识，使认识不断深化的过程。

系统化是指在头脑里把学到的知识分门别类地按一定程序组成层次分明的整体系统的过程。例如，生物学家按界、门、纲、目、科、属、种的顺序，把世界上所有的生物分了类，并揭示了各类生物间的关系和联系，这就是人脑中对生物系统化的过程。系统化是在分析、综合、比较和分类的基础上实现的。系统化的知识便于在大脑皮层形成广泛的神经联系，使知识易于记忆。也只有掌握了系统的知识结构，才能真正理解并在不同条件下灵活运用知识。

由上述可见，思维是一个复杂的、高级的认识过程，反映了事物的相互联系及其发展变化的规律，并且具有间接认识和概括认识的特性。

第二节　概念和推理

一、什么是概念

（一）概念的定义

概念是指人脑反映客观事物本质特征或本质属性的思维形式，是思维活动的最基本单位。

每一个概念都具有它的内涵和外延。概念的内涵是指概念所包含的客观事物的本质属性。外延是属于这个概念的个体，即概念所包含的范围。概念的内涵和外延具有反比关系，即概念的内涵越复杂，其包含的属性就越多，属于这个概念的个体就越小，外延就越窄；反之，概念的内涵越简单，它所包含的属性就越少，属于这个概念的个体就越多，其外延则越广。例如，鸟这个概念的外延，即属于鸟这个概念的个体，包含所有的鸟，因此要比鸽子的外延广得多。但鸟的内涵比动物的内涵复杂，因为它不仅是动物，而且与其他动物相比，它还有羽毛、喙等特性。正确地掌握概念就是要正确地把握它的内涵和外延，不能犯扩大或缩小概念的内涵和外延的错误。

（二）概念的种类

通过不同的划分标准，可以将概念划分为具体概念和抽象概念，合取概念、析取概念和关系概念，前科学概念和科学概念等。

1.具体概念和抽象概念

根据概念反映客观事物属性的抽象与概括程度划分，将概念分为具体概念和抽象概念。

①具体概念，是指按客观事物外在的非本质属性而形成的概念。

②抽象概念，是指按客观事物内在的本质属性而形成的概念。

2.合取概念、析取概念和关系概念

根据概念所反映的客观事物属性的数量及其相互关系划分，可以将其分为合取概念、析取概念和关系概念。

①合取概念，是根据一类事物中单个或多个相同属性或特征而形成的概念，这些属性或特征在概念中必须同时存在。

②析取概念，是根据不同的标准，由单个或多个属性或特征结合而形成的概念。

③关系概念，是根据客观事物之间的相互关系，而不是事物的特征或属性而形成的概念。

3.前科学概念和科学概念

根据个体概念掌握的情况划分，可以将概念分为前科学概念和科学概念。

①前科学概念，又称为日常概念，是指个体在日常生活过程中通过相互交往而形成的概念。

②科学概念，是正确反映客观事物一般的、本质特征与属性以及事物之间内在联系，符合科学认识水平的概念。

（三）概念的功能

概念是人的认知结构和认识过程的重要组成部分，在人的认识发展过程中，概念主要具有以下四个功能：分类功能、推理功能、联结功能和系统功能。

①分类功能，是通过概念内涵将一事物区别于它事物的功能；②推理功能，是应用概念的内涵所表达的本质属性和关系属性以及外延所涉及的范围等信息进行逻辑思维的功能；③联结功能，是将一概念的内涵所表达的本质属性和关系属性以及外延所涉及的范围等信息与其他概念进行分析比较并找出它们关联性的功能；④系统功能，一方面表现为某一概念的内涵与外延所构成的完

整概念内容，另一方面表现为在一系统体系内部各概念的关联性。

二、概念的形成

（一）什么是概念的形成

概念的形成是指个体通过反复接触大量同一类事物，从而获得此类事物或现象的共同特征或共同属性，并通过肯定（正例）或否定（反例）的例子加以证实的过程。概念形成一般经历三个阶段：第一个阶段即抽象化，对客观事物的属性或特征进行抽象的阶段；第二个阶段即类化，对客观事物的各种属性及其特征进行归类的阶段；第三个阶段即辨别，对客观事物属性或特征之间差异的认识阶段。

（二）概念获得中要注意的问题

1.突出本质特征

概念的形成是一种主动的形成假设和检验假设的过程。通过聚焦策略[①]和扫描策略[②]的应用以确定事物的本质特征，并加以强调。

2.充分利用变式

变式是指与概念有关的各种例证。知觉和表象对概念形成有时起一种掩蔽作用。由于知觉和表象也有一定的概括，它们反映的是事物的常见而显著的特点。而事物的常见并且非常显著的特点，往往会把事物的本质特征掩蔽起来，因为本质特点不一定显著。只有充分利用变式，才能更好地把握事物的本质特征。

3.及时下定义

在适当的时候，用精练的语言将概念的本质特征固定下来，以定义的形式传递给学生，能使学生牢固地掌握概念的本质特征。

4.运用概念

运用概念既是目的，也是手段。通过对概念的应用，能够更好地理解和把握概念的本质。

---

① 聚焦策略改变的是无关因素。它包括保守性聚焦和博弈（冒险）性聚焦两种。保守性聚焦是指每次只选择一个无关的属性来进行假设，博弈（冒险）性聚焦是选择一个以上的无关属性进行假设。

② 扫描策略每次假设所改变的是认为有关的属性。它包括同时性扫描和继时性扫描两种。同时性扫描是指在检验假设的过程中，将主试提供的反馈信息综合运用，从中找到有用的信息，而后进行下一轮假设。继时性扫描是指一次只考验一个假设，如果正确继续使用，否则，放弃之。

（三）科学概念的掌握

掌握科学概念是学生学习的重要内容与学习任务。掌握科学概念的过程受到许多因素的影响。在教学中应注意以下几点：第一，要以感性材料作为概念掌握的基础；第二，合理利用学生过去的知识与经验；第三，要充分利用变式；第四，要用正确语言表述；第五，形成概念体系，并运用于实践之中。

（四）影响概念掌握的因素

在概念掌握过程中，个体的知识与经验、技能、动机等都会对他产生一定的影响。最易影响个体掌握概念的因素有以下几个方面：

第一，学习材料的影响。概念的属性或特征会影响个体概念的掌握，尤其是复杂概念，具有较多的属性与特征，因此比较难以掌握。

第二，学习者自身因素。学习者自身因素会影响其概念的掌握。例如，知识经验、年龄、性别、智力、动机、情绪、疲劳程度等个体差异，以及由此产生的学习策略等，都会影响概念的掌握。

第三，下定义。定义是指用简洁明了的语言表述概念内涵的过程。内涵所表达内容的清晰与否也会影响到对概念的掌握。

三、推理及其种类

（一）什么是推理

推理是指由具体事物归纳出一般规律或根据已有知识推论出新结论的思维活动，是从已知判断出发推出新判断的思维形式。从一定意义上说，推理是知识获得的特殊形式之一。推理必须具备两个条件：一是前提真实，即前提应该是正确反映客观事物的真实判断；二是推理的前提和结论之间具有必然联系，即推理形式要符合逻辑规律。

（二）推理的种类

推理主要有演绎推理和归纳推理两种。演绎推理是指从一般原理中推出特殊事例结论的推理。演绎推理要求所给前提为真时得出必然的结论。演绎推理主要有三种形式，即线性系列推理、主题推理和三段论推理。归纳推理是指从具体事例中得出一般结论的推理，它具有思维和知识获得的核心特征。

演绎推理和归纳推理既有联系又有区别。二者的联系体现在：没有归纳推理就没有演绎推理，演绎推理的一般性知识前提必须借助归纳推理从具体的经验中概括出来；没有演绎推理也不可能进行正确的归纳，在归纳推理中，常需要运用演绎推理来对某些归纳的前提或结论加以论证。二者的区别在于：演绎推理是从一般性知识前提推出特殊性结论的推理，即从一般到特殊的过程，而归纳推理则是从特殊到一般的过程；演绎推理的结论不超出前提所确定的范围，其前提与结论之间是必然联系，而归纳推理的结论一般超出了前提所确定的范围，其前提和结论之间的联系具有或然性。

第三节　问题解决

问题解决是重要的思维活动过程，也是思维的目的。问题解决是由一定情境引起，按照一定目标通过各种认知操作使问题得以解决的心理活动。

一、问题解决概述

（一）什么是问题

问题是指蕴含着个人面临障碍的目标，既不能认知又不能用习惯反映，是个体在达到期望目标过程中所遇到的障碍。问题有三个要素：有一组已知的问题情境和条件的描述，欲达到或期望的目标问题所要求的答案，遇到障碍。

（二）什么是问题解决

认识心理学研究思维的一个途径就是问题解决。问题解决是指问题解决者寻找操作系列以达到预定目标的心理活动过程；使问题获得解决的思维活动，具有复杂的心理过程，同时也是人类思维的普遍形式。

问题解决的三个基本特征：目的性、运算序列、认知运算。具体来说，问题解决需要具有明确的目的指向性；有一系列的操作程序，包括外在的动作操作和内在的心理操作过程；要有思维认知成分的参与。

问题解决依其是否涉及创造性活动分为常规问题解决和创造性问题解决两种类型。

（三）问题空间

用认知心理学的术语来说，问题解决就是在问题空间中进行搜索，以便从问题的初始状态达到目标状态的过程。认知心理学把问题解决的过程分为三种状态：初始状态、中介状态、目标状态。初始状态是问题解决的最初状态，目标状态是问题解决最终要达到的目标。将初始状态转变为目标状态，其间需要通过各种操作而产生各种不同状态，从初始状态到目标状态之间的各种状态称为中介状态。上述三种状态统称为问题空间或问题状态空间。

认知心理学家对问题解决的研究，是为了了解影响问题解决的各种因素以及人们在解决问题过程中所采用的策略，从而有助于分析创造性思维所包含的各种心理成分。

经典实验如八张牌问题，实验时要求解题者一次移动一张牌，将图8-1（a）所示的起始状态进行移动，最后使牌上的数字排列成图8-1（b）所示的顺序。

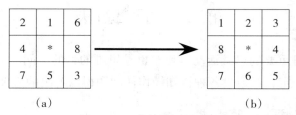

图8-1　八张牌的问题空间

二、问题解决的思维过程

问题解决的思维过程分为四个阶段：

第一个阶段，发现问题，就是认识到矛盾的存在并产生解决矛盾的需要和动机；第二个阶段，明确问题，找出问题的主要矛盾与关键因素，把握问题的实质，使问题的症结明朗化，从而确定解决问题的方向；第三个阶段，提出假设，根据问题的性质，运用已有的知识与经验，找到解决问题的方案、策略，拟订解决问题的途径和方法，并提出假设；第四个阶段，检验假设。

三、问题解决的策略

（一）手段-目的分析法

通过分析去发现问题的当前状态与目标状态之间的差别，并寻找一定操作手段去消除这种差别。这一方法的基本步骤如下：首先，比较初始状态和目标状态，提出第一个子目标；其次，找出完成第一个子目标的方法或操作；再次，实现子目标；最后，提出新的子目标。以河内塔问题为例。河内塔源自古印度神庙中的一个传说。传说中开天辟地的神勃拉玛在贝拿勒斯的圣庙里留下了三根金刚石的棒，第一根上面套着个金环，最大的一个在底下，其余的一个比一个小，依次叠上去（如图8-2左）。庙里的众僧不倦地把它们一个个地从这根棒搬到另一根棒上（如图8-2右），规定可利用中间的一根棒作为帮助，但每次只能搬一个，而且大的不能放在小的上面。相传神同时发了咒语，当所有的金环全部移完时，就是世界末日到来的时候。那么，众僧们要移动多少次呢？

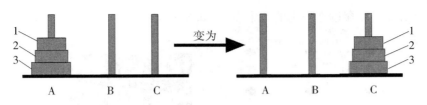

图8-2 河内塔问题空间

解决河内塔问题的具体步骤如下：

步骤：将1盘从A移到B；将2盘从A移到C；将1盘从B移到C；将3盘从A移到B；将1盘从C移动A；将2盘从C移动B；将1盘从A移到B；将4盘从A移动C；将1盘从B移到C；将2盘从B移到A；将1盘从C移到A；将3盘从B移动C；将1盘从A移动B；将2盘从A移动C；将1盘从B移动C。最终移动一个河内塔从初始状态到目标状态。

（二）逆推法

逆推法是在解决问题时，从问题的目标状态出发，向问题的初始状态逆向推理的过程，以寻找解决问题的方法。如用逆推法解决几何证明题（图8-3）中，已知：*AB=AC*，*BD=DC*。求证：*BE=CE*，就是采用逆推法的典型例证；还有如我们学校距机场45分钟车程，如果要赶上午10：05的飞机，应该几点从学校出发比较好？

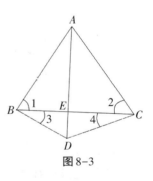

图8-3

（三）选择性搜索

选择性搜索是在解决问题时，根据已知的信息和某些有关规则，选择问题解决的突破口，并从突破中获得更多信息，以便进一步搜索直到解决问题。

（四）爬山法

以一个接一个的较容易的目标的达到来鼓励问题解决者，最后使问题得到解决。

爬山法是问题解决的策略，在解决问题的过程中，把目标假定为山顶，人不能从山下一下子爬到山顶，而是先在山下确定一个较低的目标，爬到这个目标后，再确定比较高的一个目标。如此循环，最终到达山顶，使问题获得解决。

四、影响问题解决的因素

（一）知识表征的方式

知识表征的方式会影响问题的解决。例如，9点连线图问题，用一笔画成

相连的四段，并穿过方阵中的九个点。（如图8-4）

图8-4　九点连线问题

此外，不同表征方式也会影响对问题的解决。如图8-5：已知下面两个图中圆的半径都是2 cm，求图中正方形的面积。a图与b图比较，b图表征方式下的问题解决难于a图表征方式下问题的解决。

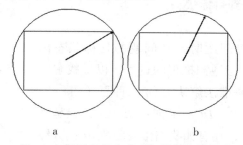

a　　　　　　　　　　b

图8-5　不同表征方式对问题解决的影响

（二）迁移作用

迁移是指已有知识与经验对解决新问题的影响，或者说是一种学习对另一种学习的影响。迁移可以分为正迁移与负迁移。概括能力越强，迁移的范围就越广泛。正迁移是指已有的知识与经验能促进新问题的解决过程。负迁移指已有知识与经验阻碍了新问题的解决过程。例如，学会了骑自行车，再去学摩托车，就把自行车掌握平衡的技术运用到骑摩托车上，有助于骑摩托车，这叫正迁移。如果学会骑自行车的人去骑三轮车，骑两个轮的交通工具的经验，反而会影响掌握骑三轮车的技术，这叫负迁移。

（三）原型启发

在问题解决的过程中，因受到某种客观事物的启发而找到解决问题的途径和方法的过程叫作原型启发，具有启发作用的事物叫作原型。原型对问题解决能否起到启发作用和原型与所要解决的问题是否具有特征上或属性上的联系或相似性及个体是否处于积极的思维活动状态中等都有密切关联。例如，水开时，水蒸气把壶盖顶起来，瓦特受其启发，发明了蒸汽机；鲁班的腿被带齿的丝茅草划破了，受其启发发明了锯子；阿基米德洗澡的时候发现，物体在水中受到浮力等于它所排出的同体积的水的重量，即浮力定律，从而用物理学的方法，解决了国王的帽子是不是用纯金打造出来的问题。这些都是受到原型启发而有了发明、创造的例子。

（四）定势的影响

人在从事某种活动前的心理准备状态，会对后边所从事的活动产生影响，这种心理准备叫定势。已有的知识经验，或者刚刚发生的经验都会使人产生定势，这种定势会影响到后边从事的感知觉、思维等心理活动。

定势是个体按照某种比较固定的方式去解决问题的一种心理倾向。当解决相似或相同问题时，定势有助于人对问题的适应而提高反应与解题的速度。

对变化了的情境或问题，定势常具有消极作用，会阻碍人产生更合理与有效的思路，从而影响了解决问题的速度和效率。

例如，一大一小但一样重的两个木盒，掂起来总觉得小的重大的轻，这就是定势的作用。因为在人们的生活经验中，木制的东西总是大的重小的轻。这种经验根深蒂固。因此，当让人去掂两个大小不同的木盒子的时候，他就会攒比较大的劲去拿大的，用比较小的劲去拿小的。一样重的木盒，攒大点的劲去拿的时候就觉得它轻，攒小点的劲去拿的时候，就觉得它重，这就是定势的作用，这种作用人们又往往是意识不到的。

美国心理学家卢钦斯（Luchins, A.S.）做了一个量水的实验（如图8-6）。他让被试者用三个刻有刻度的量杯（A、B、C）去量一定数量（D）的水。量杯容量及所要量的水量如表8-1。表中的前五个问题只能用同一种方法解决。例如，第一个问题的解决：A 为21，B 为127，C 为3，D 为100，只能用 $D=B-A-2C$ 来解决。

图8-6

表8-1 量水的实验的7个问题的解决

Problem	Given jugs of these sizes			Measure out this much water
	A	B	C	
1	21	127	3	100
2	14	46	5	22
3	18	43	10	5
4	7	42	6	23
5	20	57	4	29
6	23	49	3	20
7	15	39	3	18

在解决完前五个问题后，第六个问题除可用同样的方法解决外，还可用更简单的方法解决。例如，*A* 为 23，*B* 为 129，*C* 为 3，*D* 为 20，解决问题的方法可以是 $D=B-A-2C$，也可以是 $D=A-C$。但是，由于被试者受前边解决问题经验的影响，他看不到后面这种更简单的解决问题的方法，仍然用原来的方法去解决。同样的问题，让没有做过前五个问题的被试者来做，他一眼就看到了简单的方法，而不会去用笨的方法。这就说明，已有的知识和经验，或者说已经养成的习惯，会影响后面所进行的活动，这就是思维定式的作用。

（五）功能固着

功能固着是指个体在解决问题时只看到某事物通常的功能，看不到它可能存在着的其他方面的功能，从而干扰问题解决的思维活动。

德国心理学家杜克（Duncker）曾做过一个实验来说明功能固着现象。他将两支蜡烛、五颗图钉、一根线条和一盒火柴放在桌子上，要求被试将蜡烛固定在墙壁上，并要求当蜡烛燃烧时，烛油不能滴在地板上或桌子上。（如图8-7）

图8-7 功能固着实验

实验表明，许多被试在规定的时间内不能解决这一问题，他们想不到利用火柴盒作为蜡烛的支持物，只是把它的功能归于盛放火柴。后来的进一步研究发现，如果盒内装满火柴，20分钟内解决问题的被试只有42%，而让盒子空着，正确解决问题的被试高达86%。

（六）动机和情绪状态

一个人的动机状态不同，对解决问题的影响作用也不同。动机与情绪状态即那些驱动我们行为产生的内在力量。在人类许多理性的行为背后，或许隐藏着强大的非理性动机和非理性的情感。

1.情绪状态

情绪状态的不同对问题的解决会产生不同的影响。一般说，高度紧张和焦虑会抑制思维活动，阻碍问题解决，而愉快、兴奋状态则为问题解决的思维活动提供最好的情绪背景。

2.动机强度

研究表明，动机强度并不总是与问题解决的思维活动效率成正相关。太低的动机强度自然不能调动个体问题解决的积极性，不利于充分活跃个体思维活动，但过高的动机强度也会造成很大的心理压力，反而抑制思维活动，降低解题成效。因此，适中的动机强度最有利于问题的解决。并且这一动机强度的适中点还会随着问题解决的难度而变化。一般说，越是复杂的问题，其动机强度的适中点越是偏低。

动机和情绪在问题解决中有积极和消极两方面的影响。恰当的学习动机和求知欲，不仅对发现问题有极重要的作用，而且对深入分析问题、探索各种假设和反复检验，都是重要的内部动力。但只有中等强度的动机和平静的心境状态，才有利于问题的解决。动机和情绪的强度不够，则缺乏动力；过于强烈则会干扰思维而影响问题解决。动机水平与解决问题效率之间的关系呈倒"U"字曲线（如图8-8）。

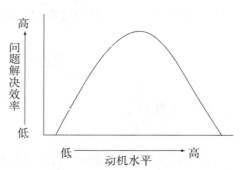

图8-8 动机水平与解决问题效率之间的关系

（七）个性特征

能否顺利地解决问题与一个人的个性特征有着密切关系。一般来说，具有远大理想，意志坚强，勇于进取，富于自信，有创新意识，人际关系良好，具有果断、勤奋等人格特征的人，常常能克服各种内外困难，善于迅速而有效地解决问题。

此外，一个人的智力水平、气质类型等也会在一定程度上影响解决问题的效率和方式。

第九章　表象和想象

　　当客观事物不在面前，而在脑海里呈现出该事物的形象时，在心理学中称此呈现为表象。表象是物体或事件的一种知识表征，这种表征具有鲜明的形象性。表象是在视、嗅、触、味等感觉的基础上形成的，具有自动转换功能，它是从感知觉到思维的过渡阶段或中介。而想象就如爱因斯坦所言，"想象力比知识更重要"，它是推动社会进步和知识进化的动力与源泉。

第一节　表象

一、表象及其特征

（一）什么是表象

　　表象是人脑对感知过的事物的形象的反映，是人脑中以形象的形式对客观事物进行操作与加工的过程，是事物不在面前时关于事物的心理复现，由人脑中的刺激痕迹的再现引起。

　　表象是心理学研究的重要对象之一。20世纪60年代认知心理学兴起，表象作为人的信息加工、存储信息的基本方式而重新得到重视。表象成为当代认知心理研究的重要内容。

　　表象的形象在头脑中是可以被操作的，就像一个物体在手里可以被摆弄一样，表象的形象可以在头脑里放大、缩小、翻转，表象的这种特性叫作表象的可操作性。正是表象的可操作性使表象成了想象的素材。想象就是运用已有的表象，对其进行加工和改造，从而创造出新形象的过程。如果没有表象为想象提供素材，想象也是没法进行的。

（二）表象的特征

表象具有直观性、概括性和可操作性三个基本特征。

第一，直观性。表象以生动具体的形象在头脑中出现，但比较暗淡模糊、不稳定、易变动。

第二，概括性。表象可能是人们多次知觉的结果，它不表征事物的个别特征，而是表征事物的大体轮廓和主要特征，因此表象具有概括性。

第三，可操作性。由于表象是知觉的类似物，因此人们可以在头脑中对表象进行操作，这种操作就像人们通过外部动作控制和操作客观事物一样。

（三）表象的作用

表象是从感知到思维的过渡阶段，是认识过程中的重要环节。从表象的直观形象性来看，表象和感知觉相似。从表象的概括性来看，表象和思维相似，但它既不是感知觉也不是思维，而是介于两者之间的中间环节。表象打破了人类认识必须受当前事物直接作用的局限性，使认识更趋概括化、抽象化。运用表象训练能更好地挖掘人的潜能，发展人的技能。

表象是人们实践活动的必要条件。人类活动之前在头脑中形成的"做什么"和"怎么做"的表象，是人类心理活动区别于动物的主要特点。画家、作家、工程师、运动员、发明家等社会成员的实践活动都要求具有鲜明、稳定、完整的表象。表象作为一种信息表征，在学生的学习与记忆以及在问题解决、创造活动中也具有重要作用。

二、表象的种类

（一）视觉表象、听觉表象、嗅觉表象、味觉表象和触觉表象、动觉表象

依据获得表象的感受器不同，表象可分为视觉表象、听觉表象、嗅觉表象、味觉表象和触觉表象、动觉表象等等。

表象在一般人心理活动中均会发生，但也可因人而异。由于视觉的重要性，大多数人都有比较鲜明的和经常发生的视觉表象。很多事例说明，科学家和艺术家通过视觉的形象思维能完成富有创造性的工作，甚至在数学、物理学研究中都相当有效。视觉表象也给美术家、作家带来创造力。另外，声音表象对言语听觉和音乐听觉智能的形成起重要作用；运动表象对各种动作和运动技能的形成有极为重要的作用；而对于某些乐器的操作，例如钢琴以及提琴等弦乐器，则既需要听觉表象，又需要动觉表象的参与，形成了复合表象。

（二）个别表象和一般表象

反映某一具体客体的形象，称为个别表象或单一表象。如在儿童中发生的"遗觉象"（eidetic image）现象。

反映关于一类对象共同的特征称为一般表象。在成人中发生的大多为一般表象。

（三）记忆表象和想象表象

记忆表象（memory image）是保存在人头脑中的曾感知过的客观事物的形象，即感知过的事物不在眼前而在头脑中重现出来的形象。它是同形象记忆有关的回忆结果。例如，提到你过去的一位教师、同学或朋友，那么他的形象、他的音容笑貌就会出现在你的脑海里。记忆表象不同于感觉后象。后象是作用于感官的刺激停止后，头脑中仍然保持着的事物映象，它由刺激物直接影响后的效应引起，时间短暂，不受意识支配，在生活实践中不起重要作用。如传说中的"余音绕梁，三日不绝"就是声音后象。

有些表象是对知觉的概括和重组，称为想象表象。它是想象的方式的表象，在现实中不一定存在。想象表象是人们创造力的主要来源。

（四）遗觉象

在刺激停止作用后，人脑中继续保持异常清晰、鲜明的形象称为遗觉象。遗觉象是记忆表象的特殊形式，它几乎与直接感知事物时具有鲜明和生动的形象一样，似乎是与感知觉一样，但它则不是感知觉。例如，在儿童中可发生一种"遗觉象"（eidetic image）现象。向儿童呈现一张内容复杂的画片，几十秒钟后把画片移开，使其目光投向一灰色屏幕上，他就会"看见"同样一张清晰的图画。这些儿童根据当时产生的映像可准确地描述图片中的细节，同时他们也清楚地觉得画片并不在眼前。

第二节　表象理论

当代认知心理将表象看作信息编码的主要形式之一，通过研究提出两种表象的信息加工理论。

一、基本表象理论

美国心理学家巴格斯基认为，人们对信息的储存是将视觉和言语材料转换为表象储存在记忆中的，表象是信息编码最基本的形式，人们可以对表象进行操作，而这种操作类似于对具体事务的操作。

基本表象理论得到了谢波德和梅茨勒等人（R·Sherpard & J·Metzler）于1971年进行的心理旋转实验的支持。这个实验向被试呈示一组立体图形，以A图形为标志要求被试辨别其他五个图形与第一个图形是否相同。这五个图形有的是第一个图形的镜像，与原型是不相同的；有的与A图形相同，但加以旋转，旋转的范围从0度到180度，记录被试做出判断的正误及反应时间。实验结果表明，反应时间是旋转度的直线函数，随着旋转度的增加，反应时间也随之延长。这说明表象是信息贮存的基本形式之一，视觉表象的旋转加工是物理旋转的类似物。

库珀（L·A·Cooper）和谢波德于1973年进一步对表象的旋转加工做了实验研究。这个实验呈示给被试的是以不同倾斜度的正向和反向的R为刺激物（图9-1），结果表明（图9-2），字母从垂直方向旋转的度角越大，做出判断的时间也越长；被试的报告也表明，在判断时确实在头脑里旋转表象。这说明，被试在判断时有目的地将字母表象旋转到垂直方向，以便做出正确判断。而用其他方式，如用命题的方式去解释这种心理旋转过程是困难的，很难自圆其说。

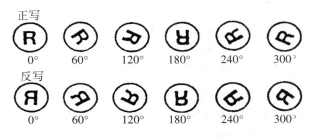

图9-1　心理旋转实验的字母图形

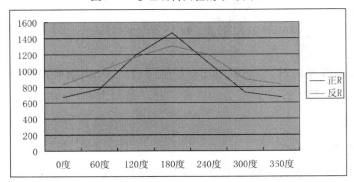

图9-2　不同角度下反应时间的平均值折线图

心理表象旋转实验有力地证明了表象是信息贮存和加工的一种形式，说明表象的这种作用的不可替代性，但并不能证明它是信息贮存的唯一形式。另外，一些心理实验也证明，言语对表象的再现有启发作用，表象并不能代替言语。因此，基本表象理论被认为是一种极端的信息加工理论。

二、双重编码理论

认为同时存在表象和言语符号两种信息编码和存储系统，即双重编码理论。面对基本表象理论的不足，佩维奥（A·Paivio）等人提出同时存在表象和言语符号两种信息编码和贮存系统的假设。他发现，表象码更适合加工具体的信息，言语码更适合加工抽象信息。言语码加工信息是有序加工，表象码则似乎是空间加工；在信息加工过程中，两种系统可能是重叠的，也可能是其中一种占优势。表象系统用表象材料进行信息加工；言语符号系统用言语听觉、抽象概念或命题的形式进行信息加工。在一定条件下，表象编码和言语编码可以互译，言语编码可以通过译码以感性形象再现，表象编码也可以用言语形式贮存起来。

佩维奥以大量的实验来证明双重编码理论，图片和具体单词比抽象单词容易学习，同时采用两种编码形式时，记忆效果比单用其中一种好。如果长时记忆存在视觉编码，则比例不和谐的图像配对将形成冲突，而比例不和谐的文字配对却不会造成这种冲突。比如其中一个实验表明，对图形的回忆比对抽象的词进行回忆要好得多。图形在一周后的偶然回忆成绩比抽象词在5分钟后的有意回忆还要好。有趣的是，对具体词的回忆比对抽象词的回忆多75%，原因可能是具体词可以诱发它所代表的事物的心理表象，这些实验充分证明了两种编码系统的存在。目前，这一理论已为大家认可和接受。

第三节　想象

爱因斯坦曾经说过，"想象力比知识更重要"。知识是有限的，而想象力概括着世界上的一切，推动着社会的进步，并且是知识进化的源泉。

一、想象概述

（一）什么是想象

想象是对记忆表象进行加工改造而形成新形象的心理过程，是一种以表象为内容的特殊形式的思维活动。想象最突出的特征是形象性、新颖性。

想象是在记忆表象的基础上进行的，它以直观形式呈现人们头脑中的具有形象性特征的表征，而不是言语符号。在想象过程中，表象得到进一步的加工和组合，创造出新的形象。这些新形象既可以是主体没有感知过的事物的形象，也可以是世界上根本不存在或还未出现的新形象。如作家对日常生活中接触过的人进行有意识的观察后，并对这些人的言行举止、性格特点在他头脑中留下的印象进行分析、归类，把一些典型的特点集中在某一个人身上，从而创造出一个新的人物形象。这个新的人物形象，既是现实生活中的某一个人，又不全都是这个人，在他（她）身上还包括了其他人的一些特点。这个人物的形象是在人的大脑里创造出来的，这种创造就是一种形象的思维过程，即想象的过程。同样，画家、音乐家的创造活动都是形象思维活动的过程，是想象活动。

想象以表象的内容为材料，来源于表象，却和表象有本质上的差别。表象是过去感知过的事物的形象在头脑中的再现，它并没有创造出新的形象，是一种形象记忆的过程，因此属于记忆的范畴。想象则是对表象的加工和改造，它创造出了新的形象，具有创造性，属于思维的范畴。

想象以表现为材料，所以想象出来的形象来源于现实，想象又具有创造性，因而它创造出来的新形象，又不完全是现实生活中的事物。例如，文学中典型的人物形象并不是现实生活中的某一个人，有时想象出来的形象现实生活中没有，是人们通过想象把它创造出来的，这就是发明创造。例如，飞机就是先被人们在头脑中想象出来，然后才制造出来的，有时想象出来的事物不仅现实生活中没有，将来也没有。例如麒麟，过去没有过这样的动物，将来也不会创造出这一物种。尽管如此，想象作为一种心理现象，还是对客观现实的反映。因为发明飞机是人们幻想有像鸟一样的飞翔，飞行的原理是从科学实践中发现的；现实生活中虽然没有麒麟，但是它的皮是鱼的皮，脚是鹿的脚，蹄子是牛的蹄子，鱼、鹿、牛是现实生活中有的，人不过把这些东西在想象中结合起来罢了，归根结底他们都是来源于生活现实。

（二）想象的功能

想象具有三种典型的功能：预见功能、补充功能、替代功能。

①预见功能：想象的预见功能是指想象能对客观现实进行超前的反映。为人类创造性的生产活动开辟并指明了方向。

②补充功能：想象的补充功能是指想象能弥补人类认识活动在时间与空间上的局限和不足。

③替代功能：当某些需要和活动不能满足或完成时，可以通过想象，从心理上得到某种替代与满足。阿Q精神就是典型写照。

二、想象的种类

根据想象活动是否具有意识性、目的性和计划性，可以把想象分为无意想象和有意想象。

（一）无意想象

无意想象又称为不随意想象，指没有预定的目的，在一定刺激的作用下，自然而然产生的想象。例如，一个人正在教室里听讲，当老师讲到山脉和河流的时候，他想起了自己打算去旅游的事，不由得走了神，想着自己见到了名山秀水，在那里尽情地玩耍起来，这就是一种无意想象。

梦是无意想象的一种极端的例子，因为做梦是没有目的的，是不由意识支配的，比清醒状态下的无意想象更加随心所欲，其内容往往不符合逻辑，脱离实际，甚至在现实生活中不可能发生。

幻觉是在异常的精神状态下产生的无意想象。例如，外界没有声音，一个人却总是听到一种声音，这种声音具有特殊的意义，或是在骂他或是在议论他，甚至是一些人在商量怎么谋害他。如果幻觉达到了这么严重的地步，那么显然是一种精神异常的症状了。

（二）有意想象

根据预定目的，在意识的控制下，自觉进行的想象叫作有意想象。根据有意想象的新颖性、独立性和创造性程度的不同，可以把有意想象分为创造想象、再造想象和幻想。

1.创造想象

指根据一定的目的和任务，不依据现成的描述，在人脑中独立创造事物新形象的心理过程。作家创造一个典型人物，画家勾画一幅图画，服装设计师想象一款服装的新款式，都是独立进行的，这些都是创造想象的例子。

创造想象具有独立性、首创性、新颖性的特点，是人类创造性活动不可或缺的心理成分。创造想象是一种比再造想象更复杂的智力活动，它的产生依赖于社会实践的需要，个体强烈的创造欲望，丰富的表象储备，高水平的表象改造能力以及思维的积极性等主、客观条件。

2.再造想象

是指根据语言的描述、图形或符号示意，在人脑中产生的有关事物新形象的过程。人们看文学作品，在头脑中会产生一个活生生的人物形象，这个人物形象恰是作家在文学作品里创造的，人们是根据作家的描述在头脑里想象出来的。对于作家来说，他进行的是创造想象，对读者来说他进行的是再造想象。

形成正确的再造想象有赖于两个条件：一是正确理解语词描述和图形或符号标志的事物的意义，二是丰富的表象储备。

3.幻想

是指与个人的生活愿望相结合并指向未来的想象，幻想是创造想象的准备阶段，也是创造想象的特殊形式。科学幻想推动着人们去进行科学探索，发现客观规律，为人类造福。例如，没有像鸟一样在天空中飞翔的愿望，人们不会去发明飞机。对于一个人来说，他对未来的憧憬反映了他想成为一个什么样的人，过什么样的生活，这就是他的理想。为实现理想而奋斗，对一个人来说是一种动力，所以幻想并不是坏事。问题在于，只有对未来的憧憬而没有实现这种愿望的努力，愿望就没有实现的可能，幻想就成了空想，空想对人的行为没有推动作用，因而是消极的。

根据幻想的社会价值和有无实现的可能性，可以把幻想分为积极的幻想和消极的幻想。积极的幻想是指符合事物的发展规律，具有一定社会价值和实现的可能性（一般把积极的幻想称为理想）。消极的幻想是指不符合或违背事物发展规律，毫无实现可能性的幻想（一般把消极的幻想称为空想）。

三、想象的生理机制

1937年生理学家加可布逊（C. Jacobson）对猴做延缓反应实验的结果提示：额叶的一些神经回路将一些有关物体位置的视觉信息组成一种内部表象，即额叶与"当物体在空间和时间上客观存在而又看不见时也能识别物体的能力"有关。另外，在额叶和顶叶的亚区之间还有很多类似的通路。所有这些都意味着，即使是在信息加工的最高层次中也具有与表象相关的脑结构参与其中。

感知客观事物的过程中，在大脑皮层留下了许多痕迹，并在痕迹之间建立有暂时的神经联系，形成暂时神经联系系统。人们的经验越多，这种暂时神经联系越丰富。暂时神经联系系统是经常不断地变化、补充和修改着的，旧的联系重新配合构成新的联系。新的暂时神经联系的形成就是想象的生理机制。这也是结构主义心理学所称的新的学习是解构旧的学习并重新建构形成新认识的物质基础。

词对暂时神经联系的建立和重新组合起着重要的调节和支配作用。虽然想象的形式属于第一信号系统，是形象的，但想象的形象是在大脑皮层言语机能的相应区域上形成的。想象的出现是第一信号系统和第二信号系统协同作用的结果。

现代科学表明，下丘脑-边缘系统与大脑皮层共同参与了想象的过程。如果下丘脑-边缘系统损伤，人可能产生特殊的心理错乱，他的行为不再受大脑支配，不能拟定简单的行动计划，不能预见行动的后果，想象的主要作用也受到破坏。

四、想象规律的应用

想象是在实践活动中发展起来的，同时也是人类实践活动的必要条件。人在实践活动中会遇到一些困难，产生新的需要，这促使人们去改变客观现实，创造新的事物。想象就是在这种实践活动中发展起来的。劳动是人类认识世界、改造世界以满足个人或社会需要的活动。目的性、计划性是劳动的重要特征。马克思说：劳动过程结束时得到的结果，在这个过程开始时就已经在劳动者的表象中存在着，即已经观念地存在着。人在劳动前对劳动的结果做出预见，产生"做什么"和"怎么做"的表象；在劳动过程中，想象对活动起着调节作用。另外，想象还具有代替作用和补充作用，它使人们的思维、情感交流在直接感知和操作的限制下进行学习和创新。想象不仅在实践中发展，同时想象的正确性也要受到实践的检验。人类在教育活动中对学生再造想象和创造力的培养就是想象规律应用的最好例证。

（一）在教学活动中发展学生的再造想象

在教学中，培养学生再造想象能力，是素质教育的重要内容。具体做法大致可以分为以下几点。

1.课前组织学生有目的地观察

例如，学习《风筝》一课时，放风筝这个活动，有的同学做过，有的同学看别人做过。多数学生还是缺乏放风筝的感受。在课前，请几位同学在学校操场放风筝，教给他们正确的姿势和放线的方法。这几位同学真正体会到了放风筝的乐趣，体会到把风筝放上天时的喜悦和激动。在上课时，先放放风筝的录像，让同学们边看录像，边仔细观察，再让放过风筝的同学谈一谈自己的感受。这样就引发了学生学习的兴趣，而且丰富了学生的表象，学生就会感到容易了。课后，再组织全班同学进行一次放风筝的活动，就会更加加深学生头脑中的印象。

2.根据教学内容，设置教学情景

例如，《荷花》是一篇文质兼美的小散文。学好这篇课文，需要学生有极丰富的想象力。在文章后面，作者把自己也想象成一朵荷花。上课前，首先出示一幅色彩淡雅、姿态优美的荷花图。图上粉色的荷花，有半开的，有全开的，有未开的，在碧绿、硕大的荷叶的衬托下，清新可爱，有如美丽的白衣仙女，亭亭玉立。这种感受太美了！一切都通过视觉进入了学生的大脑，充实学生头脑中的表象。紧接着，一曲轻缓、柔和的音乐响起。这是作为课文朗读的配乐。同学们在不知不觉中已感染了课堂的气氛。然后，教师悄悄地点燃几支花香进行熏香。熏香的气味由淡到浓，沁人心脾。在这种氛围下，老师进行课文的范读。当教师读到课文的最后一个自然段时，一名同学头戴荷花的头饰，身穿雪白的衣裙，在讲台前翩翩起舞。课堂上，优美的乐曲，诱人的芳香，婀娜的舞姿交织在一起。学生随着老师的朗读，在多种感官的体验中展开美妙的想象。

认真翻阅我们的课本，里面的文章谈古论今，从生活中的一些自然事物到突发事件，还有战争题材以及古今科学家等一些著名人物的故事。这些文章的内容要学生理解到位需要配合适当的教学情景，来引发他们的再造想象。用头脑中已有的表象来帮助学生感受到课文中语言文字的描述。

3.运用多媒体手段组织教学

例如，教学《趵突泉》一课，趵突泉是济南三大名胜之一。学生有的听说过，有的去过，但大部分学生是不知道的，而这又是一篇需要学生深入理解、体会的文章。老师通过录像、投影、挂图和有感情地朗读来引发学生的思维。上课时，老师先让学生欣赏趵突泉的投影片，伴随着《渔舟唱晚》的乐曲老师朗读全文。课文读完了，音乐也悄然而止。学生深深地陶醉其中。紧接着，老师又让学生欣赏趵突泉的录像。电视画面上出现了趵突泉的全景，还有冬天的济南。趵突泉在一片轻雾中永不停止地冒出，仿佛把人带入了仙境。在此基础上，老师再让学生读课文。美丽、神奇的画面，深深印在学生的脑海中，学生读课文时，就不由自主地把画面与课文中的语言文字相结合。

4.启发、指导学生演示和表演

有的课文，在讲课过程中，结合课文某些内容，让学生表演，既可加强直观性，又可使学生获得情感体验。如《挑山工》一课，挑山工上山的"折尺形路线"，每一次的"转身、换肩"，对于学生来说是陌生的。看过有关的文字介绍和录像，让学生根据自己的理解，亲自试一试，感受一下挑山工的动作和路线，加深学生的印象。通过学生的表演，也可以直接反馈他们的理解程度是否准确、到位。师生之间的交流也会更密切，更有针对性。

5.采用分角色朗读的方法

对话较多的课文，可采用分角色朗读的方法。学生一般都很喜爱这种方法，因为这种方法可以让学生有发挥的余地，学生可以对某个角色进行创造性的发挥。这种方法往往能够收到意想不到的效果。例如，《草船借箭》这篇课文，有相当大的篇幅写了周瑜和诸葛亮的对话，这里面充分展现了两人的性格特点。不同的学生有不同的理解，很有好处。同时，也训练了学生的朗读能力。经过这样的训练和培养，学生的形象思维能力得以发展。

（二）在教学活动过程中培养学生的创造想象

在掌握一定的基本科学基础知识的同时学会一些科学方法，更重要的是培养良好的科学学习习惯和科学素质，进而提升各项综合能力。其中，创造想象能力作为科学素质的重要能力，已越来越受到教育专家的重视。如何指导学生科学合理创造想象呢？具体可以从以下四个方面入手：

1.丰富学生的表象储备

丰富的表象储备是进行形象思维的基础。根据马克思主义认识论，人的思维是建立在感性认识的基础上的，抽象思维如此，形象思维也是如此，作为形象思维基本元素的表象，并不是主体头脑中凭空臆造出来的，它来源于现实生活，离开了感性材料，表象无法正常进行。

2.扩大学生的知识经验

知识经验是人们进行想象的前期基础，因此在教学设计过程中，教师应该注重对学生已经掌握的已有知识合理挖掘，激发他们的已有知识经验，为其创造新的知识提供条件。

3.想象力训练

想象力是人类创新的源泉，是在人的头脑中创造一个念头或思想画面的能力。首先要积累丰富的知识和生存经验；其次要保持和发展自己的好奇心；再次，应善于捕捉创造性想象和创造性思维的产物，进行思维加工，使之变成有价值的成果。

4.引导学生积极幻想

积极幻想，在心理学上指个体在生活中或在面临威胁性情景、压力性事件时所做的一种对自我、现实生活和未来的消极方面的认知过滤。它虽然是一种对现实的背离，却是个体对于积极心理的适应，显示个体对现实的积极把握和乐观知觉。在具体教学过程中，教师应该发挥自己的教学能力，积极引导学生合理、有度地进行积极幻想。

第十章　言语

　　人类行为中最复杂的心理活动是思维活动，而思维是要借助于语言或符号来进行的。语言的重要性在于语言所表达的意义，符号或词汇都各自代表了某种意义。语言的产生及发展与社会生活密切相关，它随社会的产生而产生，发展而发展，它对人成为社会人具有极其重要的作用。而言语作为人类应用语言表达思想感情或与他人进行交际的心理过程，是人类所特有的心理现象。它的产生和发展依赖于第二符号系统的建立与发展。语言和言语相互关联、密不可分。

第一节　言语概述

　　人与动物不同，能够掌握前代人的知识以及同时代其他人的经验。所以，人可以在相对短的时间内，在认识、掌握自然规律并利用它们为人类服务等方面取得巨大的成就。人之所以能做到这一点，就是因为人具有言语和语言这样强大的工具。这是人与动物的又一重大区别。

一、语言与言语

　　语言是以词为基本单位、以语法为构造规则的符号系统。符号代表着一定的事物，它是由人们共同约定创造出来，并为大家所认同的。语言是一种社会现象，是语音和语义相统一的人类交际工具。

　　言语是个体运用某种语言表达思想感情或与他人进行交际的心理过程。例如，人们相互之间的交谈、讲演、指示和写作等等，都是各种不同形式的言语活动。

　　个体是语言学研究的主要对象。语言心理学主要研究言语过程，个人掌握和使用语言的过程和机制，人在交际时怎样产生言语以及怎样感知和理解别人的言语，言语同其他心理活动相互作用和相互影响等。

语言和言语既有区别又有联系，主要表现在以下三个方面：

第一，语言是社会现象，而言语是人的心理现象。

语言属于社会现象，它是随着社会的产生而产生，随着社会的发展而发展的。因此，我们要了解某种语言和它的发展规律，就必须要密切联系社会发展的历史，联系创造和使用这种语言的人民的历史去进行研究。但是，言语却不同，它属于心理现象，或者说，它是人的一种心理活动。一个人在出生之后，在周围成人的影响下，通过某种语言的词的符号作用，在大脑两半球内逐渐形成了错综复杂的词的条件联系系统。这种以词为条件刺激物的条件联系系统，称之为第二信号系统。只有建立了第二信号系统，人才能进行言语活动。因此，可以说，言语活动是随着一个人的第二信号系统的产生而产生，随着个体第二信号系统的发展而发展的。如果一个人死亡了，他就不能再进行言语活动了。但是，他生前进行言语活动时使用过的那种语言，是不会因此而受到什么影响的。言语活动是和个人的生活密切相联系的。所以，我们在研究言语及其发展规律时，要联系各独立个体的具体生活情境进行观察、记录、分析和研究。

第二，语言是交际的工具，言语是交际的过程。

前面已指出，语言是人们进行交际的工具，人们利用它来表达思想，达到相互了解的目的。而言语则是人们利用这种工具去进行交际、交流思想的过程。有些人掌握几种语言，他们就可以利用不同的语言来进行言语活动，利用不同的语言来进行同一的交际，交流同一的思想。另一方面，语言作为人们的交际工具，对社会全体成员来说是共同的东西，是为社会全体成员同等地服务的。所以，同一民族的不同成员，可以利用同一种语言交流不同的思想，进行不同方式的交际。这就是说，同一个人可以利用不同的语言来进行言语，而同一种语言也可以服务于不同的人们来进行言语。所以，两者是不同的。

第三，语言和言语相互联系，密不可分。

言语不能离开语言而独立地进行。无论是谁，要进行言语活动，就必须要以一定的语言为工具。离开语言这个工具，人就无法进行言语活动。同时，语言也是离不开言语的作用的。任何语言，只有通过人们的言语活动，才能体现出它作为交际工具的职能。如果某种语言不再被人们用来进行言语，那么，它就会失掉其作为人们进行交际工具的这个本质，从而也就会变成"死了的语言"。正因为如此，人们有时候并不是把两者严格地加以区分的。在某些情况下，常用语言这个概念泛指包括言语在内的意思。

二、言语的功能与特征

（一）言语的功能

1.交流功能

指人与人之间通过言语活动传递信息，沟通情感，交流思想，表达意愿的过程。这是言语活动最重要和最基本的功能。言语交际有广义和狭义之分。广义的言语交际有四种基本类型：①人的内向交流，即内心的"主我"与"客我"的交流；②人际交际，即个体间的交际；③群体交际，即群体内成员之间及群体之间的交际；④大众传播，即借助印刷媒体（书刊）和电子媒体（广播、电视、网络）进行信息交流。由于言语的这种活动不同于思维、记忆等，因此，可以被人感知接受并加以记录。正是由于言语具有交流的功能，人类才能够继承前人的文化遗产，互相传递知识和经验，从而使人类的智慧和经验在历史的长河中不断地发展和丰富起来。

2.符号功能

指言语中的词总是标志着一定的对象或现象。任何一个民族，其语言中的某个词和它所标志的对象和现象之间的关系是人们在长期的交往过程中固定下来的，该民族的人都了解，并且具有相对的稳定性。当人们在交际过程中说出某人某事时，就称呼出或标志着一定的对象或现象。于是，人们就能互相交流，互相了解。

3.概括功能

指每个词都具有概括性功能，言语的概括性功能是词跟对象和现象之间的主要区别，人们言语活动中的词是对现象或对象的概括。正基于这一概括，人类借助词才有可能进行抽象思维，认识事物的本质，掌握事物的发展规律。

（二）言语的特征

1.言语的创新性

言语活动是生动性和多样化相结合的创造过程。在言语活动中，人们使用有限数量的语词和语法规则，就能产生或理解无限数量的语句，而这些语句都是他们以前未曾说过或听到过的。言语活动的创造功能在科学技术、文学艺术的创造性思维活动中表现得更为明显。

2. 言语的规范性

言语具有创新性，但人绝不能随便而任意地去用它来表达思想和感情。言语活动受语言规则制约，这是因为人们在说话、写作时，只有按照一定的语法规则才能正常顺利地进行交流。

3. 言语的意义性

言语活动中应用的词和句子，包含着有意义的思想与感情内容，使人能相互理解和交流。词和句子是人们在长期发展过程中形成的具有固定内涵的符号，通过这种符号，人们才能准确地理解他人的思想和情感。

4. 言语的交际性

言语活动总是在人与人之间进行的，起着交流思想与感情的作用。人们通过言语活动，与周围的个人、群体之间进行交际性的活动，从而实现人与周围环境情感和思想的交流。

三、言语的种类

言语按其活动是由主体外显地表达出来还是仅在主体内部进行，可以被分为外部言语和内部言语两种类型，外部言语是人们交流的主体，内部言语是主体思考与判断的过程，内部言语和外部言语可以相互转亿。

（一）外部言语

外部言语是指言语活动的过程或结果具有外显表现的言语，包括口头言语和书面言语两种。

1. 口头言语

口头言语是指人凭借自己的发音器官发出语音、表达思想与情感的言语。口头言语可分为对话言语和独白言语两种形式。

聊天、座谈、辩论、质疑等属于对话言语，都是由两个或几个人直接进行交际的言语活动，这是一种最基本的言语形式。人类的祖先，在劳动中产生并发展了言语，而在此基础上，才进一步产生了其他形式的口语和书面言语。对话言语具有以下四个特点：第一，合作性；第二，情境性；第三，简略性；第四，反应性。

讲演、授课、做报告等都由个人独自进行，因而称之为独白言语。它是在对话言语基础上发展而来，对于系统地表达自己的思想有着重要的意义。独白言语和对话言语不同，它以回答问题、阐明观点、陈述事实为目的，更强调主体性功能。

2.书面言语

书面言语是一个人用文字来表达思想、情感的言语。从人类的发展史来看，书面语言是由口头言语发展起来的，个体的书面言语是经过专门的训练而逐渐掌握的。书面言语具有以下特点：第一，展开性；第二，随意性；第三，计划性。

（二）内部言语

内部言语是一种个体自问自答或自己思考时所使用的言语活动。内部言语有以下两个特点：

第一，隐蔽性。内部言语虽不出声，但并不是说思考时发音器官就不活动了。事实上，在进行内部言语活动时，发音器官还是活动着的，如果用仪器记录的话，声带和说外部言语时一样也在震动着，只是比较隐蔽，不出声而已。

第二，简略性。内部言语不像外部言语那样需要表达，所以内部言语简略且不完整，一个词可以代表一句话，一句话可以代表一个思想的轮廓，只要保证思维沿着正常方向进行就行。

内部言语是在外部言语的基础上形成的，外部言语向内部言语的转化称为言语的内化，而内部言语向外部言语的转化称为言语的外化。

第二节　言语的产生

一、言语的生理机制

（一）言语的发音机制

人通过发音器官来说话，人的发音器官可分为三部分：呼吸器官，喉头和声带，口腔、鼻腔和咽腔。

1.呼吸器官

语言发音的原动力是呼吸器官产生的气流。呼吸器官包括喉头以下的气管、支气管和肺。气管和支气管是气流通道，肺作为空气的仓库，肺扩张或收缩，气流经呼吸道进入肺腔，又由肺腔反向冲出体外，气流出入这些管道，冲击或摩擦某些部位而发出声音。

2.喉头和声带

喉头和声带是人类的主要发音器官。喉头下连气管，上接咽部，是由几块软骨构成的一个精巧的小室，小室中间就是声带，声带是主要的发音体，由附在喉头上的两片黏膜形成。

3.口腔、鼻腔和咽腔

它们起共鸣器的作用，其中作用最大的是口腔，它包括舌、唇、上下颚等部分。由于发音器官的协同活动，形成了人类语音的不同声调、音强和音色。

（二）言语活动的神经中枢

1.言语运动中枢和言语书写中枢

言语运动中枢也叫运动性言语中枢（布洛卡中枢），它位于额下回后部，靠近中央前回的下部，与口、舌、喉肌运动中枢配合构成人的说话中枢。这一脑区受损伤导致失语症，而右侧相应区域受损伤，言语功能仍保持完整。此症状称为表达性失语症。

言语书写中枢又称书写性言语中枢，位于额中回后部，紧靠中央前回，为管理上肢手部肌肉运动的中枢部位。该区受损伤，其他运动机能正常，唯独书写绘画等精细运动发生障碍，此症状称为运动性失写症。

2.言语听觉中枢和言语视觉中枢

言语听觉中枢又称听觉性言语中枢（威尔尼克中枢），位于颞上回的后部，与听觉中枢相配合，发展语言听力，调节自己的言语和理解别人的语言。当靠近听觉中枢的顶颞叶的结构受到损伤后，病人对所接受的语言和字词失去理解的能力，不能区分复杂言语听觉模式，常常所答非所问，这种失语症通常称之为接受性失语症。

言语视觉中枢也叫视觉性言语中枢，位于角回，与视觉中枢相配合共同发展阅读能力。当这一中枢受到损伤，尽管视力正常，却丧失阅读能力，过去认识的文字、符号此时认不得，读不出，不能理解，这一症状称为失读症。

二、言语产生的过程

语言产生又称为言语表达，主要包括说话和书写过程，但也与听话和看字有关。言语产生是由思想到说话或书写的过程，这个过程非常复杂，言语产生过程一般概括为四个阶段：

第一个阶段，动机与意向阶段。动机和意向是言语产生的起点。属于这类的动机很多，如要求得到某物的愿望，传达知识或某事件的愿望，表达自己情感的愿望，调节他人行为的意向，以及探求知识或将事物归入某种知识系统的动机等。如果没有这种动机，人的头脑里的思想就无从产生，也就不会由思想形成语言表达。

第二个阶段，内部言语阶段。当人有了言语的动机和意向后，言语产生首先进入的是内部语言阶段。

前已提及，内部语言的特点是片断性和压缩性，思想可以用一个词或词组来代替一系列完整的句子。认知心理学的研究表明，人脑中长期储存的知识是以一定的关系按网络形式组织的。人脑中储存字词、概念的网络是按语义联结的（也有形和音的联结）。网络中表征有关联的字词、概念的节点相距较近，表征无关联的字词、概念的节点相距较远。按照流行的扩散激活理论解释，可以推测，当内部语言以某个词（或词组）表示要表达的某种思想时，网络中这个词处于兴奋状态，同时，兴奋会沿着网络的通路自动扩散到邻近的节点，提高这些节点的激活水平，降低它们被接通的阈限。这可能是由压缩的内部语言向深层句法结构，最后到展开的外部语言转化的基础。这一阶段说话者所挑选的是词和结构中能真实地表达所传递信息和具体思想的语义。

第三个阶段，深层句法结构阶段。这一阶段是由语义表象进而转化为语言的深层句法结构。乔姆斯基（Chomsky，1957）认为，每个句子都有深层结构和表层结构。深层结构（deep structure）显示基本的句法关系，决定句子的意思；表层结构（surface structure）则表示用于交际中的句子的形式，决定句子的语音。句子的深层结构通过转换成分变为表层结构。例如，"小女孩被黑狗咬了"这句话的表层结构就是由"狗是黑色的""狗咬了女孩""女孩是小的"三部分组成的深层结构转换而来的。图10-1表示在乔姆斯基提出的转换生成结构中，句法、语义和语音之间的联系。图中有两种不同的句法成分：一是基本成分，它含有对深层结构的重写规则；二是转换成分，它含有联结深层结构对表层结构的转换机制。基本成分产生深层结构。深层结构有两个加工方向：一是转换成分把深层结构转换成表层结构，表层结构又利用语音成分转换成发音的声音；二是深层结构由语义成分确定出意思。

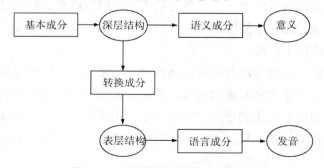

图10-1　乔姆斯基的转换生成语法图

第四个阶段，以表层句法结构为基础的外部言语阶段。言语的最后一个阶段是扩展成为以表层句法结构为基础的外部语言。储存在记忆中的"发音程序"控制发音器官的肌肉活动，发出语音，以有声语言的形式把思想感情表达出来。这就需要借助于发音器官的特殊运动了。

第三节　言语的感知和理解

一、言语的感知

（一）口头言语感知

语音是口语的物质外壳或形式，对发话者而言，是作为物质刺激而被感知的。要对口语正确理解，应当正确地感知口语的语音，才能进一步接受其所代表的意义。影响口头言语感知的具体因素主要有以下三点：

（1）音位的语音特征

要能听清口语中心字词，就要能分清语音，而分辨不同音位的区别性特征是十分重要的。

（2）语音的强度

语音强度会影响对口语的感知。

（3）上下文语境和预期作用

日常生活中，有强噪声干扰掩蔽时，尽管语音低于噪声强度，但人却仍可听懂语音。这里，与上下文或语境对语音感知的作用大有关系。有人经过研究，提出了"音位恢复效应"，进一步说明了这种影响。

（二）书面言语的感知

人们通过视觉系统接受文字材料提供的信息，对字词做出正确判断与分辨，这就是书面言语的感知。书面言语感知包括单词的再认和句子的阅读。

（1）单词的再认

书面言语最基本的构成材料是词，其中形、音是词的物质外壳，义是词所包含的内容。另外，词还具有语法、句法的特点。所以，也可以将单词定义为图形、语音、语义、词法和句法五种特征的复合。从广义上讲，人们从印刷的文字材料中提取单词的这些特征，就叫单词再认。

（2）句子的阅读

阅读是指人对句子及段落意所含信息的接收。通常把阅读速度及阅读正确率作为语言文字感知的指标，多数情况下，以阅读正确率的阅读速度作为语言文字感知的指标。

二、言语理解

（一）什么是言语理解

言语理解是指在言语感知的基础上，使语音、文字在人脑中建立起意义的过程。言语理解有三级水平：对单词的理解、对短语和句子的理解、对说话人的意图或动机的理解。

（二）言语理解的阶段

言语的理解可分为三个阶段：

第一个阶段，感知阶段。在这个阶段是对音响或书面信息的感知过程。

第二个阶段，分析阶段。是把信息转换成词的组合意义的阶段。

第三个阶段，使用阶段。是听者对语义的实际应用过程。

言语理解的三个阶段是按时间顺序发生的，但也可以有部分重合。

第四节　言语的发展

人的言语活动是在个体建立了第二信号系统后才能出现的心理活动，它是人们借助语言表达思想、感情或与他人进行交际的心理过程。言语的发展主要在六个月大小的幼儿到五六岁的儿童时期。

一、儿童言语发展的基本阶段

儿童言语发展一般要经历四个阶段。

（一）咿呀学语阶段

婴儿从出生始，就会发出一些声音。六个月前后，婴儿语言发育处于说话萌芽阶段，开始咿呀学语。明显地增加了不同音节的连续发音，发出的音调也常变换，听起来更接近正式说话，只是这种发音还没有意义。

（二）单词句阶段

儿童在一周岁左右，开始能说出有意义的单词，这是真正的语言的开始。这一阶段的特点是儿童只会说一个词，但他常常用一个词来表达整个句子的信息，从而起着一个句子的作用。在这一阶段，儿童的词汇量只有几个，但是随着年龄的增长，词汇量也迅速地日趋增长。

（三）双词句阶段

儿童从 1.5～2 岁开始，单词句被双词句取代，进入了双词句阶段。开始时，儿童把两个单词连接起来说，中间还有停顿，如："妈妈、饭饭。"再进一步发展为双词句，如："妈妈饭饭。"他们用双词句指出一个对象（如"看狗狗"），表明注意到一个对象（如"书在这里"），表达某件重要事情，以及指出情境的某些关系：动作者与动作的关系，动作与对象的关系，动作者与对象的关系，动作与接受者的关系等。

（四）完整句阶段

随着言语和社会交往能力的进一步发展，绝大多数 4 岁儿童，已经知道在常见情境下应如何调节自己的言语并具备了一定的语言能力。例如，他们在与成人谈话时，要比与两岁孩子交谈时使用的句子更长，用的语法结构更为复杂。大约到 5 岁时，儿童开始使用具有成人语句特点的句子，如修饰句和反义疑问句。

二、言语发展理论

心理学关于儿童语言习得的理论解释主要有两类：一类强调后天学习的作用，另一类则强调先天遗传因素的作用。

（一）言语发展经验说

1.条件反射说

以巴甫洛夫条件反射学说为基础来解释儿童言语的形成过程。巴甫洛夫学派认为儿童获得语言包括两个方面：首先是第二信号刺激与第一信号系统形成暂时神经联系，即语词的声音和具体事物的形象建立起联系；接着是第二信号刺激物之间形成暂时神经系统，即语词之间建立起联系。而这种暂时神经联系则是通过强化（具体事物的强化或语词强化）建立起来的。这一理论虽然指出了人类条件反射与动物有质的区别，但仍然强调儿童获得语言是学习强化的结果。

2.学习强化说

斯金纳（B. F. Skinner）根据行为主义的理论把言语看成一种个体行为。斯金纳认为儿童习得语言行为就像老鼠按门闩形成操作条件反射一样，即儿童的语言行为是通过食物或别人的语言声音、手势的强化而习得的。当儿童与成人相互作用时，儿童做出的语言行为（如说出一个词）如果受到听话人的奖赏（赞许、微笑），他就会再做出这种语言反应；如果受到听话人的惩罚（气愤或不高兴的评论），他就会回避这种语言反应。

3.言语的模仿说

摩尔（O. H. Mowror）提出儿童学习言语主要是通过模仿的观点。主要认为儿童是靠模仿成人的语言来学话的。这种学说的缺点是难以解释儿童言语获得的全过程。

（二）先天言语生成说

乔姆斯基认为儿童生下来就具有支配人类语言结构的普遍原则的天赋知识，这种知识体现在"语言获得装置"。他认为语言基本上不是习得的，而是天赋的。儿童天生具有一种加工语言符号的大脑内在机制，随着儿童的发展，这种内在机制在一定的条件下被激发，儿童即能自然获得语言。他还进一步假设，语言是一种结构，设想人有一种天生的语言习得装置（language acquisition device，简称LAD）。成人结构完整的语言材料输入儿童的这一装置，经加工建立起该种语言的语法规则，这样儿童就能在听到少量语言的情况下理解和说出大量合乎语法的新语言。但是，乔姆斯基的语言天赋论很难获得直接的证据。

（三）关键期理论

奥地利著名的生物学家昆拉多·洛伦兹博士发现了著名的关键期理论。所谓人类心理发展关键期理论是说：人类的某种行为和技能、知识的掌握，在某个特定的时期发展最快，最容易受环境影响。如果在这个时期施以正确的教育，可以收到事半功倍的效果；而一旦错过这一时期，就需要花费很多倍的努力才能弥补，或者将可能永远无法弥补。

儿童获得语言同样具有"关键期"，也称最佳敏感期。这种理论认为儿童学习说话有着明显的关键期，即在特定年龄段很快就能学会，过了这个年龄再学就很不容易了。这一事实证明，说话不能用学习来解释，因为就其他学习而言，学习能力是随年龄的增长而提高的，不会是年龄增长，学习能力反而降低。

第三编　情意过程

第十一章　情绪

　　情绪，是对一系列知觉的通称，是感觉、思维以及行为等共同作用而产生的综合心理和生理状态。常见的情绪有喜、怒、哀、乐、惊、恐、爱等。情绪与心情、性格、脾气、目的、动机、需求等因素互相作用并相互影响，在生理机制上，也受荷尔蒙和神经递质影响。无论正面还是负面的情绪，都会引发人们行动的动机。在社会生活中，能否合理表达和控制情绪是个体社会化的标志之一。

第一节　情绪概述

一、情绪的定义

　　情绪是指人对客观事物是否符合自身需要而产生的态度体验，是人脑对客观现实的主观反映。情绪是不同于认识过程的一种心理过程，通过和认识过程的比较，可以进一步说明情绪的性质。

　　首先，情绪是以人的需要为中介的一种心理过程，它反映的是客观外界事物与主体需要之间的关系。外界事物符合主体的需要，就会引起积极的情绪体验，否则便会引起消极的情绪体验。这种体验构成了情绪和情感的心理内容。认识过程则是对事物本身的认识。

　　其次，情绪是主体的一种主观感受，或者说是一种内心体验，轻松、愉快或沉重、悲伤都是内心体验，它不同于认识过程，因为认识过程是以形象或概念的形式反映外界事物的。

　　再次，可以从一个人的外部表现看到他情绪上的变化，却看不到他所进行的认识活动过程，因为情绪有其外部表现形式，即表情。

最后，情绪会引起一定的生理上的变化，例如心率、血压、呼吸和血管容积等的变化，愉快时面部的微血管舒张，脸会变红；害怕时面部的微血管收缩，血压升高，心跳加快，呼吸减慢，脸会变白。这些变化是通过内分泌腺的作用实现的，认识活动则不伴有这种生理上的变化。

二、情绪分类

（一）情绪的划分

我国古代思想家荀子将情绪划分为好、恶、喜、怒、哀、乐六类。

法国哲学家笛卡儿认为，人有惊奇、爱悦、憎恶、欲望、欢乐和悲哀六种原始情绪，其他情绪都是它们的组合或分支。

我国心理学家林传鼎将人的情绪归纳为：安静、喜悦、愤怒、哀怜、悲痛、忧愁、愤急、烦闷、恐惧、惊骇、恭敬、抚爱、憎恶、贪欲、嫉妒、傲慢、惭愧、耻辱等18类。

美国心理学家普拉切克（R. Plutchik）以强度、相似性和两极性把情绪划分为如图11-1所示的情绪三维模型。

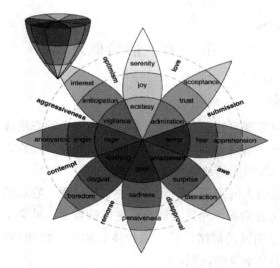

图11-1　情绪三维模型

（二）情绪（表情）研究

个体将其情绪经验由行为活动表现于外，借以达到与外界沟通的目的。表情动作是情绪传递的主要形式，是一种独特的情绪语言。情绪变化的外部表现模式叫表情。表情包括面部表情、身段表情和言语表情三种形式。

1.面部表情

是指面部肌肉活动的模式，它能比较精确地表现出人的不同情绪和情感，是鉴别人的情绪和情感的主要标志。例如，高兴的时候，人的眼睛是眯着的，嘴角是往上提的；伤心的时候，人的眉毛是皱着的，嘴角是向下的；害怕的时候，人则是目瞪口呆的等。（如图11-2）

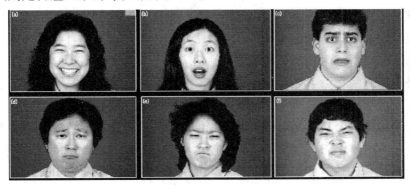

图11-2　人类存在着的六种最基本、最原始的基本表情

2.身段表情

是指身体动作的变化，包括手势和身体的姿势，例如，高兴的时候手舞足蹈，不好意思的时候手足无措。

3.言语表情

是情绪和情感在说话时的音调、速度、节奏等方面的表现，例如，高兴的时候说话的音调高，速度快；悲伤的时候说话的音调低，速度慢，一句一句之间停顿的时间长。

表情既有先天的不学而会的成分，又有通过后天模仿学习获得的成分。人类表达情绪的主要方式是一样的，笑都表示快乐，哭都表示悲伤。表情不是规定的行为规范，也没有约定的规矩，是全人类共有的不学而会的，因而表情具有先天遗传的性质。但是，不同文化背景的影响也使人表达情绪的方式带有不同的色彩，如在表达欢迎的方式上，西方民族比较外露、张扬，东方民族比较含蓄、内敛。所以表情又具有后天模仿、学习、受社会制约的特性。

三、情绪的功能

（一）适应环境的功能

情绪是有机体生存、发展和适应环境的重要手段。有机体通过情绪所引起的生理反应，能够发动其身体的能量，使有机体处于适宜的活动状态，便于机体适应环境的变化。同时，情绪还可以通过表情表现出来，以便得到别人的同情和帮助。例如，在危险的情况下，人的情绪反应使有机体处于高度紧张的状态，身体能量的调动可以让人进行搏斗，也可以呼救。

情绪的适应功能，从根本上来说，就是服务于改善人的生存条件和生活条件。婴儿通过情绪反应与成人交流，以便得到成人的抚爱；成人也要通过情绪反映其处境的好坏。在社会生活中，人们用微笑表示友好，用点头表示同意，人们还可以通过察言观色了解对方的情绪状态，以利于决定自己的对策，维护正常的人际关系。这些都是为了更好地适应社会环境，求得更好的生存和发展条件。

（二）动机功能

情绪构成一个基本的动机系统，它可以驱动有机体从事活动，提高人的活动效率。一般来说内驱力是激活有机体行动的动力，但是，情绪可以对内驱力提供的信号产生放大和增强作用，从而能更有力地激发有机体的行动。例如，缺水使血液变浓，引起有机体对水的生理需要。但只是这种生理需要还不足以驱动人的行为活动，如果主体同时意识到缺水会给身体带来危害，因而产生了紧迫感和心理上的恐惧，就会使情绪放大和增强内驱力提供的信号，从而驱动人取水的行为，增强活动的动机。

情绪的动机功能还表现在对认识活动的驱动上，认识的对象并不具有驱动活动的性质，但是，兴趣或需求却可以作为认识活动的动机，起到驱动人的认识和探究活动的作用。

（三）组织功能

情绪对其他心理活动具有组织的功能，主要表现在积极的情绪对活动具有协调和促进的作用，消极的情绪对活动具有瓦解和破坏的作用。情绪组织功能的大小还与情绪的强度有关，一般来说，中等强度的愉快情绪有利于人的认识活动和操作的效果，痛苦、恐惧的负性情绪则降低操作的效果，而且强度越大，操作效果越差。

情绪对记忆也会产生影响，主要表现为在愉快的情绪状态下，容易记住带有愉快色彩的材料，在特定情绪状态下记住的材料，在同样的情绪状态下也容易回忆起来。

情绪对行为同样会产生影响，主要表现在当处于积极的情绪状态时，人容易注意事物美好的一面，态度变得和善，乐于助人，勇于承担重任；在消极情绪状态下，人看问题容易悲观，懒于追求，且更容易产生攻击性行为。

（四）信息传递功能

情绪具有传递信息、沟通思想的功能。情绪的信号功能是通过表情实现的，如微笑表示友好，点头表示同意。表情还和身体的健康状况有关，医生常把表情作为诊断的指标之一，尤其是中医诊断学中的"望、闻、问、切"中的"望"，就包括对表情及患者行为的观察。此外，表情既是思想的信号，又是言语交流的重要补充手段，在信息的交流中起着重要的作用。从发生学上讲，表情的交流比言语的交流出现得要早。

第二节　情绪的生理机制

一、与情绪有关的大脑皮层结构

对临床病人的观察以及核磁共振成像扫描技术的应用，有关情绪的生理研究表明，大脑皮层，特别是额叶与情绪的产生和表达具有密切关系。

二、情绪的生理反应

（一）植物性神经活动带来的变化

（1）呼吸的变化

呼吸会随着情绪状态的不同在呼与吸的次数、呼与吸的快慢和质量上有明显不同。

（2）心率、血压的变化

心率是指正常人安静状态下每分钟心跳的次数，也叫安静心率，一般为60～100次/分，可因年龄、性别或其他生理因素产生个体差异。一般来说，人在情绪激动时，会出现心率加快，表现为心慌气短。人的血液输送到全身各部位需要一定的压力，这个压力就是血压。一般来说，人在情绪激动时，会伴随出现血压升高、毛细血管充血、面红耳赤，甚至青筋暴起（浅表静脉充血）。

（3）皮肤电的变化

皮肤电主要是用来测量皮肤电离子活动的生理指标，有皮肤电反射（GSR）、心理电反射（PG）、皮肤电阻（RS）、皮肤电位（EDP）、皮电（SP）等等。其中心理电反射是最早应用的名称，它是由刺激引起心理兴奋而产生的。人在情绪变化，尤其是惊恐时会伴有因皮肤静电引起毛发竖立等现象。

（4）内、外分泌腺的变化

内分泌腺的分泌物是分泌到内分泌腺"内部"毛细血管中的血液里的，所以叫作"内"分泌腺，最终依靠血液流动把分泌物输送到其作用部位。人在情绪激动时会出现肾上腺素增加等现象。而外分泌腺的分泌物出了细胞后则是通过专门的导管输送到"分泌部位"，其分泌物用肉眼可见。如焦虑时觉得口渴就是唾液分泌下降所致。

（二）脑电波的变化

脑电波又称脑电图，它有四种波形：α波、β波、θ波和δ波。在情绪状态时，不仅外周生理上有变化，而且神经中枢也有变化，所以脑电波也会发生相应变化。在强烈情绪状态下，人的脑电波与正常状态下的脑电波不同。许多研究发现，情绪状态对α波的影响最大。

第三节　情绪理论

一、早期的情绪理论

（一）詹姆士–郎格理论

情绪必先有引起个体反应的刺激，刺激会引起个体的生理反应，正是由于生理反应，个体才产生了情绪。而情绪体验并非由于刺激，而是由于对刺激反应之后产生的生理变化所引起。生理变化所激起的神经冲动传至中枢神经系统就会产生情绪。

美国心理学家 W·詹姆斯和丹麦生理学家 C·朗格于1884年和1885年先后提出的关于情绪的学说，认为产生情绪的原因是内部的、生理的或神经的过程，而不是心理的或精神的过程。

詹姆斯认为情绪是对外界事物所引起的身体变化的感知。一般认为人先有情绪如恐惧，然后才有情绪的生理的、身体的表现，如发抖，逃跑。而詹姆斯则认为人遇到某种情绪时，先有身体的反应如发抖逃跑等，然后这些反应所引起的内导冲动传到大脑皮层时所引起的感觉就构成情绪。

朗格认为情绪体验产生的过程有三个依次发生的因素：首先是对兴奋的时间或情景的知觉，然后是身体器官、内脏和肌肉的反射性的变化，最后才是心理的感情或情绪的体验。

这种早期情绪理论引起的生理学家和心理学家的长期争论促进了对情绪生理机制的大量研究。詹姆士–郎格理论主张情绪依赖反应，表明它是一种有关情绪的行为学说，它的出现预示了20世纪行为主义的产生。

（二）坎农-巴德的情绪理论

美国生理学家坎农的情绪学说得到巴德的支持和发展，故后人称坎农的情绪学说为坎巴情绪学说。

他们认为由外界刺激引起感觉器官的神经冲动，通过内导神经，传至丘脑；再由丘脑同时向上向下发出神经冲动，向上传至大脑，产生情绪的主观体验，向下传至交感神经，引起机体的生理变化，如血压升高、心跳加快、瞳孔放大、内分泌增多和肌肉紧张等，使个体生理上进入应激准备状态。例如，某人遇到一只老虎，由视觉感官引起的冲动，经内寻神经'传至丘脑处，在此更换神经元后，同时发出两种冲动：一是经过体干神经系统和自主神经系统到达骨骼肌和内脏，引起生理应激准备状态；二是传至大脑，使其意识到老虎的出现。这时该人的大脑中可能会有两种意识活动：其一，认为老虎是驯养动物，并不可怕，因此，大脑即将神经冲动传至丘脑，并转而控制植物性神经系统的活动，使应激生理状态受到压抑，恢复平衡；其二，认为老虎是可怕的，会伤害到人，大脑对丘脑抑制解除，使植物性神经系统活跃起来，加强身体的应激生理反应，并采取行动尽快逃避，于是产生了恐惧，随着逃跑时生理变化的加剧，恐惧情绪体验也加强了。因此，情绪体验和生理变化是同时发生的，它们都受丘脑的控制。

可见坎农的情绪理论认为情绪的产生不能用生理变化的知觉来解释，而是大脑皮层解除丘脑抑制的综合功能。外界刺激信息在作用于感官后所引起的神经冲动首先传递到大脑的丘脑部位，再由丘脑进行加工后同时把信息传递到大脑及机体的其他部分。一方面把神经冲动上达送至大脑皮层，另一方面同时传递冲动到达内脏。传递到大脑皮层的信息引起情绪体验，传递到内脏和骨骼肌的信息激活生理反应，引起相关的情绪表达。情绪体验和身体反应都作为丘脑活动的结果而在同一时刻产生。如图11-3所示。

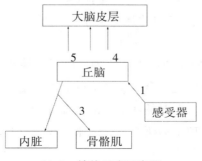

11-3　情绪反应示意图

二、情绪的认知理论

（一）阿诺德和拉扎鲁斯的认知——评价情绪理论

个体对事物或事件的评估是其生理反应、情绪体验和采取某种行动之前发生的。个人所持有的先前观点、具有的知识经验是左右自己情绪体验的主要因素。

情绪认知评价理论是20世纪50年代美国心理学家阿诺德（M. B. Arnold）提出的，后又为拉扎鲁斯（R. S. Lazarus）进一步扩展。该理论也被称为认知-评估理论、情绪评估-兴奋学说，强调认知评价在情绪中的作用。

阿诺德（Arnold，1950）认为，我们总是直接地、自动地并且几乎是不由自主地评价遇到的任何事物，情绪就是一种朝向评价为好（喜欢）的东西或离开评价为坏（不喜欢）的东西的感受倾向。她认为，评价补充着知觉并产生去做某种事情的倾向，任何评价都带有感情体验的成分。其中，记忆是评价的基础。任何新的事物都是按照过去的体验来进行评价的，想象是评价的重要环节。在开始行动之前，当前的情境和有关的感情记忆使我们推测未来。整个评价的复杂过程几乎是在瞬间发生的。

拉扎鲁斯（Lazarus，1968）进一步把阿诺德的评价扩展为评价、再评价过程。这一过程包括筛选信息、评价、应付冲动、交替活动、身体反应的反馈、对活动后果的知觉等成分。他建议对个人所处情境进行评价，也包括对可能采取什么行动进行评价。只要事物被评价为与个人生活的重要方面有联系，他就会有情绪体验。每一种情绪均包括生理的、行为的和认知的三种成分。它们在每种特定的情绪中各自起着不同的作用，而又相互作用、互为因果。这三种成分的不同组合便构成各种具体情绪模式的特定标志。拉扎鲁斯还强调，个性心理结构（如信仰、态度、人格特征等）是认知因素的一个决定性条件。他认为，文化对情绪的影响是复杂的，主要有四种方式：通过对情绪刺激的理解，文化直接影响表情，通过确定的社会关系和判断，以及通过高度礼仪化的行为，如在丧礼上的悲哀。

阿诺德-拉扎鲁斯的认知评价情绪理论既承认情绪的生物因素，具有进化适应的价值，也承认情绪受社会文化情境的制约，受个体经验和人格特征的制约，而这一切又随时发生在对任何事物的认知评价中。这种理论把现象学的研究、认知理论和情绪生理学的研究结合起来考虑，这是较为合理的，有助于推进情绪及情绪与认知关系的研究。

情绪现象极其复杂，心理学家们从情绪的各个不同的侧面如情绪行为、情绪生理、情绪认知、情绪表现和情绪识别等方面进行研究，并提出各自的理论解释。当代情绪研究的总趋势是力图将各种研究成果加以综合，形成一个完整的情绪理论。例如，伊扎德（Izard，1977）认为，情绪这一概念必须包括情绪体验、脑和神经系统的活动以及面部表情三个方面，情绪对个性整合提供动机作用。布克（Buek，1985）研究了认知和情绪的相互作用，提出了启动模型。鲍尔（Bower，1981）研究了心境与认知系统相互作用的各个方面，提出了情绪网络模型等。这些动向都是值得重视的。

（二）沙赫特和辛格的情绪三因素理论

个体认知的参与以及认知对环境和生理唤醒的评价过程是情绪产生的重要机制。个体的情绪状态，实际上是认知过程、生理状态和环境因素共同作用的结果。

沙赫特（S. Schachter）和辛格（J. E. Singer）提出的情绪归因论（attribution theory of emotion）认为情绪产生决定于两个主要因素，生理唤醒和认知因素（故有人称之为"情绪的二因素理论"），认知因素又包括对生理唤醒的认知解释和对环境刺激的认识。这样一来，影响情绪产生的因素主要是：生理唤醒，对生理唤醒的归因及对环境刺激的认识这三方面的因素（故又有"情绪的三因素理论"之说）。

沙赫特和辛格（1962）通过心理实验提出情绪归因论（详见选读资料二）。

沙赫特对詹姆士-郎格理论和坎农-巴德理论采取折中的观点。他既同意詹姆士的观点（情绪体验来自对身体反应的反馈信息），也同意坎农的观点（这种反馈的差异不大，不足以产生细微的不同情绪）。他认为，情绪既来自生理反应的反馈，也来自对导致这些反应情境的认知评价。因此，认知解释起两次作用：第一次是当人知觉到导致内脏反应的情境时，第二次是当人接收到这些反应的反馈时把它标记为一种特定的情绪。沙赫特认为，脑可能以几种方式解释同一生理反馈模式，给予不同的标记。生理唤醒本来是一种未分化的模式，正是认知过程才将它标记为一种特定的情绪。标记过程取决于归因，即对事件原因的鉴别。人们对同一生理唤醒可以做出不同的归因，产生不同的情绪，这取决于可能得到的有关情境的信息。

第四节　情绪的自我调节与控制

一、情绪智力

　　情绪智力（emotional intelligence）的概念是由美国耶鲁大学的萨洛维（Sa-love）和新罕布什尔大学的玛依尔（Mayer）在1990年提出的，是指"个体监控自己及他人的情绪和情感，并识别、利用这些信息指导自己的思想和行为的能力"。也就是说，情绪智力就是识别和理解自己和他人的情绪状态，并利用这些信息来解决问题和调节行为的能力。在某种意义上，情绪智力是与理解、控制和利用情绪的能力相关的。

　　情绪智力的概念被提出以来，经历了1990—1993年从智力和情绪研究、哲学、人工智能、脑科学和临床心理学研究中寻找证据来证明被他们命名为"情绪智力"的这种人的能力的存在。1994—1997年，由于戈尔曼（D. Gole-man，1994）出版的《情绪智力》（*Emotional Intelligence*）畅销书而变得非常流行。1995—1997年间风靡世界。1997年以后心理学工作者开始讨论、修正、规范、深化和发展情绪智力理论。今天，各种情绪智力理论发展起来，新的情绪智力量表也被开发出来，研究者们的大量研究使得该领域形成了多种情绪智力理论。

　　本节就借彼得·萨洛维对情绪智力构建的结构和内涵概括对情绪的自我调节与控制做以讲述。彼得·萨洛维对情绪智力构建的内容包括以下四个方面：第一，对情绪的知觉、评估和表达的能力；第二，思维过程中的情绪促进能力；第三，理解和分析情绪，可获得情绪知识的能力；第四，对情绪进行成熟调节的能力。

　　针对青少年烦躁、易产生攻击性言行和产生沮丧心理的特点，引导学生正确知觉、评估和表达自己的情绪，形成情绪促进、获得情绪知识，以及培养情绪的成熟调节能力在思想政治教育中显得尤为重要。

二、正确知觉、评估和表达情绪

　　依据玛依尔和萨洛维1997年提出的智力理论框架，要正确知觉、评估和表达情绪，就要从以下12个方面入手：

　　A.从自己的生理状态、情感状态和思维中辨别情绪的能力。

　　B.通过言语、声音、表情和行为从他人、艺术作品、各种设计中辨别情绪含义的能力。

C.准确表达情绪及与情感相关需要的能力。

D.区分情感表达时的准确性和真实性的能力。

E.情绪促进思维导向注意重要信息的能力。

F.产生有效而合宜情绪的能力，它能够对情感判断和情感记忆起促进作用。

G.心境起伏导致个体的观点从乐观向悲观变化时，能够从多角度考虑问题的能力。

H.在不同的情绪状态中对特殊问题解决方法产生促进作用的能力。

I.给情绪贴标签，认识词语与情绪本身关系的能力。

J.理解情绪所表达意义的能力。

K.理解复杂心情的能力。

L.认识情绪的转化能力。

三、不良情绪的调控

怎样调节和控制负面情绪？一般认为要做到以下几个方面。

（一）觉知自己的情绪状态

觉知（awareness）是一种对某物有所认识或有所意识的内部主观状态。自我觉知（self-aware-ness）就是个体对自己有所认识或有所意识的内部主观状态。人们对自己的知觉包括对自身非常弱的刺激单纯原始的觉知，也包括对自身复杂性的认知和情感性的深入理解。前一种情况我们称为自我察觉或自我觉知，而后一种情况是个人将注意力集中于自身，即自我倾注（self focused attention）。自我觉知和自我倾注是紧密联系的两个概念，人们往往从自我倾注着手对自我觉知进行研究。自我觉知和意识密切相关，尤其是人们的认知指向个人所拥有的对自己的情感、责任、缺陷等方面时，往往需要注意资源的投入。

在研究中可以把人类的情绪分为两类：自我意识情绪（self-conscious emotion，SCM）和非自我意识情绪（non-self-conscious emotion，NSCM）。SCM是在与他人交往过程中所产生的，包括尴尬、羞愧、内疚、骄傲等。SCM与NSCM最大的区别之一在于SCM和自我觉知有着密切联系。路易斯认为自我意识情绪的表达需要客体自我觉知能力的发展，即人们首先要意识到自身，并进一步评价自己的行为与社会标准之间的差异后才会产生自我意识情绪，如超过标准会感觉到骄傲，而达不到标准会引起内疚、羞愧等情绪。

有研究认为，对于因自我和标准之间差异而引发的情绪，无论这种情绪是积极的还是消极的，自我觉知都会增加情绪强度。但对于不是因自我和标准之间差异引发的情绪，存在两种假说，即显著性假说和消退假说。显著性假说认为自我觉知会增强消极情感，但对积极情绪影响不显著；而消退假说则认为自我觉知会降低情绪强度。西卡森特米哈伊（Csikzentmihalyi）用"流"的概念来解释消退假说。他认为流体验最显著的特征就是因注意完全集中于事件之上而导致自我觉知程度的降低，而当自我重新介入时，流状态终止，情绪消退。

西尔维亚（Silvia）认为前人研究结果不一致的原因主要在于有没有设置情绪要求这一变量。他在实验中增加了这一变量：让被试阅读一些描写他人经历的短文来引发悲伤的情绪状态，要求一部分被试尽力体验文中所描述的情绪，而对另一些被试则不做此要求。结果表明：当要求被试尽量诱发出与文中描述相一致的情绪状态情况下，自我觉知显著地提高了其悲伤情绪。这表明是情境需求与自我觉知相互作用对情绪状态产生了作用。但其另一项实验则表明，高度的自我觉知会降低积极情绪程度。

关于自我觉知对情感的影响，目前尚无定论，需要进一步研究。费法尔（Fejfar）和霍勒（Hlole）所做的元分析发现自我觉知确实可以加剧消极情感，但他们强调应该限制对自我觉知和情绪关系的研究，因为在去除一些调节变量和认知差异（例如自我—标准之间的差异等）之后，这两者之间关系并不显著。

（二）转移注意力

首先我们应该了解一种状态，当你在做一件十分喜欢的事情，比如看电影时完全沉溺于主人公的爱恨情仇中，这时别人叫你或从你身边走过，你很可能听不到、注意不到。这时就呈现出注意力完全集中于电影和注意力无视身边现实的状态，而迅速转移注意力就是要我们可以灵活操纵注意力的对象。

在一般生活中，注意力会影响大脑对一件事物的认知程度，也能影响你的心理接受能力。所以你首先要锻炼一般性的接受能力。你需要找一个最普通的，平时注意力根本不会理会的东西，比如墙角的交叉点，椅子腿等等，静下心来专心去看它，当你的注意力在看这些东西时变得没有定向时，你就找到了转移注意力的一种方法，即模糊注意力。

模糊注意力其实是一种心理放空状态，这种方法将注意力集中到了关注本身，所以外界的一切都暂时不存在了，有种独善其身的意境。这种方法十分管用，但它会使你看起来茫然，所以不要在和别人交谈时使用。

还可以采取临时寻找新兴趣的方法转移注意力，如果和别人交谈时你倍感无聊，你可以只保留一丝注意力以对谈话做出反应，而将大部分注意力用于寻找这个人外貌、服饰、肢体活动等其他兴趣点。

如何迅速转移自身注意力，还有很多情况下以上两种方法都不行，典型的例子就是亲人去世，这时使用前两种方法会加深和暂时蒙蔽注意力，都会对人身心造成很大伤害。此时就应使用减压法，哭泣、睡觉，散步，肢体动作都可以缓解心理压力，情绪归于稳定后结合上两种方法就可帮助你走出困境，重新将注意力回归生活。

合理的转移注意力在生活中可以减少各和负面情绪的干扰，让生活更快乐。

（三）合理地发泄情绪

人不可能永远处在好情绪之中，生活中既然有挫折和烦恼，就会伴有消极的情绪。一个心理成熟的人，不是没有消极情绪的人，而是善于调节和控制自己情绪的人。那么，如何善于调节和控制自己情绪呢？研究认为，合理发泄对调节与控制情绪有积极效果，因不同场景及不同的人，发泄可采用以下方法进行：在适当的场合哭泣，向他人倾诉，进行比较剧烈的运动，放声歌唱或放声喊叫。

（四）主动用言语控制和调节情绪

语言是影响情绪的强有力工具。如你悲伤时，朗诵滑稽的语句，可以消除悲伤。用"制怒""忍""冷静"等自我提醒、自我命令、自我暗示，也能调节自己的情绪。

四、健康情绪的培养

健康情绪的培养既要注重个体情绪的成熟调节能力的培养，也要从中国社会家庭及学校教育的现实状况出发，注重家庭和学校等方面的教育。

（一）个体情绪的成熟调节能力的培养

依据玛依尔和萨洛维1997年提出的智力理论框架，培养个体情绪的成熟调节能力主要从以下4个方面入手：对愉快和不愉快的情感保持开放心情的能力；根据对信息的判断和利用，成熟浸入或远离某种情绪的能力；成熟觉察自己和他人相关情绪的能力；管理自己和他人情绪的能力。

（二）学校的情绪智力教育

1.将情绪智力课程引入学校教育是情绪智力教育的首要任务

现行的以学校为基础的教育体制将教育内容主要集中在了认知技能，即读、写、算等方面，强调理性和逻辑，鼓励竞争。在这种教育体制下，分数几乎成了所有学校评判学生能力的唯一标准，而对情绪关注得却很少，可以说，情绪教育在学校几乎是一片空白。学校唯恐情绪教育会影响到正常的课堂生活，但事实却是，正因为缺乏这方面的教育，学校的正常秩序才受到了有史以来最为严重的威胁。回顾近几年多次发生在西方学校的枪击事件，国内关于中学生杀死亲生父母的报道，学校中日益严重的抽烟、酗酒甚至吸毒问题，学生中出现的各种心理问题，谁都不能否认，在某种程度上，情绪智力的教育和传统智力的教育同样重要，甚至可以说更为重要，谁也不能否认当前科学研究和教育实践的严重脱节。

很多老师和家长都认为这种能力和技巧的教育不是学校的事情，而是家长的责任。但事实上，家庭已不再是进行情绪教育的理想场所。当今社会大部分家庭已经紧缩到只有一个或两个孩子，一个或两个家长，而且，孩子在家里的时间大大少于在学校的时间。另外，大多数家长对如何疏导不良情绪、形成积极情绪，如何发展良好的人际关系也缺乏科学的理论基础以及相应的培训方法。所以，培养学生情绪智力方面的能力和技巧成了学校义不容辞的职责。

2.将情绪智力课程引入学校教育符合中国现实

现在有一种普遍的观点认为，一般我们对自己的情绪无能为力，只能是忍受或者发泄在周围的人身上。但事实上，我们不是只能束手无策，而是可以采取积极的态度。研究表明，情绪智力可以学习。戈尔曼指出，人们在40岁到50岁的时候，情绪智力较高，这就意味着情绪技能，比如处理情感，和平解决争端以及跟周围的人和平相处的技能是可以学习，可以提高的。有一项研究表明，对一个财务计划公司的员工进行实验，将被实验者分为两个组，两个组的成员都有着同样的能力和背景。一个组给予12个小时的关于情绪智力方面的培训，另一个组没有。三个月以后，追踪两个组的行为，训练组比控制组好10%，比公司员工平均好16%。

科学研究，尤其是关于大脑是如何工作的研究证明，情感技巧的形成在"格式化"的年龄，即从出生到十几岁这段时间，而学校生活占据了人这一年龄段的主要精力和时间。所以，在学校教育中引入情绪课程从个体成长阶段上来说是非常合适的。

（三）家庭的早期情绪智力教育

情绪智力，一般被定义为四个主要的成分：一是准确和适当地知觉、评价和表达情感的能力；二是运用情感进行思考的能力；三是理解和分析情感并有效地运用情感知识方面的能力；四是调节情绪，以促进情感和智力发展的能力。其实，这一定义方法强调了情感对智力发展的促进作用，使人们认识到情感智力的发展可以使人更加聪明。那么怎么样采促进孩子情绪智力的发展呢？我们可以从以下几点入手：

首先，教会孩子合理表达自己的情感。

在幼儿的教育中，我们经常会陷入一个误区，那就是任何时候对孩子的哭泣都要想方设法去立即予以终止，不允许孩子过长时间地哭泣；因此最好的状态是希望小孩子能总是保持微笑。其实，这恰恰不利于孩子的情绪智力的发展，因为这样一来，孩子就不能够表达除了喜悦这种感情之外的其他类型的感情。

毋庸置疑，在孩子不能说话之前，哭泣往往很自然地充当了语言的功能。比如孩子需要某样东西，但是他不能通过语言表达出来，于是就通过哭泣来引起父母的关注，从而实现自己的目标。比如幼儿饿了，他会哭；感觉很热，也会哭。但是随着孩子的长大，在学会说话之后，哭泣逐渐失去了它原来的功能，变成了另一种表达需要的工具。比如一个五岁的小男孩，在街上看到一个十分漂亮的玩具，嚷着要买，但是玩具的价钱贵得离谱，因此男孩的父母都不愿意给孩子买。于是，这个男孩哇哇大哭起来。这个时候，一般的父母会怎么做呢？表现得最多的行为就是安慰孩子，叫孩子别哭，哄孩子或者父母干脆狠下心来，将玩具买了，以此让孩子破涕为笑。其实，这极其不利于孩子的情感表达和情绪智力的发展。因为这样一来，孩子就会形成一个误解：那就是哭是一种达到目标的手段，而不是在表达一种情感。按理说，这个时候孩子应该感到一种挫折，为表达挫折这种感情而进行哭泣。所以，对待此男孩的这种情况，父母应该学会置之不理，态度强硬，让其尽情地哭，尽情地表达自己的情感，同时要在离孩子不远的地方监视孩子的行为。直到孩子止住哭声了，才继续与孩子进行交流。通过这样让孩子明白，哭只是一中表达情感的方式而已，而不是实现自己目标的手段。同时，也让孩子明白，生活中是充满了喜怒哀乐的，要学会表达自己的情感。

其次，教会孩子学习调节自己的情绪。

情绪智力很强调情绪对智力发展的积极作用，因而要让孩子学会调控自己的不良情绪，使其处于一种积极的情绪状态中，促进其智力的进一步发展。在对孩子进行情绪调节方法的介绍上，要注意根据孩子的具体情况，采取孩子最能理解和接受的教育方式。其中，通过举孩子身上或者身边的例子来教会孩子调节情绪的方法使用得十分广泛。比如要让孩子学会情绪调节方法中的合理化情绪法。合理化情绪法的核心观点就是个人对一个事情产生的情绪不是事情本身引起的，而是由这个人对该事情的解释引起的。如果直接给孩子这样讲，孩子肯定不会明白。那么，就可以通过举例子来说明这种情绪调节方法。假设你念幼儿园的女儿今天早上睡懒觉，结果上学迟到了，被老师当众批评，觉得很难过，因为感觉在小伙伴面前丢了面子。这个时候你怎么样去教会孩子使用合理化情绪法去调节她的情绪呢？作为父母，你就应该给她讲明这样一个道理：你难过的原因是你迟到后被老师批评了。那你要想一下，这其实是告诉你一个道理：上课要守时。否则，你就会在同学们面前被老师批评。所以，不要再难过了，以后不再睡懒觉，不再上课迟到了，就不会被老师批评了。通过这样来逐步引导孩子，加上你的耐心和恒心，孩子就会逐渐学会如何去调节自己的情绪。因此，其他情绪调节的方法也可采取类似的方式，传授给孩子。

最后，教会孩子有效地察言观色。

让孩子学会察言观色主要是为了让孩子能够更准确地判断别人的表情和反映出来的心理情绪状态，进一步理解和分析别人的情感，评价别人的情感，并自己思考如何合适地去表达自己的情感。因为孩子具有很大的可塑性和模仿性，只有引导孩子多去体会和感受别人是怎么样表达自己的情感的，从而让自己逐渐明白怎么去应对别人所表达出的情感，做出恰当地回应，提高自己的人际适应性水平。

总之，提高情绪智力是一个比较复杂的过程。但是只要你能有意识地去引导孩子，孩子的情绪智力一定会取得一个比较满意的发展。

【选读资料】

选读资料一：测谎仪

测谎仪又称为多项生理记录仪。第一个尝试利用科学仪器"测谎"的人，叫西萨重·隆布索（Ceuare Lombroso）。1895 年，他研制出一种"水力脉搏记录仪"，通过记录脉搏和血压的变化判断嫌疑人是否与此案有关，而且成功侦破了几起案件。1945 年，约翰·里德（John Reid）总结了前人的工作，设计出能检测血压、脉搏、呼吸和皮肤电阻变化以及肌肉活动的多参量心理测试仪，这种测谎仪器被称为"里德多谱描记仪"，也就是第二代测谎仪，成为现代多参量心理测试仪的基础。20 世纪 60 年代初，由于电子技术飞速发展，出现了现代记录仪和多导仪。热敏电阻、光敏电阻和压电晶体均可作为换能器。

　　说谎的人什么样？童话故事中的匹诺曹，说谎鼻子就要长一寸。童话毕竟是童话，没有人当真。现代科学证实，人在说谎时生理上的确发生着一些变化，有一些肉眼可以观察到，如出现抓耳挠腮、腿脚抖动等一系列不自然的人体动作。还有一些生理变化是不易察觉的，如：呼吸速率和血容量异常，出现呼吸抑制和屏息；脉搏加快，血压升高，血输出量增加及成分变化，导致面部、颈部皮肤明显苍白或发红；皮下汗腺分泌增加，导致皮肤出汗，双眼之间或上嘴唇首先出汗，手指和手掌出汗尤其明显；眼睛瞳孔放大；胃收缩，消化液分泌异常，导致嘴、舌、唇干燥；肌肉紧张、颤抖，导致说话结巴。这些生理参量由于受自主神经系统支配，所以一般不受人的意识控制，而是自主的运动，在外界刺激下会出现一系列条件反射现象。这一切都逃不过测谎仪的"眼睛"。据测谎专家介绍：测谎一般是从三个方面测定一个人的生理变化，即脉搏、呼吸和皮肤电阻（简称"皮电"）。其中，皮电最敏感，是测谎的主要根据，通常情况下就是它"出卖"了你心里的秘密。

　　根据情绪与生理反应之间的关系而制成的生理反应指标综合测量仪器，可以同步记录各项生理指标。包括心率、血管容积、呼吸、皮肤电反应与脑电波等。

　　现代测谎仪由传感器、主机和微机组成。传感器与人的体表连接，采集人体生理参量的变化信息；主机是电子部件，将传感器所采集的模拟信号经过处理转换成数字信号；微机将输入的数字信号进行存储、分析，得出测谎结果。以 PG-7 型多参量心理测试仪为例，它只有一本 32 开的书本大小，由传感器、主机和微机 3 部分组成。传感器有 3 个触角：戴在人手指上的皮肤电传感器，是一种不锈钢电极，用来测量皮肤电阻的变化；呼吸传感器是拉伸传感器，系在人的胸部，测量人呼吸的变化；脉搏和血压传感器是一种压敏传感器或血压计，戴在人腕部或臂部，测量人脉搏和血压的变化。主机的作用是将传感器所采集的模拟信号经过处理转换成数字信号，输入计算机进行存储、分析。确切一点说，测谎技术是一种心理测试技术。所谓的心理测试技术，是以生物电子学和心理学相结合，借助计算机手段完成的对人物心理的分析过程。按照心理学的理论，每个人在经历了某个特殊事件后，都会毫无例外地在心理上留下无法磨灭的印记。作案人在作案后随着时间的延续，心里会反复重现作案时的各种情景，琢磨自己可能留下的痕迹，甚至想不琢磨都无法克制。每当被别人提及案发现场的一些细节时，作案人的这种烙印就会因受到震撼而通过呼吸、脉搏和皮肤等各种生物反应暴露出来。这种细微的反应被测试仪器记录下来后，便汇集形成或者知情或者参与的结论。正是基于这种原理，心理测试技术在测试嫌疑人时既允许回答"是"或"不是"，也允许受测人以沉默作为回答。测谎仪并不能直接探测人的心灵，而是根据所要调查的内容事先编制好一系列问题，然后逐一向被测人提问以测试人的情绪变化。测谎所涉及的问题主要有三类：与调查事件无关的中性问题，与调查事件有关的相关或主题问题，与调查事件没有直接关系，而被测人又肯定会说谎的准绳或对照问题。测谎专家一般不与被测人员面对面，测谎专家眼睛要盯住电脑显示器上的图谱，同时用余光注意被测人员的面部表情。再有，测谎专家的语调不带任何感情，是一种机械的声音。

　　认定和排除犯罪嫌疑是测谎的基本功能。特别是在侦查工作前期，侦查人员根据初步侦查和调查掌握的情况，发现了嫌疑对象，但尚无确凿证据认定该对象是否犯罪分子，通常采用传唤或拘传的方法，进行正面审查，以排除或肯定犯罪嫌疑。但作案者和无辜者都会极力辩解，否认犯罪，其供述有的一时难以查证或虽能查证但需花费大量时间和经费。这时，若使用测谎技术，就能迅速地排除大量的无辜嫌疑人，筛选出重点嫌疑对象，在条件比较好的情况下还可以直接认定犯罪分子，然后围绕重点嫌疑对象开展审讯和调查，可以事半功倍，大大提高破案效率。

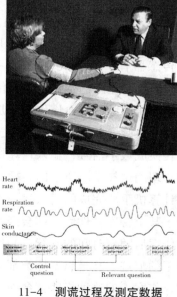

11-4　测谎过程及测定数据

选读资料二: 情绪唤醒模型实验

情绪体验是认知过程、生理状态和环境因素在人脑皮层中整合的结果,环境的刺激因素通过感受器向大脑皮层输入外界信息;生理因素通过内部器官、骨骼肌的活动,向大脑输入生理状态变化的信息;再经认知过程对过去经验的回忆和当前情况的评估,来自这两方面的信息经过大脑皮层的整合作用,才产生了某种情绪经验。将上述理论转化为一个工作系统,成为情绪唤醒模型。

沙赫特和辛格(1962)的实验中给被试注射一种药物,并告诉他们这是一种复合维生素,目的是测定这种新药对视力的影响。但实际上注射的是肾上腺素和食盐水。注射肾上腺素能引起心跳加快、血压升高、手发抖、脸发热等情绪生理反应。

被试分为三组:正确告知组、错误告知组和无告知组,分别给予不同的指示语。对于正确告知组,即告诉他们注射这种新药会出现心跳加快、手发抖、脸发热等反应。对于错误告知组,有意错误地告诉他们注射这种新药可能无感觉,会发麻、发痒、头痛等。对无告知组,主试什么也没有告诉他们。注射食盐水的所有被试都列为无告知组。

然后,人为地安排了两种实验情境,一种是欣快的环境,一种是愤怒的环境。所谓欣快的环境,是由主试的助手(这个助手是受过训练的,他和被试一起,被试以为他也接受同样的注射,在同样的情况下参加实验)同被试一起唱歌、玩耍和跳舞。所谓愤怒的环境,是主试的助手当着被试的面对主试要他填写的调查表表示极大的愤怒,不断咒骂、斥责并把调查表撕得粉碎。实验后,主试询问被试当时的内心体验。

结果错误告知组的反应最容易受助手的高兴所感染,正确告知组的反应不容易受环境气氛的影响,无告知组的反应则介于上述两组之间。同样,他们对愤怒的环境的反应也是一样的。该实验说明,注射肾上腺素虽然引起了典型的情绪唤醒状态,但它的单独作用不能引起人的情绪;同样,环境因素也不能单独决定人的情绪。在这里,认知对人的情绪的产生起着决定性的作用。处于生理唤醒状态的错误告知组,因对其自身的生理状态不能做出恰当的说明,他一方面环视周围环境,以求得某些说明的线索,同时又认为自己之所以体验到这种生理反应,乃是由环境的气氛所致,于是就把自己的生理状态与环境线索相适应说成是欢乐或愤怒。正确告知组由于已经具有说明自己的生理反应的信息,便不去寻找环境中的线索。无告知组从主试那里什么信息也没有得到,完全按自己的评价做出反应。

于是沙赫特和辛格认为，情绪是认知因素和生理唤醒状态两者交互作用的产物，因而沙赫特和辛格的情绪理论又称情绪二因论（two-factor theory of emotion）。实际上，在上述实验中，认知对情绪可能有三种作用，即对情绪刺激的评价和解释，对引起唤醒原因的认知分析，对情绪的命名以及对所命名情绪的再评价。不过，有人重复沙赫特和辛格的实验，但没有得到和他们相同的结果。

沙赫特和辛格的实验证明，人对生理反应的认知和了解决定了最后的情绪体验。这个结论并不否定生理变化和环境因素对情绪产生的作用。

对于特定的情绪来说，有两个因素是必不可少的。第一，个体必须体验到高度的生理唤醒，如心率加快、手出汗、胃收缩、呼吸急促等；第二，个体必须对生理状态的变化进行认知性的唤醒。

事实上，情绪状态是由认知过程（期望）、生理状态和环境因素在大脑皮层中整合的结果。环境中的刺激因素，通过感受器向大脑皮层输入外界信息；生理因素通过内部器官、骨骼肌的活动，向大脑输入生理状态变化的信息；认知过程是对过去经验的回忆和对当前情境的评估。来自这三个方面的信息经过大脑皮层的整合作用，才产生了某种情绪体验。将上述理论转化为一个工作系统，称为情绪唤醒模型。

这个情绪唤醒模型（图11-5）的核心部分是认知，通过认知比较器把当前的现实刺激与储存在记忆中的过去经验进行比较，当知觉分析与认知加工间出现不匹配时，认知比较器产生信息，动员一系列的生化和神经机制，释放化学物质，改变脑的神经激活状态，使身体适应当前情境的要求，这时情绪就被唤醒了。

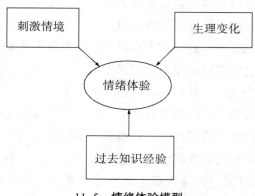

11-5　情绪体验模型

这个工作系统包括三个亚系统：第一个亚系统，对来自环境的输入信息的知觉分析；第二个亚系统，在长期生活经验中建立起来的对外部影响的内部模式，包括过去、现在和对未来的期望；第三个亚系统，现实情景的知觉分析与基于过去经验的认知加工间的比较系统，称为认知比较器，它带有庞大的生化系统和神经系统的激活机构，并与效应器官相联系。

不少实验支持沙赫特的观点，生理反应和对这种反应的标记都在情绪中起作用。下面是有关实验对沙赫特的三个理论假设的检验：①沙赫特理论推想，如果降低或消除生理反应，那么情绪体验也随之降低或消失。如前所述，关于脊髓损伤部位与情绪体验关系的研究（Hohman，1966），是支持该假设的。②沙赫特理论推想，如果把情绪唤醒归因于非情绪的原因，那么情绪体验就应该降低。这一假设也得到实验的支持。在一系列研究（Schachter & Singer，1962）中，向被试注射食盐水，但告诉他们这种注射会导致心率和血压增加，产生颤抖等反应。然后让被试处于一种情绪情境（如愤怒）中。结果表明，接受注射的被试比未注射的被试所报告的情绪体验更不强烈。这可解释为这一欺骗导致被试把生理唤醒归因于注射，而不是自身的情绪。③沙赫特理论推想，如果人为地导致唤醒（如用药物）并且有一种情境能够合理地解释这种唤醒的原因，那么人就会体验到情绪。根据同样的逻辑，人为导致的生理反应如果可以解释为某种激发情境所致，那么人对这种情境的情绪反应就会加剧。沙赫特和辛格自己的研究证实了这一假说。但是也有实验重复沙赫特和辛格的研究而没有复制出他们的结果的（Rogers & Deckner，1975；Marshall，1976）。

第十二章　动机

动机是指由特定需要引起的满足各种需要的特殊心理状态和意愿。动机涉及行为的发动、方向、强度和持续性。动机是推动人从事某种活动，并朝着一个方向行进的内部动力，是为实现一定目的或规避特定事物而达成愿望的行动原因。动机是个体的内在过程，行为是其外在表现。引起动机的内在条件是需要，引起动机的外在条件是诱因（即驱使有机体产生一定行为的外部因素）。凡是个体趋向诱因而得到满足时，这种诱因称为正诱因；凡是个体因逃离或躲避诱因而得到满足时，这种诱因称为负诱因。意志行动是实现动机的主要方式。

第一节　需要与动机

一、需要

（一）需要的定义

人生活在社会上，维持和发展自己的生命都需要一定的客观条件作为保证，没有这些条件人就不能生存，也不能延续和发展。例如，人饿了得吃饭，渴了得喝水，冷了得御寒，热了得避暑，累了得休息，还要生儿育女。在社会生活中还得有谋生的手段，以及保持良好的人际关系等等。这些条件是不可或缺的，一旦缺少就会给人的生产、生活带来麻烦，进而造成机体内部的不平衡状态，当不平衡状态反映到人的头脑中后，就会使人产生对所缺少的东西的欲望和要求，这种欲望和要求就是人的需要。所以说，需要是有机体内部的一种不平衡状态，表现为有机体对内外环境条件的欲求。

需要都有对象，没有对象的需要是不存在的，动物也有需要，因为它们也得满足自己的生理需要。人除了生理的需要之外还有社会性的需要。需要是不断发展的，人的需要永远不会停留在一个水平上，原有的需要得到满足，不平衡消除之后，新的不平衡又会产生，人们又会为满足新的需要去追求新的对象。所以，需要是推动有机体活动的动力和源泉。例如，能吃饱饭是基本要求，达到这个要求之后，仍会追求吃得更好些；就如温饱解决之后，还要奔小康，进一步追求生活的幸福感和人生的享受。所以需要是发展的，是永远不会彻底满足的。正因为如此，需要才能成为人类活动积极性的源泉。

（二）需要的种类

1. 自然需要和社会需要

从需要产生的角度对需要加以区分，可以把需要分为自然需要和社会需要两大类。

自然需要是由生理的不平衡引起的需要，又叫生理需要或生物需要。它与有机体的生存和种族延续有密切的关系，如饮食、休息、求偶等的需要。

社会需要是因个体的社会欲望而产生的需要，如求知、成就、交往等的需要。社会需要是人所特有的，是人在社会生活中学习得来的，所以又叫获得性需要。

动物和人都有自然需要，但无论是满足需要的对象还是满足需要的方式，人和动物都有本质的区别。因为人不仅要吃，而且人吃东西还要讲究卫生，讲究营养，追求美味佳肴，吃的时候还表现出一定的修养和风度。

2. 物质需要和精神需要

就满足需要的对象而言，可以把需要分为物质需要和精神需要。

物质需要是对社会物质产品的需要，如对食品的需要以及对工作和生活条件的需要等。精神需要是对社会精神产品的需要、对文化科学知识的需要以及对美的欣赏的需要和爱的需要等。

物质需要和精神需要之间有着密切的联系，对物质产品的要求不仅要满足人的生理的需要，而且还要满足人的审美观念。穿衣服是为了保暖，但选购衣服的时候还要挑选美观、大方，能够表现自己身份、气质的衣服。为了满足人的精神需要，还得有一定的物质条件来保证。例如没有教科书，没有上课的教室，就难以通过讲授的方式获取科学知识；没有电视机，也就不会那么容易看到新闻，了解国内外大事。需要的分类是相对的，各种需要之间是相互交叉甚至是重叠的，自然需要往往以物质需要为主；社会性的需要往往以精神需要为主。可见分类只是为了便于说明问题，分类的标准不是绝对的。

（三）需要层次理论

需要是个体真实存在的或主观感受到的某种必要物的缺失，它是人脑对生理需求和社会需求的反映。需要可能成为个体行为的驱动力，也可能只具有潜在影响。

1.马斯洛的需要层次理论

马斯洛（A. H. Maslow）认为个体具有复杂多层次的需要组合，基本的、具体的需要位于低层，抽象的精神需要位于上层。他最初提出需要有五个层次：生理需要、安全需要、归属与爱的需要、尊重需要和自我实现的需要，后来又补充了认知需要和审美需要（如图12-1）。

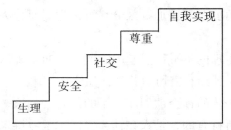

图12-1　马斯洛最初提出的五个层次的需要

人类各种基本需要是相互联系、相互依赖、彼此重叠的。只有低层次需要基本得到满足以后，才会出现高层次需要。个人需要的发展过程像波浪似的演进，各种不同需要的优势，由低一级演进到高的一级。

2.需要各层次间的相互关系

在马斯洛看来，人类价值体系中存在两类不同的需要：一类是沿生物谱系上升方向逐渐变弱的本能或冲动，称为低级需要和生理需要；一类是随生物进化而逐渐显现的潜能或需要，称为高级需要。马斯洛认为，只有较低层次的需要得到基本的满足，较高层次的需要才会出现，已经满足的需要会退居次要的地位，不再是行为、活动的推动力量；新出现的需要转而成为最占优势的需要，它将支配一个人的意识，并自行组织有机体的各种能量。当所有较低层次的需要都得到持续不断地满足时，人才受到自我实现需要的支配。

层次越低的需要力量越强，因为它们能否满足直接关系到个体的生

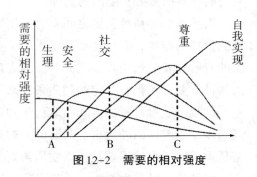

图12-2　需要的相对强度

存，因而较低层次的需要又叫作缺失型需要。缺失型需要在得到满足或实现保障后就不再居于主导地位。如不吃不喝会饿死或者渴死，但人在吃饱喝足并有了饮食的保障后就不再寻求饮食需求，转而追求更高层级的需求，饮食需求此时就降到了次要位置。相反，一时没有实现自己的理想和价值，却不会置人于死地。今天没有实现明天还可以创造条件，努力实现自我价值和理想愿望。可见，高层次的需求并非源自于缺失，而是基于主体对个人目标与理想的向往。虽然高层次的需要并不直接关系到个体的生存，但高层次需要的满足有益于健康、长寿和精力的旺盛及个体的全面发展，所以这些需要又叫作生长型需要。生长型需要在得到满足后，主体会因对这一满足感的良好体验而进一步追求这种满足，因此，也称这一需要为发展型需要。

3.需要层次论在企业管理中的应用

据一些西方管理心理学家宣称，马斯洛的需要层次论能够帮助企业家管理好各项业务。表12-1就是一张需要层次理论与管理措施密切结合的参考表。

表12-1 需要层次理论与管理措施相关表

需要的层次	诱因（追求的目标）	管理制度与措施
生理的需要	薪水、健康的工作环境,各种福利	身体保健（医疗设备）、工作时间（休息）、住宅设施、福利设备
安全的需要	职位的保障、意外的防止	雇用保证、退休金制度、健康保险制度、意外保险制度
归属与相爱的需要	友谊（良好的人际关系）、团体的接纳、与组织的一致	协谈制度、利润分配制度、团体活动制度、互助金制度、娱乐制度、教育训练制度
尊重的需要	地位、名分、权力、责任、与他人薪水之相对高低	人事考核制度、晋升制度、表彰制度:奖金制度、选拔进修制度、委员会参与制度
自我实现的需要	能发展个人特长的组织环节,具有挑战性的工作	决策参与制度、提案制度、研究发展计划、劳资会议

4.阿德佛的需要理论

阿德佛（Alderfer）根据对工人进行的大量调查研究的结果，认为一个人的需要不是分为五种，而是三种：生存需要、相互关系需要、成长需要。阿德佛认为：生存的需要是最基本的，是人在衣食住行等方面的物质需要；相互关系的需要，是指个人在工作环境中与他人之间的人际关系的需要；成长的需要，是个人在事业上、前途方面的发展的需要。

阿德佛还认为，作为一个企业管理人员，只有了解了职工的真实需要，才能在工作中取得成效。

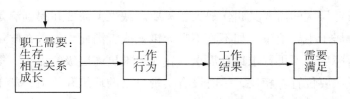

图12-3　阿德佛关于企业管理人员了解职工的真实需要后的工作程序

5.马斯洛理论与阿德佛理论的异同

马斯洛需要理论和阿德佛的需要理论，将需要分为不同的层次。这两种理论之间既有相似又有不同。（见表12-2）

表12-2　需要层次理论与阿德佛理论的异同

	马斯洛的需要理论	阿德佛的需要理论
相似点	人的需要分为五类	人的需要分为三类
	这五种需要由低到高逐步发展上升，同时也是相互联系的	这三种需要一般来说由低到高逐步发展，同时这三种需要又是相互联系的
不同点	有五种需要：它们是生来就有的，是内在的、下意识的，即使小孩子也具有	人类有三种需要，这些需要不完全都是生来就有的，有的需要是通过后天学习产生的
	人的需要按照严格的层次，由低级向高级逐步上升。如果越级上升，那就是神经不正常的人	人的需要并不一定严格地按照由低到高逐级发展的顺序，可以越级。例如，人可能在没有归属的情况下，先产生自尊需要
	人的五种需要只存在由低到高的上升情况，不存在由高级的需要后退到低级需要的问题	人的三种需要，既是由低到高向上发展的，也存在一旦遇到挫折就下降的情况，如人得不到好的相互关系，就下降为生存需要

6.需要理论的评价

（1）人本主义心理学与马斯洛的需要理论

人本主义心理学倡导心理学应该以人的价值和尊严为研究对象，探索人存在的意义。马斯洛作为人本主义心理学的带头人，反对传统心理研究忽视人的价值研究，将人的行为混同于动物，强调心理学研究应该以人身上所能体现的"人"的本质特征为重点研究对象。

（2）马斯洛需要理论的两重性

马斯洛的需要层次论有其科学性的一面。首先，激励理论在很大程度上就直接或间接立论于人的需要层理理论，它对促进人自身的发展与生产、生活起到了积极的作用。这一点正为管理科学所证实。其次，如果撇开需要的社会内容，就其心理发展的形式而言，马斯洛所概括的生理、安全、爱、尊敬、自我实现的需要等基本性的一面是符合人的本质理论的，也昭示了其科学性。

同时，马斯洛的需要理论也存在局限性，表现为：首先，马斯洛的需要理论强调个人重要，无不以私利为出发点，忽视了群体状态中群体需要与个体需要的关系；其次，马斯洛的需要理论绝大部分谈的是人的自然需要，人的社会性强调不足，尤其对人在理想、信念等作用下的意志力问题进行了回避；再次，马斯洛认为的只有满足了低一级的需要层次之后，才能进入下一个层次的需要的观点并不完全符合人类发展的实际。

马斯洛的上述观点，还会造成一种误解，好像按照层次，社会性需要是从生物性需要中派生出来的。当然，我们不能因理论的这些缺陷否定这一理论对心理学的贡献，它不仅催生了激励理论，而且在今天仍有着不可忽视的地位。

二、什么是动机

（一）动机的定义

人的需要产生以后总希望得到满足，要满足人的需要，就要进行某种行为活动去获得满足需要的对象，所以当一个人意识到自己需要时，就会去寻找满足需要的对象，这时活动的动机便产生了。

动机是引起和维持个体活动，使活动朝着某个目标产生行为的内在动力。动机的产生必须具有内在条件和外在条件的共同作用。引起动机的内在条件是人的需要，引起动机的外在条件是能够满足人的需要的事物——这一诱因的存在。

（二）动机的产生

动机是在需要的基础上产生的。机体内部总要维持平衡的状态，但这种平衡的状态又会经常受到破坏，如人饿了、冷了、累了的时候，就是这种平衡状态受到破坏的时候。当人感到缺乏某种东西的时候，会引起机体内的紧张状态，此时就以意向、愿望的形式指向某种对象，并激发起人的某种行为、活动，需要便转化成了人的行为活动的动机。

内部的动机是由生理需要引起的。推动个体为恢复机体平衡的唤醒状态叫内驱力，或驱力，它是生理性的动机。动机也可以由外部环境条件引起。如名誉、地位等社会因素是激发个体行为活动的动机。能引起有机体的定向活动，并能满足某种需要的外部条件叫诱因。在诱因的作用下即使机体内部并没有失去平衡，也会引起活动的动机。

同时，积极的情绪会推动人设法去获得某种对象，消极的情绪会促使人远离某个对象，所以情绪也有动机的作用。

（三）动机与需要

动机与需要关系密切。需要是个体行为和心理活动的内部动力，是个体心理倾向性的基础。个体心理倾向中，动机、理想、信念、价值观等都是需要的表现形式。动机是在需要的基础上产生的，当某种需要没有得到满足时，它就会推动人们去寻找满足需要的对象，从而产生活动的动机。例如，热时寻找比较凉爽的地方，饿时寻找食物并奔向有食物的场所，渴时寻找水源等。需要作为人的积极性的重要源泉，是激发人们进行各种活动的内部动力。

需要和动机具有一定区别。当一种需要促使个体投入行动并去获取满足时，这种需要就转化为动机。可以说，需要是动机形成的基础，是个体内心的向往与企盼，它表达了一种意愿。动机是需要的表现形式，是个体具有特定指向的心理行为。

三、动机的作用

动机在人类行为中起着十分重要的作用。有人把动机比喻为发动机和方向盘，动机既给人以活动的动力，又对人的活动方向进行控制与调整。动机具有活动性和选择性。人类动机具有引发、指引和激励的功能。

（一）引发功能

人类的各种活动总是由一定动机引起，没有动机就没有活动。动机是活动的原动力，它对活动起着始动作用，它能使有机体由静止状态转向活动状态。例如，因饥饿引起摄食活动，为获得优良成绩而勤奋学习等。

（二）指引功能

动机好比指南针，它使活动具有一定的方向，并使个体朝着预定的目标前进。动机不仅引发行动，也使行为朝向特定的目标或对象。例如，人们在饥饿时趋向食物而不是游戏机。人们在相同的活动中，由于动机不同会产生行为的差异，例如，两个学生都喜欢吃甜食，其中的一人由于要减肥，因而拒绝吃糖果和冰淇淋。

（三）激励功能

当动机引发并指引个体产生某种活动后，活动能否坚持同样受到动机的调节与支配。动机对活动的维持和加强作用就是动机的激励功能。不同性质和强度的动机，对活动的激励作用是不同的。高尚的动机比低级的动机更具有激励作用，强的动机比弱的动机具有更大的激励作用。

四、动机的种类

（一）生理性动机和社会性动机

按照动机是否有社会功能，可将其划分为生理性动机和社会性动机。由有机体的生理需要产生的动机，叫生理性动机，这种动机又叫驱力或内驱力。如吃饭、穿衣、休息、性欲等动机。以人类的社会文化需要为基础而产生的动机，属于社会性动机。如交往的需要产生交往动机，成就的需要产生成就动机，权力的需要产生权力动机等。兴趣、爱好、好奇、学习等都是人的社会性动机。

兴趣是人认识某种事物或从事某种活动的心理倾向。它是以认识和探索外界事物的需要为基础的，是推动人认识事物，探索真理的重要动机。兴趣有直接的也有间接的。获得知识的兴趣是直接的，为了获得知识而学外语的兴趣则是间接的，兴趣有个体在生活中长期形成的，也有在一定情景下由某一事物偶然激发出来的。兴趣的品质主要有：兴趣的倾向性，即对什么发生兴趣；兴趣的广泛性，即有多少种兴趣；兴趣的持久性，即兴趣的稳定程度；兴趣的效能，即兴趣所产生的推动人的活动的力量。

爱好是指当人的兴趣不是指向对某种对象的认识，而是指向某种活动时，人的动机便成为人的爱好了。兴趣和爱好都是和人的积极情感相联系，培养良好的兴趣和爱好是推动人努力学习、积极工作的有效途径。

好奇动机是指个体对新奇事物注意、探索与操弄等行为的内在动力，简称好奇。好奇更为复杂和更为深刻的表现行为是求知、审美、实践和创造性活动等，正是这些动机，推动了社会的进步与社会的发展。

学习动机是典型的社会（心理）动机。学习动机是指直接推动学生进行学习的内部动力，它不是某种单一的结构，而是由多种医素组成的整体系统，其中包括学习需要、学习自觉性、学习态度和学习兴趣等。学习动机可以分为四类：第一，学习兴趣；第二，学习能力感；第三，外部目的性；第四，知识价值观。在学习活动中，往往是几种相互影响的学习动机同时发生作用。

（二）意识动机和无意识动机

按照动机在意识中表达与否划分，可将动机划分为意识动机和无意识动机。能意识到自己行为活动的动机，即能意识到自己活动目的的动机叫意识动机；没有意识到或没有清楚地意识到活动目的的动机叫无意识动机。无意识动机在自我意识没有发展起来的婴儿身上存在着，在成人身上也存在着。如定势的作用是人们往往意识不到的。

定势对人的知觉、记忆、思维、行为和态度都会起到重要的作用。例如（如图12-4），13放在阿拉伯数字中间会把它读为13，如果把它放在英文字母中间就会把它读英文字母B，这就是一种知觉的定势作用。如你认为某个学生好，评分时不自觉地会给他高一些的分数，你认为某个学生差，评分时不自觉地会给他低一些的分数，这就是一种思维定式的作用。定

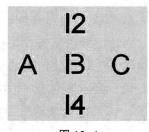

图 12-4

势既可以由人的知识和经验引起，也可以由刚刚发生的事情引起。例如把13看成数字还是字母，这是由刚刚发生的事情的影响，评分时给印象好的学生分数多一点，印象差的学生分数少一点，这是在较长的生活中形成的经验，它们都是形成定势的原因。

（三）高尚动机和低级动机

按照动机的意识层次划分，可将其分为高尚动机和低级动机。这是从社会道德规范的内容上来看的。前者是符合社会道德规范并被社会成员赞美或社会所倡导的；后者是最为基本的人类动机。从人民的、民族的、国家的利益出发的动机是高尚的，而从个人的基本需求出发的动机则是低级的。

（四）主导动机和辅助动机

根据动机在活动中所起的作用不同，可将动机分为主导性动机与辅助性动机。主导性动机是指在活动中所起作用较为强烈、稳定、处于支配地位的动机。辅助性动机是指在活动中所起作用较弱、较不稳定、处于辅助性地位的动机。在儿童的成长过程中，活动的主导性动机是不断变化与发展的。事实表明，只有主导性动机与辅助性动机的关系较为一致时，活动动力会加强；彼此冲突时，就会发生冲抵，导致活动动力减弱。

（五）长远的、概括的动机和暂时的、具体的动机

根据动机的影响范围和持续作用时间，可把动机区分为长远的、概括的动机和短暂的、具体的动机。前者影响范围广，持续作用时间久；后者只对个别具体行动一时起作用。例如，一位师范生想成为优秀的教师，为培养祖国的下一代多做出贡献。这个动机促使他努力学习科学知识，积极锻炼身体，参加学校的各项教育教学实践活动，这种动机是长远的、概括的动机。如果仅仅为了考试得高分或应付老师的提问而努力学习，这种动机是短暂的、具体的。

（六）成就动机与交往动机

1.成就动机

（1）成就动机与归因分析

成就动机是个体在完成某种任务时力图取得成功的动机，是高级的社会心理动机。它像一台强大的发动机，激励着人们努力向上，不断获得成就。社会成员成就动机水平的高低关系到社会经济与科技的发展速度，成就动机高的社会，往往比成就动机低的社会具有更高的生产力。

阿特金森认为，与成就动机有关的目标倾向（Ts）是三个因素共同作用的结果，用关系式表达为：$Ts = Ms \times Ps \times Is$。$Ms$ 是追求成功的相对稳定或持久的特质，即成功动机；Ps 是成功的可能性，指对认知目标的期望或对达到目标的工具行为的预期；Is 是成功的诱因值。

人在竞争时会产生两种心理倾向，追求成功的动机和回避失败的动机。两种心理倾向的相对强度在每个人身上是不同的，有的人力求成功，有的人尽量避免失败。同时，作业的相对吸引力与主观成功概率有一定关系。一般作业的相对吸引力适中时成就动机最高；相反，作业的相对吸引力过弱或过强都不利于成就动机的形成；并且，回避失败的动机在作业的相对吸引力适中时最低；作业的相对吸引力过弱或过强都会强化回避失败的动机的形成（如图12-5所示）。

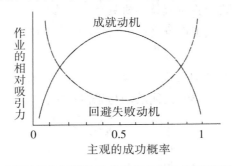

图12-5 成就动机和回避失败的动机与作业的相对吸引力的关系

韦纳（B. Weiner）等人对成就动机进行了归因分析。认为一个人对成功和失败原因的分析是理解成就行为的关键。个体对行为成败原因的知觉，影响到个体成就行为的坚持性、强度和选择。一个人的成功，可归因于自己的努力或能力。一个人的失败，可以归因于环境或他人的过错。归因既可以是内源性的，也可以是外源性的。在内、外源的归因中，还可以分为稳定和不稳定归因维度。韦纳把成败的原因分为三个维度（见表12-3）：

第一个维度是内归因和外归因。努力、能力、个性等原因都是内源性的，是内归因；任务的难度、运气、家庭条件等原因则是外源性的，是外归因。

第二个维度是稳定的归因和不稳定的归因。任务的难度、能力、家庭条件等原因是稳定的归因；努力、运气、心境等原因是不稳定的归因。

第三是可控归因和不可控归因。努力等原因是可以受个人控制的归因；运气等原因则是不能被个人意志控制的归因。

表12-3　归因的三维度模式

三维度	内部的		外部的	
	稳定的	不稳定的	稳定的	不稳定的
	不可控的	可控的	不可控的	可控的
四因素	能力高度	努力程度	任务难易	运气好坏

（2）影响成就动机的因素

第一，自然环境和社会经济文化条件对个体成就动机的高低具有一定影响；

第二，成就动机高低与童年所受家庭教育关系密切；

第三，教师的言行影响学生成就动机的强弱；

第四，经常参加竞争和竞赛活动的人比一般人的成就动机要强；

第五，学生的学习成绩与其成就动机呈正相关；

第六，个人的成败经验对成就动机具有一定影响；

第七，个人对学习或工作难度的看法影响成就动机。

2.交往动机

交往动机又称为亲合动机或亲和动机，指个体愿意与他人接近、合作、互惠并发展友谊的动机。人类的交往活动与恐惧有关。（见图12-6）

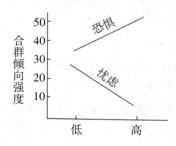

图12-6　合群倾向与恐惧和忧虑的关系

交往的动机包括愿意和别人在一起而不愿一个人独处（群集感），喜欢跟语言、兴趣与习俗相同的人相处，而不愿与语言不通、异趣的人相处（相熟感）、喜欢与合得来的人相处而不喜欢与陌生人相处（友谊感），喜欢和自己的亲人保持亲密的接触（亲属感）等等。

归属的需要（need to belong）也是交往需要的一种表现。人们常愿意把自己看成是一个家庭、班级集体、学校以及其他团体的社会成员。这种群体成员的资格感或力求隶属于某一群体的意愿即归属的需要也在加强着人们从事团体活动的积极性。

第二节　动机理论

一、动机理论

（一）本能理论

1.本能理论及其提出

本能是指有机体在进化过程中形成并由遗传获得、不学就会的行为倾向和行为模式。达尔文的进化论从生物发展上证明人和动物是个连续的体系。许多人就把达尔文的生物进化观点机械地引进心理学中，从而把人的动机也还原到一般动物的动机，提出了本能论，用本能论取代了过去的意志论和理智论。W.麦独孤是本能论的代表，他列举了人的十几种本能。他主张本能是天生的倾向性，即对某些客体格外敏感，并在主观上伴随着一种特定的情绪。他认为本能是一种有目的的行为，虽然由于学习，引起本能行为的外界情景的性质可以改变，某些行为反应的模式也可以调整，但本能的核心情绪却是不可改变的。本能论在20世纪初叶曾风靡一时，据L. L.伯纳德1924年计算，当时提出的有上千种本能，实际上是有什么行为便有什么样的本能与其相应。例如战争是由于好斗的本能，聚敛是由于储蓄的本能。这样的解释显然只是在文字上翻筋斗，因此遭到广泛的抨击。中国心理学家郭任远提出了"放弃本能"[①]的主张，比美国的行为主义者J. B.华生还要走得更远。

2.本能与学习相结合的动机理论。

И. П.巴甫洛夫的无条件刺激的强化作用和E. L.桑代克的效果律，以及华生的后天习得说，都在肯定本能作用的基础上，重视了练习的效果。B. F.斯金纳的操作条件反射理论强调强化的作用，认为任何活动只要随后紧跟着积极的

---

① 郭任远（1898—1970），著名现代心理学家、动物心理学家、行为主义心理学家，美国现代心理学的奠基人，我国现代心理学的拓荒者。他是早期激进行为主义者，主张抛弃心理学中的一切主观性的名词术语。1920年，他在美国伯克利加利福尼亚大学心理学系读书时，提出了"反本能说"，震动整个欧美心理学界。

奖励便得到强化，没有奖励，活动便会消失。斯金纳认为本能是一种不能验证的假设，因此他根本否认本能这个概念。

（二）驱力理论

驱力理论强调驱力在个体行为激起中的作用。驱力指由生理或心理需要引起并推动个体从事满足这些需要的行动的内部唤醒状态。此概念由霍尔最早提出，伍德沃斯提出行为因果机制的驱力概念，以代替本能概念；而让驱力理论得以大力推广的是赫尔（C. L. Hull）。

赫尔提出驱力减少理论。他假定个体要生存就有需要，需要产生驱力。驱力是一种动机结构，它供给机体力量或能量，使需要得到满足，进而减少驱力；人类的行为主要是由习惯来支配的，而不是由生物驱力支配的，他强调经验和学习在驱力形成中的作用，认为学习对机体适应环境有重要意义。驱力为行为提供能量，而习惯决定着行为的方向；有些驱力来自内部刺激，不需要习得，称为原始驱力，有些驱力来自外部刺激，是通过学习得到的，称为获得性驱力。

赫尔认为机体的需要产生驱力，驱力迫使机体活动，但引起哪种活动或反应，要依环境中的对象来决定。只要驱力状态存在，外部的适当刺激就会引起一定的反应。这种反应与刺激之间的联结是与生俱来的。如果反应减弱了驱力的紧张状态，那么，反应与刺激之间的联结就会和条件反射的机制一样得到加强。由于多次加强的累积作用，习惯本身也获得了驱力。所以，赫尔认为行为的强度是先天的"刺激—反应"间的联结和后天获得的习惯共同决定的。为了解释环境的赏罚作用，赫尔在其动机理论的结构中又提出了诱因这一概念。赫尔还认为巴甫洛夫提出的条件抑制，可以抵消驱力兴奋的作用。总的来说，他的理论可以图解概述如图12-7：

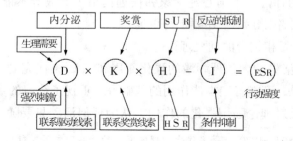

D.驱力　K.诱因　H.习惯　I.抑制
E.兴奋　S.刺激　R.反应

图12-7　赫尔的动机理论示意图

（三）诱因理论

20世纪50年代以后，许多心理学家认为，不能用驱力降低的动机理论来解释所有的行为，外部刺激（诱因）在唤起行为时也起到重要的作用，应该用刺激和有机体的特定的生理状态之间的相互作用来说明动机。例如，吃饱了的动物在看到另一个动物在吃食，将会重新吃食物，这时的动机是由刺激引起的，人类经常追求刺激，而不是力图消除紧张使机体恢复平衡。诱因理论强调了外部刺激引起动机的重要作用，认为诱因能够唤起行为并指导行为。

驱力理论关注的是行为的内在推动力，动机的诱因论则转向外部，强调外界诱因在个体行为激起中所起的重要作用，关注外界刺激、奖赏、目标等如何引导个体行为的发生。

（四）认知理论

美国心理学家E.托尔曼通过对动物的实验研究提出行为的目的性，即行为的动机是指望得到某些东西，或者企图躲避某些讨厌的事物。凭借经验，我们还期望通过某些途径或手段来达到我们行动的目的。这就是期望理论的出发点。但是，动机理论不仅要解释人是如何被推动的，更要解释他为什么这样活动而不那样活动。达到目的的活动可以采取多种形式，有许多不同的途径，但一个人为什么采取这一条而不选取另一条？这就要追究他是怎样看待事物的因果关系了。因为人们是根据他们对因果关系的了解而采取达到目的的手段的。这就是归因理论。所以期望理论和归因理论可以说是认知的动机理论的连理枝。

期望理论原想解决动机的两个问题：期望什么？即实现目的的可能性有多大，以及目的的价值如何？E.弗罗姆为了解决这两个问题提出了期望、效价（似然率）、（效价）数字模型。简单地说，一个人的努力大小是达到目的的似然率和该目的的效价的函数。因为效价和似然率成反比，所以似然率等于0.5是最优的。一个成就动机高的人，往往就采取难度适中的目标。

E.洛克认为目标是动机的决定力量，有高标准才有最高的成就。不过这个目标一定要是自觉提出的，而且要求具体。如果只是提出"尽力为之"这样的笼统目标，结果就不会有提出具体指标时所取得的成绩。这样，洛克的理论就包含了弗罗姆期望理论中的"工具性"这一要素。因此，这两种理论并不完全冲突。

如果期望理论可以解释一个人这样做而不那样做，人们又不得不问：期望又是怎样形成的？归因理论对此做出了解释。F.海德认为，日常的因果概念并不来自逻辑的推理。他从完形学派现象论的观点出发，认为一般人的因果观念来自对复杂现象简单化、笼统化的常识理解。例如一个人工作成功了，他可以归因于自己的努力或能力，失败了则归因于环境的条件或他人的过错。所以归因可以分为内源的（如自己的努力或能力）和外源的（如环境条件或机遇）。内外源的归因，还可以分为稳定的和不稳定的两种。同为内源，禀赋是属于稳定的归因，而努力则属于不稳定的归因。例如一个人把失败归因于不努力，另一个人则归因于禀赋，这样就会形成两种结果完全不同的动机。归因于不努力可以用振奋精神来挽回败局；归因于天生一副笨脑袋，便不肯努力了。显然，归因不一定是真正的原因，但只有主观上所归结的成功或失败的原因，才会规定一个人去怎样做。

（五）认知失调理论

L. 费斯廷格把认知失调作为一种动力，认为它迫使人们改变态度以换取认知的平衡，有些类似精神分析学派的文饰作用。狐狸望着甜葡萄发馋，可是高不可攀，便说葡萄是酸的，以此来安慰自己。通过矛盾在认识上的通融，需要的驱力便得到缓解。所以认知失调理论事实上也是一种动机理论。

二、动机冲突

动机冲突，又称心理冲突。这是指一个人在某种活动中，同时存在着一个或数个所欲求的目标，或存在两个或两个以上互相排斥的动机，当处于相互矛盾的状态时，个体难以决定取舍，表现为行动上的犹豫不决，这种相互冲击的心理状态，称为动机冲突，它是造成挫折和心理应激的一个重要原因。动机冲突不同于挫折，它们的区别是：动机冲突必须有两个或两个以上互相排斥的动机，而挫折可以只有一个动机；动机冲突往往发生在动机已经形成，但还未见诸行动时，而挫折则常常发生在为达到目标而采取行动的过程之中或过程之后。

在社会生活中，动机冲突的情形因不同条件、原因也有所不同，勒温按趋避行为将动机冲突就形式分为以下四种：

第一，接近—接近型冲突，又称为双趋冲突，指人以同样强度追求同时并存的两个目的，但又不能兼得时所产生的内心冲突。如"鱼与熊掌不可兼得"，既想学英语，又想学法语，精力和时间有限等就是双趋冲突的真实写照。

第二，回避—回避型冲突，又称为双避冲突，指人同时遇到两个威胁性事情，但必须接受其一始能避免其二时的内心冲突。怕货币贬值、存钱会带来损失，花钱买东西，又没有值得买的东西时，或者忍受货币贬值给自己带来的损失，或者花钱买没有用的东西，选择哪一个损失会小一些，难以做出抉择的矛盾心情就是双避冲突。又如"前遇悬崖，后有虎追"正是这种处境的表现。

第三，接近—回避型冲突，又称为趋避冲突，指人对同一个目的同时产生两种对立的动机，即一方面好而趋之，另一方面恶而避之的内心冲突。想吃糖，又怕胖；想考个好学校，又怕报名的人太多，竞争太激烈考不上的矛盾心情就是趋避式冲突。

第四，多重接近—回避型冲突，又称为多重趋避冲突，指人面对两个或两个以上目的，每种目的都具有吸引和排斥作用，而此时又不能简单地选择一种目标回避另一种目标，必须做出多重选择时所导致的内心冲突。两种工作，一种社会地位高，但收入低，另一种收入高，但社会地位低；春节将到火车票紧张，想除夕回家，买票就得多花钱，而避开高峰期，买票就可以少花钱，但回家的日期就不如意了，反复权衡拿不定主意时，体验到的冲突就是双重趋避式冲突。

解决了动机的冲突，确立了目标，接着就制定行动计划，看怎样一步一步达到目标，行动的计划可能是切实可行的，也可能是不周全、不具体的，但重要的是决心要达到目的，实事求是，还是想走捷径、碰运气，这两种态度会导致两种不同的选择。

第三节　意志与挫折

一、意志与意志行动

意志是有意识地确立目的，调节和支配行动，并通过克服困难和挫折，实现预定目的的心理过程，受意志支配的行动叫意志行动。

意志行动是有意识、有目的的行动。行动的目的要通过克服困难和挫折才能达到。有些行动是习惯性的、无意识的。如有些人有些惯性的动作，爱眨眼、爱有节奏地颤动自己的腿，这样的行动不是意志行动；有些行动虽然有意识、有目的，但是可以自然而然地完成，没有困难需要克服，如吃一顿饭、玩一会儿游戏，这些行动体现不出人的意志，所以也不算意志行动。只有有目的的，通过克服困难和挫折实现的，即受意志支配的行动，才是意志行动。

二、意志行动的基本阶段

意志行动是有目的的行动，它有发生、发展和完成的过程。意志行动的心理过程是个体的意志对行为的积极、能动地调节过程。可分为两个阶段：准备阶段和执行决定阶段。准备阶段，又称为采取决定阶段，包括动机的斗争和行动目的的确定；执行决定阶段，包括行动方法、策略的选择和最终克服困难实现所做的决定。

（一）采取决定阶段

首先要确定某种目标，并以这种目标来调节自己的行为，这是意志行动的基础，采取决定阶段正是意志行动的前提，是意志行动的开始。

1.动机冲突

人的意志行动是有自觉目的性的，单纯的动机使得行动目的单一而明确，意志行动可以顺利实现，如为了升入大学而努力读书，为了获得提升而勤奋工作等。但现实生活中确定活动目的并非总是这样简单而直接，复杂的生活环境常常造成利益冲突，使得人们同时产生几个不同的目标或多种愿望，这又导致内心的矛盾冲突，引起动机冲突。

2.确定行动目的

在动机斗争获得解决之后，或明确了行动的主导动机之后，行动的方向和目的就容易确定。作为意志行动都要有预先确定的行动目的，这是意志行动产生的重要环节。

在某种意义上说，动机斗争的过程也涉及对外界多种行动目的的权衡选择。目的有高尚和卑劣之分，最终应确立既有益于社会也有益于个人的行动目的。目的也有远近、主次的不同。一般来讲，我们总是要先实现近景目标，再实现远景目标。我们既可以选择先实现主要目标，再实现次要目标，也可以选择先实现次要目标，再集中力量实现主要目标。

3.选择行动方法

确立行动目的之后，就需要选择适宜的行动方式和方法。有时行动方法同行动目的有直接联系，无须选择。例如要想升入大学就只有努力学习，要想自如地同外国朋友交流就只能努力学好外语。但在许多情况下，达到同一个行动目的的方式和方法可能不止一种，就需要进行选择。首先，要比较不同方式和方法间的优缺点，能否顺利有效地达到行动目的。其次，还要考虑行动方式和方法是否符合公众利益和社会道德，是为达到个人目的不择手段，损人利己，还是选择既有利于社会，也有利于个人的方式。

4.制定行动计划

在选定了行动目的和行动方法之后，在采取决定之前，还有一个步骤是制定行动计划。特别是在复杂的意志行动中，如打一场战争或做一次大手术，都需要精心准备，做好计划。计划的制订要在调查研究的基础上，要综合考虑主客观因素，力争周密而严谨。因为一个切实、合理的计划将为执行决定打下一个良好的基础。

（二）执行决定阶段

执行所采取的决定的阶段是意志行动的第二阶段。在这个阶段里，既要坚定地执行既定计划，又要克服那些妨碍达到既定目标的动机和行动。在这个阶段里，还要不断地观察形势的变化，发现新的情况；遇到没有预料到的困难，遭受挫折时，要及时地分析，找出克服困难和挫折的办法。同时还要不断地审视自己的计划，及时地修正那些不适合形势发展要求的计划，保证目标的实现。

意志行动的准备阶段和执行决定阶段是密切联系、相互制约的。如果在准备阶段动机的冲突解决得好，目的明确，对行为的意义认识深刻，行动计划考虑周全，切合实际，那么在执行决定阶段就比较顺利，遇到困难和挫折时也会更有决心和勇气去克服。如果在准备阶段动机的冲突解决得不好，行动计划不切实际，在执行决定阶段就会遇到更多的问题，特别是情况发生变化的时候，更容易缺乏勇气和信心，甚至出现半途而废的结果。在执行决定阶段，情况会发生变化，甚至出现没有预料到的问题。为此，应该有充分的思想准备，只有这样才能坚定信心，保持清晰的头脑，认真观察，仔细思考，及时地应对情况的变化。

三、意志的品质

（一）自觉性

意志的自觉性是指是否对行动目的有明确的认识，尤其是认识到行动的社会意义，主动以目的调节和支配行动方面的意志品质。自觉性是意志的首要品质，贯穿于意志行动的始终。自觉性强的人，能够广泛地听取别人的意见并进行取舍，吸收有益的成分，独立自主地确立合乎实际的目标，自觉地克服困难，执行决定，对行动过程及结果进行自觉反思和评价。在行动中能主动积极地完成符合国家和人民需要的任务，并能自觉调整个人利益与集体利益、国家利益三者之间的关系，不为物质利诱而动心。

与自觉性相反的意志品质是易受暗示性与独断性。易受暗示性的人，行动缺乏主见，没有信心，容易受别人左右，因而会随便改变自己原来的决定。独断性的人则盲目自信，拒绝他人的合理意见和劝告，一意孤行，固执己见。易受暗示性与独断性都是缺乏对事物自觉、正确的认识，分不清是非曲直，而去遵循盲目的倾向。

（二）果断性

意志的果断性是指一个人是否善于明辨是非，迅速而合理地采取决定和执行决定方面的意志品质。果断性强的人，当需要立即行动时，能迅速地做出决断对策，使意志行动顺利进行；而当情况发生新的变化，需要改变行动时，能够随机应变，毫不犹豫地做出新的决定，以便更加有效地执行决定，完成意志行动。

与果断性相反的意志品质是优柔寡断和草率决定。优柔寡断的人遇事犹豫不决，患得患失，顾虑重重；在认识上分不清轻重缓急，思想斗争时间过长，即使执行决定也是三心二意。草率的人则相反，在没有辨明是非之前，不负责任地做出决断，凭一时冲动，不考虑主、客观条件和行动的后果。优柔寡断和草率决定都是意志薄弱的表现。

（三）自制性

意志的自制性是指是否善于控制和支配自己行动方面的意志品质。自制性强的人，在意志行动中，不受无关诱因的干扰，能控制自己的情绪，坚持完成意志行动。同时能制止自身不利于达到目的的行动，像邱少云在敌人阵地前埋伏，被敌人的燃烧弹火焰烧着，仍严守纪律，克制着自己一动不动，最后壮烈牺牲，使部队完成了潜伏任务，就是意志自制性的范例。

与自制性相反的意志品质是任性和怯懦。任性的人自我约束力差，不能有效地调节自己的言论和行动，不能控制自己的情绪，行为常常为情绪所支配。怯懦的人胆小怕事，遇到困难或情况突变时惊慌失措，畏缩不前。

（四）坚韧性

意志的坚韧性是指在意志行动中能否坚持决定，百折不挠地克服困难和障碍，完成既定目的方面的意志品质。这是最能体现人的意志的一种品质。坚韧性强的人能根据目的要求，在长时间内毫不松懈地保持身心的紧张状态，在任何情况下，都坚持不变，直至达到目的。在遇到困难时，他能激励自己树立起克服困难的信心，始终如一地完成意志行动。所谓"锲而不舍，金石可镂"，是意志坚韧性的表现。凡有成就的人，其意志都有极强的坚韧性。正如贝弗里奇所说的，几乎所有有成就的科学家，都有一种百折不回的精神。可见，意志的坚韧性品质是事业成功的重要条件。

与坚韧性相反的意志品质是顽固执拗和见异思迁。顽固执拗的人对自己的行动不做理性评价，执迷不悟，或者是明知不可为而为之。见异思迁者则是行为缺乏坚定性，容易发生动摇，随意更改目标和行动方向，这山望着那山高，庸庸碌碌，终生无为。

四、挫折心理

（一）挫折的含义

挫折是指个体在从事有目的的活动过程中，由于遇到阻碍或干扰，致使个人动机不能实现、需要不能满足时产生的消极情绪状态。挫折心理含有三层含义：一是挫折情境，即干扰或阻碍个体意志行动的情境；二是挫折认知，即个体对挫折情境的认知、态度与评价，这是产生挫折和如何对待挫折的关键；三是挫折行为，即伴随挫折认知而产生的情绪与行为反应。

挫折情境、挫折认知和挫折反应同时存在时，便构成了挫折心理。有时只有挫折认知和挫折反应这两个因素也会构成挫折心理。

（二）导致挫折的心理原因

导致挫折的心理原因有很多，一般可以分为外部和内部两个方面。

第一，环境起因挫折。由外部原因引起的挫折称为环境起因挫折，包括自然条件和社会条件两个方面。

自然因素是指由于自然的或物理环境的限制，使个体的动机不能获得满足。如任何人都不能实现长生不老、返老还童的愿望，大都难免遭到生离死别的境况，还有人遭遇无法预料的天灾人祸的袭击。

以上是由自然发展规律和时空的限制而形成的心理挫折，对人类来说还不是主要的。由于社会因素制约形成的心理挫折，才是具有重大影响的。

社会因素是指人在社会生活中所受到的人为因素的限制，其中包括一切政治、经济、民族习惯、宗教信仰、社会风尚、道德法律、文化教育的种种约束等。如学非所用，在工作岗位上不能充分发挥作用，学习的课程与兴趣间的矛盾等。凡此种种社会因素，不但对个人的动机构成挫折，而且挫折后对个体行为所发生的影响，也远比上述自然因素所产生的心理挫折要大。

第二，个人起因挫折。由个人主观原因引起的挫折称为个人起因挫折，包括个体生理与心理两方面。

由内在主观因素引起的挫折包括两类：一类是由个人容貌、身材、体质、能力、知识的不足，使自己所要追求的目的不能达到而产生的心理挫折；另一类是由个人动机的冲突而引起的挫折。在实际生活中，人们常常同时存在若干动机，其中有些性质相似或相反而强度接近，使人难以取舍，便形成了动机的斗争或动机冲突。如在同一时间内，某人既想去参加同学聚会，又想去看科技展览，但不可能两全其美。

（三）挫折反应的个别差异条件

人的一生中总是会遇到挫折，而个体对于挫折的反应各有不同。挫折反应的个别差异取决于许多条件。

第一，对诱发挫折事件的认识。个体对于挫折事件的不同认识，会导致不同的反应。对挫折事件的客观正确的认识，可使人以积极、正面的态度面对挫折事件。对于挫折不正确的认识，可能会导致个体消极、否定的反应。

第二，个人的挫折经历。个体的挫折经历会使个体面对挫折时有不同的反应。个体如果有过类似的挫折经历，会减轻个体对于挫折的消极体验，从而积极面对挫折。

第三，个人的抱负水平。对于抱负水平高的个体来说，挫折所产生的消极作用可能只会暂时影响个体的心理状态。一般来看，抱负水平越高，个体面对挫折时的反应更加积极。

第四，个人的自信心。个体的自信心越强，个体面临挫折时可能会更积极。反之则更加消极。

第五，个人性格、气质上的差异。个人的性格和气质差异会对个体面临挫折时的反应产生重要的影响。一般来说，多血质的人机智、敏感，容易应用巧妙的办法应对挫折；黏液质的人常用克己忍耐的方法处理环境的变化；胆汁质的人脾气暴躁，在遇到挫折时，容易产生攻击行为，造成不良后果；抑郁质的人过于敏感，比较脆弱，容易受到伤害，感受到挫折。后两种气质类型的人面临挫折时的能力都不强。

第六，是否了解其他遭遇相同或相似挫折情境的人的反应。个体如果了解了其他人相似的挫折经历，就会模仿他人的反应。这种情况下，个体的挫折反应可能是积极向上的，也可能是消极被动的。

第十三章 气质与性格

气质在人的性格形成发展过程中起着重要的作用，它是性格形成和发展的生理基础。但是气质本身并不是性格，它们之间有明显的区别。气质是指在人的心理活动和行为中表现出的稳定的动力特点。性格是表现在个人对现实的态度和行为方式中的较为稳定而有核心意义的心理特征。它是一个人心理面貌和本质属性的独特结合，是人与人相互区别的重要方面。性格也不等同于人格，性格只是人格中涉及个人与环境关系的部分内容。而人格是一个人的整个精神面貌，是其具有一定倾向性的全部心理特征的总和，它既决定了一个人如何体验外部世界和对待外部世界，又决定了一个人怎样体验自己和对待自己。

第一节 气质

一、什么是气质？

气质是指在人的心理活动和行为中表现出典型和稳定的心理活动的动力特征，它不以人的活动目的和内容为转移。心理活动的动力特征表现为心理活动发生的强度（如情绪的强弱、意志努力的程度等）、心理活动的速度和稳定性（如知觉的速度、思维的灵活程度、注意集中时间的长短等）以及心理活动的指向性（如心理活动指向于外部，还是指向于内部）等方面的特征。

气质的这些动力特点，并不决定个体的活动内容，也不决定其活动的具体方向，但它总是在人的心理活动和行为活动中表现出来。

二、气质的特性和类型

（一）气质特性

气质的心理结构十分复杂，它是由许多心理活动的特性交织而成的，反映人在心理活动及行为上的动力性特征。这些特征主要包括气质的感受性、耐受性、反应敏捷性、可塑性、情绪的兴奋性和内外向性。

感受性是人对内外界刺激的感觉能力，这是神经过程强度特征的表现；耐受性是人在接受刺激作用时表现在时间和强度上的承受能力，也是神经过程强度特征的反映；反应敏捷性是心理反应和心理过程进行的速度（如记忆的快慢、思维的敏捷程度、注意转移的灵活性等），这是神经过程灵活性的表现；可塑性是人根据外界环境变化调节自己以适应外界的难易程度，它与神经过程的灵活性关系密切；情绪兴奋性包括情绪兴奋强弱与情绪外观的强烈程度，情绪兴奋性既和神经过程的强度有关，也和神经过程的平衡性有关；倾向性是心理活动、言语和动作反应等表现于外部还是内部的特性。倾向性与神经过程强度有关，外向是兴奋过程强的表现，内向是抑制过程强的表现。

（二）气质类型

随着古代医学的发展，根据气质的特性和外部表现，可以把人的气质分为几种不同的类型。2500多年以前古希腊医生哲学家希波克拉底就观察到了人的心理活动的这种现象。他根据自己的观察把人划分为胆汁质、多血质、黏液质和抑郁质四种类型。这四种典型气质类型在情绪和行为方式上，以及在智力活动方面都具有不同特点和表现。500多年后，罗马医生盖伦在希波克拉底划分的基础上提出了气质这一概念，所以希波克拉底是最早划分气质类型并提出气质类型学说的人。

根据气质的特性和每种气质类型神经过程的特点，不难发现四种典型气质类型的外在表现，可以描述如下。

（1）胆汁质

胆汁质气质类型的人，表现为精力旺盛，反应迅速，情感体验强烈，情绪发生快而强，易冲动，但平息也快；直率爽快，开朗热情，外向，但急躁易怒；有顽强拼劲和果敢性，但往往缺乏自制力和耐心；思维具有灵活性，但经常粗枝大叶、不求甚解；意志坚强、勇敢果断，但注意力难以转移。

（2）多血质

多血质气质类型的人活泼好动，反应迅速，思维敏捷、灵活而易动感情，富有朝气，情绪发生快而多变，表情丰富，但情感体验不深；外向，喜欢与人交往，容易适应新环境；兴趣广泛但易变化，注意力不易集中，意志力方面缺乏耐力。

（3）黏液质

黏液质气质类型的人安静、沉着、稳重、反应较慢；思维、言语及行动迟缓、不灵活，注意比较稳定且不易转移；内向，态度持重，自我控制能力和持久性较强，不易冲动；办事谨慎细致，但对新环境、新工作适应较慢；行为表现坚韧、执着，但感情比较淡漠。

（4）抑郁质

抑郁质气质类型的人感受性高，观察仔细，对刺激敏感，善于观察别人不易察觉的细微小事，反应缓慢，动作迟钝；多愁善感，体验深刻、持久，但外表很少流露；内向，谨慎，遇到困难或挫折时易畏缩，但对力所能及且枯燥乏味的工作能够忍耐，不善于交往，比较孤僻。

三、气质在人类生活中的意义

1.气质不决定人的智力水平和社会价值

人的气质没有直接的好坏之分。每一种气质类型都既有其积极的一面，也有其消极的一面。在实际工作或生活中，只要发挥得当，都会有良好的成效；但若应用不当，也会影响工作效果和生活体验。

2.气质特征是职业选择的依据之一

当前，越来越多的机构开始重视人力资源的合理使用问题。一方面，用人单位逐渐开始利用心理学方面的工作人员进行人才选拔；另一方面，个人也越来越多地考虑自己的特点及职业要求。进行气质特征与职业之间的合理匹配，就成了时代发展的自然要求，个体通过了解自己的气质特征，可以扬长避短，充分发挥自己的气质优势，减少自己气质特征中不利因素的影响。

3.气质特征是教育工作的依据之一

对于教师来说，了解学生的气质特点，对做好教育、教学工作，引导学生健康地成长，有十分重要的意义。由于气质特点不同，同一种教学方法在不同学生身上实际收到的效果可能很不一样，这就要求教育方法的"个性化"。另一方面，气质是可塑的，教师需要帮助学生克服不同气质中的消极特点，积极引导学生认识到自己气质中的优点，使其在学校生活中得到更好发展，也为将来进入社会和择业、就业塑造更加完善的自我。

第二节　气质学说

一、气质类型说

希波克拉底认为复杂的人体是由血液、黏液、黄胆汁、黑胆汁这四种体液组成的，四种体液在人体内的比例不同，形成了人的不同气质，即胆汁质、多血质、黏液质和抑郁质。因希波克拉底所划分的这四种体质类型已为人们所接受并比较切合实际，所以至今对气质的分类仍沿用他提出来的名称。

二、气质体型学说

20世纪20年代，德国精神病学家克瑞奇米尔根据自己的临床观察发现，病人所犯精神病的种类和他的体型有关。克瑞奇米尔在体格类型上把人分为三种，肌肉发达的强壮型，高而瘦的瘦长型和矮而胖的矮胖型。

他认为矮胖型的人：健壮、矮胖、腿短、胸圆，具有外向，易动感情，有时高兴，有时垂头丧气，善于交际，好活动等特点；瘦长型的人：体型瘦长、腿长、胸窄、孱弱，具有不善交际、孤僻、沉默、羞怯、固执等特点；强壮型（运动型）的人：肌肉结实、身体强壮，具有乐观、富有进取心等特点。

克瑞奇米尔认为，精神病患者和正常人之间只有量的差别，没有质的不同。不同体形的正常人在气质上也带有精神病患者的某些特征。例如瘦长型的人在气质上具有精神分裂症的特征，矮胖型的人在气质上具有躁郁症的特征，运动型的人在气质上具有癫痫的特征等。所以正常人的气质与精神病患者的气质也只是量的差别，以精神病人为研究对象总结的气质类型也适用于正常人。

三、气质的激素说

美国心理学家伯曼把人分为六种内分泌腺的类型，即甲状腺型、脑垂体型、肾上腺型、性腺型、副甲状腺型和胸腺型，并认为内分泌腺类型不同的人，其气质也不同。

甲状腺分泌增多者精神饱满，不易疲劳，知觉敏锐，意志坚强，处事和观察迅速，容易动感情甚至感情迸发；而甲状腺分泌减少者迟缓，冷淡，痴呆，被动，可能发生痴呆症。

脑垂体分泌增多者性情强硬，脑力发达，有自制力，喜欢思考，骨骼粗大，皮肤甚厚，早熟，生殖器发达；脑垂体分泌减少者身材短小，脂肪多，肌肉萎弱，皮肤干燥，思想迟钝，行动懦弱，缺乏自制力。

肾上腺分泌增多者雄伟有力，精神健旺，皮肤深黑而干燥，毛发浓密，专横、好斗；肾上腺分泌减少者体力衰弱，反应迟缓。

性腺分泌增多者常感不安，好色，具有攻击性；性腺分泌减少者则性特征不显现，易同性恋，进攻行为少。

副甲状腺分泌增多者安定，缺乏生活兴趣，肌肉无力；副甲状腺分泌减少者注意力不易集中，妄动，容易激动。

胸腺位于胸腔内，幼年发育，青春期后停止生长，逐渐萎缩。成年胸腺不退化者，则单纯、幼稚、柔弱，不善于处理工作。

四、巴甫洛夫高级神经活动类型学说

巴甫洛夫指出，高级神经系统活动基本过程是兴奋和抑制，它们有强度、平衡性、灵活性三种特性。高级神经过程的强度，是指大脑皮层细胞和整个神经系统所经受强烈刺激或持久工作的性能，有强弱之分；高级神经过程的平衡性，是指兴奋和抑制两种神经过程之间的相对关系，有平衡与不平衡之分；高级神经过程的灵活性，是指对刺激反应速度和兴奋过程与抑制过程相互替代、相互转换的速度特性，有灵活与不灵活之分。

巴甫洛夫指出，两种基本神经过程的三个特性之间的不同组合构成了高级神经活动的不同类型。从理论上讲可以组合成12种不同的高级神经活动类型，但是，有些类型在现实生活中是不存在的。例如，神经过程不平衡的人不管他是兴奋过程占优势还是抑制过程占优势，两种神经过程之间的转化都是不灵活的。因而，强、不平衡、灵活或弱、不平衡、灵活的组合都是不存在的。巴甫洛夫根据大量的试验确定，只存在着四种最基本的高级神经活动类型，即强、不平衡的兴奋型，强、平衡、灵活的活泼型，强、平衡、不灵活的安静型以及神经过程弱的抑制型。这四种高级神经活动类型的神经过程的特点以及与之相对应的气质类型如表13-1所示。

表13-1　高级神经活动类型

强度	平衡性	灵活性	神经活动类型	相应气质
强	不平衡		不可遏制型	胆汁质
强	平衡	灵活	活泼型	多血质
强	平衡	不灵活	安静型	黏液质
弱			抑制型	抑郁质

第一种类型：强而不平衡型。高级神经活动的兴奋过程强于抑制过程，以极易兴奋而难以抑制为特点，又被称为"不可遏制型"。

第二种类型：强、平衡而灵活型。高级神经活动的兴奋过程和抑制过程都比较强，而且容易转换，能够较快地适应环境，以反应敏捷、活泼好动为特点，又被称为"活泼型"。

第三种类型：强、平衡而不灵活型。高级神经活动的兴奋过程和抑制过程都比较强，但是二者不容易转换，以安静、沉着和反应迟缓为其特点，又被称为"安静型"。

第四种型：弱型。高级神经活动的兴奋过程和抑制过程都比较弱，当有过强刺激作用时，容易引起疲劳，有时甚至会导致神经衰弱或神经官能症。它以胆小畏缩、消极防御和反应缓慢为特点，又被称为"抑制型"。

巴甫洛夫的高级神经活动类型和心理学中的气质类型有着对应的关系，可以把高级神经活动类型看作气质类型的生理基础。但是，多血质、胆汁质、黏液质和抑郁质这四种气质类型是典型的气质类型，真正属于这四种气质类型的人并不多，大多数人是介于两种气质类型之间的中间型或是多种气质类型的混合型。

第三节　性格结构和性格类型

一、什么是性格

（一）性格的定义

性格是表现在个人对现实的态度和行为方式中的较为稳定而有核心意义的心理特征。它是一个人心理面貌本质属性的独特结合，是人与人相互区别的重要方面。

（二）性格的结构特性

性格不是各种性格特征的简单堆砌，而是一个结构完整的有机整体。性格结构主要有如下特点：

1.完整性

每个人的性格都包含了多种特征。这些特征之间彼此联系、相互依存，构成了一个在机能上相互适应、相互影响、相辅相成的有机系统。

2.复杂性

性格虽然是完整的系统，但它的完整与统一不是绝对的。性格结构的完善和完整程度存在着个体差异。

3.稳定性

在某种程度上，性格的稳定性取决于人对于现实的态度以及有关态度与人们核心价值观之间的联系。一个人的态度越坚定，与作为态度理性基础的核心价值观联系越紧密，表现在行为方面的相应性格特征也就越稳定。

4.可塑性

虽然性格有其稳定的一面，但不是一成不变的。一个人要想很好地适应社会与环境，保持自己对于外界的最佳适应，就必须进行必要的挑战，维持恰当的适应性。在日常生活中，性格的改变不一定都是被迫的或消极的。人们有可能由于超前意识而主动改变自己的某些性格特点，积极地适应社会。事实上，健全、完善性格的锻造，正是在性格的可塑性基础上实现的。

（三）性格的类型

目前对性格进行分类主要有以下几种：

①根据优势心理机能划分性格类型。英国心理学家培因等根据智力、情感和意志三种心理机能在性格中何者占优势，把人的性格分为理智型、情绪型和意志型三种。

②根据文化生活的形式区别性格类型。德国心理学家斯普兰格提出，根据人类文化生活的形式，人的性格可分为：经济型、理论型、审美型、权力型、社会型和宗教型。

③按照个体独立性程度划分性格类型。顺从型的人独立性比较差，容易受人暗示，往往屈从于权势，听从别人的指示，不善于适应紧急情况；独立型的人有坚定的个人信念，善于独立思考，遇到紧急情况不会惊慌失措，喜欢把自己的意志强加于人。

二、性格与气质和能力的关系

（一）性格与气质的关系

由于性格与气质相互制约、相互影响，因而在实际生活中，人们经常把二者混淆起来，把气质特征说成性格，或把性格特征说成气质。例如，有人常说某人的性格活泼好动，有的人性子太急或太慢，其实讲的是气质特点。性格与气质是既有区别又有联系的两种不同的个性心理特征。

首先，性格与气质的区别。气质更多地受个体高级神经活动类型的制约，主要是先天的；而性格更多地受社会生活条件的制约，主要是后天的。气质是表现在人的情绪和行为活动中的动力特征（即强度、速度等），无好坏之分；而性格是指行为的内容，表现为个体与社会环境的关系，在社会评价上有好坏之分。气质可塑性极小，变化极慢；性格可塑性较大，环境对性格的塑造作用较为明显。

其次，性格与气质的联系是相当密切而又相当复杂的。相同气质类型的人可能性格特征不同；性格特征相似的人可能气质类型不同。具体地说，二者的联系有以下三种情况。

其一，气质可按自己的动力方式渲染性格，使性格具有独特的色彩。例如，同是勤劳的性格特征，多血质的人表现出精神饱满，精力充沛；黏液质的人会表现出踏实肯干，认真仔细；同是友善的性格特征，胆汁质的人表现为热情豪爽，抑郁质的人表现出温柔。

其二，气质会影响性格形成与发展的速度。当某种气质与性格有较大的一致性时，就有助于性格的形成与发展，相反会有碍于性格的形成与发展。如胆汁质的人容易形成勇敢、果断、主动性的性格特征，而黏液质的人就较困难。

其三，性格对气质有重要的调节作用，在一定程度上可掩盖和改造气质，使气质服从于生活实践的要求。如飞行员必须具有冷静沉着、机智勇敢等性格特征，在严格的军事训练中，这些性格的形成就会掩盖或改造胆汁质者易冲动、急躁的气质特征。

（二）性格与能力的关系

性格与能力是个性心理特征中的两个不同侧面。性格与能力不同，能力是决定心理活动的基本因素，活动能否进行，与能力有关；性格则表现为人的活动指向什么，采取什么态度，怎样进行。

性格与能力是个体在统一实践过程中发展起来的，二者之间相互影响、相互联系。性格制约着能力的形成与发展。一方面，性格影响能力的发展水平。研究表明，两个智力水平相当的学生，其中勤奋、自信心强、富于创新精神的学生的能力发展较快，而懒惰、墨守成规的学生的能力就难以达到较高的水平。人对工作的责任感、坚持性以及自信、自制等性格特征，都制约着能力的发展。另一方面，优良的性格特征往往能够补偿能力的某种缺陷，"笨鸟先飞早入林""勤能补拙"，就是说性格对能力的补偿作用。良好的性格特征对一个人的能力发挥或发展具有积极的导向作用。良好的性格与能力相结合，是取得事业成功的必要条件。但不良的性格特征，也会阻碍能力的发展，甚至使能力衰退。能力的形成与发展也会促使相应性格特征随之发展。例如，某学生在教师的培养和具体指导下，大量地阅读文学作品，注意观察周围环境和身边发生的事情，然后练习写作。经过这样长期的活动，不但发展了观察力、想象力和思维能力，久而久之也就形成了主动观察型、广阔想象型、独立思考型等性格的理智特征。

三、性格结构

性格是由许多特征所组成的复杂心理结构。由于每个人的性格特征组合及表现形式不同，因而形成了千差万别的性格。

根据一个人对现实的稳定态度与习惯化的行为方式以及在心理过程中所表现出来的特点分析，性格结构具有态度、意志、情绪、理智等四个方面的基本特征。

（一）性格的态度特征

性格的态度特征是指人在对现实的稳定态度方面所表现出来的个别差异，它是性格特征中最重要的组成部分。

1.对社会、集体、他人等的态度特征

积极的特征表现为：爱祖国，关心社会，热爱集体，具有社会责任感与义务感，乐于助人，待人诚恳，正直等。消极的特征表现为：不关心社会与集体，甚至没有社会公德，为人冷漠、自私、虚伪等。

2.对劳动、工作和学习的态度

积极的特征表现为：认真细心，勤劳节俭，富于首创精神。消极的特征表现为：马虎粗心，拈轻怕重，奢侈浪费，因循守旧等。

3.对自己的态度

积极特征表现为：严于律己，谦虚谨慎，自强自尊，勇于自我批评。消极特征表现为：放任自己，骄傲自大，自负或自卑，自以为是等。

（二）性格的意志特征

性格的意志特征是指一个人对自己的行为自觉地进行调节的特征，其可以从意志品质的四个方面即意志的自觉性、果断性、坚韧性和自觉性上来考察。

良好的意志特征是有远大理想，行动有计划，独立自主，果断勇敢，坚韧不拔，有毅力，自制力强等。不良的意志特征是鼠目寸光、盲目性强、随大流、易受暗示、优柔寡断、虎头蛇尾，放任自流和固执己见、怯懦、任性等。

对性格意志特征的正确评价，必须要和个体的思想道德品质，以及他所从事活动或工作的社会意义与社会价值的评价相结合。

（三）性格的情绪特征

性格的情绪特征是指人在情绪情感活动中经常表现出来的强度、稳定性、持久性以及主导心境等方面的特征。

情绪强度方面的特征，主要表现为人的情绪对工作和生活的影响程度和人的情绪受意志控制的程度。有人情绪反应强烈、明显，易受感染；有人反应微弱、隐晦，不易受感染。

情绪稳定性方面的特征，主要表现为情绪的起伏和波动程度。

情绪持久性方面的特征，主要指情绪对人身心各方面影响的时间长短。有的人情绪产生后很难平息，有的人情绪虽来势凶猛但转瞬即逝。

主导心境方面的性格特征，主要表现为不同的主导心境在主体经常性情绪状态中的反应。如有的人终日精神饱满、乐观开朗，有的人却整日愁眉苦脸、烦闷悲观等。

（四）性格的理智特征

性格的理智特征指的是，一个人在认知活动中的性格特征，主要表现在如下三个方面：

认知活动中的独立性和依存性：独立性者能根据任务和自己的兴趣主动地进行观察，善于独立思考；依存性者则容易受到无关因素的干扰，愿意借用现成的答案。

想象中的现实性：有的人现实感强，有的人则富于幻想。

思维活动的精确性：有的人能深思熟虑，看问题全面；有的则缺乏己见，人云亦云或钻牛角尖等。

四、性格的类型

（一）理智型、情绪型、意志型

根据知、情、意三者在性格中哪种占优势划分性格类型，主要分为理智型的人、情绪型的人、意志型的人三种。

理智型的人，一般是以理智来评价周围发生的一切，以理智来支配和控制自己的行动，行为表现稳定与谨慎。

情绪型的人，一般不善思考，言谈举止易受自己情绪左右，但情绪体验深刻。

意志型的人，行为目标一般比较明确，主动积极，果敢和坚韧，具有自制力。

在日常生活中，绝大多数人不可能完全归属为某一类人，往往是两个或三个类型的混合者，我们称之为中间类型。

（二）内向型和外向型

瑞士心理学家 C·G. 荣格根据个人心理活动的倾向性中兴趣和关注是指向于内部还是指向于外部，把性格分为外向型和内向型两大类。每个人都有外向和内向两种特征，根据一个人是内向占优势，还是外向占优势，可将人格分为内向型的和外向型的。

外向型的人，心理活动倾向于外部，特点是活泼开朗，喜欢交际，情感外露，独立，果断；内向型的人，心理活动倾向于内部，特点是谨慎小心、交际狭窄，好沉思，谨慎，多虑。在现实生活中，极端的内、外向类型的人很少见。一般人都属于中间型，即一个人的行为在某些情境中外向，而在另外的情境中则为内向。

（三）独立型和依存型

美国心理学家 H. A. 威特金根据场独立性和场依存性所体现的个人独立性程度把人的性格划分为独立型和顺从型。独立型的人善于独立思考，不容易受外来因素的干扰，能够独立地发现问题和解决问题，但有时则会把自己的意见强加于别人。顺从型的人易受外来因素的干扰，没有主见，常常会不加分析地接受别人的意见而盲目行动，应变能力较差。

（四）理论型、经济型、审美型、社会型、权力型和宗教型

德国哲学家、教育家 E·斯普兰格根据人的社会生活方式以及由此而形成的价值观把人的性格分为理论型、经济型、审美型、社会型、权力型和宗教型。他认为，人以固有的气质为基础，同时也受文化的影响。他在《生活方式》一书中提出，社会生活有六个基本的领域（理论、经济、审美、社会、权力和宗教），人会对这六个基本领域中的某一领域产生特殊的兴趣和价值观。据此，他将人的性格分为六种类型（理论型、经济型、审美型、社会型、权力型和宗教型）。这种类型划分是一个理想模型，具体的个人通常是主要倾向于某一种类型并同时兼有其他类型的特点。

（五）根据人际关系来划分的 A、B、C、D、E 五种典型性格类型

日本学者矢田部达朗等人根据人际关系把性格划分为 A、B、C、D、E 五种典型的性格类型。A 型性格的人情绪稳定，社会适应性及向性均衡，但智力

表现一般，主观能动性一般，交际能力较弱；B型性格的人具有外向性的特点，情绪不稳定，社会适应性较差，遇事急躁，人际关系不融洽；C型性格的人具有内向性特点，情绪稳定，社会适应性良好，但在一般情况下表现被动；D型性格的人具有外向性特点，社会适应性良好或一般，人际关系较好、有组织能力；E型性格的人具有内向性特点，情绪不稳定，社会适应性较差或一般，不善交际，但往往善于独立思考，有钻研性。

（六）实际型、调查型、艺术型、社会型、企业型和传统型

美国学者霍兰提出了人格职业匹配理论，认为一个人的性格与兴趣和职业密切相关。所以根据性格与兴趣和职业的关系将性格划分为六种类型，即：实际型、调查型、艺术型、社会型、企业型和传统型。

实际型性格的人具有重实践、直率、随和、不爱社交、稳定、坚定等特征；调查型性格的人具有分析、思想内向、聪明、精确和富有理解力等特征；艺术型性格的人具有感情丰富、爱想象、富有创造性等特征；社会型性格的人具有爱社交，友好、慷慨、乐于助人、活跃、合作等特征；企业型性格的人具有爱冒风险、外向、乐观、爱社交、好领导他人等特征；传统型性格的人有条理性，具有随和、自我约束、友好、务实、保守等特征。

第四节　人格理论

人格是一个人的整个精神面貌，是其具有一定倾向性的全部心理特征的总和，它既决定了一个人如何体验外部世界和对待外部世界，又决定了一个人怎样体验自己和对待自己。而性格只是人格中涉及个人与环境关系的部分。

一、荣格的内外向理论

荣格的人格理论帮助人们从内外倾的角度理解性格的差异。荣格依据力比多（心理能量）作用的方向不同，把人分为外倾与内倾（或外向和内向）两种基本类型。力比多作用指向外部的属于外倾人格，力比多作用指向内部的属于内倾人格。他还提出四种思想机能，即感觉、思维、情感和直觉。与内外倾相结合，荣格提出了八种人格类型。

八种人格类型及其特征分别是：思维外倾型，情感外倾型，感觉外倾型，直觉外倾型，思维内倾型，情感内倾型，感觉内倾型，直觉外倾型。

二、G. W. 奥尔波特的人格特质理论

美国心理学家 G. W. 奥尔波特是人格特质理论的创始人。他认为特质是指个人的神经心理结构，是个人遗传与环境相互作用后形成的对刺激信息反应的内在倾向，可由个体的外显行为来推知。特质之间具有相对独立性，特质既可以为某一个体所具有，也可以为某个群体所具有。任何一个特质都是独特性和普遍性的统一。

G. W. 奥尔波特把人格特质分为两类，即共同特质和个人特质。共同特质是在同样文化形态下人们所具有的一般特质；个人特质是个人所独有的特质，代表个人的行为倾向。找出适合一类人的特质，即这类人的共同特质是重要的，而共同特质又是通过每个人表现出来，一个人具有哪些特质也是应该加以确认的。

G. W. 奥尔波特又将属于个人的特质分为：首要特质、主要特质和次要特质。首要特质是影响个体各方面行为的特质，表现了一个人最典型、最具概括性的特质，它在人格结构中处于支配地位，但其数量不多；主要特质是决定一个人的一类行为，而不是全部行为，能够代表一个人的主要行为倾向的特质；次要特质是只在特殊场合下才能表现出来的，是个体的一些不太重要的特质，它所起的作用比主要特质更小。他认为特质可以作为一个中介变量，使一系列刺激和反应产生联系，而这些刺激和反应最初看起来可能彼此间几乎没有联系。（见图 13-1）

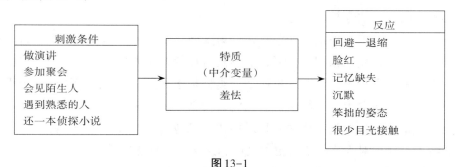

图 13-1

三、卡特尔的人格特质理论

卡特尔是英国心理学家，后来应邀到美国教学和从事心理学的研究工作，并迁居美国。卡特尔把特质视为人格的基本要素，运用因素分析的方法对人格特质提出了一个基于人格特质的理论模型。

卡特尔认为构成人格的特质包括共同特质和个别特质。共同特质是一个社区或一个集团成员所具有的特质；个别特质是某一个人所具有的特质。共同特质在一个人身上的强度和情况并不相同，在同一个人身上也随时间的不同而各异。

卡特尔还把人格特质分为表面特质和根源特质。表面特质反映了一个人的外在表现，是直接与环境接触的，常常随环境的变化而变化，是能够从外部行为观察到的特质，但它们不是人格特质的本质；根源特质是反映一个人整体人格的根本特性，是深藏于人格结构内层，具有动力性作用的特质，同时又是制约表面特质的潜在的、基础的基本因素，是建造人格大厦的基石。

他还提出，有些特质是关于人格的动力的，它们是促使人朝着一定的目标去行动的动力特质，这些特质是人格中的动力因素。经过多年的研究，卡特尔找出了16种相互独立的根源特质，并据此编制了《16种人格因素调查表》，通过测量来解释一个人的行为表现。卡特尔认为每个人身上都有这16种人格特质，只是表现的程度有所差异。用这个调查表，再根据一个人的人格特点，加上对情景因素的考虑，就可以预测一个人的行为反应的性质，甚至是人格的数量值。

四、艾森克的人格类型理论

艾森克出生于德国，受纳粹上台的影响，他18岁就到了英国，从事心理学的学习和研究工作。艾森克在对人格的研究中，将因素分析的方法和经典的实验心理学的方法结合起来，使人们对人格的认识更进了一步。

艾森克反对把人格定义抽象化，认为人格是生命体实际表现出来的行为模式的总和。艾森克主张用特征群，而不是散在的特质去描述人格，因此他主张采用类型的概念。不过，艾森克所谓的类型是指更具一般性的特质，这个更具一般性的特质包含了一个特质群。因此，艾森克还是一个人格特质理论的心理学家，但他把人格的类型模式和特质模式有机地结合起来，充分发挥了两种模式的特点，使得对人格的描述更加全面、系统、富有层次性。

艾森克把人格特质都归结到内外倾、神经质和精神质这三个类型上，并用E（extraversion，外倾）、N（neuroticism，神经质）、P（psychoticism，精神质）来构成人格的三维度模型。艾森克及其夫人还编制了艾森克人格问卷（EPQ），专门用于测量这三个基本特质维度的个体差异。

在内外倾这个维度上，内倾和外倾是两个极端。具有典型外倾人格的人不容易受周围环境的影响，难以形成条件反射，爱好社交，不喜欢独自看书和学习。内向的人容易受环境的影响，容易形成条件反射，具有情绪稳定、好静、不爱社交，极少发脾气等人格特质。

在神经质这一维度上，有稳定和不稳定两个极端。情绪不稳定的人，容易激动，并且表现出喜怒无常等人格特质；情绪稳定的人具有稳定、温和、自制和不易焦虑等人格特质。

精神质独立于神经质，但不是指精神病。在精神质这一维度上得分高的人，以自我为中心，攻击性强，冷酷、缺乏同情心、冲动、对他人不关心，并且经常不关心别人的权利和福利。得分低的人则相反，表现出温柔善良的特点。如果一个人的精神质的表现程度明显，那么就容易寻致行为异常。

艾森克将人格划分为四种组合类型：稳定内向型、稳定外向型、不稳定内向型和不稳定外向型。

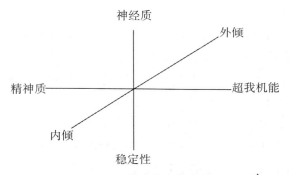

图13-2　艾森克人格类型

图13-2是艾森克用内外倾和神经质这两个维度作为坐标轴构成的直角坐标系。这个坐标中涵盖了各种人格特质。从图中可以看到，各种特质是相互独立的，因此，在一个维度上得分高的人，在另一个维度上既可以得高分，也可以得低分。每个维度上不同程度表现的结合，构成了四种不同类型的人格，这四种类型正好对应于坐标系的四个象限。艾森克划分出来的四种人格类型，正好与希波克拉底的四种气质类型相吻合。

第五节　气质和性格的测量

一、气质的测量

气质测量需要综合运用观察法、实验法、问卷法和个案调查法等多方面收集资料找出某个人的气质特征，然后综合这些气质特征了解和判断其气质类型。

（一）观察法

观察法是在自然条件下有目的、有计划地系统观察人的行为和活动，从中发现心理现象产生和发展规律的方法。例如观察儿童的游戏，记录儿童每天所说的话，了解儿童的注意力和思维活动，比较儿童语言的发展等。

在进行观察的时候，观察者不应干预活动的进行，应该客观地进行观察，按事件发生的先后顺序加以记录，然后进行分析。因此观察法不能控制条件，应听任活动的自然进行；用观察法获得的资料，也不能按照事件发生的先后简单地做因果联系的解释。但是，用观察法所得到的资料比较客观真实，通过对观察资料的分析，可提供现象之间因果关系的假设，为进一步进行实验研究打下基础。

（二）实验法

实验法是指有目的地控制一定的条件或创设一定的情境，以引起被试的某些心理活动进行研究的一种方法。主要分为实验室实验法和自然实验法两种。

实验室实验法指在实验室内利用一定的设施，控制一定的条件，并借助专门的实验仪器进行探索自变量和因变量之间关系的一种方法。这一方法便于严格控制各种因素，并通过专门仪器进行测试和记录实验数据，一般具有较高的信度。通常多用于研究心理过程和某些心理活动的生理机制等方面的问题。但对研究个性心理和其他较复杂的心理现象，这种方法仍有一定的局限性。

自然实验法是在日常生活等自然条件下，有目的、有计划地创设和控制一定的条件来进行研究的一种方法。自然实验法比较接近人的生活实际，易于实施，又兼有实验法和观察法的优点，所以这种方法被广泛用于研究教育心理学、儿童心理学和社会心理学的大量课题。

（三）问卷法

问卷法是通过由一系列问题构成的调查表收集资料以测量人的行为和态度的心理学基本研究方法之一。

1.瑟斯顿气质量表（Thurstone temperament schedule）

瑟斯顿气质量表是美国心理学家瑟斯顿（Thurstone，LL.）编制的测量气质的问卷，发表于1953年。共140个问题，可测量活动性、健壮性、冲动性、支配性、稳定性、社会性、深思性等七种气质因素。要求被试者以"是"或"否"或"不确定"来回答。

2.斯特里劳气质调查表。

波兰心理学家简·斯特里劳（J. Streleu）在巴甫洛夫学说的基础上，从整体活动来探讨气质问题。他认为，气质是生物进化的产物，但不受环境影响而发生变化。气质在人的整个心理活动中，在人与环境关系中起着调节作用。并认为，反应性和活动性是两个与行为能量水平有关的气质基本维度，它们对有机体起着重要的调节作用。高反应性的人感受性高，耐受性低；低反应性的人感受性低，耐受性高。他所编制的《斯特里劳气质调查表（STI）》用来评定神经系统的四个特性，即兴奋强度、抑郁强度、神经过程平衡性、神经过程灵活性，是目前国际上最具有影响力的气质量表之一。

3.陈会昌等的"六十题"气质调查表

这是依照中国人的特性设计的唯一符合中国人的气质调查表，共60题，每种气质类型15题，测量4种气质类型：胆汁质、多血质、黏液质、抑郁质。（见本章选读资料二）

二、性格的测量

测量性格的方法很多，但需要把多种方法结合起来交叉应用、互相补充、互相印证才能达到目的。目前一般采用综合评定法、自然实验法和问卷测验法。

（一）综合评定法

综合评定法又称"分项记分法"，是目标考评的最基本方法。综合评定就是根据各目标项目的分值，并结合目标进度的均衡性，对策的有效性及协作情况等对单位或个人的目标成果进行全面的评价。其基本步骤是：在一个目标周期结束时，首先依据考评标准给各项目标分项记分，然后依据分项得分的多少，并结合协作情况、目标时度均衡情况、目标对策有效性、个人努力程度等因素，均对单位或个人的目标成果进行综合评定。从试点单位的经验看，综合评定一般可分为优、良、中、差四个等级。

（二）自然实验法

在日常生活情境中进行的心理实验。它是心理学研究的一种重要方法。其主要特点有两点：第一，主动性：按照研究的目的有意控制或变化某一条件，以引起特定的心理现象，再对其进行考察或做定量分析；第二，自然性：让被试处于日常活动的环境中，并尽量不让其觉察到实验者的意图以及自己是实验的对象。前一特点使其有可能避免观察法等待考察现象出现需时过长或难以分辨结果的多因性等缺点，后一个特点使其有可能排除实验室实验中因人为的实验环境或紧张气氛影响被试心理表现等缺点。

（三）问卷测验法

1.明尼苏达多项人格测验

明尼苏达多项人格测验（Minnesota Multiphasic Personality Inventory，简称MMPI）是由明尼苏达大学教授哈瑟韦（S. R. Hathaway）和麦金力（J. C. Mckinley）于20世纪40年代制定的，是迄今应用极广、颇富权威的一种"纸—笔"式人格测验。该问卷的制定方法是分别对正常人和精神病人进行预测，以确定在哪些条目上不同人有显著不同的反应模式，因此该测验最常用于鉴别精神疾病。适用年龄在16岁以上，主要形式包括卡片式、手册式、录音带形式及各种简略式（题目少于399个）、计算机施测方式，既可个别施测，也可团体施测。

2.卡特尔16种人格因素测验

16种人格因素问卷（简称16PF）是美国伊利诺州立大学人格及能力测验研究所卡特尔教授编制的用于人格检测的一种问卷。卡特尔根据自己的人格特质理论，运用因素分析方法编制了这一测验。本测验适用范围很广，凡是有相当于初中以上文化程度的青年、壮年和老年人都适用。16PF属于团体施测的量表，当然也可以个别施测。

从乐群、聪慧、自律、独立、敏感、冒险、怀疑等16个相对独立的人格特点对人进行描绘，并可以了解应试者在环境适应、专业成就和心理健康等方面的表现。在人事管理中，16PF能够预测应试者的工作稳定性、工作效率和压力承受能力等。可广泛应用于心理咨询、人员选拔和职业指导的各个环节，为人事决策和人事诊断提供个人心理素质的参考依据。

3.艾森克人格问卷

艾森克人格问卷（Eysenck Personality Questionnaire，EPQ）由英国心理学家H. J. 艾森克编制的一种自陈量表，是在《艾森克人格调查表》基础上发展而成的。有成人问卷和儿童问卷两种格式。包括四个分量表：内外倾向量表（E），情绪性量表（N），心理变态量表（P，又称精神质）和效度量表（L）。艾森克人格问卷在我国分儿童和成人两种，但项目数量分别由原版的97项和107项变成均为88项。因量表题目少，使用方便，比较适用。

4.投射测验法

所谓投射测验是指采用某种方法绕过受访者的心理防御，在他们不防备的情况下探测其真实想法。在投射测验中，给受测者一系列的模糊刺激，要求对这些模糊刺激做出反应。如抽象模式，可以做多种解释的未完成图片，绘画，分别要求受测者叙述模式，完成图片或讲述画中的内容。从受测者的解释会带有自己潜意识的思想，来达到探测其真实想法的目的。这种方式能在一定程度上了解被试者的内心想法。

（1）罗夏墨渍测验

由瑞士精神医学家罗夏克于1921年设计。测试共有10张墨迹图片，五张黑色，图案浓淡不一（如图13-3-1），两张红黑两色构成（如图13-3-2），其余三张是多色混合构成（如图13-3-3）。在实施测验过程中，分为三个阶段：一是自由联想阶段，主测的人对任何问题都不置可否，也不提任何问题；第二阶段就要追查受测者的反应是根据图片哪一部分做出的，是哪些因素刺激了这些反应；第三阶段称为极限试探阶段，如果受测者对这些图片没有最普通的反应，主持测试者可能就得给予受测者最大限度的提示，来确定他是否能从图片中看到某些具体内容。

图13-3-1　墨迹图片

图13-3-2　墨迹图片

图13-3-3　墨迹图片

在对测验解释的过程中，罗夏克墨迹测验关心的是受测者对图形知觉过程的途径、理由及内容。如果受测者的知觉途径和墨迹图的建构过程相符合，则说明受测者的心理机制完好正常，他的现实定向是完善的；反之，受测者的心理机制就是残缺不全的，或者说机能不足，有不切实际的幻想或异常的行为，现实定向不良。

（2）主题统觉测验

H. A. 默里于1935年为性格研究而编制的一种测量工具，简称TAT。

全套测验共有30张比较模糊的人物图片，其中有些是分别用于男人、女人、男孩和女孩的，有些是共用的。测验时让被测验者根据图片内容按一定要求讲一个故事。故事的叙述应该包含四个基本维度：图片描述了一个怎样的情境，图片中的情境是怎样发生的，图片中的人物在想什么，结局会怎样。被测验者在讲故事时会将自己的思想感情投射到图画中的主人公身上。默里提出的方法是要从故事中分析一系列的"需要"和"压力"。他认为，需要可派生出压力，而且正是由于需要与压力控制着人的行为，影响了人格的形成和发展。因此，通过主题统觉测验，可以反映一个人的人格特点。

图13-4　主题统觉测验人物图片

第六节 性格的形成和发展

性格的形成和发展是一个重要而复杂的问题，而影响性格的因素又是多方面的。生物遗传因素、家庭因素、学校教育因素和社会文化因素等，这些因素并非孤立地在起作用，而是相互作用与相互影响的。

一、生物遗传因素在性格形成和发展中的作用

遗传因素通过什么途径来影响人的性格呢？这是一个非常复杂且争议颇大的问题。一般理论都倾向认为，遗传因素通过气质和智力而影响人的性格。在遗传因素的作用下形成的气质，按照自己的活动方式，使性格具有独特的色彩。例如，同样助人为乐的性格特征，多血质的人在帮助人时动作敏捷，热情溢于言表，而黏液质的人做事沉着冷静，情感蕴含在心。气质为人的高级神经活动类型所决定，所以一开始气质就影响性格形成和发展的速度。智力对人的性格形成的作用是在人的发展过程中显示出来的。人们用自己的聪明才智，掌握相应的知识，冷静地审时度势，使自己的行为符合客观规律，这样就会促使自己勇于克服困难，在艰难险阻中体现出自觉、大胆、果断、坚毅等良好的性格特征。

性格不但受遗传因素的影响，更为重要的是，环境是性格形成发展的一个决定性因素。

二、家庭因素在性格形成和发展中的作用

家庭因素对性格形成与发展有重要的影响。家庭是人出生后接触到的最初的教育场所，家庭所处的经济地位和政治地位、家长的教育观念和教育水平、家长的教育态度与教育方式、家庭的气氛、儿童在家庭中扮演的角色与所处的地位等等，都对儿童性格的形成有非常重要的影响。从这个意义上讲，"家庭是制造性格的工厂"。

（一）父母的教养态度

家长的教育观念具体表现为：家长对家庭教育的作用与在家教问题上所承担的角色及职能之认识的教育观，家长对儿童的权利与义务、地位及对子女发展规律之看法的儿童观，家长在子女成才问题上之价值取向的人才观，以及家长对自己同子女有什么样的关系之看法的亲子观。研究发现，家长教育观念的正确与否，决定家长对儿童采取何种教育态度与方式，而家长的教育态度与方

式又直接影响着儿童的发展，特别是性格的形成与发展。有许多心理学家对父母的教养态度与方式对子女性格的影响进行了研究，其结果表明，在父母不同的教育态度与方式下成长的儿童，其性格特点有明显的差异。

（二）家庭氛围和父母的榜样

家庭成员之间特别是父母之间的相互关系处理得好坏，会直接影响儿童性格的形成。一般来讲，家庭成员之间和睦、宁静、愉快的关系所营造的家庭气氛对儿童的性格有积极的影响；家庭成员之间相互猜疑、争吵、极不和睦的关系所造成的家庭紧张气氛，尤其是父母离异的家庭对儿童性格有消极的影响。大量研究表明，离异家庭的儿童比完整家庭的儿童更多地表现出孤僻、冷淡、冲动、好说谎、恐惧、焦虑甚至反社会等不良的性格特征。

（三）学校教育在性格形成和发展中的作用

学校教育对儿童性格的形成起主导作用。因为学校教育是教师根据教育目的对学生施加有目的、有系统、有计划的影响，而且是在学生的生活、学习的集体中，通过各种活动进行的。

首先是班集体的影响：学校的基本组织是班集体，班集体的特点、要求、舆论、评价对学生都是一种无形且巨大的教育力量。在教师的指导下，优秀的班集体会以它正确而又明确的目的、对班集体成员严格而又合理的要求、自身强大的吸引力感染着集体成员，充分调动所有成员的主动性、自觉性，从而促进学生良好性格的形成。与此同时，学生在集体中通过参加学习、劳动及各种文艺、体育及兴趣小组等活动，通过同学之间的交往，增强了责任感、义务感、集体主义感，学会了互相帮助、团结友爱、尊重他人、遵守纪律，也培养了乐观、坚强、勇敢、向上等优秀品质。优秀的班集体不仅可以促进学生良好性格的形成，还可以使学生一些不良的性格特征得以改变。日本心理学家岛真夫曾挑选出在班集体里地位较低的八名学生担任班级干部，并指导他们工作。一学期后，发现他们在学生中的地位发生了很大变化，表现出有自尊，有责任心，整个班级的风气也有所改变。

其次是教师的性格、态度与师生关系的影响：教师在学生性格的形成与发展中所起的作用是至关重要的。特别是对小学生来说，其影响更为显著，教师的性格往往在他们的性格上打下深深的烙印。教师的性格是暴躁还是安静，兴趣是广泛还是狭窄，意志坚强还是薄弱，情绪高昂还是悲观低落，办事果断还是优柔寡断等，教师的这些心理品质对学生性格都会产生积极或消极的影响。教师在学生中是很具有权威性的，教师是学生学习、效仿的榜样，其言传身教对学生性格特征的发展是潜移默化的，作用是不可估量的。

从另一方面看，学校如果忽视对学生思想品德的教育或采取一些违反教育原则的教育方式与方法，如体罚、不尊重学生等，或学校与家长的教育不一致，就会使学生形成不良的性格。现实生活中是不乏其例的，对此必须引起重视。

总之，学校教育对学生性格的影响是方方面面的，主要是通过学校的传统与校风，教师的性格、态度与行为，师生关系，学生所在班集体，同学之间的关系，学校组织的团队活动、体育活动、课外活动等渠道实现的。

（四）社会文化因素在性格形成和发展中的作用

社会因素对学生性格的影响主要通过社会的风尚、大众传媒等得以实现，如电脑、电视、电影、报纸杂志、文学作品等等。电视对儿童性格的影响是巨大的。美国的心理学家在1971年进行实验证明，电视节目里的许多攻击性行为对年幼无知的孩子的行为发展影响很大。其实验是这样的：让一组八九岁的儿童每天花一些时间看具有攻击性行为的卡通节目；而另一组小孩则在同样长的时间里观看没有攻击性行为的卡通节目。在实验中，同时对这两组儿童所表现出的攻击性行为加以细致的观察记录。结果发现，观看含攻击性行为的卡通节目的儿童，其攻击性行为增多；但是，那些看不含攻击性行为的卡通节目的儿童，在行为上却没有改变。经过十年后的追踪研究发现，以前参与观看含攻击性行为节目的儿童，即使到了19岁，仍然比较具有攻击性，只是女性没有这种相关现象存在。

随着信息时代的到来，通过因特网传播的各种信息会对儿童性格形成产生正面或负面影响，而且其影响是广泛而深刻的。这给教育工作者提出了新的研究课题，即如何引导、教育学生正确选择、利用网上信息，提高抵制不健康信息的能力。

此外，报纸杂志、文艺作品中的典型人物或英雄榜样也会激起学生的丰富情感和想象，引起效仿的意向，从而影响性格的形成与发展。

（五）自我教育因素在性格形成和发展中的作用

自我教育是良好性格形成与发展的内在动力。人与动物最本质的区别就是人有主观能动性，有自我调控能力，因此每个人都可以通过自我教育塑造自己良好的性格。俄国伟大的教育家乌申斯基认为，人的自我教育是性格形成的基本条件之一，因为一切外来的影响都要通过自我调节而起作用。从这个意义上讲，每个人都在自己塑造自己的性格。

在儿童成长过程中，自我意识明显影响着性格的形成。儿童把自己从客观环境中区分出来是性格形成的开始。从此，就开始了自己教育自己、自己塑造自己的努力，当然，这种努力是在成人的指导、帮助下实现的。随着儿童自我意识的发展，这种自我教育、自我塑造的力量越来越强。儿童的性格形成也就从被控者变为自我控制者，而且也就能产生一种"自我锻炼"的独特动机。因此，教育者要鼓励和指导学生自我意识的发展，创造各种机会，加强他们自身性格的锻炼与修养。

三、性格的培养

（一）加强人生观、世界观和价值观教育

人生观、世界观和价值观在整个个性结构中处于统帅的地位。要培养学生健全的性格，学校就必须利用各种形式开展教育，使学生形成正确的人生观、世界观和价值观，树立正确的人生目标。只有这样，学生才能正确处理好与他人及集体的关系，正确评价和引导自身的行为，形成积极的生活态度和行为方式，使性格得到健康发展。

（二）及时强化学生的积极行为

性格是在活动中逐步养成的。通过学校日常教学活动的合理组织，可使学生形成勤奋、认真、守纪律等良好的性格品质。除此之外，学校还要组织各种课外、校外活动，开阔学生的眼界，丰富学生的社会经验，增加学生受锻炼的机会。在各项活动中，教师要积极关注每一个学生的行为表现，对良好的行为要及时表扬、鼓励。

（三）充分利用榜样人物的示范作用

社会学习理论强调榜样示范在性格形成中的重要作用。对于学生来说，榜样的力量是无穷的。利用榜样人物的影响往往能收到潜移默化的教育效果。因此，在性格教育中要注意向学生介绍古今中外的优秀人物，引导学生向这些优秀人物学习。特别值得注意的是，在性格教育中，更应该遵循"身教重于言教"的教育原则，教师应该不断地完善自己的性格，提高自己的人格魅力，成为学生性格发展中能够直接模仿的榜样。

（四）利用集体的教育力量

通过集体教育不仅可以培养学生关心集体、维护集体利益的集体主义性格特征，而且其他许多优良的性格特征如诚实、助人、组织性、纪律性、自信心、自尊心、好胜心、责任感、义务感、荣誉感等也都能得到培养。另一方面

也只有使每一个人的个性（包括性格）都获得了充分的发展，才会有真正的集体和集体教育可言。总之，教育了集体，也就教育了每一个人；教育了每一个人，也必然会影响到集体，它们是相辅相成的。

（五）依据性格倾向因材施教

学生性格的发展受他们已有个性特点的影响。同一种教育措施，会因学生的个性差异而有不同的效果。因此，性格教育必须针对学生不同的个性特点，因材施教。

（六）提高学生的自我教育能力

优良性格特征的养成，并非简单地受客观外界因素的影响，而是主客观相互作用的结果。在教育实践中提高学生的自我教育能力，需要通过具体的教育情境帮助他们对自身有客观、正确的认识和评价，促使他们自觉地发展控制和支配自己行为的能力，从而使他们能够在自我意识提高的过程中增强自觉塑造自己良好性格品质的能力。

【选读资料】

选读资料一：韦克斯勒智力测验（Wechsler Intelligence Tests）

直到20世纪30年代晚期，心理测验运动虽然已经头角峥嵘，却仍然没有成功的、完善的标准化成人个别智力测验。直到1939年纽约贝勒维精神病院的心理学家D.韦克斯勒编制《韦克斯勒－贝勒维智力量表》（W–B）以后，这种情况才有所改观。

早期的成人量表多半脱胎于儿童智力量表，只不过加上一些难度较大的项目而已，大部分测验项目局限于儿童日常活动的内容，成人对此不感兴趣，缺乏表面效度。另外，儿童量表的测验项目过分强调速度，于成人不利。再者，智龄常模不适用于成人。这就成了韦克斯勒编制 W–B 智力量表的主要动因。

韦克斯勒把 W–B 量表设计为"分数量表"而不是"智龄量表"。这个测验包括许多操作项目，从而试图避免针对"斯坦福－比纳量表"言语项目太多的批评。这个测验还在标准化样组中选用相当数量的成人，标准化样组由670名7～16岁的儿童和1080名17～70岁的白人成人组成，均为纽约城和附近地区的居民。最后的测验版本的适用年龄为10～60岁。W–B 智力量表由10个分测验组成，言语量表和操作量表中各有5个分测验。言语分测验包括常识、理解、背数、算术、类同；操作分测验包括图片排列、图画补缺、积木图案、物体拼配、数字符号。还有一个词汇分测验，作为其他分测验的一个备用测验。

确定测验的最后选择的一些一般因素鉴于这样的证据，即特定的测验与其他成套智力测验的相关处于适当的程度，特定的测验在功用上变化多样以防止对具有特殊能力和丧失特殊能力的被试产生任何特别的影响，测验的特性允许人们根据被试的作业来做出某些诊断性的推论。

1955年韦克斯勒将W-B量表重新进行标准化，编制成"韦氏成人智力量表"（WAIS）。WAIS的标准化样组包括16～64岁的1700名被试，均等地分为若干性别年龄组，另外还包括60～75岁以上的475名老年被试。全国各地在标准化样组中都有代表，每一年龄组有城市和乡村的两类被试，还有10%的"非白人"。然而，WAIS的结构仍然与W-B一样：言语量表和操作量表以及同样的11个分测验。韦克斯勒对大多数分测验做了修订，删除了一些无鉴别力的项目，并加上一些新的项目，也增加了项目的数量。

确定被试智商的程序为：把每一分测验的原始分数转换为以10为均数、3为标准差的量表分，然后根据不同年龄组的转换表，得出相应的言语智商（VIQ）、操作智商（PIQ）和全量表智商（FIQ），它们均是以100为平均数、15为标准差的离差智商。在J.马特勒泽于1972年发表的《韦克斯勒成人智力测量和评定》第五版中，以及在若干测验手册中，都详细论述了具体的统计程序和这种得出智商方法的理论基础。

1981年对WAIS进行修订，即为WAIS-R。这个量表的11个分测验的内容如下：

常识　包括33个一般性知识的测题，测题的内容很广，例如"谁发现了美洲？""某个国家的首都在什么地方？"韦克斯勒认为，人们在日常社会生活中接触到常识的机会应基本相同，但由于智力水平不同，每人所掌握的知识就有所不同。智力越高，兴趣越广泛，好奇心越强，所获得的知识就越多。常识也可以反映长时记忆的状况。常识还与早期疾病有关，自幼患病，会减少人们同外界接触的机会，获得的常识就较少。有情绪问题的被试，常表现出对常识分量的夸大和贻误，因而常识分测验具有临床的意义。常识测验能够测量智力的一般因素，容易与被试建立合作关系，不易引起被试的紧张和厌恶，通常将此测验安排为第一分测验。常识测验的缺点是容易受文化背景和被试熟悉程度的影响。

图画补缺　包括27张图片，每张图上都有意缺少一个主要的部分，要求被试在规定的20秒钟内，指出每张图上缺少了什么。该测验用来测量视觉敏锐性、记忆和细节注意能力。韦克斯勒认为，人们在心理发展过程中对所接触的日常事物形成完整的印象，这对于人们适应外界环境是十分重要的。图画补缺测验比较容易完成，被试感到有趣。该测验能够测量智力的一般因素，在临床上也有意义。具有病态观念的患者往往将自己的思想投射到测验中去；智力落后患者做图画补缺的成绩很差。该测验的缺点是易受个人经验、生长环境的影响。

数字广度 包括14个测题，主试读出一个2～9位的随机数字，要求被试顺背或倒背，两者分别进行。顺背从3位数字至9位数字，倒背从2位数字到8位数字。总分为顺背和倒背两者的加和。该测验主要测量瞬时记忆能力，但分数也受到注意广度和理解能力的影响。韦克斯勒认为，数字广度测验对智力较低者可以测其智力，而对智力较高者实际测量的是注意力，智力高者在该测验上得分不一定会高。数字广度测验能够较快地测验记忆力和注意力，不会引起被试较强的情绪反应，也不大受文化教育程度的影响，且简便易行。但其可靠性较低，测验受偶然因素的影响较大，对智力的一般因素负荷不是很高。

图片排列 包括10套图片，每套由3～5张图片组成。在每道题中，主试呈示一套次序打乱了的图片，要求被试按照图片内容的事件顺序，把图片重新排列起来，使它们成为一个有意义的故事，该测验用来测量被试广泛的分析综合能力、观察因果关系的能力、社会计划性、预期力和幽默感等等。它测量智力一般因素的程度属中等。被试对测验有兴趣，可用于各种文化背景的人士，在临床上还具有投射测验的作用，但易受视觉敏锐性的影响。

词汇 包括37个词汇，每个词汇写在一张词汇卡片上。通过视觉或听觉逐一呈现词汇，要求被试解释每个词汇的一般意义。例如，"美丽"是什么意思？"公主"是什么意思？词汇测验用来测量被试的词汇知识和其他与一般智力有关的能力。在临床上也有很大作用。韦克斯勒认为，生活在同一文化环境中的人基本上共同地接受这种文化。年龄大的人所接受的文化相对多一些；同年龄者中，智力较高者相对接受得较多；经历丰富，受教育程度高的人，接受得也多些。该测验与抽象概括能力也有关。研究表明，该测验是测量一般智力因素的最佳测验，可靠性也较高。缺点是评分较难，测试时间较长，受文化背景及教育程度影响较大，有些人仅凭记忆力好也能得到高分。

积木图案 包括10个测题，要求被试用4块或9块积木，按照图案卡片来照样排列积木。每块积木两面为红色，两面为白色，另两面为红白各半。积木图案测验用来测量视知觉和分析能力、空间定向能力及视觉—运动综合协调能力，它与操作量表的总分和整个测验的总分的相关均很高，因此被认为是最好的操作测验。该测验效度很高，在临床上能帮助诊断知觉障碍、分心、老年衰退等症状，比较而言，该测验受文化影响较少。缺点是手指技巧有时可能会提高分数。

算术　包括15个测题，被试在解答测题时，不能使用笔和纸，而只能用心算来解答。算术测验主要测量最基本的数理知识以及数学思维能力。该测验能够较快地测量被试运用数字的技巧，缺点是容易产生焦虑和紧张，且易受性别影响。

物体拼配　包括4个测题，把每套零散的图形拼板呈现给被试，要求他拼配成一个完整的物件。物体拼配测验主要测量思维能力、工作习惯、注意力、持久力和视觉综合能力。该测验与其他分测验的相关度相对较低，但在临床上可以测出被试的知觉类型及其对尝试错误方法的依赖程度。该测验任务单纯，但可靠性较低，施测时间较长。

理解　包括18个测题，主试把每个问题呈现给被试，要求他说明每种情境。例如，"如果你在路上拾到一封贴上邮票、写有地址但尚未寄出的信，你应该怎么办？"理解测验主要测量实际知识、社会适应能力和组织信息的能力，能反映被试对于社会价值观念、风俗、伦理道德是否理解和适应，在临床上能够鉴别脑器质性障碍的患者。该测验对智力的一般因素的负荷较大，与常识测验相比，受文化教育的影响较小。缺点是评分标准难以统一掌握。

数字符号　共有93对数字符号，要求被试在规定时限内，依据规定的数字符号关系，在数字下部填入相应的符号。该测验主要测量注意力，简单感觉运动的持久力，建立新联系的能力和速度。该测验评分快速，不大受文化背景的影响。缺点是不能很好地测量智力的一般因素。

类同　包括14组成对的词汇，要求被试概括每一对词义相似的地方在哪里。例如，"桌子和椅子在什么地方相似？""树和狗在什么地方相似？"该测验主要测量逻辑思维能力、抽象思维能力、分析能力和概括能力。类同测验简便易行，评分不太困难。在临床上鉴别脑器质性损害和精神分裂病方面的意义。

在设计智力量表时，韦克斯勒不仅考虑评估被试"有目的地行动、合理地思维和有效地处理周围环境的汇合的或整体的能量"，还希望具有临床上的诊断意义。他曾经假设：被试的VIQ和PIQ的显著差异以及11个分测验的成绩的各种组合会与某种智力障碍有关。不过，研究结果没有完全确认这一假设。有些临床心理学家使用韦氏测验来检查神经系统的抽象推理能力、短时记忆能力、感知能力和新环境中的灵活性等功能。那些受影响的测验，其成绩在病理情况下不能保持原来的水平，称之为DH测验，而能够保持原来成绩的测验则称之为H测验。DH测验的成绩总分与H测验的成绩总分之比就能够表示脑器质性损害引起的神经系统功能的衰退。这种比率经常用来诊断抑郁症、精神分裂症、神经症和其他人格障碍。它对老年智力衰退也有诊断作用。

《韦克斯勒儿童智力量表》（WISC）1949年出版，实际上许多项目以W–BII型为基础。1974年修订，即为WISC–R，适用人群为6～16岁的儿童，其编制原理和特点与WAIS相同。它包括6个言语分测验，即常识、类同、算术、词汇、理解、背数；6个操作分测验，即图画补缺、图片排列、积木图案、物体拼配、译码、迷津。其中的背数和迷津两个分测验是备用测验，当某个分测验由于某种原因不能施测时，可以用之替代。测验实施时，言语分测验和操作分测验交替进行，以维持被试的兴趣，避免疲劳和厌倦。完成整个测验需50～70分钟。

WISC–R的标准化样组采用分层取样，依据六个变元：①年龄，从6.5～16.5岁，共分为11个年龄组，每组各有200名儿童，一共2200名被试；②性别，分为男女两类，每个年龄组内均包括100名男孩和100名女孩；③种族，分为白种人或非白种人两类；④地理区域，分为东北区、北部中央区、南方区和西部区四类；⑤家长职业，分为五类；⑥居住地，分为城市和乡村两类。由2200名被试组成的样组是根据美国1970年人口普查中有关六种分层变化的资料来选取的。除了居住地这个变元是粗略控制之外，其他五个选择变化的比例都符合人口普查统计表中相对应的比例。

WISC–R的言语IQ、操作IQ及全量表的IQ与1972年版的斯坦福–比纳量表IQ的平均相关系数，分别为0.71，0.60和0.73。月分半相关法计算的内在一致性信度系数表明，言语量表、操作量表和全量表的IQ对于整个年龄全距都有高信度，它们三者的平均信度系数分别为0.94，0.90和0.96。各项测验的信度也是相当令人满意的，言语测验各个分测验的平均信度系数是0.77～0.86，操作测验各个分测验的平均信度系数是0.70～0.85。用再测相关计算稳定系数，间隔一个月。对于6.5～7.5的年龄组，言语量表、操作量表、全量表的稳定系数分别为0.90，0.90和0.94；对于10.5～11.5岁的年龄组，三种量表的稳定系数分别为0.95，0.89和0.95；对于14.5～15.5岁的年龄组，三种量表的稳定系数分别为0.94，0.90和0.95。

《韦克斯勒学龄前和学龄初儿童智力量表》(WPPSI),一般简称为韦氏幼儿量表,1967年出版,适用年龄为4~6.5岁,以0.5岁为一个年龄水平,共6个年龄组。每年龄组取男孩和女孩各100名,依据性别、区域、种族、双亲职业、城乡来分层取样,共1200名被试。WPPSI是WISC向小年龄的一个延伸,在WISC的基础上新编三个测验,即语句、动物房子和几何图形,取消了WISC中的背数、图片排列和物体拼配三个分测验,同时以动物房子测验取代译码测验。与斯坦-比纳量表IQ的相关系数为0.81。三个智商量表的信度系数为0.93~0.96;各个分测验的信度系数为0.77~0.87。

韦克斯勒三个智力量表既各自独立,又相互衔接,适用于4~74岁的年龄范围的被试,尤其是成人被试,因而越来越受到人们的普遍欢迎。韦氏智力量表是当代美国最为盛行的智力测验之一,不仅如此,而且世界上约有20多个国家,已经先后将韦氏智力量表改编,以适合于本国使用。我们近年来也相继引进了这套韦氏智力量表。北京师范学院林传鼎主持修订韦氏儿童智力量表,制订全国常模。华东师范大学还在1984年进行了上海市区常模的制订工作。湖南医学院龚耀先先后主持修订韦氏成人智力量表与韦氏幼儿智力量表,制订了这两个量表的全国常模。

选读资料二:气质调查表

下面60道题可以帮助你大致确定自己的气质类型。

在回答这些问题时,你认为:很符合自己的情况记2分,比较符合的记1分,介于符合与不符合之间的记0分,比较不符合的记-1分,完全不符合的记-2分。

(1)做事力求稳妥,不做无把握的事。

(2)遇到可气的事就怒不可遏,想把心里话全说出来才痛快。

(3)宁肯一个人干事,不愿很多人在一起。

(4)到一个新环境很快就能适应。

(5)厌恶那些强烈的刺激,如尖叫、噪音、危险镜头等。

(6)和人争吵时,总是先发制人、喜欢挑衅。

(7)喜欢安静的环境。

(8)善于和人交往。

(9)羡慕那种善于克制自己感情的人。

(10)生活有规律,很少违反作息制度。

（11）在多数情况下情绪是乐观的。

（12）碰到陌生人觉得很拘束。

（13）碰到令人气愤的事，能很好地处理。

（14）做事总是有旺盛的精力。

（15）遇到问题常常举棋不定，优柔寡断。

（16）在人群中从不觉得拘束。

（17）情绪高昂时，觉得干什么都有趣；情绪低落时，又觉得什么都没有意思。

（18）当注意力集中于一事物时，别的事物很难使我分心。

（19）理解问题总比别人快。

（20）碰到危险情景时，常有一种极度恐怖感。

（21）对学习、工作、事业怀有很高的热情。

（22）能够长时间做枯燥、单调的工作。

（23）符合兴趣的事情，干起来劲头十足，否则就不想干。

（24）一点小事就能引起情绪波动。

（25）讨厌做那种需要耐心、细致的工作。

（26）与人交往不卑不亢。

（27）喜欢参加热烈的活动。

（28）爱看感情细腻，描写人物内心活动的文学作品。

（29）工作学习时间长了，常感到厌倦。

（30）不喜欢长时间谈论一个问题，愿意实际动手干。

（31）宁愿侃侃而谈，不愿窃窃私语。

（32）别人说我总是闷闷不乐。

（33）理解问题常比别人慢些。

（34）疲倦时只要短暂的休息就能精神抖擞，重新投入工作。

（35）心里有话，宁愿自己想，不愿说出来。

（36）认准一个目标就希望尽快实现，不达目的，誓不罢休。

（37）同样和别人学习、工作一段时间后，常比别人更疲倦。

（38）做事有些莽撞，常常不考虑后果。

（39）老师或师傅讲授新知识、技术时，总希望他讲慢些，多重复几遍。

（40）能够很快地忘记那些不愉快的事。

（41）做作业或完成一件工作总比别人花的时间多。

（42）喜欢运动量大的剧烈体育运动，或参加各种文艺活动。

（43）不能很快地把注意力从一件事转移到另一件事上去。

（44）接受一个任务后，就希望把它迅速解决。

（45）认为墨守成规比冒风险强一些。

（46）能够同时注意几件事物。

（47）当我烦闷的时候，别人很难使我高兴起来。

（48）爱看情节起伏跌宕、激动人心的小说。

（49）对工作抱认真严谨、始终一贯的态度。

（50）和周围人们的关系总是处不好。

（51）喜欢复习学过的知识，重复做已经掌握的工作。

（52）希望做变化大、花样多的工作。

（53）小时候会背的诗歌，我似乎比别人记得清楚。

（54）别人说我"出语伤人"，可我并不觉得这样。

（55）在体育活动中，常因反应慢而落后。

（56）反应敏捷，头脑机智。

（57）喜欢有条理而不甚麻烦的工作。

（58）兴奋的事常常使我失眠。

（59）老师讲新概念，常常听不懂，但是弄懂以后很难忘记。

（60）假如工作枯燥无味，马上就会情绪低落。

气质调查表计算结果

（I）气质类型的确定：

①如果某一类气质得分明显高出其他三种，均高出 4 分以上，则可定为该类气质；如果该型气质得分超过 20 分，则为典型型；该型得分若在 10～20 分之间，则为一般型。

②两种气质类型得分接近，其差异低于 3 分，而且又明显高于其他两种，高出 4 分以上，则可定为这两种气质的混合型。

③三种气质得分均高于第四种，而且接近，则为三种气质混合型。

（II）气质类型的计算：

气质类型	测验题号															总分
胆汁质	2	6	9	14	17	21	27	31	36	38	42	48	50	54	58	
多血质	4	8	11	16	19	23	25	29	34	40	44	46	52	56	60	
黏液质	1	7	10	13	18	22	26	30	33	39	43	45	49	55	57	
抑郁质	3	5	12	15	20	24	28	32	35	37	42	47	51	53	59	

计算出你的气质类型。

曾有人对管理人员进行了研究，得到如下结果和结论：

（1）研究的结果

对管理人员的气质类型的研究结果表明：胆汁质和抑郁质的管理者一个都没有。多血质气质类型的管理人员占29%，黏液质气质类型的管理人员占18%，多血质与黏液质混合型气质的管理人员占53%。

（2）研究的结论

①管理人员的气质类型中，不宜有典型的胆汁质和抑郁质。因前者表现为鲁莽，易激动，脾气急躁，不能控制自己等；后者表现为沮丧，抑郁，孤僻，行动迟缓等。

②管理人员的气质类型中，多血质、黏液质，或两者的混合型是较适宜的。因多血质类型者兴奋占优势，对外反应快，能控制自己，平衡外向性，这类人适合当企业家，其机敏而均衡的气质特点有利于生产经营管理。黏液质类型者属平衡内倾性的，这种气质也是管理者所不可缺少的。混合型气质的管理人员占优势，这说明，大多数管理人员是属于活跃务实的类型。

第十四章　能力

能力是完成一项目标或者任务所体现出来的素质，是主体顺利完成某一活动所必需的主观条件，是促使活动顺利完成的个性心理特征。不同的人在完成活动中所表现出来的能力有所不同。能力直接影响着活动的效率。心理学探索能力形成与发展的实质及其规律，对人的能力研究主要涉及能力的种类、能力与知识和技能的关系、能力的个体差异、能力机能和结构、能力的培养等内容。

第一节　能力概述

一、能力的含义

（一）什么是能力

能力是指能够顺利、有效地完成某种活动所必须具备的个性心理条件。能力是直接影响活动效率，使活动得以顺利进行的心理特征。能力与活动紧密联系，人的能力是在活动中形成、发展和表现出来的，同时也是从事某种活动必需的前提。能力属于个性心理特征范畴，它与心理活动过程不同。能力包括两个含义：个体的实际能力、个体的潜在能力。

如音乐能力需要具备灵敏的听觉分辨能力、节奏感、旋律的记忆力、想象力和感染力等心理条件，不具备这些心理条件就难以从事音乐活动，也就是不具备音乐能力。一个人可能不具备顺利、有效地完成音乐活动的心理条件，但他具备从事美术活动的心理条件，有敏锐的视觉辨别能力和观察力，有良好的形象记忆和形象思维能力，他能顺利有效地完成美术活动，因而具有美术能力，所以能力是具体的，是和完成某种活动相联系的，而不是抽象的。

（二）才能与天才

能力的完备结合称为才能，而能力最完备的结合是天才。

需要指出的是，某种单一能力即使达到很高的发展水平，也不能称为天才，仅称为"偏才"。就是说某人某科特别好，远超同辈人，而其他的学科却不尽人意，甚至差得离奇，就只能是"偏才"。当然，随着社会生活多元化与科技的高速发展，如今"偏才"的范围得到延伸，即只要是有自己的本领，只在某个领域有突出的表现的人都被称为"偏才"。

天才不是先天资质的结果，先天素质只是天才形成的基础。多种才能的培养离不开后天环境、教育和训练等因素，同时还需要自己的主观努力以及社会历史条件、社会的进步和时代发展的要求。

按照能力发展的高低程度，可把能力分为能力、才能和天才。能顺利地完成某种活动所具备的心理条件是能力；具备能力所需要的各种心理条件叫才能；不仅有才能，而且能力所需要的各种心理条件都达到了完美的结合，能为人类做出杰出贡献叫天才。

二、能力与知识和技能

知识是人类社会历史经验的总结和概括；技能是通过练习而获得和巩固下来完成活动的动作方式和动作系统。

能力不是知识和技能，但与知识和技能有着密不可分的联系。能力是掌握知识和技能的前提，决定了掌握知识和技能的方向、速度、巩固的程度和所能达到的水平。能力的发展是在知识、技能掌握与运用的过程中完善的。知识的获得依赖学习，而技能的掌握依赖练习，离开学习与练习，能力不会得到发展。能力在一定程度上决定着个体在知识和技能掌握上所取得的成就。如没有音乐能力，就不能顺利地掌握音乐的知识和技能，音乐能力比较低，想在音乐上取得优异成绩是比较困难的，如果两个人掌握了同等水平的知识和技能，那么也不能说他们的能力是相同的。这可能是因为两个人年龄不同，从事这种知识和技能学习的时间也不同，或者两个人知识和经验的基础不同，达到同样的知识和技能水平，所需要付出的努力也不同，所以不能简单地把知识和技能当作标准，来比较人们能力的高低。

能力、知识和技能三者之间虽紧密联系，但也有重要的区别，从范畴、概括水平和发展水平角度可以对它们进行分析。它们属于不同的范畴，能力、知识和技能的概括水平和发展水平不同，即三者发展不同步。

第二节　能力种类和能力结构

一、能力的种类

能力按不同标准可以被划分为不同的类别。主要有一般能力和特殊能力；认知能力、操作能力和社交能力；液体能力和晶体能力；模仿能力、再造能力和创造能力等。

（一）一般能力和特殊能力

按照能力的倾向性不同，可以把能力分为一般能力和特殊能力。

一般能力，又称为智力，指大多数活动所共同需要的能力，是在各种活动中共同具有的最基本能力。

特殊能力，又称为专门能力，指为完成某项专门活动所必需的能力，它是在特殊的专门领域内必需的能力。

（二）认知能力、操作能力和社交能力

按照能力的功能不同，可以把能力分为认知能力、操作能力和社交能力。

认知能力是指个体接收、加工、存储和应用信息的能力，是个体得以顺利完成各项活动任务的最重要心理条件。

操作能力是指操作、制作和运用工具解决问题的能力。

社交能力是指在社会交往活动中所表现出来的能力。言语感染能力、沟通能力以及交际能力等都是社交能力。

（三）液体能力和晶体能力

按能力与先天禀赋和社会文化因素的关系，可以把能力分为液体能力和晶体能力。

液体能力又叫液体之力，是指在信息加工和问题解决的过程中所表现出来的能力，它较少依赖文化和知识的内容，而取决于个人的禀赋。所以，它受教育和文化的影响较少，却与年龄有密切的关系，20岁达到顶峰，30岁以后将随年龄的增长而降低。

晶体能力又叫晶体智力，是指获得语言、数学等知识的能力，它取决于后天的学习，与社会文化有密切的关系。在人的一生中晶体能力一直在发展，只是25岁之后其发展速度才渐趋平缓。

（四）模仿能力、再造能力和创造能力

按照能力参与活动性质和创造程度的不同，可以把能力分为模仿能力、再造能力和创造能力。

模仿能力是指仿效他人言行举止，引起与之相类似行为活动的能力。

再造能力指遵循现成的模式或程序，掌握知识和技能的能力。

创造能力是指在创造性活动中产生出具有社会价值的、犰特的、新颖的思想和事物的能力。

模仿能力和创造能力二者相互联系。模仿能力中一般都含有创造性因素，而创造能力的发展又需要一定模仿能力作为基础。

二、能力的结构理论

能力结构，指一个人所具备的能力类型及各类能力的有机组合。从不同角度或不同层面，可以划分不同的能力类型，每个人所具备的能力结构是不同的。能力不是某种单一的特性，而是具有复杂结构的多种心理特征的总和。探讨能力的结构，分析能力的构成因素，都是非常必要的。

（一）独立因素说

独立因素说又称为智力的单因素理论。主张智力单因素论的人认为，人与人之间智力上有高低，但智力只是一种总的能力。例如，高尔顿、比奈、推孟等人都主张智力是单因素的，他们编制的量表只提供单一分数（智商），只测一种智力。

（二）斯皮尔曼的二因素说

20世纪初，英国心理学家和统计学家斯皮尔曼提出了能力的二因素说。这个学说认为，能力是由两种因素构成的，一个是一般因素，称为G因素，一个是特殊因素，称为S因素。G因素是每一种活动都需要的，是人人都有的，但每个人的G因素的量值有所不同；所谓一个人"聪明"或"愚笨"，正是由G的量的大小决定的。由此，斯皮尔曼认为，一般因素G在智力结构中是第一位的和重要的因素。

特殊因素S因人而异，即使是同一个人，也有不同种类的S，它们与各种特殊能力如言语能力、空间认知能力等相对应，每一个具体的S只参加一个特定的能力活动。完成任何一种活动，都需要由一般能力因素G和某种特殊的能力因素S共同承担。比如，言语能力由G和S构成。空间认知能力由G和S构成。G因素对应的是一般能力，S因素对应的是特殊能力，完成任何一项活动都离不开这两种因素，每个人的 G 因素和 S 因素都是不相同的，即使具有一样类型的 S 因素，但程度上也存在着差异。

斯皮尔曼用一般因素 G 来解释不同测验间的相关。他指出，不同测验测得的总是一般因素 G 和某种特殊因素 S，既然各测验都含有 G 因素，那么它们就必然有一定关联。

（三）智力的多因素理论

1.桑代克的三因素理论

桑代克反对斯皮尔曼的二因素论，提出了"智力三因论"，他认为可能有三种智力：

①抽象智力，包括心智能力，尤其是运用语言、数学符号等从事抽象思维推理的能力；

②具体智力，即个体处理具体问题、具体事物的能力；

③社会智力，在社会活动中处理人与人相互交往的能力。

2.瑟斯顿的群因素理论

群因素论又叫基本心能论（primary mental abilities），由美国心理学家瑟斯顿（Thurstone，1938）提出。继斯皮尔曼之后，许多研究者在智力测验中都应用因素分析法，但得出了不同的结果。美国心理学家瑟斯顿用由 56 个测验组成的一组测验对 218 名大学生进行测验，然后用因素分析法求得智力由七种因素构成。据此他认为智力内涵中并无所谓一般智力与特殊智力之分，而是由一些彼此独立的基本心理能力组合而成。因此，瑟斯顿的智力理论被称为智力群因素说（group-factor theory of intelligence）。他提出 7 个不同的因素群：①语词流畅（W）；②语词理解（V）；③计算能力（N）；④空间知觉能力（S）；⑤记忆能力（M）；⑥知觉速度（P）；⑦推理能力（R）。人类的智力组成中，七种基本能力的含义如下：

①语文理解（verbal comprehension，简称 V），属理解语文含义的能力；

②语句流畅（word fluency，简称 W），属迅速语文反应能力；

③数字运算（number，简称 N），属迅速正确地计算能力；

④空间关系（space，简称 S），方位辨识及空间关系判断能力；

⑤联想记忆（associative memory，简称 M），属两事联结的机械式记忆能力；

⑥知觉速度（perceptual speed，简称 P），属凭视觉迅速辨别事物异同的能力；

⑦一般推理（general reasoning，简称 R），属根据经验能做出归纳推理的能力。

智力由以上 7 种基本心理能力构成，各基本能力之间彼此独立，它们之间的不同搭配构成了每个人独特的智力结构。

瑟斯顿的智力结构理论可用图14-1来表示。图中的椭圆形V1、V2、V3、V4代表四种言语能力测验，椭圆形S1、S2、S3、S4代表四种空间能力测验。从图中可以看出，各种言语能力测验和各种空间测验都有相当高的关联，图中的V和S分别代表言语能力和空间能力。瑟斯顿曾根据上述7种基本心理能力编制了著名的基本心理能力测验（Primary Mental Abilities Test，简称PMAT），但是测验结果和他的设想相反，各种能力之间都有不同程度的相互关联，尤其在年幼儿童中表现得更为突出。这样看来，二因素论和群因素论并不是不可调和的，后来，瑟斯顿本人也承认可能有一种总的智力，但他同时强调分析各自的因子对智力的决定性作用。

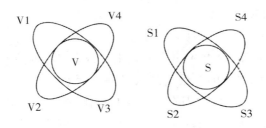

图14-1　瑟斯顿的智力结构理论

（四）三维结构模型（图14-2）

美国心理学家吉尔福特（Guilford，1959）提出智力是思维的表现，而思维则包括思维内容（content）、思维操作（operation）以及思维产物（product）三个心理维度。由此三个心理维度，构成一个立体结构，即为智力结构。

思维内容包括：视觉、听觉、符号、语义、行为；思维操作包括：认知、记忆、发散思维、集中思维、评价；思维产物包括：单元、类别、关系、系统、转化、蕴含。

这三个维度构成一个立方体。由于内容有五种，操作有五种，产品有六种，一共可以得到5×5×6=150种的结合。每一种结合代表一种智力。

各种智力都可以用不同的测验来检验，如给被试一系列4个字母的组合，PIAS、FHKY、DSEL等，要被试将它们重新组合成熟悉的单词，如FISH、PLAY、DESK等，在这一测验中，智力活动的内容是符号，操作为认知（理解），产物为单元。按重新组合的单词数量来计算成绩，以此来测量一个人的符号认知能力。吉尔福特宣称他基本上发现了这150种智力。

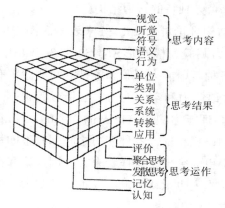

图 14-2　三维结构模型

（五）层次结构模型理论

1.阜南的智力层次结构模型

英国心理学家阜南（P. E. Vernon）提出了智力层次的因素理论。他认为智力是按等级层次组织起来的，最高层次是一般因素，相当于斯皮尔曼的 G 因素；其次是言语和教育方面的因素、机械和操作方面的因素这两个大因素群；第三层是小因素群，如言语和教育方面的因素，又可分为言语理解、数量因素等，机械和操作方面则有机械信息、空间能力和手工操作等等；最后层次是特殊因素，相当于斯皮尔曼的 S 因素。

2.卡特尔的流体智力与晶体智力理论

美国心理学家卡特尔把一般智力或 G 因素区分为液体智力和晶体智力两种形态。

液体智力是指以生理活动机能为基础的、不依赖于文化和知识背景而对新事物学习的能力。指一般学习与行为的能力，它由速度、能量、快速适应新环境的测验来度量，如注意力、知识整合力、思维的敏捷性、逻辑推理测验、记忆广度测验、解决抽象问题和信息加工速度测验等。

晶体智力是以经验为基础的后天习得的能力，它与个体的文化知识、经验积累有关。指个体已获得

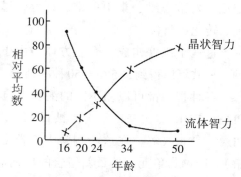

图 14-3　卡特尔的流体智力与晶体智力理论

的知识和技能，由词汇、社会推理以及问题解决等测验来度量，如知识的广度、判断力等。

一些研究表明：流体智力与晶体智力的发展是不同的，流体智力随着生理成长曲线而变化，到十四五岁达到高峰，而后逐渐下降；晶体智力不仅能够继续保持，而且还会有所增长，可能要缓慢上升至25岁或者30岁以后，一直到60岁才逐渐衰退。

（六）智力的认知理论

1.斯腾伯格的智力三元结构理论

智力有三个理论部分：成分理论，揭示智力活动的内在心理结构；情境理论，阐明智力与环境的关系；经验理论，诠释智力与个人经验的关系。

成分理论认为智力成分结构有三个层次，①元成分，它是高级管理成分，其作用是实现对智力活动的调控过程，包括完成任务过程中的计划、监控、鉴别和决策；②操作成分，其作用是执行元成分的指令，进行各种认知加工操作，如编码、推断、提取、应用、存贮、反馈等；③知识习得成分，它是学会如何解决新问题及选择解决问题的策略等成分。

情境理论指个体在日常生活中，运用学得的知识经验以处理其日常事务的能力。情境理论认为智力是指获得与情境契合的知识经验的心理活动。在日常生活中，智力表现为有目的地适应环境、塑造环境和选择新环境的能力。

经验理论指个体运用既有经验处理新问题时，统合不同观念而形成的顿悟或创造力的能力。经验理论认为智力包括两种能力，一种是处理新任务和新环境时所要求的能力，另一种是信息加工过程自动化的能力。

2.智力的PASS模型

PASS模型是指"计划—注意—同时性加工—继时性加工"模型，它包含三层认知系统和四种认知过程。

注意系统称为"注意—唤醒"系统，起激活和唤醒作用，是整个智力系统的基础，它使大脑处于适宜的活动状态。

同时性加工和继时性加工系统称为信息加工系统，是智力的主要操作系统，智力活动的大部分"实际行动"在该系统进行，它处于中间层次。

计划系统处于最高层次，主要从事智力活动的计划性工作，在智力活动中确定目标、制定策略，起监控和调节作用，三个系统协调合作，保证了主体智力活动的正常运行。

（七）加德纳的多元智力理论

多元智力理论由美国心理学家加德纳（H. Gardner）提出，他认为智力的内涵是多元的，由7种相对独立的智力成分构成，每种智力都是一个单独的功能系统，这些系统可以相互作用并产生外显的智力行为。

①言语智力，渗透在所有语言能力之中，包括阅读、写文章以及日常会话能力。

②"逻辑—数学"智力，包括数学运算与逻辑思维能力；

③空间智力，包括导航、认识环境、辨别方向的能力；

④音乐智力，包括对声音的辨别与韵律表达的能力；

⑤身体运动智力，包括支配肢体完成精密作业的能力；

⑥人际智力，包括与人交往且能和睦相处的能力；

⑦内省智力，指个体对自身内部世界的状态和能力具有较高的敏感水平。

第三节　动作技能和智力技能

一、技能概述

（一）什么是技能

技能是指个体运用已有的知识经验，通过练习而形成的动作方式或智力活动方式。

（二）技能的特征

第一，技能必须具有一定知识，即拥有某种初步知识，才能完成某种活动方式，它是个体运用脑中知识经验的结果。

第二，技能要在一定知识基础上，通过反复练习才能掌握，不经过练习而尝试着触摸计算机键盘并按下某些按键的人，并不具备打字这种技能，技能离开练习不可能形成。

（三）熟练与习惯

熟练是高水平的技能，它是通过练习而巩固、自动化了的动作方式；习惯以熟练为基础，但意识的调节与控制水平较低。

习惯和熟练的区别有以下五个方面：

第一，两者与需要的关系不同。熟练一般源于工作或活动需求，因任务要求而产生；习惯则源于生活或生存需求，因生活或生存而产生。

第二，两者的意识不同。熟练仍得有一定的意识水平和意志力。而习惯无须意志力。

第三，两者的道德价值不同。熟练满足社会要求，而习惯仅是个体的生活方式之一。

第四，两者与任务的联系不同。熟练的存在旨在完成任务，而习惯并不具有任务性与目的性，是无意识状态。

第五，两者对照的标准不同。熟练与生疏相对照，而习惯以他人行为为模仿标准。

二、动作技能

动作技能也称运动技能或操作技能，指由一系列外部动作所组成的系统，例如打字、跳舞、体操、操纵仪器等都属于动作技能。

动作技能主要借助于骨骼、肌肉和与之相应的神经过程来实现，并要通过练习才能逐步形成并巩固起来。需要指出的是，动作和运动有着细微不同。动作是可分解的，而运动则是连续的，是动作的组合，前者是具体的，而后者是笼统的。

（一）动作技能的结构

动作技能的结构具有以下四个维度。

1.连续性—非连续性维度

一个非连续性的运动技能就是对于一个特殊的外部刺激做出一个特殊反应的活动。这是一种开始和结尾都是清晰可辨的、在较短的时间内（一般在5秒钟以内）完成的技能。例如，投掷铁饼、举重或移动一个棋子等。这类技能带有爆发性，一般在不到200毫秒的一刹那间发生这种快速动作。如果把这种技能进一步简化为最简单的形式，那么，从反应时间的测量来看，一个"断续"的任务就是手和臂共同发力而引起物体在一个方向上的运动。

与此相反，一个连贯的运动技能是人对刺激的结合做出连续的调节和校正，其中有些刺激是从肌肉中反馈的。心理实验室中进行"旋转追踪测验"是一个形成连续运动技能的例子。如在塑料圆盘上嵌入一个与圆盘贴合成一个平面的金属"目标"，圆盘转速为每分钟60转。执行者手持一支铁笔跟随目标运动，力图在铁笔的金属尖和目标之间保持接触通电。这样形成的技能是使臂和腕连续平稳地进行运动，它调整快慢，以便与旋转着的目标的转速相符。许多熟练的技能如游泳、翻跟斗、拉窗帘等都是连贯的技能。

2.封闭性—开放性维度

开放性技能是通过外部介质（如光、声、气味等）而实现的技能。封闭性技能是通过动觉信息而实现的技能。一个封闭性的运动技能是一种完全借助于肌肉运动的反馈信息而实现的。这种技能是闭着眼睛也能完成的。闭上眼睛徒手在黑板上画了一个圆圈、闭上眼睛打毛衣等都可以说是封闭性技能。在实际生活中，许多运动技能都有开放性的特征，就是说，这些反应或多或少受到外部刺激的调节。抄写、织毛衣、滑雪、开机床等运动技能，要适当而精确地实现，都必须通过外部反馈才有可能完成。

3.精细—粗大维度

精细与粗大是指与运动技能有关的肌肉的性质和数量。粗大的运动技能是运用大肌肉的，并且往往是全身性的运动，如打网球、跑步、游泳、举重等。而精细的运动技能则主要运用腕关节和手指的运动，像绣花、织毛衣、写字、打字等手工技巧属于精细的运动技能。

人们在获得精细运动技能和粗大运动技能的难易方面有很大的个别差异。研究表明，这两类运动技能之间的相关度是很低的，因为它们之间的差别太大了。

4.简单—复杂维度

从技能动作所包含的刺激量和反应数或完成运动技能时加工的信息量来看，有简单运动技能和复杂运动技能。例如，驾驶飞机比驾驶汽车要复杂，因为有更多的仪表和操作需要个体的注意和控制。

此外，我们还可以从运动技能反应的精确性、协调性、稳定性、速度、有效地利用线索以及其在紧张情况下维持技术水平等方面，对运动技能的结构进行分析。

（二）动作技能的形成

动作技能的学习经历了习得、保持和迁移过程，是通过练习而逐渐掌握某种外部动作方式并使之系统化的过程。

1.认知阶段

认知阶段也称知觉阶段。这一阶段主要是理解学习任务，并形成目标意向（goal-image）和目标期望（goal-expectancy）的阶段。目标意向主要指学习者对自己解决问题的目标。目标期望是对自己的作业水平的估价，即明确自己能做得如何。这种期望对动作技能的学习起着定向作用。

学习者在技能学习的起始阶段，首先要通过对示范动作的观察，对刺激情景的知觉，来形成一个内部的动作意象，以作为实际执行动作时的参照。而要形成这样一个意象，则需要对线索和有关信息进行适当的编码。线索和信息的编码，可以是形象的，也可以是抽象的；可以是视觉的，也可以是语词的；可以是有意义的，也可能是孤立的。为了形成有利于动作技能学习的目标意象，学习者通常用自己擅长的方式来对线索进行编码。

也就是说，不同的学习者编码的策略与方式是不同的。儿童通常利用视觉表象进行编码，而成人则能够将视觉表象和语词联系起来共司编码（common coding）。在形成目标意象过程中，学习者不仅借助对现有任务的知觉和有关线索来编码，也可借助先前的有关经验。这就是说，学习者通常还从长时记忆中激活有关信息，并有效地检索、提取出来以帮助编码。

在认知阶段，学习者不仅形成目标意象，而且还依据自己以往成功和失败的经验，依据自己的能力和当前任务的难易，形成对自己作业水平的期望。这一期望既表现在质的方面，即动作质量的好或坏，也表现在量和范围上，即能完成动作的多寡。一般来说，有明确目标期望的学习，较之于目标期望模糊的学习更有效。认知阶段的主要特点是学习者忙于领会技能的基本要求，掌握技能的局部动作，因而注意范围比较狭窄，精神和全身肌肉紧张，动作忙乱，呆板而不协调，出现很多多余的动作，不能察觉自己动作的全部情况，难以发现错误和缺点。

2.联系形成阶段

（1）分解阶段

在这一阶段，传授者将整套动作分成若干分解动作，学习者则初步尝试，逐个学习。即把组成新运动技能的动作构成的整体逐一分解，并试图发现它们是如何构成的，最后尝试性地完成所学新技能中的各个动作。在这个时期，学习者的注意只能集中于个别动作上，不能统观全局和控制动作的细节。这是由于对被分解的动作生疏，动作程序之间还未形成有机的联系，初看起来既不连贯又顾此失彼。同时，新动作和日常生活中形成的习惯动作不相符合而发生矛盾时，对新动作有干扰作用。以骑自行车为例，整个骑车动作可先分解为脚蹬动作和手握把动作，学习者初学时只能逐个去练习。但这两个分解动作是连不起来的，不是忘了脚蹬，就是忘了扭把，动作不协调，不能掌握平衡，而且精神紧张，双眼总是盯着前轮，不敢远视，控制不了自己的动作。

（2）联系定位阶段

在这一阶段，重点是使适当的刺激与反应形成联系并固定下来，整套动作联为整体，变成固定程序式的反应系统。即使是一个简单的动作，所包含的刺激与反应也非常复杂，所以联系定位比想象的还要复杂得多。例如，用英文打字机打出 human 这个词，学习者必须知道并打出每个字母，而且打第一个字母的反应又必须成为打第二个字母的刺激。用加涅的话来说，就是必须建立动作连锁。

在这一阶段，练习者已经逐步掌握了一系列局部动作，并开始将这些动作联系起来，但是各个动作还结合得不紧密。在从一个环节过渡到另一个环节，即转换动作的时候，常出现短暂的停顿。练习者的协同动作，是交替进行的，即先集中注意一个动作，然后再注意做出另一个动作，反复地交替，进行不同的动作。这种交替慢慢加快，技能结构的层次不断提高，然后逐渐形成整体的协同动作。

同时，在这一阶段，必须排除过去经验中习惯的干扰。例如已经学会开汽车的人，在学习开飞机时，因为飞机的转弯是用脚操纵的，所以他必须排除用手转动控制盘的习惯的干扰。学会了打简化太极拳的人，在学习打杨氏太极拳时，常常把简化太极拳中后坐的撇脚的动作带到杨氏太极拳里来，而在杨氏太极拳中是没有这个动作的，因此他必须努力纠正这些习惯性动作。动作技能相互干扰是负迁移的表现，对新的动作技能的掌握有阻碍作用。在这一阶段的主要特点是技能的局部动作被综合成更大的单位，最后形成一个连贯的动作技能的整体。练习者视觉控制作用逐渐减弱，而肌肉感觉的自控作用逐步提高，动作间的相互干扰减少，紧张程度有所减弱，多余动作趋于消失。

3. 自动化阶段

动作技能形成的最后阶段是一长串的动作系列已联合成为一个有机的整体并已巩固下来。各个动作相互协调似乎是自动流出来的，无须特殊的注意和纠正。技能逐步由脑的低级中枢控制。这时，练习者的多余动作和紧张状态已经消失，练习者就能根据情况的变化，灵活、迅速而准确地完成动作，能够自动地完成一个接一个的动作，几乎不需要有意识控制。熟练操作特征就是动作技能进入自动化阶段的特征。如有经验的司机，在正常开车时，可以顺利地与别人交谈，而不用紧张地盯着前方。

研究表明，对任何动作技能掌握的熟练程度都是相对的。例如，有人对工业生产中的动作技能进行了长期的研究，发现雪茄生产工人的动作技能在四年多的时间内都在进步。这些工人要掌握一定水平的技能，必须经过大量的实践。例如，第一年工人生产一支雪茄需用12%分钟，第二年降至10%分钟，第三年又降到9%分钟，在第四年以后，工人的技能仍有缓慢的改进。许多体育技能的训练表明，一个运动员，要达到自己的最高水平，需要多年的练习。要保持这一最高水平，同样需要大量的练习。诱因的大小也对技能的改进有很大的影响。国外对明星运动员给以重金或高报酬，就是为了促使他们不断研究新技术，不断创造新的运动纪录。

动作技能的形成是从领会动作要点和掌握局部动作开始，到建立动作之间的有机联系，最后达到整套动作自动化的过程。

三、练习

练习是以掌握一定动作或活动方式为目的进行反复操作的活动过程，它是技能形成的基本条件。无论是动作技能还是智力技能都离不开练习。

（一）练习曲线

技能是通过练习而形成的。所谓练习就是以掌握一定的动作（或活动）方式为目标所进行的反复操作过程。练习不是单纯的反复操作，而是以掌握一定的活动方式为目标的反复，每个人的认知结构都可通过练习得以完善和提高。练习的结果可以用"练习曲线"来表示。练习曲线也叫学习曲线，是表示一种技能形成过程中练习次数和练习成绩之间关系的曲线。

（二）练习的起伏

练习曲线反映了练习的起伏规律。练习的起伏意味着学习效率具有上升和下降的规律，但若以效率为Y轴的练习曲线总趋势是上升的，只是说明在练习过程中，学习效率不是线性上升的，而是有反复的，有时甚至还会下降。

练习起伏之所以产生具有三方面原因：

第一，客观环境变化导致练习成绩起伏。例如，运动员训练时需要到比赛现场实地去适应场地，以及当地的气候等，就是希望避免由于客观环境的变化而带来的起伏。

第二，人的主观心理状态导致练习成绩起伏。例如，学生在学习过程中由于受到自己注意力、情绪等变化，带来练习成绩起伏。

第三，练习高原现象，即高原期出现导致练习成绩起伏。例如，一个人练习到一定时期后会出现成绩暂时停滞现象。个体练习高原现象产生的原因，主要是注意力分散、兴趣下降、疲劳、厌倦以及意志力减弱等。

四、智力技能

智力技能又称为认知技能或心智技能，指借助于内部言语，在脑中进行认知活动的心智或智力活动方式。

它与感知、记忆、想象与思维的关系密切，但以抽象思维为其主要成分。在认识事物或解决具体问题时，这些心理活动按合理的、完善的方式自动进行。

智力技能具备以下特点：

第一，从对象来看，智力技能的对象是观念的，其直接对象是不具一定物质形式的客体，而是客体在脑中的映像；

第二，从方式来看，智力技能的操作方式具有内潜性，其操作在脑中是借助内部言语默默进行的，外部很难觉察该操作过程的思维活动方式；

第三，从结构来看，智力技能的结构具有简缩性，即把完整的东西压缩、简化、高度省略，因此难以觉察其活动的全部过程，而其外在表现则是自动化了的。

智力技能的形成是一个从外部的物质活动向内部的智力活动转化的过程，一般经历五个阶段：第一个阶段，活动的定向阶段；第二个阶段，物质活动或物质化活动阶段；第三个阶段，出声的外部言语阶段；第四个阶段，无声的"外部"言语阶段；第五个阶段，内部言语阶段。

第四节　智力测验

一、智力测验的定义

智力测验是心理测量的重要任务之一，它以某种方式测量人的能力，以量化表示。

按测验的内容分，有能力测验和学绩测验，如成套的成就测验等；按测验的对象特点分为个别测验和团体测验；按测验的表现形式，分为文字测验（纸笔测验）和非文字测验；按测验的目的分，有描述性测验、诊断性测验、预测性测验；按测验的时间分，有速度测验和难度测验；按测验要求分，有最高行为测验和典型行为测验。这些测验可用于测定学生的智力水平，有助于因材施教，也可用于对专业人员的选拔，做到人尽其才。

二、智力测验的研究状况

（一）智力测验

1.比纳和西蒙的智力量表

系统采用测验方法来测量人的智力，是在20世纪初，由法国心理学家比纳（A. Binet）和医生西蒙（T. Simon）提出来的。比纳早年就从事智力测验的研究，1904年比纳受法国教育部的委托，参加筹建研究呆傻儿童的研究会，并接受研制呆傻儿童检测办法的任务，以便把他们从一般儿童中区别出来，给以特殊的教育。

1905年，比纳在西蒙的帮助下，编制了最早的一个智力量表。1908年，比纳和西蒙对其量表进行了第一次修订。

1916年，美国斯坦福大学教授推孟（L. M. Terman）将比纳-西蒙量表介绍到美国，并修订成斯坦福-比纳量表。1937年和1960年，斯坦福-比纳量表又经过了两次修订，它是目前世界上最广泛使用的量表之一。

智商（Intelligence Quotient，IQ）的概念，以智力年龄（Mental Age，简称MA）与实际年龄（Chronological Age，简称CA）的比率来表示智力测量结果。

计算公式为：智商（IQ）=智力年龄（MA）÷实际年龄（CA）×100

智力测验的结果是智商，智商是个体的智力年龄与实际年龄的比率，即"比率智商"，为避免出现小数，将商数乘以100。现今大多数智力测验都沿用了智商这个概念。

2.韦克斯勒智力测验

美国著名心理学家韦克斯勒创制了新的智力测验量表。该量表分三种：

韦氏学前儿童智力量表，适用于4～6.5岁的儿童；

韦氏儿童智力量表，适用于6～16岁儿童；

韦氏成人智力量表，适用于16岁以上的成人。

这是一套比较完整的、具有各年龄代表性的智力量表。

韦氏量表不用智力年龄的概念，但保留了智商的概念。但它不是比率智商，而是以同年龄组被试的总体平均数为标准，经统计处理得出的智商，称离差智商。

离差智商假定，同年龄组的智商总体平均数为100，且呈正态分布。用个人测验的实得分数与总体平均数做比较，确定他在同年龄组内所占的相对位置，以此判定他的智力水平。大量测验与统计结果发现，人与人之间的智力差异服从常态分布规律。

韦克斯勒假设，人们的智商以平均数为100、标准差为15的正态分布，这样离差智商的计算公式为：$IQ = 100 + 15Z = 100 + 15(X-M)/S$

其中X为某人实得分数；M为某人所在年龄组的平均分数；S为该年龄组分数的标准差；Z是标准分数，其值等于被测人实得分数减去同龄人平均分数，除以该年龄组的标准差。

（二）特殊能力测验和创造力测验

特殊能力测验是对特殊职业活动能力的测量。特殊能力是指某些人具有的他人所不具备的能力。由于职业选拔与咨询的需要，各种机械、文书、音乐及艺术能力倾向测验纷纷出现，同时视力、听力、运动灵敏度方面的测验也广泛应用于工业、军事等的人事选拔与分类中。

美国芝加哥大学的心理学家盖泽尔斯和杰克逊等人根据吉尔福的思想对青少年的创造力进行了深入的研究，在20世纪60年代编制了这套测验。这套测验主要测量被试的求异思维程度与水平。了解被试思维的流畅性、变通性和独创性。这套测验包括下列5个项目：①词的联想，②物品用途，③隐藏图形，④寓言，⑤组成问题等。

创造力测验答案不固定，一般要求回答得越多越好，并要有新颖性和创造性。不同学科最佳创造的平均年龄见表14-1。

表14-1　不同学科最佳创造的平均年龄

学科	最佳创造的平均年龄（岁）	学科	最佳创造的平均年龄（岁）
化学	26～36	声乐	30～34
数学	30～34	歌剧	35～39
物理	30～34	诗歌	25～29
实用发明	30～34	小说	30～34
医学	30～39	哲学	35～39
植物学	30～34	绘画	32～36
心理学	30～39	雕刻	35～39
生理学	35～39		

第五节　能力发展

一、能力发展的趋势

1970年贝利（N. Bayley）采用纵向研究方法，对相同一批被试在不同年龄阶段（从出生到36岁）使用贝利婴儿量表、斯坦福-比奈量表和韦克斯勒成人智力量表进行测量。结果发现，智力随年龄增长到26岁左右后保持水平状态，到36岁开始下降。如图14-4。

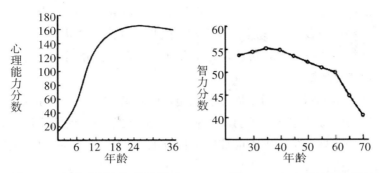

图14-4　智力发展与年龄的关系　　　图14-5　智力发展与年龄的关系

韦克斯勒在1955年，用成人智力量表对1700名被试进行的研究发现，34岁之前是智力发展的高峰期，以后逐渐下降，60岁之后迅速下降。如图14-5。

二、能力发展的个体差异

（一）发展水平的差异

能力发展存在水平上的差异，全人口的智力差异从低到高有许多不同的层次，但在人口总体中，智力分布基本上呈正态分布：两头小，中间大。如果用斯坦福-比奈智力比量表来测量一个地区全部人口的智商，那么智商在100±16范围内的人数占全国人口的68.2%；智商在100±32范围内的人数占全部人口的95.4%；智商高于132和低于68的人数占全部人数的极少数。如图14-6。

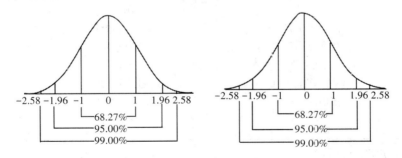

图14-6　智力分布图

智力的高度发展叫智力超常，一般把智商高于140的儿童叫超常儿童，这类儿童大约占全国人口的1%，智力远低于中等水平叫智力落后，一般把智商低于70的儿童叫弱智儿童，这类儿童约占全部人数的3%。

智力水平的高低并不是决定一个人成就大小的因素，因为智商高成就低或智商较低成就较高的例子并不少见。智力水平是一个人创造成就的基本条件，但是除智力水平这一条件之外，机遇和一个人的人格品质也是极为重要的条件。很难设想一个懦弱的人，会有克服重重困难，争取胜利的毅力。

根据智商高低以及智力发展水平差异，把儿童分为超常儿童、普通儿童和低常儿童三个等级，以下主要对超常儿童及低常儿童进行介绍。

1.超常儿童及其特征

超常儿童是指儿童的智力发展显著地超过同年龄常态儿童的水平，或具有某方面突出发展的特殊才能，能创造性地完成某种或多种活动的儿童。

超常儿童的心理结构，不仅应该包括优异的智力与创造力，还应包括良好的个性倾向和人格特质。

判断孩子是否超常的几个依据：具有寻求大孩子和成人的倾向，有快速获取信息的能力，早期表现出对解释和解决问题的强烈爱好，早在两三岁时就能用完整的句子说话，具有非凡记忆力，在艺术、音乐或数字技能方面早有天赋，通常在3岁之前就对书籍有极大兴趣并能够阅读，表现出对他人的善意、谅解和合作态度等。见表14-2。

表14-2　高智力儿童和高智力成人的最重要的特征排序表

儿童	成人
好奇心强	逻辑思维能力强
爱思考和提问	接受新事物能力强
富有形象力	适应能力强
反应快	有洞察力
富有创造性	富有创造性
观察能力强	富有想象
记忆力强	自信
动手操作能力强	独立性强
模仿能力强	富有好奇心
兴趣广泛	记忆力好

2.低常儿童及其特征

低常儿童是指智力发展明显低于同龄儿童平均水平，并有适应性行为障碍的儿童。心理学根据三个方面来确定低常儿童：

第一，智商明显低下。一般把智商在70以下的儿童确定为低常儿童。

第二，社会适应不良。低常儿童往往对周围自然环境和社会环境感到不适应，不能从事简单劳动，生活自理能力很差，在学校学习跟不上等。

第三，问题发生早。低常儿童的智力问题一般在发育阶段就有所表现，它们可以在1岁就出现，到3岁、5岁、9岁以及12岁时愈加明显。

（二）能力类型的差异

人们在能力的不同方面所表现出来的差异，包括感知能力、想象力以及特殊能力方面的差异也是很大的。例如，有的人听觉灵敏，有的人视觉发达，有的人记忆力强，有的人想象力强，有的人善于分析，有的人善于综合，有的人音乐能力强，有的人乐于绘画。一个富有成就的小说家和一个数学家难以比较谁比谁能力强，因为小说家可能上学时数学不及格，数学家叙述一件事情，可能干巴巴，更谈不上说得生动了，让他写小说大概不会受到读者的欢迎。

（三）能力表现得早晚差异

能力表现存在着早晚差异。能力早期表现又称为人才早熟，或早慧。中年成才则是能力表现的另一种情况。中年是成才和创造发明的最佳年龄，因为中年时期，人兼备了丰富的基础知识和实际经验，精力充沛，这是人生的黄金时期。

有些人的才能表现较晚，能力晚期表现称为大器晚成。能力晚期表现的原因是多方面的。第一，可能由于儿时不努力，后来加倍勤奋的结果；第二，也可能是小时候智力平常，但经过长期的主观努力，潜能终于在各种因素作用下得到了爆发；第三，还可能是社会制度的原因。

三、影响能力形成与发展的因素及其研究方法

心理发展历来就有遗传决定和环境决定的争论，影响能力发展的因素也有同样的争论，不过今天持绝对的遗传决定观点或绝对的环境决定观点的人已经见不到了。心理学家要回答的，已不是遗传还是环境决定能力发展的问题。因为哪种因素的影响都是否定不了的，心理学家要回答的应该是遗传和环境对能力发展各起什么作用，起多大作用，以及其在能力发展中两者是怎样相互影响的问题。

（一）遗传的因素

生物所具有的形态结构和生理特性，相对稳定的遗传给后代的现象，叫遗传。遗传是通过遗传物质的载体——细胞内的染色体来实现的，染色体上的遗传因子，叫基因，基因决定了性状的遗传。

影响能力发展的遗传因素，主要指的是一个人的素质，或叫天赋，即一个人生来具有的解剖生理特点，包括他的感觉器官、运动器官以及神经系统构造和机能的特点，素质是能力发展的自然基础和前提。

（二）环境和教育的因素

环境和教育的因素包括儿童正常发育的物质条件。儿童的家庭、儿童所在的学校以及它所处的社会环境，环境和教育条件决定了在遗传的基础上，能力发展的具体程度。

儿童正常发育的基本物质条件是营养，儿童身体的各个器官和神经系统都处在不断成长的过程中。出生前后如果缺乏营养必将影响身体器官和脑的发育，也必将影响智力的正常发展。疾病和药物也是影响儿童发育的重要因素，不仅儿童本身的疾病会影响其身体的正常发育，而且母亲怀孕期间，患病和服用药物也会对胎儿造成严重的损害。

环境的刺激也是重要的因素。母亲对孩子科学的哺育和爱抚，家人和其他人，特别是母亲与孩子的交往，适宜的玩具和变化的环境等都对儿童的智力发展有重要的影响。早期的环境影响更为重要，脱离人类社会，而在动物哺养下长大的孩子，即使回到人类社会，其智力发展也难以达到正常人的水平。

学校教育是对儿童进行的有计划、有组织的影响。学校不仅教会儿童掌握知识和技能，而且还要培养儿童的能力和健全的人格。外界的条件是通过儿童自身的活动才发生作用的，因此儿童的人格意志品质，对知识的兴趣以及主观努力，都会影响其自身能力的发展。

发达的社会经济条件和丰富的社会文化生活，是能力发展的肥沃土壤，和谐的家庭氛围是能力发展的基石，而教育则是能力发展的关键。

（三）研究遗传因素和环境因素影响的方法

关于遗传因素对能力发展的影响，早期最有影响的是英国学者弗朗西斯·高尔顿（Francis Galton，1822—1911）进行的研究，高尔顿用的是谱系调查的方法，他写了977位名人，考察了他们的谱系，再与普通人家做对比。结果发现名人组中，父辈是名人的，子辈中的名人也多；普通人组中，父辈中没有名人的，子辈中只有一个名人。他根据一系列这样的研究，得出结论说，天才的上代能生育出天才的子孙，遗传是能力发展的决定因素。这种研究的漏洞，就在于谱系只说明了遗传因素对能力发展的影响，但没法排除环境因素的影响。

利用同卵双生子来研究遗传对能力发展的影响比较有说服力，因为同卵双生子的遗传素质相同，他们能力上的差异可以看成是环境因素造成的。

考察养子、养女与亲生父母和养父母能力发展的相关，是研究环境因素对能力发展影响的一种较好的方法。因为养子、养女进入收养家庭就等于换了一个环境，长大后的养子、养女与生父母和养父母以及与在原来家庭长大的兄弟、姐妹之间能力发展的相关与差别，说明环境因素对能力发展的作用。

（四）遗传因素与环境因素的相互关系

遗传决定了能力发展可能的范围或限度，环境则决定了在遗传基础上能力发展的具体程度。

根据遗传因素和环境因素造成的能力上的差异，心理学家计算了在能力发展上遗传力作用的大小。在许多国家，包括在我国的某些地区，用这种方法对遗传力所做的估计，其数值大约在0.35～0.6之间，这一结果说明遗传力对能力发展的影响并不是很大。

研究还表明，遗传潜势不同的人，在不同的环境中其能力发展会有不同的情况，遗传潜势较好的人，能力发展的可塑范围大，环境的影响也大。例如，在较差的环境条件下，他们的智商发展可能只有50～60；在良好的环境条件下，他的智商可能发展到180左右。遗传潜势较差的人，他的遗传条件限制了他的智力发展的可能，环境能够起到的作用也比较小。

遗传因素和环境因素对能力的形成和发展产生重要作用。这一过程可以总结为：首先，遗传是父母把自己的性状结构和机能特点传给子女的现象，基因是遗传的基本单位。其次，环境是指客观现实，包括自然环境和社会环境。最后，实践活动和个性品质在能力发展中具有重要作用。可见，遗传因素和环境因素的作用对能力发展而言是无法分离的，没有环境的作用，遗传因素的影响无法体现；没有遗传因素作为最初能力形成的基础，环境对能力也无法产生影响。

第十五章　社会态度和社会行为

　　人的社会性本质决定了每一个个体都既有其人格特质，但同时又离不开群体。人，是社会的人。所以个体的认知、情感及个体的行为无一不与社会生活相关联。个体对社会的认知、情感和意向性就构成了其社会态度。人们以自己的社会态度为参照来看待社会现象，对事物进行归因与评价，评判自身行为后果。人们从事社会活动的人格基础是人际吸引，基本方式是人际交往。在现代社会中，群体行为因其在人际交往中影响范围与影响深度上的特殊性受到研究者们的广泛关注。正确认知与了解个体和群体的社会态度与社会行为在教育工作中也越来越受到重视，尤其在思想政治工作中已被视为实现其效能的最佳途径之一。

第一节　社会态度的形成

一、什么是态度

　　态度是指由认知、情感、意向三个因素构成的，比较持久的个体的内在心理倾向，它是外界刺激信息与个体反应之间的中介因素。

　　（一）态度的特点

　　①内在性，即态度是内在的心理倾向，是尚未显现于外的心理历程或状态。

　　②对象性，态度总是指向一定的对象，具有针对性。没有无对象的态度。态度的对象可以包括人、物、世界、观念等。

　　③稳定性，态度一旦形成，就会持续一段时间，不会轻易地转变。

　　（二）态度的成分

　　一般认为，态度是由认知、情感、行为倾向三个要素构成。

①认知成分，是指个体对态度对象的所有认知，即关于对象的事实、知识、信念、评价等。是态度的基础、规则和参照标准。

②情感成分，是指个体在评价的基础上，对态度对象产生的情感体验和情感反应。是在个体价值观基础上形成的认同或反对的心理反应。

③行为倾向成分，是指个体对态度对象的预备反应或以某种方式行动的倾向性。是个体对社会现象或事实的外在应对方略。

由于上述三种成分的英文首字母分别为 C（cognition，认知）、A（affection，情感）、B（behavior tendency，行为倾向），因而有人把态度的三成分说称为态度的 ABC 模型。一般来说，态度的三个成分是协调一致的，在它们不协调时，情感成分往往占有主导地位，决定态度的基本取向与行为倾向。

（三）态度与行为

态度含有行为的倾向性。社会心理学家研究态度的初衷，在很大程度上认为态度决定行为，通过态度可以预测人的行为。但大量的研究表明，人的日常行为常常与态度不一致，而且这种不一致在大多数情况下并没有影响人们的生活质量。比如，很多人认为抽烟有害，但仍然吞云吐雾。

态度与行为的关系比较复杂。态度是行为的决定因素，但个体具体采取什么样的行动，还受情景、认知因素甚至过去的经验与行为的影响。态度一般在四种情况下可预见行为：第一，态度强烈并一致时；第二，态度与被预告行为相关时；第三，当态度建立在个人主观体验上的时候；第四，个体清醒地意识到自己的态度时。

（四）态度与价值观

价值观是个体核心的信念体系，是个体评价事物与抉择的标准，是关于什么是"价值"的看法。价值观对态度有直接的影响，这种影响是通过个体对对象赋予价值来实现的，个体对某一对象的态度，就其认知成分来说，评价是核心要素。评价即确定价值，就是确定态度对象对个体的社会意义。个体的态度取决于对这一对象的价值。当个体认为对象有价值时，就会持有肯定的态度；认为没有价值时，就会采取否定的态度；介于两者之间时，则会采取中性的态度。价值的大小决定态度的强弱。态度对象的客观价值对态度有重要的影响，但态度的直接决定因素是个体赋予对象的主观价值。

态度与价值观有根本的不同。一方面，价值观与态度相比，更抽象和一般，更稳定和持久，更不容易转变；另一方面，价值观不像态度具有直接的、具体的对象，也没有直接的行为动力意义。它对行为的作用是间接的，价值观通过影响态度而最终影响行为。

个体的各种价值观彼此联结，构成了一个完整的价值体系。同样，人的各种态度也会构成一个具有整体的态度体系，越是接近价值体系中心的价值，越是接近态度体系中心的态度，对个体的意义越大，对个体行为的影响也越大。

二、态度的功能

社会心理学家卡茨提出，态度具有工具性、认知性、价值表达、自我防御、社会适应等五个方面的功能。

工具性功能，即态度的实用性使它扮演了一种工具性功能，也叫适应功能。这种功能使得人们寻求酬赏与他人的赞许，形成那些与他人要求一致并与奖励联系在一起的态度，而避免那些与惩罚相联系的态度。如孩子们对父母的态度就是适应功能的最好表现。

认知性功能，是指态度是通过已有组织和建构的信息为判定事物提供参照的功能。一种态度能给人提供一种作为建构事实手段的参照框架（frame of reference），因此它能引起意义感。比如在政治争论中你的态度常常为评价政治候选人提供一种参照框架。假如这些候选人支持争论朝你所持肯定态度的方向进行，你就会比他们反对这种争论似乎做出更为偏袒的反应。

价值表达功能，即表达价值观或反映自我观念的态度所扮演着的功能。在很多情况下，特有的态度常表示一个人的主要价值观和自我概念。比如你参与某种群众性运动的行列，手持某一政治人物的标语牌，这表明你赞同这一运动主题，并拥有这方面的价值观，以及与某些人物认同的自我概念。

自我防御功能，保护自己免受焦虑折磨或自尊受到威胁是态度的自我防御功能。人们常说："怀有偏见的人往往是心理不健康的。"态度有时也反映出一个人未澄清的人格问题，如未明示的侵犯和生怕丧失身份等。态度作为一种自卫机制，能让人在受到贬抑时用来保护自己。比如一个知识分子看到商人赚很多钱并在生活中拥有许多物质享受，为了恢复被损伤的自尊，他常会显示出自命清高和鄙视"为富不仁"的态度，以保持心理平衡。

社会适应功能，态度使人认识到自己为某个社会团体中的一部分是社会适应功能。人是社会性的生物，一些人和群体对个体都是很重要的，适当的态度将使个体从重要的人物（双亲、老师、雇主及朋友等）或群体那里获得认同、赞同、奖赏，或与其打成一片。对不同的人应学会有不同的态度。如现代大学生在让他们以对父母的态度去跟朋友打交道时往往就不适应，反之亦然。所以习得态度是适应社会生活的一种功能。

三、态度的维度

态度具有5个维度，即：方向、强度、深度、向中度和外显度。

方向维度，也称指向维度，指人对态度客体是肯定或否定的。

强度维度，指特定态度倾向于某一对象的强烈性与持久性。

深刻维度，指态度主体在对象上的卷入水平。

向中性维度，指态度在个人态度系统和相关价值系统中接近核心价值的程度。

外显维度，指态度主体在某种态度上所表现的外露程度。

四、态度形成理论

（一）态度学习论

态度形成的学习论认为，态度是个体通过联结学习、强化学习和观察学习而习得的。刺激—反应理论即学习论（learning theory）认为，在学习行为中涉及的一些原理同样适用态度的形成。霍夫兰等（C. Hovland，I. L. Janis & H. H. Kelley，1953）认为，态度大致同其他习惯一样是后天习得的，是个人通过联想（包括强化和模仿）获得有关信息和情感的过程加上评价组成的①。所谓联想（association）就是两个或多个观念（概念）之间构成联结通道，由一个观念可引起另一个观念的活动表现。斯塔茨夫妇（A. W. Staats & C. K. Staats，1958）在《态度由于经典条件反射而建立》一文中说："态度的形成是一个中性概念与一个带有社会积极或消极含义的概念重复匹配的结果。"②例如"学生"一词只表明在学校中接受教育的人，是个中性词，但假若它多次与"偏激的"形容词发生联结，其结果就会产生"学生是偏激的"的偏见。如果经历一次事实的印证，这种联结便更加牢固，成为刻板印象或定型（stereotype）。这就成为对学生所持的一种态度。

强化对态度形成有相当的作用。当个体的态度（如厌恶吸烟、早起锻炼等）得到社会的赞许，它就受到了强化，否则就得不到强化（或称负强化）。态度的强化更多地依赖于赞许，或同时受到两种相反的强化，其作用则取决于

---

① Hovland C, Janis I L, Kelley H H. *Communication and Persuasion*. New Haven, Conn: Yale University press, 1953.

② Staats A W, Staats C K. "Attiudes Established by Classical Conditioning". *Journal of Abnormal and Social Psychology*, 1958(57): 37 - 40.

两者相对的强度。对于青少年来说，来自于同伴的赞许（强化）与来自于父母的反对相比较，其力量要大得多。所以要帮助青少年形成正确的态度，注意培养群体的健康舆论颇为重要。

模仿是通过对榜样人物形象的示范而产生的联想反应，即初级学习形式。榜样如果是强有力的、重要的或亲近的人物，引起模仿的作用更大，甚至在没有榜样言语教诲的情况下，也是如此。儿童早期的一些态度大多来自于对双亲的模仿，但随后形成的态度来自于对社会上各种人物（老师、同辈好友、英雄人物、名人等）的模仿。人不仅只模仿榜样态度的外部特征——言谈、举止等，而且也吸取着榜样态度的内涵——思想、情感、价值观念、人格等。父母对物质财富持自私态度的儿童可能内化了这种态度，他们会更多倾向于拒绝与伙伴共享玩具，甚至父母告诉他们不应这样时也还会如此待人。直到人们掌握了许多社会规范与形成评价系统，这种模仿学习才逐渐让位给鉴别学习。

米德拉斯基等（E. Midlarsky, J. H. Bryan & P. Brickman, 1973）进行过一项实验[①]。研究者以六年级学生为被试，让玩有奖弹子游戏，赢一次得一张代币（token），积累多了可换一件更好的礼品，并请他们将每次获得的代币放入标有"我的钱"字样的罐内；而同时，在墙上张贴有丹佛儿童基金会为贫苦儿童募捐的招贴画，附近放有一个标有"给穷孩子的钱"字样的罐。在玩游戏前，主试对所有被试说："让我们使这些穷孩子知道，我们在关心他们。"控制组面临的情境大致如此。实验组除上述情境外，加上榜样的示范行为，即主试将自己赢得的代币放入"给穷孩子的钱"的罐子内。结果发现，控制组被试捐代币者极少，而实验组的被试大都能照主试的样子去行动，假如示范者对他们的实际行动报之以微笑（强化）或说"你们这样做太好了"，那么被试的捐献就会增多。研究者认为，只是口头上指点"照我说的做"，儿童不一定会按你说的去做，而教会儿童以利他主义的态度对待穷苦儿童，最好的方法是在儿童面前展示范型以引起仿效，即造型（modeling），并给予强化。

（二）态度的分阶段变化理论

凯尔曼（H. C. Kelman, 1958）曾指出态度形成过程可以分成三个阶段：依从、认同和内化。

1. 依从（compliance）

依从是态度形成的开始。个体总是趋于社会规范和社会期待或他人意志，

---

① E-Midlarsky, Bryan J H, Brickman P. "Aversive Approval: Interactive Effects of Modeling and Reinforcement on Altruistic Behavior". *Child Development*, 1973(44): 321 - 328.

在外显行为方面表现得与他人一致，以获得奖励，避免惩罚。此时，行为受外因控制。依从是表面的、暂时的权宜之计，是一种印象管理策略。

2.认同（identification）

认同是个体自愿地接受他人的观点、信息和群体规范，使自己与他人一致。在认同阶段，个体受到态度对象的吸引，但已超越属于外部控制的奖罚，而主动趋同于对象。在这一阶段情感因素起明显作用，认同依赖于对象对个体的吸引力。

3.内化（internalization）

内化是态度形成的最后阶段。在这一阶段，个体真正从内心相信并接受他人的观点，并将之纳入自己的态度体系，成为自己态度体系的有机组成部分。内化是个体原有的态度与所认同的态度协调的结果。是以理智，即认知成分为基础的。

个体态度的形成，从依从到认同，再到内化，最后成为不易转变的稳定性的心理倾向。

（三）态度的认知不协调理论

当个体的认知因素之间出现不一致时，就会产生不协调的动机状态，这种不协调动机状态会促使其去重新认知，以改变有关信念或行为，从而避免或减少不协调。

（四）态度的平衡理论

态度平衡理论（Heider's Balance Theory）是F·海德于1944年提出的。海德认为，个人在社会生活中建立的大部分与他人的关系是通过某些事件形成的。系统内各部分是否平衡，若不平衡就有压力，压力就会促使人去寻求态度变化以实现平衡。

第二节　社会印象的形成和归因

一、什么是社会印象

社会印象是指人在社会生活中，形成并存储在记忆中的认知对象的形象。社会印象的对象范围广泛，可以是人，也可以是事物或体验。当谈及对他人的印象时，往往指对他人人格特征和行为方式等方面的印象。社会印象反映的是认知对象的总体特征。

一般把认知对象视为一个完整的对象，当认知对象是某个人时，这种倾向性更为明显。

（一）印象形成

印象形成是指个体在有限信息资料的基础上形成关于某人广泛印象的过程。

阿希的实验探讨不同信息在人的印象形成过程中的作用所存在着的差异。有些信息在印象形成中十分重要，甚至能改变对他人的整体印象。

（二）印象形成的四种模式研究

在印象形成的过程中，个体所获得的信息总是认知对象的各种具体特征，但个体最终形成的印象并不是停留在各种具体特征上面，而是把各种具体信息综合后，按照保持逻辑一致性和情感一致性的原则，形成一个总体印象。印象形成模式主要包括：加法模式、平均模式、加权平均模式、中心品质模式。

1.印象形成的加法模式

印象形成时是遵循加法原则对各种信息进行整合的。加法模式是指人们形成总体印象时，参考的是各种品质的评价分值的总和。个体被肯定评价的特征愈多，强度愈大，给人的印象就愈好；相反，个体被消极评价的特征越多，强度越大，给人的印象就越差，也就越难以为他人所接纳。

2.印象形成的平均模式

印象形成是对信息进行平均后形成的对他人的印象。平均模式指有些人在总体印象的形成上，并不是简单地把他人的多种特征的评价分值累加，而是将各种特征的分值加以平均，然后根据平均值的高低，来形成对他人的好与不好的印象。

3.印象形成的加权平均模式

加权平均模式指许多人在形成对他人的总体印象时，不仅要考虑积极品质和消极品质以及各自的度量，还要考虑某些极端积极的或消极的品质在印象形成中的作用，而且还从逻辑上判断各种特征的重要性。对他人的总体印象依据的不是简单平均分数，而是加权平均分数。

4.中心品质模式

中心品质模式指在印象形成的过程中，人们往往忽略一些次要的，对个体意义不大的特征，仅仅根据几个重要的，对个体意义大的特征来形成整体印象。真诚、热情等是积极的中心品质，虚伪、冷酷等是消极的中心品质。"中心品质"指在印象形成过程中发挥重要作用的品质。"热情"和"冷淡"会极大地改变被试对人的评价。一般来说，中心品质模式更接近于大多数人日常生活中印象形成过程的实际情况。

（三）刻板印象

1.什么是刻板印象

刻板印象是指个体对某一特定人群的概括而固定的看法。刻板印象在现实生活中既有积极作用，也有消极作用。刻板印象会导致与他人交往过程中先入为主、贸然对他人做出判断，而这种判断并不一定准确和符合实际。

人们对某些人或事的固定看法和观念，就像刻在木板上的图形难以更改、抹灭。比如，很多人认为北方男人粗犷、豪爽，而南方男人则细致、拘谨，其实，真的走南闯北以后，就会发现事实上不一定这样。但很多人的这种刻板观念，并不因为新的经验而很快地改变。

刻板印象具有社会性的意义，能使人的社会知觉过程简化。但在有限经验的基础上形成的刻板印象往往具有消极的作用，会使人对某些群体的成员产生偏见，甚至歧视。

2.印象形成过程中的几种效应

（1）首因效应和近因效应

在印象的形成过程中，最先呈现的信息对印象形成起重要作用，这种现象称为印象形成的首因效应；最新获得的信息的影响比原来获得的信息的影响更大的现象，称为近因效应。

首因效应是第一印象作用的机制。第一印象一经建立，对其后的信息的组织、理解有较强的定向作用，个体对后续信息的解释往往是根据第一印象来完成的。

一般来说，熟悉的人，特别是亲密的人之间容易出现近因效应，不熟悉或者很少见面的人之间容易产生首因效应。

（2）晕轮效应

在形成第一印象时，认知者的好恶评价是重要的因素。人们初次相见，彼此最先做出的判断是喜欢对方与否，个体对他人最初的好恶评价极大地影响对他人总体的印象。

个体对认知对象的某些品质一旦形成倾向印象，就会带有这种倾向去评价认知对象的其他品质，最初的倾向性印象好似一个光环，使其他品质也因此笼罩上类似的色彩。例如，个体对他人的外表有良好的印象，往往会对他的人格品质也倾向于给予肯定的评价，这类现象叫光环效应，也称晕轮效应。

光环效应是一种以偏概全的现象，一般是在人们没有意识到的情况下发生作用的，由于它的作用，一个人的优点或缺点变成光圈并被夸大，其他的优点或缺点也就退隐到光圈背后被视而不见了。甚至只要认为某个人不错，就赋予其一切好的品质，甚至认为他使用过的东西、他要好的朋友、他的家人都很不错。

（3）投射倾向

投射倾向是指由于个体所具有的某种特性，从而推断他人也有与自己相同特性的心理现象。

二、印象管理

（一）印象管理的定义

印象管理也称印象整饰或印象控制，指个体以一定的方式去影响他人对自己的印象，即个体进行自我印象的控制，通过一定的方法去影响别人对自己印象形成的过程，使他人对自己的印象符合自我的期待。

印象管理与印象形成的区别是：印象形成是从认知者的角度来说的，是信息输入，是形成对他人的印象；印象管理是从被认知者的角度来讲的，是信息输出，是对认知者的印象形成过程所施加的影响。

（二）印象管理的作用

印象管理是个体适应社会生活的一种方式，现实生活中在不同的情景里，每一个个体都承担着多种社会角色，个体要为他人、公众与社会所接受，其行为表现必须符合社会对他角色的期待。为了更好地适应社会，个体就要实施有效的印象管理。

成功的印象管理的基础，是正确理解情景，正确理解他人，正确理解自身的状态，正确理解自己所承担角色的社会期待。但仅仅是理解，并不一定就能保证个体按社会的要求行事。因此，不同的人有不同的印象管理方式。

（三）常用的印象管理策略

在人际交往中，互动的双方都知道对方在不断地观察、评价自己，所以个体往往不断地调整自己的言辞、表情和行为等，希望给对方留下一个良好的印象。印象管理是一种社交技巧，常见策略有以下几种。

1.按社会常模管理自己

比如人们认为外表能反映一个人的精神状态，而外表最容易为他人所察觉，所以个体往往注意修饰外表，尤其在异性面前更加如此。

2.隐藏自我与抬高自我

个体的真实自我也许不受他人和公众的欢迎，为使他人对自己产生良好的印象，建立良好的人际关系，个体常常把真实自我隐藏起来，好比戴上一副面具。同时，通过各种办法自我抬高，让他人觉得自己在总的方面或特殊的方面很优秀，也可以给别人留下好的印象。自我抬高的人往往会承认自己的某些小的不足，以使自己在抬高的这些方面变得可信。

3.按社会期待管理自己

个体为了给他人留下良好的印象，需要使自己的行为符合角色的社会期待。例如，教师在学生面前的行为举止符合教师这一社会角色的要求，会给人留下一个"好教师"的印象。

4.投其所好

个体为了得到他人的好评，给人留下良好的印象，往往采取自我暴露、附和、献媚、施惠等手段，投其所好。

三、归因理论

（一）归因的定义

归因是指根据有关信息、线索对自己和他人行为的原因进行推测与判断的过程。归因不仅是一种心理过程，而且也是人类的一种普遍需要。每个人都可以被看成是业余的社会心理学家，都有一套从其经验中归纳出来的关于心理原因与行为之间的联系的看法或观念。

归因理论是关于个体如何对自己和他人行为的因果关系做出解释和推论的阐述。归因在很多情况下是通过自己有意识加工进行的，并会为此花费较多时间。有些出乎意料的事情以及行为，更容易引起归因。在社会生活中，一个人会逐渐形成各具特色的归因倾向，称为归因风格。

（二）行为归因的分类

1.内因与外因

个体进行归因时，首先注意的是内因与外因。内因指存在于个体内部的原因，如人格、品质、动机、态度、情绪及努力程度等个人特征。将行为原因归于个人特征，称为内归因。外因指行为或事件发生的外部条件，包括背景、机遇、他人影响、任务难度等。将行为原因归于外部条件，称为外归因或情景归因。

2.稳定性原因与易变性原因

在行为的内因与外因中，有些是可变的，有些是稳定的。内部原因中，比如人的情绪易变，而人格特征、能力则会在长时间内保持稳定；外部原因中，比如工作性质与任务难度相对稳定，而气候条件则易于变化。

3.可控性原因与不可控性原因

有些原因，是个体能够控制的，有些原因是个体不可控制的。如果是可控的原因，表明个体通过主观努力可以改变行为及其后果。对可控因素归因，人们更可能对行为做出变化的预测。因为个体努力了，结果就会好，个体不努力，结果就不理想。如果行为原因是不可控的，如智力因素、工作难度等，表明个体通过努力也有可能无力改变。对不可控因素归因，人们较可能对未来的行为做出准确的预测。

（三）归因理论

1.海德的归因理论

个体是如何理解和推断发生在自己周围事情的意义，以及如何采取行动的方法，了解人是如何接收社会信息和认识社会环境的。行为产生的原因或在于活动者本身，或在于环境，或者两者都有。前者包括动机、态度、能力及个人的努力程度等，称为内部原因源。后者指活动者周围环境的氛围，例如奖惩、工作性质以及运气等，这些称为外部原因源。

2.琼斯和戴维斯的归因理论

人在分析问题或社会事件时，总是倾向于寻找行为或事件的意义性。如果行为被观察者假定为是有意发生的或是故意行为，那么还要看行为者是否知道行为的结果，以及行为者是否具有进行这种行为的能力，只有当二者都具备时才能确定行为的有意性，也只有这样才能分析和指责他人行为的意图。活动者和观察者在对同一种行为事件进行归因时存在明显差异。活动者倾向于把自己的行为归因于外部因素。观察者则倾向于把行为归因于活动者个人方面的因素。

3.凯利的"方差分析模型"

由于信息不充足，以及人对周围环境认识的不完全，在归因时往往具有不稳定性。一旦出现归因不稳定状况，人总是寻找更多信息来证实自己的看法或促使事件被合理地解释。人们经常用于做出合理解释的归因大体有以下三类：

第一类，属于活动者个人方面的原因，包括个体的个性、心境、态度、能力等。

第二类，属于环境方面的原因，包括个体所处的情境、他人的影响、社会团体所给予的压力等。

第三类，属于行为对象或刺激对象方面的原因。

对这三种归因，分别称为个人归因、环境归因和刺激归因。什么时候进行个人归因，什么时候进行环境归因或什么时候进行刺激归因，要看活动者、环境、刺激对象这三种信息的协变关系。这一协变关系一般表现为以下三种形式：

第一种为"一致性信息"，主要是活动者的行为与多数人的行为是否一致。

第二种为"区别性信息"，主要是活动者只对当前刺激对象产生了行为，还是对许多不同刺激对象也产生了行为。

第三种为"一贯性信息"，是指活动者反应前后一致，不因时、因地发生变化，这时一致性高。

三类信息特征的组合不同，将导致对行为归因的不同。

4.控制点理论

控制点（Locus of control）这一概念，最初是由美国社会学习理论家朱利安·罗特（Julian Bernard Rotter）于1954年提出的一种个体归因倾向的理论，旨在对个体的归因差异进行说明和测量。不同的心理学家从不同的角度和各自的目标出发，对这一概念进行了研究，提出了各自不同的看法。其中，心理学家格洛佛（Glover）在其20世纪70年代出版的《教育心理学》一书中提出的"控制点指的是一个人感到自己的成功与失败的位置在哪里——内部的或外部的"这一观点最有代表性。

罗特发现，个体对自己生活中发生的事情及其结果的控制源有不同的解释，对某些人来说个人生活中多数事情的结果取决于个体在做这些事情时的努力程度，所以这种人相信自己能够对事情的发展与结果进行控制。此类人的控制点在个体的内部称为内控者。对另外一些人来说，个体生活中多数事情的结果是个人不能控制的各种外部力量的作用造成的，他们相信社会的安排，相信命运和机遇等因素决定了自己的状况，认为个人的努力无济于事。这种人倾向于放弃对自己生活的责任，他们的控制点在过去的外部，称为外控者。

由于内控者与外控者理解的控制点的来源不同，因而他们对事物的态度与行为方式也不相同。内控者相信自己能发挥作用，面对可能的失败也不怀疑未来可能会有所改善。面对困难情境，能付出更大的努力，加大工作投入，他们的态度与行为方式是符合社会期待的。而外控者看不到个人努力与行为结果的积极关系，面对失败与困难，往往推卸责任于外部原因，不去寻找解决问题的办法而是企图寻求救援或者是赌博式的碰运气。他们倾向于以无助、被动的方式面对生活，这种态度与行为方式显然是消极的。

四、韦纳对归因理论的贡献

在学校情境中，学生常提出诸如此类的归因问题，如：我为什么成功（或失败）？为什么我生物测试总是考不过人家等问题。美国心理学家伯纳德·韦纳（B. Weiner, 1974）认为，人们对行为成败原因的分析可归纳为以下六个原因：

①能力，根据自己评估个人对该项工作是否胜任；②努力，个人反省检讨在工作过程中曾否尽力而为；③工作难度，凭个人经验判定该项工作的困难程度；④运气，个人自认为此次各种成败是否与运气有关；⑤身心状况，工作过程中个人当时身体及心情状况是否影响工作成效；⑥其他，个人自觉此次成败因素中，除前述五项外，尚有其他相关主观或客观的影响因素（如别人帮助、评分不公或天气突变等）。

以上六项因素作为一般人对成败归因的解释或类别，韦纳按各因素的性质，分别纳入以下三个向度之内：

①因素来源：指当事人自认影响其成败因素的来源，是以个人条件（内控），抑或来自外在环境（外控）。在此一向度上，能力、努力及身心状况三项属于内控，其他各项则属于外控。

②稳定性：指当事人自认影响其成败的因素，在性质上是否稳定，是否在类似情境下具有一致性。在此一向度上，六因素中能力与工作难度两项是不易随情境改变的，是比较稳定的。其他各项则均为不稳定者。

③能控制性：指当事人自认影响其成败的因素，在性质上是否能由个人意愿所决定。在此一向度上，六因素中只有努力一项是可以凭个人意愿控制的，其他各项均非个人所能左右。

韦纳等人认为，我们对成功和失败的解释会对以后的行为产生重大的影响。如果把考试失败归因为缺乏能力，那么以后的考试还会预期失败；如果把考试失败归因为运气不佳，那么以后的考试就不大可能预期失败。这两种不同的归因会对生活产生重大的影响。

韦纳的归因理论主要有下列三个论点：

①人的个性差异和成败经验等影响着他的归因。

②人对前次成就的归因将会影响到他对下一次成就行为的期望、情绪和努力程度等。

③个人的期望、情绪和努力程度对成就行为有很大的影响。

韦纳将以上因素和三个维度结合起来，组成如下"三维度模式"，见表15-1。

表15-1　归因的三维度模式

三维度	内部的		外部的	
	稳定的	不稳定的	稳定的	不稳定的
	不可控的	可控的	不可控的	不可控的
四因素	能力高低	努力程度	任务难易	运气好坏

　　韦纳从认知心理学的角度把成功和失败的原因划分成三个维度，比海德的思想有所发展，并且有助于人们对成就行为的原因进行分析。他认为，我们对成功和失败的归因，会对以后的行为产生重大影响。如果一个人把考试失败归因于缺乏能力，那么以后考试还会预期失败，这是因为能力是一个稳定性的原因；如果把考试失败归因于运气不佳，那么以后考试就不大可能预期失败，这是因为运气是一个不稳定的原因。

　　有成就需要的人会把成就归因于自己的努力，把失败归因于努力不够。不甘于失败，坚信再努力一下，便会取得成功。相信自己有能力应付，只要尽力而为，没有办不成的事。相反，成就需要不高的人认为努力与成就没有多大关系。他们把失败归因于其他因素，特别是归因于能力不足。成功则被看成是外界因素的结果，如任务难度不大、正好碰上运气等等。

　　作为对成就需要理论的一个补充，归因理论特别强调成就的获得有赖于对过去工作是成功还是失败的不同归因。如果把成功和失败都归因于自己的努力程度，就会增强今后努力行为的坚持性。反之，如果把成功与失败归因于能力太低、任务太重这些原因，就会降低自身努力行为的坚持性。运气或机遇是不稳定的外部因素。过分地归因于这一因素会使人产生"守株待兔"的坚持行为，也是具有高成就需要的人所不屑的。总之，只有将失败的原因归因于内外部的不稳定因素时，即努力的程度不够和运气不好时，才能使行为人进一步坚持原行为。

　　韦纳认为，教育和培训将使人在成就方面发生激励变化并促进激励发展。培训的重点是教育人们相信努力与不努力大不一样。

五、归因原则

　　根据社会心理学家的研究，个体归因时往往遵循以下三条原则：

（一）不变性原则

弗里茨·海德（Fritz Heider，1896—1988），美国社会心理学家，社会心理学归因理论的创始人。他认为人们归因时通常使用不变性原则。也就是寻找某一特定结果与特定原因之间的不变联系，如果某种特定原因在许多情景下总是与某种结果相伴，特定原因不存在，相应的结果也不出现。那么就可能把特定结果归结于那个特定原因。比如，对一系列失窃案的分析显示，各种线索都指向同一个男人身上，而无论什么情况下失窃总是有那个男人的踪影，而他不出现时就平安无事。此时，我们很容易假定该男人就是犯罪嫌疑人。

（二）折扣原则

折扣原则是归因理论的另一个主要贡献者凯利（H. Kelly，1972）提出来的，凯利发现，如果也存在其他看起来合理的原因，那么某一原因引起某一特定结果的作用就会打折扣。当一种结果看起来是由一种以上的原因引起的时候，将其归因于某一特定原因时显然需要谨慎行事。比如防范措施严密的大楼晚上失窃，如果晚上楼里只有一个人，那么该人的嫌疑就很大，如果楼上当晚有三个人，那么我们在假定谁是最大嫌疑者时，就要非常谨慎了。

（三）协变原则

人们归因时，如同科学家在科研中寻求规律，试图找出一种效应发生的各种条件的规律性协变。凯利（1967）指出，人们可通过检查三种特殊的信息来进行归因，凯利的归因理论也因此被称为三维理论，协变原则被他认为是最全面的归因原则。

三维理论下，个体在归因时需要同时考虑三种信息，即：

特异性信息：行为主体的反应方式是否有特异性，是否只针对某一刺激客体做出反应。

共同性信息：不同的行为主体对同一刺激的反应是否相同。

一致性信息：行为主体在不同背景下，做出的反映是否一致。

个体从以上三个方面信息的协变中得出结论。如果特异性、共同性和一致性都高，我们就可能做出外部因素的归因；如果特异性低、共同信息低和一致性高，那么更可能做出内部因素的归因。

六、影响归因的因素

（一）社会视角

人们的角色和处境不同，观察问题的视角就不同，对事情的看法也会有差别，因而对行为人的解释也会有明显的不同。显然，行动者（当事人）和观察者（局外人）对行动者行为的原因解释也会有差别。

（二）自我价值保护倾向

个体在归因的过程中，对有自我卷入的事情的解释，往往带有明显的自我价值保护倾向，即归因向有利于自我价值确立的方向倾斜。

在成败的归因中，成功时，个体倾向于内归因；失败时，个体很少用个人特征来解释，而倾向于外归因。成功时，内归因有利于自我价值的肯定，失败时，外归因则减少自己对失败的责任，这是一种自我防卫策略。

在竞争的条件下，个体倾向于把他人的成功外归因，从而减小他人的成功对自己带来的心理压力。如果他人失败了，则倾向于内归因。对他人成败的归因，个体均有明显的使自己处于有利的位置，保护自我价值倾向，这种倾向叫动机性归因偏差。

不过失眠患者往往有相反的归因倾向，即他们认为失眠是内部的原因造成的。比如，自己神经衰弱、焦虑、紧张等。所以对于部分失眠患者，就可以通过改变他们的归因规模来使失眠程度得到一定程度的缓解。

（三）观察位置

人们观察事物的空间位置不同，对事物的解释和看法也会有差异，人们往往把事情的原因归于突显的、在注意中心的人或物。

（四）时间因素

随着时间的推移，归因会越来越具有情境性。人们会把过去很久的事件解释为背景的原因，而不是行为主体和刺激客体的原因。

第三节　人际关系

一、人际关系的定义

（一）人际关系的定义

人际关系是指人们在社会生活过程中，在情感基础上形成的相互关系。人际关系是人与人之间通过沟通与相互影响而建立起来的心理上的关系。

人际关系涉及一个人和他人之间情感上的接纳和排斥，包括爱、喜欢、接纳、满意、尊重等积极情感，也包括怨恨、厌恶、不满、轻视、拒绝等消极情感。

根据基本需要是否满足，可以解释和预测在人际交往过程中的表现形式，称为三维人际需要理论。人们人际交往的三种基本需要是：

包容需要：指人们愿意与他人交往，并建立和维持和谐关系的需要；

控制需要：指人们在权力或权威基础上建立并维持良好关系的需要；

情感需要：指人们在情感基础上与他人建立并维持联系的需要。

人满足以上三种基本需要的方式具有两种基本取向：一是主动表现，与他人建立和维持人际关系；一是被动接受，期待他人与自己建立和维持人际关系。

（二）人际关系的特性

1.个体性

人际交往双方的社会角色会影响彼此的人际关系，但社会角色关系与人际关系不同。在人际关系中，社会角色退居到次要地位，而对方是不是自己所喜欢和愿意亲近的人，则成为主要问题。

2.直接性

人际关系是人们在面对面的交往过程中形成的，个体可切实感受到它的存在。没有直接的接触和交往就不会产生人际关系，人际关系一旦建立，就会被人们直接体验到。双方在心理距离上的趋近，会使个体感到心情舒畅；若有矛盾和冲突，则会感到孤立和抑郁。

3.情感性

人际关系的基础是人们彼此之间的情感联系。情感是人际关系的主要成分，人际间的情感倾向有两类：一类是使人们彼此接近和相互吸引的情感，另一类是使人们互相排斥和疏离的情感。

二、人际关系建立与发展的过程

奥尔特曼和泰勒（I. Altman & D. A. Taylor，1973）认为，良好的人际关系的建立和发展，从交往由浅入深的角度来看，一般需要经过定向、情感探索、感情交流和稳定交往四个阶段。①

（一）定向阶段

定向阶段包含着对交往对象的注意、抉择和初步沟通等多方面的心理活动。在熙熙攘攘的世界里，我们并不是同任何一个人都建立良好的人际关系，而是对人际关系的对象有着高度的选择性。在通常情况下，只有那些具有某种

---

① Altman I, Taylor D A. *Social Penetration: The Development of Interpersonal Relationships* . NY: Holt, Rinehart and Winston, 1973.

特征会激起我们兴趣的人，才会引起我们的特别注意。在一个团体中，我们会将这些人放在注意的中心。

注意也是选择，它本身反映着某种需要倾向。比如在我们选择恋人时，某些与我们观念中理想的情人形象相接近的那些异性，尤其会吸引我们的注意。

与注意不同，抉择是理性的决策。而注意的选择是自发的、非理性的。我们究竟决定选择谁作为交往对象，并与之保持良好的人际关系，往往要经过自觉的选择过程。只有那些在我们的价值观念上具有重要意义的人，我们才会选之作为交往和建立人际关系的对象。

初步沟通是我们在选定一定的交往对象之后，试图与这一对象建立某种联系的实际行动。目的是对别人获得一个最初步的了解，以便使自己知道是否可以与对方有更进一步的交往，从而使彼此之间人际关系的发展获得一个明确的定向。由于初步沟通实际上是试图建立更深刻关系的尝试，因此，尽管我们所暴露的有关自我的信息是最表面的，但我们都希望在初步沟通过程中给对方留下良好的第一印象，以便使以后关系的发展获得一个积极的定向。

人际关系的定向阶段，其时间跨度随不同的情况而不同。邂逅而相见恨晚的人，定向阶段会在第一次见面时就完成。而对于可能经常有接触机会而彼此又都有较强的自我防卫倾向的人，这一阶段要经过长时间沟通才能完成。

（二）情感探索阶段

这一阶段的目的，是彼此探索双方在哪些方面可以建立真实的情感联系，而不是仅仅停留在一般的正式交往模式上。在这一阶段，随着双方共同情感领域的发现，双方的沟通也会越来越广泛，自我暴露的深度与广度也逐渐增加。但在这一阶段，人们的话题仍避免触及别人私密性的领域，自我暴露也不涉及自己根本的方面。尽管在这一阶段人们在双方关系上已开始有一定程度的情感卷入，但双方的交往模式仍与定向阶段相类似，具有很大的正式交往特征，彼此还都仍然注意自己表现的规范性。

（三）感情交流阶段

人际关系发展到感情交流阶段，双方关系的性质开始出现实质性变化。此时双方的人际关系安全感已经得到确立，因而谈话也开始广泛涉及自我的许多方面，并有较深的情感卷入。如果关系在这一阶段破裂，将会给人带来相当大的心理压力。在这一阶段，双方的表现已经超出正式交往的范围，正式交往模式的压力已经趋于消失。此时，人们会相互提供真实的评价性的反馈信息，提供建议，彼此进行真诚的赞赏和批评。

（四）稳定交往阶段

在这一阶段，人们心理上的相容性会进一步增加，自我暴露也更广泛深刻。此时，人们已经可以允许对方进入自己高度私密性的个人领域，分享自己的生活空间和财产。但在实际生活中，很少有人达到这一情感层次的友谊关系。许多人同别人的关系并没有在第三阶段的基础上进一步发展，而是仅仅在第三阶段的同一水平上简单重复。

三、自我暴露与人际关系的深度

奥尔特曼和泰勒（1973）发现，良好的人际关系是在人们的自我暴露逐渐增加的过程中发展起来的。随着我们对一个人的接纳性和信任感越来越高，我们也会越来越多地暴露自我，同时我们也要求别人越来越多地暴露他们自己。因此，我们要想知道自己同别人的关系深度如何，要想知道别人对我们有多高的接纳性，只需要了解别人对我们的自我暴露深度。

（一）自我暴露的广度与深度

社会心理学领域的大量研究发现，我们对陌生人，对熟人和亲密朋友，在自我暴露的广度和深度上是明显不同的（见图15-1）。对于陌生的人，自我暴露的深度和广度都极为有限，交流只涉及非亲密性的话题。对于熟悉的人，自我暴露的深度和广度会增加，但只在小范围内涉及亲密话题。而对于亲密朋友，交流最为广泛充分，所涉及的亲密话题和非亲密话题都很广泛。但是必须注意，对于任何人，无论关系多么亲密，我们都有不愿意暴露的领域。因此，我们没有理由因为关系亲密或者是情侣、夫妻、亲子关系而要求对方完全敞开心扉，更不能任意侵犯对方所不愿暴露的领域。否则，对方会产生强烈的排斥情绪，从而导致对你的接纳性大大降低。[1]

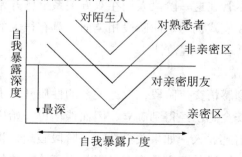

图15-1　自我暴露的深度与广度

---

[1] Freedman J L, et al. *Social Psychology*. 5th ed. N J: Prentice-Hall Englewood Cliffs, 1985.

（二）自我的分层

究竟哪些方面属于自我的浅层，哪些方面属于自我的深层呢？对于这一问题，鲁宾等（Z. Rubin & S. Shenker，1978）[1]直接以大学生为对象进行了研究，结果发现，人们的情感兴趣爱好，如饮食、偏好、日常情趣、消遣活动的选择等属于自我的最表面水平。属于第二层次的是态度，如对某一个人的看法、对时事政治的观点；对某一课程教师的评价、对改革开放的看法等都属于第二层次。属于第三层次的是自我的人际关系与自我概念状况。如我们同父母的关系，自己的夫妻关系，亲子关系状况，或者是自己的担心、自卑情绪等等，都属于第三层次，对属于这一层次的问题，我们有很高的自我卷入，轻易不向别人暴露。

属于自我最深层次的，是我们通常称为隐私的方面，如自己的某些不能为社会一般观念所接受的经验、念头、行为等。如我们曾经产生过的偷窃念头，冲动或自己的第一次性经验等，都属于自我最深层的方面。有关这些方面的信息，我们可能一辈子也不对任何人暴露。如果别人向我们暴露了他们的这些方面，那说明他们对我们有了超乎寻常的信任和依赖。对于别人这些方面的事情，我们应当从保护别人的角度考虑，不应对其他任何人提及。

通过了解别人在怎样的层次上对我们暴露自己，我们可以很好地了解别人对我们的信任和接纳的程度，了解我们同别人关系的状况。当然，我们自己对别人的信任和接纳程度如何，也可以通过我们没有顾虑地对别人暴露哪一层次的自我信息来了解。自我暴露的层次越深，说明我们在这一关系上卷入的程度也越深。

四、人际关系的原则

（一）交互原则

社会心理学家强调，我们在人际交往和人际关系的建立与维持当中，必须首先遵循交互原则。对于同我们发生交往的人，我们应首先接纳、肯定、支持、喜爱他们，保持在人际关系的主动地位。不然，我们在人际关系上会困难重重，甚至被别人拒绝。在这个意义上说，"爱人者，人恒爱之；敬人者，人恒敬之"。"己所不欲，勿施于人"是有其心理学依据的。

---

① Rubin Z, Shenker S. "Friendship, Proximity, and Self-disclosure". *Journal of Personality*. 1978(46): 1－22.

（二）功利原则

人是理性的动物，要求自己的一切行动都有符合心理逻辑的充足理由。霍曼斯（G. C. Homans，1974）[1]发现，只有当一种关系对人们来说是值得的，人们的交往行为才出现，人际关系才可以建立和维持。

（三）自我价值保护原则

所谓自我价值（self-value），指个人对自身价值的意识与评判；而自我价值保护，是指人为了保持自我价值的确立，心理活动的各个方面都有一种防止自我价值遭到否定的自我支持倾向。

大量的社会心理学研究证明，任何一个人，其心理活动的各个方面，从知觉信息的选择到内部的信息加工，从对行为的解释到人际交往，都具有明显的自我价值保护倾向。

（四）平等原则

交往双方的社会角色和地位的影响力，对信息的掌握等方面往往是不对等的，这会影响双方形成实质性的情感联系。但是如果平等待人，让对方感到安全、放松与尊严，那么我们也能和那些与我们自己在社会地位等方面相差较大的人，建立良好的人际关系。

五、人际吸引

人际关系是人与人之间心理上的一种距离，心理距离越近，说明相互之间越具有吸引力；心理距离越远，说明相互之间越没有吸引力。

人与人之间相互吸引的程度是人际关系的具体反映，也是人际关系的主要特征。人际吸引是指人与人之间相互悦纳的程度。

正常的人际交往和良好的人际关系，是心理发展成熟、个性健全完善的必要前提，也是维持良好身心状态的必要基础。影响人际吸引的因素主要有以下六个方面：

（一）外貌

与一般人交往相比较，人们更愿意与外貌具有魅力的人交往，这是晕轮效应造成的认知偏差。容貌、体态、服饰、举止、风度、行为等因素在决定人际情感上起很大作用。人们喜欢美的东西，这是一种自然倾向。外貌美容易造成一种好的印象，产生一种光环作用，使人们产生一种接近的倾向。但是，当实

---

① Homans G C. *Social Behavior: Its Elementary Forms*. N Y Harcourt Brace and Jovano vich, 1974.

际与本人面对面接触时，或者是当双方有了更多的交往时，这种光环作用就会减小。

（二）才能

人的能力大小和他受欢迎的程度密切相关。才能一般会增加个体的吸引力，但如果这种才能对别人构成比较大的社会压力时，让人们感受到自己的无能和失败，那么这种才能就不会对吸引力有帮助。研究表明，有才能的人如果犯些小错误，反而会增加他们的魅力。

（三）熟悉与邻近

熟悉能增加喜欢的程度。社会心理学家梅塔（T. Mita）曾做过一个有趣的实验：他要求被试看自己的两张照片，问他们喜欢哪一张。两张照片是一样的，只是一张是正像，一张是镜像。同时，也要求他们的朋友表明喜欢哪一张。结果是，被试自己更喜欢镜像，而他们的朋友则更喜欢正像。因为自己常常看到自己的镜像，而朋友则常常看到正像。

看到的次数会增加喜欢程度，但次数也有一定界限，超过一定界限会产生厌烦的感觉。另外，次数的作用只表现在积极的或中性刺激物上，而对反面的东西即使增加见到的次数，也不会导致对这个东西的喜欢。邻近容易导致人际吸引。邻近不仅指居住上的接近，还包括在学习和工作场合上的接近。

（四）相似

人们倾向于喜欢与在某些方面和自己相似的人交往。研究表明，人们喜欢那些和自己相似的人。相似性包括：①信念、价值观和个性特征的相似性；②吸引力的相似性；③社会地位的相似性；④年龄的相似性。值得注意的一点是，这里的相似性不是实际的相似性，而是感知到的相似性。

在实际生活中，因人们在初次交往中不可能涉及信念、价值观、态度等较深的层次，此时年龄、社会地位、外貌的相似性往往起主要作用。随着交往的加深，人们之间的了解加深了，这时信念、价值观和个性特征的相似性就变得非常重要，决定着人们是否会继续深入交往。所谓"物以类聚，人以群分"，"酒逢知己千杯少，话不投机半句多"，说的就是这种现象。

（五）互补

与自己互补的人相互交往而吸引。人们有喜欢与自己相似者的一面，也有喜欢与自己个性品质相反者的一面。这样，双方不同的心理品质可以使对方得到心理上的补偿。也就是说，当双方的需要以及对于对方的期望正好呈互补关系时，就会产生强烈的吸引力。例如，日常生活中常有的急性子人和慢性子人合作得很好，善于倾听者和善于倾诉者成了朋友的现象。

相似性和互补性看上去似乎是矛盾的，实际上二者有时也是一致的。例如，在恋爱、婚姻中往往支配型的男性和顺从型的女性彼此有吸引力，这是因为他们对男女关系中的男女角色看法一致，认为男性应起支配作用，女性应顺从。概括地说，相似性原则在喜欢中起重要作用，但有时候，当两个人的角色作用不同时，互补性原则起重要作用。在这些场合人们喜欢那些行为与角色相符合的人。

（六）人格品质

人格品质是影响喜欢的最稳定因素之一，也是个体吸引力最主要的来源之一，美国学者安德森研究了影响人际关系的人格品质。真诚、诚实、理解、忠诚、真实、可信，他们或多或少直接或间接地与真诚有关，是最受喜爱程度的人格品质。而说谎、装假、不老实等，也都与真诚有关，是最不受喜爱程度的几个品质。安德森认为，真诚受人欢迎，不真诚则令人厌恶。

六、人际关系的测量

社会测量法用于测量人际内部成员之间关系的密切程度，以了解人与人之间心理上的关系。莫里诺（J. C. Moreno）首创了采用社会测量法以查明人与人之间内部心理结构与心理关系的测量方法。经简单选择法处理的测量结果可以通过网络图把群体中人际关系的状况清楚地表示出来。

（一）社交测量法的原理

社交测量法（sociometry）也称社会测量法。它是从团体的角度，定量地揭示整个团体的人际关系状况，以及各成员在该团体内人际关系状况的一种方法。该方法是由莫里诺（1934）最先创造的。

社交测量法一经问世，就受到许多心理学家、社会学家们的广泛关注。后来的许多心理学家都为这种方法的发展做了大量的工作，提出了多种新的社交测量方法的变式及相应的结果处理手段。

社交测量法的原理认为，人与人之间的相互选择反映着他们之间心理上的联系，肯定的选择意味着接纳，否定的选择意味着排斥。如果一个人在更多的方面都对另一个人做出肯定的选择，那么就意味着这个人对另一个人有高度的接纳性。如果肯定的选择是相互的，那么接纳也就是相互的，双方之间的心理距离也小。反过来，如果一个人在更多的方面都对一个人做出否定的、拒绝的选择，那么意味着这个人对另一个人是高度排斥的。如果否定的选择是相互的，那么排斥也是相互的，双方之间的心理距离也大。这里的心理距离，也就是我们所说的心理学意义上的人际关系。因此，心理学家们认为，人与人之间在反映不同评价意义的各个方面的肯定性或否定性选择，实际上反映着人们之间的人际关系状况。这样，我们就可以通过考察人与人之间在不同方面进行选择的情况，定量地测量每一个人在某个特定团体内的人际关系状况，也可以测量整个团体的人际关系状况。

（二）社交测量法的实施方法

社交测量的具体实施方法包括六个步骤。

1. 明确测量目的

测量目的是根据测量的实际需要提出来的。通过对这一个群体进行社交测量，我们可以知道群体内是否有人具备领导该群体的条件，这个人是谁。也可以了解群体内人际关系状况是否良好，群体是否保持着良好的凝聚性或对其团体成员的吸引力，是否保持着良好的整体结构。

2. 确定测量变量

可供被测量者做选择的方面是多种多样的，可以是被测量者对具体个人品质特征（如工作能力、交往能力、组织能力、可信赖性、道德水平等）方面的评价，也可以是被测量者对一个人的笼统判断，如"假若改选，你认为谁当主任（或班长、组长等）更为合适？"可以是被测量者自己现实的人际关系状况，如"你目前同哪些人关系最好？""你同哪些人交往最为密切？"也可以是被测量者在人际关系上的期望或倾向，如"你最希望哪些人成为你最亲密的朋友？"等。

究竟选择哪些方面进行测量，是根据测量的目的决定的。测量的结果必须能够提供与测量目的密切相关的有价值的信息。在实际运用社交测量法时，常常是同时测量相互关联的多个方面，少则二至三个，多达五至七个。如果同时测量多个方面，那就必须保证所选择的方面共同指向确定的测量目的。

3. 选择方法

选择方法的确定是社会测量法的关键一步。总括起来，社交测量所运用的选择方法有如下五种。

（1）参数顺序选择法

这种方法要求被测量者在肯定或否定选择上都选择一个固定数目的被选人，并且必须明确标明选择的顺序。如"我过生日最愿意请的人，第一是×××，第二是×××，第三是×××"。

参数顺序选择的数目用得最多的是三人，通常不超过五人。原因有两个方面：一方面，在一个群体中，人们能够准确把握，可以排列出可靠顺序的往往只是对自己有着重要意义、接纳或排斥程度最为强烈的几个人。随着选择所涉及人数的增加，判断的准确性明显下降。

另一方面，如果我们确定的选择数目很大，那么在处理测量结果时也会感到十分困难，在团体较大的情况下更是如此。

参数顺序选择法通常适合于30～40人的较大群体，应用较为广泛。

（2）非参数顺序选择法

这是与参数顺序选择法相对应的一种方法。当一个团体的规模较小，不足15人时，参数顺序选择法的两方面的限制就不复存在。此时，我们就不必要规定接纳或排斥选择的数目，而是完全由被测量者自由选择，并按选择的重要性排列成顺序。

（3）非参数简单选择法

该法是非参数顺序选择法的一个变式，其施行方法与非参数顺序选择法基本相同。不同之处在于，非参数简单选择法忽略选择顺序的差异，而只考虑接纳选择、不选择和排斥选择三种情况，选择人数也同非参数顺序选择法一样，不加任何限定。非参数简单选择法由于忽略选择顺序，带来了结果处理上的便利和新的图形结果处理方法的运用。图形结果处理方法的引入，使得人们有机会对一个群体的整体结构状况，小群体的分化及每一个成员在团体中的位置一目了然，从而使得这种方法成为运用最多的选择方法之一。非参数简单选择法的适用范围较为广泛，它既可以用于较小的群体，又同样适用于较大的群体。

（4）参数简单选择法

这种方法是非参数简单选择法和参数顺序选择法的变式。其与非参数简单选择法的差别在于，对选择人数给予一定的限定；与参数顺序选择法的不同之处，则不考虑选择顺序，只考虑选择倾向。

（5）接纳水平等级分类法

这种方法实质上是非参数顺序选择法与非参数简单选择法的结合，兼具二者的主要优点。该法按五点量表，将人们的接纳水平从最接纳到最排斥分成五个等级，要求被测量者按此五个等级将所有其他团体成员分成五类，每一类的人数多少不做任何限定，完全由被测量者自由选择。

接纳水平等级分类法也同非参数简单选择法一样，有广泛的适用范围，既适用于较小群体，也适用于较大群体（见表15-2）。

表15-2　社交测量法运用的选择方法、特点及适用范围

方法名称	特点	适用范围
参数顺序选择法	顺序选择，人数确定	较大团体
非参数顺序选择法	顺序选择，人数不确定	较小团体
非参数简单选择法	简单选择，人数不确定	大小团体均可
参数简单选择法	简单选择，人数确定	大小团体均可
接纳水平等级分类法	等级选择，人数不确定	大小团体均可

4.编制测量问卷

社交测量法的第四个步骤，是将选择出来试图测量的各个方面转化成问题，编制成问卷。问题如何表述是由确定的测量方面及选择方法决定的。比如，假若你试图测量群体作为整体的人际关系状况及每一个成员的人际关系状况，你所确定的选择方法是最为常用的非参数简单选择法，那么你的问题就可以是："请写出目前同你关系最好的人的姓名。"同样的测量目的和方面，如果你所采纳的选择方法是接纳水平等级分类法，则问题的表述就变成："请分别写出与你关系最好、比较好、一般、比较差、最差的人的姓名。"

问卷的构成除了有关的问题外，还必须包括对测量目的、回答方法等方面的简单明了的说明，并且明确声明对测量结果保密。应用社交测量法，对测量结果保密很重要。如果采用接纳水平等级分类选择方法，或者在采用其他选择方法时使用否定性陈述，则这一问题就变得尤为突出。人际关系当中的接纳与排斥是相互的，当人们知道有些人并不接纳自己的时候，出于自我价值保护的需要，他们对这些人也产生强烈的拒绝情绪。严重时还会酿成直接的人际冲突。很明显，测量结果的暴露，会对一个群体的人际关系造成严重损害，甚至直接降低一个群体的凝聚力。

5.测量的实施

社交测量法的实际施测有两种情况。一种是由一个群体的上级权威人士施测，另一种是由研究者自己施测。无论是哪种情况，测量者是否善于取得被测量者的合作，都是影响测量可靠性的一个因素。一般说，测量者用一定的时间熟悉群体的情况，与被测量者建立起一种相互信任的气氛和合作的关系，会对测量产生积极的作用。此外，测量者必须以真诚的方式向被测量者解释测量的目的和意义，并对测量问卷给予明确的说明，强调测验结果会受到严格的保密，并承诺测量会承担完全的保密责任。

6.结果处理

社交测量法的最后一个步骤是结果处理。对应于不同的选择方法，结果处理的方法也不同。

对于两种顺序选择法，测量结果主要用$n×n$（n为被测量者的总人数）行列表格法处理。表格中的记分，在肯定的选择上，用正分来记分；在否定的选择上，用负分来记分。得分按照排列顺序递增或递减。记分的最大值与最小值，参数顺序选择法由所规定的选择参数决定，非参数顺序选择法由整个群体最大的顺序选择范围确定。由于在顺序选择法中，肯定选择上的顺序越是靠前，接纳水平越高，因此记分是从最大值按选择序列递减。而在否定选择上，顺序越是靠前，排斥性越强，接纳性越低，因此记分从最小值按选择顺序递增。

非参数顺序选择法的记分不同于参数顺序选择法的地方在于，其记分的最大值与最小值是根据整个群体中自由选择的最大范围来确定的。

对于不选择的情况，一般记零分，由于零分的选择在最后的数据统计资料中没有反映，因此，实际处理时也就不记分。

接纳水平等级分类法的记分一般对应于五个等级，分别记5分到1分，接纳程度最高记5分，最排斥记1分，依此类推。

下面，我们以一个社交测量的实际结果为例来说明怎样制作处理顺序测量结果的行列表。这一测量所采用的选择方法为非参数顺序选择法，被测量群体总人数为13人，见表15–3。

表15–3　顺序测量结果记分示例

姓名	编号	1	2	3	4	5	6	7	8	9	10	11	12	13	选择总分
王虹	1		3		1	2		6		5	4	7			28
肖颖	2	7		1		8		5	4	3		6			34
李钊	3		7					6				5			18
刘剑	4							7							7
韩雨晨	5			5	7			4			6				22
陈肖	6							6				7			13
黄璐	7			7		4			5				6		22
蔡佳	8											7			7
梁红伟	9					6	5				7		4		22
潘京生	10			5		6	7								18
李丽	11		2	3		4		7		5			6	1	28
叶彤	12		4	5				6				7			22
王原	13							7				6			13
被选择总分		7	16	26	8	14	13	59	9	13	10	52	12	5	

表格最下面一行中，被选择总分为一个人被群体所接纳水平的数量指标，得分越高，意味着越受群体欢迎。

表格最右侧的选择总分，是选择者个人接纳其他群体成员程度的数量指标。这一指标反映着群体对于选择者个人的吸引力，得分越高，群体对于选择者的吸引力越大。

根据以上原理，群体作为整体的凝聚力可以通过以下公式求出：

$$C = \frac{\sum\limits_{i=1} CS_i}{nMcs} \times 100\%$$

公式中：C 表示群体凝聚力；CSi 表示各选择者的选择总分；n 表示被测量群体总人数；Mcs 表示最大选择总分。

在实际处理结果中，如果由于测量涉及的各个问题重要性不同，则需要就每一个问题分别制作行列表，并将各个表格的结果按其重要性进行加权处理，然后再汇集成一个总的结论性结果。

参数顺序选择法的结果处理方法，与非参数顺序选择法的方法相同。

七、图形法社交测量结果处理

简单选择法的结果处理方法有两种，一种是行列表格法，另一种是图形法。行列表格的制作，与顺序选择法相类似，不同仅仅在于简单选择法由于忽视了顺序差异，因此正的选择一律记1分，以'＋'记；负的选择一律记-1分，以"－"记。同样，我们也可以运用相同的公式，求出被测量群体作为整体的凝聚力。

图形法主要是运用参数简单选择法进行结果处理。使用非参数简单选择法对较小群体进行社交测量时，也可以运用这种结果处理方法。但在运用非参数简单选择法测量较大群体时，由于选择人数不做规定，人们之间的简单选择关系会十分复杂，此时用图形来表示这些复杂的关系也变得十分困难。因此，在这种情况下，人们往往避免运用图形法来处理结果。

通常使用的图形结果处理方法有靶形图和阶梯图两种形式。比较而言，前者比后者更有利于显示群体的结构分化，后者比前者更有利于显示领袖在群体中的地位。

社交测量法在我国也已得到了颇为广泛的应用。章志光等人[1]运用社交测

---

[1] 章志光，王广才，季慎英：《个人在班级集体中的地位及其对品德影响的心理分析》，载《心理学报》，1982年第2期，第190-198页。

量法研究小学生班级集体人际关系状况，取得了非常有意义的结果。他们发现，不同班级中有不同的小群体分化，而在班级中人际关系状况不同的学生对学校环境的适应水平也不同，与具有消极人际关系状况的学生相比，具有积极人际关系状况的学生倾向于有更多社会期望的积极特征。金盛华（1993）在其有关差生的研究中也运用了社交测量法，发现学习成绩长期落后的学生倾向于被同辈拒绝。方晓义（1994）完成的博士论文《青少年友伴网络结构和友伴相似性》研究中，使用了经由原始社交测量法衍化而来的十项友伴提名法作为主要方法，获得了很有意义的发现。可以肯定，随着我国社会心理学研究开展得越来越广泛，社交测量法在我国将得到更为广泛的应用并发挥积极作用[1]。

第四节　群体心理

一、群体概述

（一）什么是群体

群体是指由若干个具有共同目标、共同利益，并在一起活动的人所组成的集合体。在某一群体中，组成该群体的个体在心理上或利益上具有一定联系，在相互依存和相互作用的基础上形成特定的集合体。群体具有以下特点：

第一，群体表现为一定人数的集合；

第二，群体内成员之间存在持续的心理上或行为上的相互关系；

第三，群体成员存在着共同目标，并以此作为群体存在的心理基础；

第四，群体成员存在着某种整体观念和隶属观念；

第五，不同社会群体有其相应的行为规范。

（二）群体规范

群体规范是群体的重要特征，指群体所确定的行为标准，是群体成员所公认并为每个成员必须遵守的。群体规范主要有文化、语言、风俗、时尚、公约等行为规范以及各种不同价值标准。群体规范有正式规范和非正式规范之分。

正式规范，是指明文规定的群体成员行为准则。正式规范一般存在于正式群体中，并以文字加以确认。

非正式规范，是群体自发形成并得到群体成员认可的行为准则。非正式规范一般不以文字形式加以确认，但能被群体自觉遵守，有时非正式规范对群体

---

① 章志光，金盛华：《社会心理学》，人民教育出版社，2008年版，第317页。

成员的约束力要强于正式规范。

群体规范具有三方面的作用：第一，维系群体的存在；第二，统一群体成员的认识；第三，指引群体成员的行为。

群体规范的形成受模仿、暗示、从众、服从等心理因素的影响，它经历了相互模仿与暗示、顺从等过程，并在此基础上形成群体规范。群体规范形成后，反过来对群体发生深刻影响与作用。这种影响是深远而广泛的。

个体在群体中受群体规范的影响，会产生四个方面的心理效果，即群体归属感、认同感以及行为的定向作用和惰性作用。

第一，归属感，群体内各成员发生相互作用时，在群体规范的影响下，行为上表现出协调性，群体内成员能相对统一，不因小事而发生矛盾与摩擦，能体会彼此同属一个群体，具有归属感。

第二，认同感，群体内成员对重大事件和原则问题都有共同认识与评价，即具有群体认同感。

第三，行为的定向作用，群体成员在参与群体相关活动时以实现群体目标为指向，具有明确的定向性。

第四，惰性作用，群体成员在群体行为中形成对群体领导的盲目服从而惰于思考，个体独立分析、判断能力受到抑制。

二、群体心理

群体心理是指普遍存在于群体成员之中的共同心理倾向和心理状态。

（一）社会促进

社会促进是指群体对个人行为的影响或由于其他人在场对个人活动效果的影响。当个体高度唤醒时，对于简单工作，内驱力能产生促进作用，对于复杂工作则会产生阻碍作用。群体中的活动效果不仅受到他人在场的影响，而且关注评价的影响。当别人在场时，总认为别人可能正在审察自己的工作，也许在注意、表情、行为、作业，或认为在某种程度上正在进行评价。关心评价会唤起个人的内驱力，既会产生积极效果，也具有消极影响。

（二）群体决策

群体决策是由群体或群体的组织者（领导者）共同确定的群体行动计划。群体决策有优势也有缺陷，主要表现为：

第一，群体决策可以减少错误。群体决策能集思广益，避免个人决策时的偏颇与不是。

第二，群体决策有助于目标的达成。面临问题时，群体成员不仅要形成共识，制定相应的方案，执行决策过程亦很重要。

第三，群体决策有助于解决复杂问题。

第四，群体决策时也会出现偏差，使个人决策得到群体加持而形成偏向或因群体对责任的分担而增加冒险性，典型性偏差主要包括群体极化和冒险性转移。群体极化指群体成员中原已存在的倾向，通过群体作用而得到加强，使某种观点或态度从原来的群体平均水平加强到具有支配性水平的现象。

冒险性转移指群体决策使个体决策更具冒险性的现象。

（三）暴力行为和去个性化

当个人在群体中时，会在某种程度上失去个人责任心。当是单独个体时，对结果的担心和自我评价趋向于阻止反社会行为。但当是群体成员时，会出现去个性化。去个性化是自我意识降低和对社会评价关心程度下降的状态。

许多因素会导致去个性化，例如：匿名性，责任分散，对整个群体的关注，个人趋向于遵守与采纳新的规则和群体态度等。在这些情况下，群体成员比独处时更具有攻击性。

（四）从众倾向

当个人在群体中时，会因群体压力而放弃自己的意见而采取与大多数人一致的意见。（详见下节）

（五）社会服从

当个人在群体中时，会按照社会要求、群体规范或他人的意志而做出的行为。这种服从行为是非自愿的，所以行为表现与个体内心世界具有一定差距。（详见下节）

（六）社会顾虑倾向

社会顾虑倾向是指个人在群体面前由于感到不自在、受拘束，其行为表现与私下时不尽相同。

第五节　社会影响

社会影响是指在他人的作用下，个体的思想情感和行为发生变化的现象，社会影响是一种非常普遍的社会心理现象。主要形势有从众、服从、依从等行为，本节主要就从众行为做介绍。

一、从众的定义

从众是指在群体的压力下，个人放弃自己的意见而在认知、判断、信念与行为等方面采取与大多数人一致的现象。平时讲的"随大流""人云亦云"，就是一种从众行为。

为了恪守社会规范而改变自己的行为即是从众。社会规范是在特定环境下约束个体行为的规则。应该说趋向遵守社会规范有利于建立良好社会秩序和社会稳定。然而群体压力也会导致人有不适感。

社会心理学家研究较多的是行为方面的从众，行为从众的特点如下：

第一，引起从众的群体压力可以是真实存在的，也可以是想象的。个体想象中的群体的优势倾向也会对个体造成压力，使其选择与想象的多数人的倾向相一致的行为。

第二，群体压力可以在个体意识到的情况下发生作用，使个体通过理性选择，选择从众；也可在没有意识到的情况下发生影响，使人不自觉地跟随多数人行动。

第三，从众行为有时虽然不符合个体的本意，但是却是个体的自愿行为。自愿是从众的重要特点。

二、从众的功能

社会生活中的从众行为大多不具有直接的社会评价意义，它本身无积极或消极的区分，它对人的作用主要取决于行为本身的社会意义。在任何社会中，多数人的观念与行为保持大体一致是必要的。一个社会需要有共同的语言、价值观与行为方式。只有这样，社会成员之间的沟通、交往才有可能。社会成员的沟通与互动则会促进这种一致性和共同性的发展。因此，从众具有促进社会形成共同规范、共同价值观的功能。

从个体来看，人的许多方面只有与社会主导倾向保持一致，才能更好地适应社会生活。任何个体，无论其多么聪明绝顶，其知识也是有限的，不可能多到足以适应他遇到的每一种社会情景，个体需要以从众方式，在较大程度上使自己迅速地适应未知世界。因此，从众还具有让个体适应社会的功能。

当然，从众毕竟是一种被动地接受群体影响的方式，如果凡事从众，缺乏独立思考，那么也会使自己失去主动性和缺乏个性。正确的做法是从众但不盲从，考虑社会规范，但也要发展自己的个性。

三、从众的类型

根据行为是否从众以及行为与内在判断是否一致，可以将从众大致分为三种类型：

（一）真从众

个体不仅外在行为与群体保持一致，而且内心也相信群体的判断。这是一种表里一致的从众，行为与认知不存在冲突。即行为上从众，内心也从众。

（二）权宜从众

个体的外在行为与群体保持一致，但内心却怀疑群体的判断，相信真理在自己这边。只是迫于群体压力，暂时在行为上附和群体的要求。这是日常生活中最普遍的一种从众形式。由于外在行为与内在判断的不一致，个体会出现认知失调、体验焦虑等情绪，即行为上从众，内心不从众。

（三）反从众

个体的内心倾向与群体一致，但由于各种原因，外在的行为表现与群体的主流不一致，比如群情激愤时，作为领导也受到感染，想法和感受与员工一致，但为了防止事态失控，领导在行为上的表现却很理智和冷静，即内心从众，行为不从众。

四、从众行为的原因

（一）寻求行为参照

在许多情景中，个体由于缺乏知识或其他原因（如不熟悉情况等）而必须从其他的途径获得自己行为合适性的信息。按照社会比较理论的说法，在情境不确定时，其他人的行为最有参照价值。个体从众，选择与多数人的行为一致，自然是找到了较为可靠的参照系统。

（二）对偏离的恐惧

偏离群体的个体会面临较大的群体压力，乃至制裁。任何群体均有维持一致性的倾向及对偏离的惩罚机制。对那些与群体保持一致的成员，群体的反应是接纳、喜欢和优待，而对偏离者则倾向于厌恶、拒绝和制裁。

在社会生活中，多数人实际上已有尽量不偏离群体的习惯。个体的从众性愈强，其偏离群体时产生的焦虑也愈大，也就愈不容易偏离。从跨文化社会心理学的研究看，东方文化更倾向于鼓励人们的从众行为，因而东方人较容易产生对偏离的恐惧。

（三）群体凝聚力

群体凝聚力指群体对其成员的吸引水平以及成员之间的吸引水平。凝聚力高的群体中的成员，群体认同感较强，其群体成员之间有密切的情感联系，有对群体做出贡献和履行义务的自我要求。

五、影响从众的因素

（一）群体因素

1.群体成员的一致性愈高，个体面临的群体压力也越大，个体越容易产生从众行为。

2.群体的凝聚力越大，对个体的吸引力越强，个体越容易产生从众行为。

3.群体规模的影响。在一定范围内，个体产生从众行为的可靠性随群体规模的增加而上升。但超过这个范围，群体规模的影响就不明显。研究表明，群体规模的临界值大致在3~4人。群体大小影响个体从众行为的发生，一般群体人数保持在七八人的规模时从众效果最好。

（二）个体人格因素

①个体的自我评价越高，从众行为越少；个体的自我评价越低，从众行为就越容易发生。

②个体独立性越强的，较少从众；个体依赖性越高的，容易从众。

③任务的熟悉程度，熟悉的任务能提高自主性，而减少从众行为的发生概率。

（三）情境的明确性

如果情境越明确，判断事物的客观标准很清晰，从众行为就会减少；如果情境模糊，个体对自身判断的肯定程度降低，从众的可能性就会增加。

（四）其他因素

性别（女性是否比男性更遵守社会规范而更倾向于从众，并没有一致意见）、智力等因素对从众也有一定的影响，但尚未发现这些因素与从众之间有明显的、确定性的关系。

六、服从

（一）什么是服从

服从是指个人按照社会要求、群体规范或他人的意志而做出的行为。这种服从行为是因为受到外界的影响而被迫做出的。服从行为与个体内心世界具有一定差距，并非个体的本意行为。

一般来说，外界的影响主要有两种情况，一是有组织的群体，群体规范影响个体的行为产生服从。二是权威人物的影响，包括权威人物的直接或间接命令，个体违背自己良心而服从命令。

（二）影响服从行为的因素

①他人的支持会影响个体的服从行为。在面对不熟悉的环境或事件时，个体由于不能确定自己的行为标准，在行为与否及行为选择上出现的内心冲突使个体需要参照其他人的行为。

②个体当时的情绪状态会影响个体的服从行为。心情愉快、精神饱满时，乐于接受他人的建议；当个体境况不佳、心情烦躁时，因很难接受他人的意见而固执己见。

③个体的人格特质以及社会文化背景会影响个体的服从行为。人格独立性越强，从事服从行为的概率越低。社会文化背景方面如家庭教育、成长环境的民主化程度高低也直接影响着服从行为。

④权威水平会影响个体的服从行为。如果一个人学识渊博、德高望重，个体会出于内心的尊敬，产生服从行为，但也可能出于对权威的惧怕，因"敬畏"而出现服从行为。

第四编 问题解决与社会适应

第十六章　知识的学习

知识的传递是人类借以交流和继承认识成果、取得间接经验的一种学习形式。在教学条件下，知识的传递由教师和学生双方的协同活动构成。知识的学习包含了同化、保持和应用三个阶段，同化即在原有知识基础上构建新的知识体系，保持即记忆，应用即使知识产生广泛的迁移。

第一节　知识的学习概述

一、知识的含义

知识是一个我们在日常生活中经常使用的词，但是它的确切含义让人很难把握。在我国教育类辞书中流行的知识定义是："对事物属性与联系的认识。"表现为对事物的知觉、表象、概念、法则等的心理表现形式。强调知识是客观世界的主观反映。

随着20世纪60年代以来认知心理学研究的不断发展，心理学家们逐渐把知识的掌握这种内在的过程作为自己的研究对象之一，并展开了广泛而又深入的研究，使人们对知识的理解又深入了一步。特别是当代认知心理学把知识看作储存在个体记忆中的信息，认为这种信息是有组织的，它既不是先天存在于人脑之中的，也不是从外部世界直接纳入人脑的。而是通过主体与客体的相互作用而进行建构的结果。正如著名认知心理学家皮亚杰所说的："知识是主体与环境或思维与客体相互交换而导致的知觉建构，知识不是客体的副本，也不是由主体决定的先验意识。"[①]威特罗克也指出："大脑不是被动地学习和记录

---

① 汪凤炎、燕良轼主编：《教育心理学新编》，暨南大学出版社，200年版，第264页。

信息，而是主动地建构它对信息的解释，并从中做出推论。"①这种建构主义的知识观可能是对马克思主义的能动反映论的最好注解。

综上所述，知识就是主体通过与其环境相互作用而获得的信息及其组织。是人类关于客观事物的属性与联系的反映，是客观世界在人脑中的主观映像。知识既可以以经验或理论的形式存在于人脑中，也可以记录在书籍、报刊和各种音像制品之中，成为人类的知识。学生对知识的学习主要是把人类的知识转化为个体知识的过程，是知识的获得。

二、知识的类型与表征

（一）知识的类型

1.感性知识与理性知识

根据反映活动的深度不同，可将知识分为感性知识和理性知识。所谓感性知识是主体对事物的外表特征和外部联系的反映，可分为感知和表象两种水平。感知是人脑对当前所从事的活动及其对象的反映。表象是人脑对从前感知过但当下不在眼前的活动及其对象的反映。例如，人们登上长城后，就会亲身感受到长城的雄伟、壮观，从而获得具体的感知形象，而感知过后，在头脑中留下的有关长城的映像和登临记忆就是表象。

所谓理性知识是主体对事物的本质特征与内在规律的反映，包括概念和命题两种形式。概念反映的是事物的本质属性及其各属性之间的本质联系。任何概念都包括内涵和外延两个方面。概念的内涵指的就是事物内在的本质属性。本质属性是一类事物所独有而他类事物所没有的根本属性。例如，有羽毛是鸟类独有而其他动物所没有的属性。因此，凡是有羽毛的动物，都是鸟类。概念的外延指的是这一概念所包括的一切具体事物。如鸟的外延包括天上飞的鸟，地上行的鸟，水中游的鸟等有羽毛的动物。命题也就是我们通常所说的规则、原理、原则，它表示的是概念之间的关系，反映的是不同对象之间的本质联系和内在规律。例如，"三角形的内角之和等于180°"，这就是一个命题。

2.陈述性知识与程序性知识

现代认知心理学根据个体反映活动的形式不同，将知识分为陈述性知识和程序性知识。

陈述性知识主要说明事物是什么、为什么、怎么样，是个人可以有意识地回忆出来的关于事物及其关系的知识。这里的所谓"陈述"，既可以是对别人

---

① 高觉敷主编：《西方心理学论史》，安徽教育出版社，1995年版，第358页。

的陈述，也可以是在头脑中对自己的陈述。例如，我们知道的"五四运动发生于1919年""花是植物的繁殖器官"等事实和原理，我们具有的"活到老，学到老""生命在于运动"等观点、信仰。这种知识具有静态的性质，它相当于传统上我们所说的知识。

程序性知识是关于"怎样做"的知识，是个体具有的用于具体情境的算法或一套行为步骤。一般而言，个人对于程序性知识缺乏有意识的提取线索，因而其存在只能借助于某种作业形式间接推测。例如，我们会计算数学题，会讲某种语言，会骑自行车，这些都是程序性知识的体现。它相当于传统上所说的技能。

加涅认为，程序性知识包括心智技能和认知策略两个亚类。心智技能是运用概念和规则对外办事的程序性知识，主要用来加工外在的信息。这类知识通过练习，其运用能达到相对自动化程度，很少或不需要受意识控制。认知策略是运用概念和规则对内调控的程序性知识，一般是受意识控制的，其运用难以达到自动化程度，主要用来调节和控制自己的加工活动。

梅耶（R. E. Mnyer，1987）认为除了陈述性知识（他称作语义知识）和程序性知识以外，还有一类策略性知识，相当于加涅的学习结果分类中的认知策略。策略性知识是关于如何学习和如何思维的知识，是关于如何使用陈述性知识和程序性知识去学习、记忆、解决问题的一般方法和技巧。例如，学习中如何有效记忆，写作时如何拟定提纲，解决问题时如何明确思维方向等等，对这类知识的研究是20世纪90年代教育心理学的热点之一。

可以看到，信息加工心理学把传统上所说的知识、技能和学习策略都归到广义的知识范畴之下。这种新的知识观加深了我们对这些概念的理解，有利于我们搞清楚它们之间的关系，为我们更好地设计教学提供科学依据。

（二）知识的表征

这里所讲述的知识表征主要是指陈述性知识的表征，是指知识在头脑中的贮存方式，即信息在长时记忆中是如何编码的。

现代认知心理学认为，陈述性知识主要是以命题网络或图式来表征的。

1.命题和命题网络

命题是从逻辑学和语言学中借用来的一个概念，指表达判断的语言形式，它是由系词把主词和宾词联系而成的。系词一般由动词、副词和形容词表达，表明一定的关系。主词和宾词一般由名词和代词表达，代表某种概念。命题是知识的最小单元，它一般由一个简单的句子来表达，但不等于句子，命题总是传达一定的信息，表达一定的含义。例如，"这是一本故事书"，这里"这"是主词，"是"是系词，"一本故事书"是宾词。这些词通过一定的组合表达某种意义，并成为人们传递知识信息，以及在头脑中进行加工、储存的单位。因此，知识的掌握从根本上说就是命题的学习。

如果两个命题中具有共同成分，通过这种共同成分可以把若干命题彼此联系组成命题网络。它表现为较为复杂的句子或由多个句子围绕一定的意义组成的段落。如"小王从图书馆借了一本很有趣的故事书"，"昨天，我和几个同学一起看了一部很刺激的枪战片"，这些复合句往往可以分解为多个简单的句子或命题。这些简单的命题通过其共同的成分彼此相连形成较为复杂的命题网络，用来表达较为复杂的知识信息。

命题网络是一种具有层次性的结构。科林斯和奎廉（A. M. Couins and M. R. Quillin，1969）的一个经典实验支持了知识以命题网络的层次结构贮存的观点。他们认为语义知识是以层次结构贮存的。例如对动物、鸟、鱼等分类的知识，就是以层次结构贮存的。（如图16-1所示）

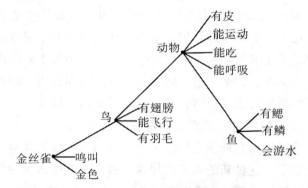

图16-1　信息按层次组织的网络

从图中可以看出，人们头脑中有关动物的知识是分层次贮存的，不同的动物知识的概括水平不同。在每一概括水平上贮存了可以用来区分其他水平的物体的属性。一般来说较为抽象、概括的知识处于高层，而较为具体的内容处于低层。例如，"有皮"是所有动物的属性，贮存在最高水平。用这一属性可以把动物和矿石（没有皮）等区分开，又如，"有羽毛"是所有鸟的属性，贮存在比"动物"低一级的水平上，可以被用来区分鸟与非鸟的动物（如鱼、狗等没有羽毛）。同时，这种层次网络模型包含着一定的推理机制。例如，可以通过对网络的搜索，判断"金丝雀是动物""金丝雀是鱼"等句子的真伪。

2.图式

许多心理学家用图式这一概念来说明知识在头脑中的表征方式。在现代认知心理学中，图式是指关于一类事物的有组织的大的知识单元，或称为信息模块。信息以图式的方式表征，将大大提高其激活和提取的速度，也会节省极为有限的工作记忆的存储空间。J. R. 安德森认为，对于表征小的意义单元，命题是适合的，但是对于表征较大的有组织的信息组合，命题是不合适的。例如，人们有关房子的知识，如果用"房子是人们的居处"这一命题表征，是合适的，但这一命题不能用来表征有关"房子"的全部知识。因为像"房子"这样的观念是由它们的许多属性如大小、形状、材料、功能等组合而成的。人们对有关这些属性组合的知识贮存方式称为图式。

用图式表征一类事物，不仅包含了该类事物的命题表征，如"房子是人类的居处"基本上是一种命题表征，而且包含了该类事物的知觉信息的表征，如有关房子大小的表征，主要是一种知觉形象表征。图式不是命题的简单扩展，而是对同类事物的命题或知觉的共性的编码方式。所以图式是一般的、抽象的，而不是具体的或特殊的。

三、知识学习的类型

知识学习的类型一般都是指陈述性知识的分类。大多数心理学家把陈述性知识称作言语信息，认为言语信息是人类把一些积累的知识传递给下一代的主要方式。大量的言语信息是从学校或其他有组织的教育课程规划中传播的。学习者常常是通过口头或书面交流而获得这些信息的。

加涅把陈述性知识由简到繁分成了三类，即符号、事实以及有组织的知识。符号主要是指事物的名称，事实是指表明两个或两个以上的事物之间关系的言语陈述，而有组织的知识是由多个事物联结成的整体。

和加涅相比，奥苏伯尔的研究更为集中和专门化。他主要关注的是有意义言语材料的学习问题。他用有关意义学习问题的研究来说明知识的学习。因此，根据知识的繁简、难易程度等方面的不同，可进行不同分类。

（一）符号学习、概念学习和命题学习

知识的主要表现形式是具有意义的言语信息。根据言语信息复杂性的程度不同，我们可以将知识学习分为三种形式，即符号学习、概念学习和命题学习。

1. 符号学习

指学习单个符号或一组符号的意义，即学习符号本身代表什么？符号学习的主要内容是词汇学习。在任何言语中，单词可以代表物理世界、社会世界和观念世界的对象、情境、概念或其他符号，这种代表关系是约定俗成的。对个人来说，某个词代表什么，开始是完全无知的，必须通过学习。词汇由字和字的组合构成，学习字音、字形、字序，主要是学习它们的字义。起初，字词实际上代表未分化的事物，其意义与相应的表象等值，这就是简单的命名。以后，词汇学习逐渐以字词代表概念，成了概念的名称。其意义就与更分化和更抽象的认知内容等值。例如，"狗"这个符号，对初生儿童是完全无意义的，在儿童多次同狗打交道的过程中，儿童的长辈或其他年长儿童多次指着狗（实物）说"狗"，儿童逐渐学会用"狗"（语音）代表他们实际见到的狗。我们说"狗"这个声音符号对某个儿童来说获得了意义，也就是说，"狗"这个声音符号引起的认知内容和实际的狗所引起的认知内容是大致相同的，同为狗的表象。但是符号不仅限于语言符号，也包括非语言符号（如实物、图像、图表、图形等）。符号学习还包括事实性知识的学习。如历史课中历史事件和历史人物的学习，地理课中地形地貌和地理位置的学习，均属于事实性知识的学习。

2. 概念学习

概念学习就是获得概念的一般意义，亦即掌握同类事物的共同的关键特征和本质属性。通常是用一个名词来予以表征或概括的。例如，学习"三角形"这一概念，就是要掌握三角形有三个角和三条相连接的边这样两个共同的关键特征，而与它的大小、形状、颜色等特征无关。只要抓住了这两个关键特征，就掌握了这个概念的一般意义，这就是概念学习。"三角形"就成了代表概念的名词。可见，概念学习需要符号或词汇学习，但比符号学习更为复杂。中小学生在掌握概念时，其学习往往是分步的。一般是先达到符号学习水平，再提高至概念学习水平。

3. 命题学习

命题学习指学习由若干概念组成的句子的复合意义，即学习若干概念之间的关系。命题是在概念的基础上形成的。因此，学习命题，必须先了解组成命题的有关概念意义，才能获得命题的意义。例如，学习"圆的直径是它的半径的两倍"这一命题时，如果没有获得"圆""直径"和"半径"等概念，便不能获得这一命题的意义。可见，命题学习不但要以概念学习为前提，也以符号学习为基础，这是一种更加复杂的学习。

（二）下位学习、上位学习和并列结合学习

奥苏伯尔的有意义言语学习理论强调，在新知识的学习中，认知结构中原有的适当观念起决定作用。因此，根据新知识与原有认知结构的关系，可将知识的学习分为下位学习、上位学习和并列结合学习。

1.下位学习

下位学习又称类属学习，是指认知结构中原有的有关观念在包容和概括的水平上高于新学习的知识。即新学习的观念可归属于原有观念，这就是下位学习。在下位学习中，还可以分出两类学习：一类是派生类属学习，另一类是相关类属学习。

派生类属学习是指新学习的观念纳入原有观念时，原有观念只是得到证实或说明，其本质属性不变，新知识只是原有相关观念的特例或特征。在这种情况下，派生材料的意义出现很快，学习比较省力。例如，原有观念"鱼"，由带鱼、草鱼、黄鱼等从属观念组成。现在要学习鳗鱼，把它纳入"鱼"的观念之中，扩充了鱼的观念，又获得了鳗鱼这一新观念的意义。这种类属作用的结果，不仅使新知识获得了意义，同时，原有的概念或命题也得到了充实或证实。

相关类属学习是指新学习的观念纳入原有观念时，原有观念的本质属性得到扩展或深化，新的命题或概念获得意义。例如，过去已经知道"挂国旗是爱国行动"，那么再学习一个新命题，"保护能源是爱国行动"，新命题类属于原先的"爱国行动"，而在原有"爱国行动"中人们并没有"保护能源"的意识，但是随着社会的进步和人们思想意识水平的提高，"保护能源"也被认为是一种爱国行动。结果是原有的"爱国行动"被进一步扩展或深化，而新命题也获得意义。但是需要注意的是新学习的知识只是从属于原有认知结构中的某一观念，并非完全包含于原有观念之中，也不能完全由原有观念所代表。

上述两种下位学习的区别在于：在派生类属学习中新观念纳入原有观念时，原有观念的本质属性不变；而在相关类属学习中新知识与原有观念有一定的关联，新知识的学习同时要引起原有观念的扩展、深化、精确化或修改，使得原有观念的本质属性发生变化。

2.上位学习

上位学习也叫总括学习，指认知结构中已经形成了几个观念，现在要在这些原有观念的基础上学习一个概括和包容程度更高的概念或命题，即新学习的观念是原有观念的上位观念，这就是上位学习。通常情况下，当我们对所提供的材料进行归纳组织或者把部分综合成整体时，都需要进行总括学习。例如，儿童在知道"苹果""葡萄"和"橘子"等概念之后，再学习"水果"这个概念时，新学习的概念总括了原有的概念，新的概念就具有了意义。这种学习在概念学习中比命题学习更为普遍。

3.并列结合学习

并列结合学习是指新知识与认知结构中的原有观念既非类属关系又非总括关系。而在有意义学习中可能产生联合意义，即原有观念和新学习的观念是并列的，这就是并列结合学习。例如，学习质量与能量、热与体积、遗传结构与变异、需求与价格等概念之间的关系就属于并列结合学习。假定质量与能量、热与体积、遗传结构与变异为已知的关系，现在要学习需求与价格的关系，这个新学习的关系虽不能归属于原有的关系之中，也不能概括原有的关系，但它们之间仍然具有某些共同的关键特征，如后一变量随着前一变量的变化而变化等。根据这种共同特征，新关系与已知关系并列结合，新关系就具有了意义。一般而言，并列结合学习比较困难，必须认真比较新旧知识的联系与区别才能掌握。

四、知识学习的过程

（一）知识学习的一般过程

知识学习就是学习者对新信息通过内部加工，获得意义和表象，从而形成或重新组织知识结构的过程。知识学习的完整过程，从广义的角度分析，可以区分为三个阶段，即知识获得、知识保持和知识的提取。但从狭义的角度，知识再现已不仅仅是知识学习，也涉及（甚至更主要的是）技能学习，因为知识再现主要不是回答是什么意义的问题，而是回答如何做的程序问题，即表现为问题解决的过程。所以，在这里，我们论述的知识学习过程主要是指知识的获得和保持过程。在知识获得阶段，新知识进入短时记忆系统与长时记忆系统中被激活的相关知识建立联系，从而出现新意义的建构；在知识巩固阶段，新建构的意义储存于长时记忆系统中，如果不进行深层的认知加工，这些信息就会出现遗忘；在知识提取阶段，个体运用所获得的知识回答"是什么"和"为什么"的问题，并应用这些知识来解决实际问题，使所学知识产生广泛迁移。

在上述知识学习的三阶段中，应解决的主要心理问题分别是知识的同化、保持和应用。通过同化，学生运用自己已有的知识理解新知识，并使其在自己认知结构的适当地方找到位置；在保持阶段，通过记忆使新知识得到巩固；最后，通过应用使知识产生广泛的迁移。关于知识的保持（即知识的记忆）在第七章已有介绍，本章着重介绍知识的获得与迁移问题。

（二）影响知识学习的因素

在学校教学中，学生的知识学习是受众多因素影响的，下面我们重点从内部因素和外部因素两个方面来分析。

1.内部因素

内部因素主要是指学习者自身的因素，如人格适应不良、焦虑、学习准备等。这里我们着重分析学习准备对知识学习的影响。学生的知识学习能否顺利地进行，在很大程度上受学习准备状态的制约，只有有了良好的准备，学生的知识学习才可能保证是有意义的，知识学习才可能顺利地进行。

学生的学习准备应包括两个方面的内容。第一，原有的知识水平。原有的知识水平是新知识学习的基础，离开了这一基础，新的学习就成了空中楼阁，学习的失败也就无法避免了。关于这一点，无论是新学科的学习还是一门学科中新知识的学习都是适用的，这是由知识的内在结构性与各学科之间复杂的关系所决定的。第二，原有的心理发展水平。这方面的范围更加广泛，它不仅包括智力的发展水平，而且还包括诸如动机、情感、意志等方面的发展水平。就原有的心理发展水平而言，它的任何一个方面的发展水平对学生的知识学习都是十分重要的。

2.外部因素

影响知识学习的外部因素有很多，比如，教师的教学方法、课堂心理气氛、环境因素等等，下面将详细阐述。

（1）教师的态度

学校的教学活动主要是在教师的组织和指导下进行的，教师的态度如何将直接影响学生的知识学习。如果教师对所教学科有积极、热情的态度，那么就会形成和加强学生对此学科的态度，如教师上课精神焕发、热情洋溢、讲课生动，学生就会专心听讲、注意集中、积极思考，慢慢地学生就会喜欢上这门学科。相反，如果教师对他所教学科马虎了事，毫无热情，那么学生也很少会去积极思考，热情地学习该学科。

（2）课堂心理气氛

课堂心理气氛指的是课堂教学过程中得以顺利进行的群体情绪状态。课堂心理气氛既是教学的心理背景，也是教学过程的产物。观察及研究认为，课堂心理气氛可以分为三种：积极的、消极的和对抗的。健康、积极的课堂心理气氛最有利于学生掌握知识。相反，不良的、消极的甚至对抗的课堂心理气氛，则会使师生双方均把教学或学习当作一种负担，不利于学生对知识的掌握。

（3）环境因素

在现代教学中，学习环境对知识学习的影响已引起人们越来越大的注意。所谓环境因素，主要包括诸如声音、光线这类自然环境和社会环境。这里主要分析自然环境对知识学习的影响。就噪音而言，许多研究者认为，在噪音环境中学生极易分心，即使学生有十分强烈的学习动机，不会因为噪音而降低学习效率，但在这种情况下学生为了保持一定的学习效率，就要比在安静环境下消耗更多精力。因此，为了提高学习效率，降低学习中能量的消耗，为学生创造一个安静的学习环境是十分重要的。除了噪音之外，某些乐音对学生的知识学习也会产生不良效果。由于学生在聆听音乐时需要动用左半脑，因而易引起分心；当然，在经过较长时间的紧张学习后，悦耳的轻音乐具有使人放松、解除疲劳的作用。

光线对学习的影响也很大，造成影响的光线成分主要包括光线的强度、方向和种类等。一般认为，过强或过弱的光线对学习都有不良的影响；过强的光线除了同过弱的光线一样会导致眼睛疲劳外，另外还会进一步引起学生的厌恶感。对于知识学习效率来说，光线的方向也有一定的影响。在阅读平面的材料及书写时，为了使被阅读的材料显得平滑柔和以提高阅读效率，光线宜来自后方，最好来自左后方；而在观察立体的东西时，为了提高观察效果，光线宜来自左侧或右侧，以保证光线与视线成直角，突出材料的立体感。

采用何种光源对知识学习效率也有影响。心理学家的研究发现，在学习时宜采用白炽灯而不宜采用日光灯，这是因为日光灯与太阳光谱不一样，在50赫兹的交流电路中，每分钟要闪烁6000次，尽管闪烁的频率极高以致肉眼看不到，但它极易引起大脑疲劳，而类似太阳光谱的白炽灯则无此现象。

五、知识学习的意义

人类知识源于直接经验，但人不可能事事靠直接经验，事实上多数知识都是间接经验的东西。书本知识对于学生来说就是一种间接经验，它是人类在长期实践中各种经验的概括和总结。因此知识历来是学校教育的重要内容，也是人们获得经验技能，发展创造力的重要前提。具体来说，知识的学习具有以下几方面的意义。

（一）知识的学习和掌握是学校教学的主要任务之一

学生的知识学习并不是为了发现真理，而是为了掌握前人已经发现，并已上升到理论高度的知识经验。事实上，在学生所学的知识中相当数量的知识是在教师有目的、有计划、有系统的指导下而获得的间接知识。因此，这样的知识学习过程能使学生在有效的时间内获得大量而丰富的知识经验，有助于学生的成长，有助于学生更好地适应现代社会对人才的需求。

（二）知识的学习和掌握是促进技能形成和能力发展的重要基础

从现代认知心理学的观点来看，技能可以看作广义知识的一种，即程序性知识。而陈述性知识的获得是学习程序性知识的基础。学会"怎么做"必须先知道"是什么""为什么"和"怎么样"的问题。因此，技能是在习得言语信息的基础上，通过练习而形成的。同样，能力也是在掌握知识过程中形成和发展的，离开了学习和训练，任何能力都不可能得到发展。大量研究也表明，知识掌握水平越高，越有助于技能的形成和能力的发展。

（三）知识学习是创造性学习的必要前提

让个体在掌握适当的知识及拥有最佳知识结构的基础上，培养个体创造力，是我们的教育工作最重要的目标之一。创造活动通常是对原有的知识经验进行全新的组合以产生新颖的、有独特价值的产品的过程。知识是创造的原料，创造是知识的重新组合。没有前人知识经验的继承，个体知识经验不够丰富，都将难以发现新的观念和关系。除了个体的直接经验外，大量的是继承人类历史积累的间接经验，它是以语言为工具来加工储存和获得的。知识的准确把握，层次清晰、概括全面，都有利于创造。因此合理的知识结构和独特的语言表达是创造性产生的必要基础。否则，创造成了无本之木、无源之水。

（四）知识的学习和掌握是学生的态度和品德形成的因素之一

在品德和态度的结构中，一个重要因素即是道德认知。道德认知是指对一个人行为中是非、好坏、善恶及其意义的认识。这一认知成分是学生态度和品德形成的基础，在一定程度上决定着品德形成的方向、内容和速度。如果不能正确掌握相应的道德知识，就会缺乏正确观念的指导，容易产生盲目行动。因此，要形成态度和品德，首先要使学生真正地认识、了解有关的价值观念和行为规范等。

总之，知识的学习和掌握是学生各方面素质得以提高的前提和重要内容。因此，学校教育应主要围绕知识的学习来开展，使学生通过知识的学习和掌握形成各种技能、培养各种能力（尤其是创造能力），并最终成为全面发展的适应现代化社会需要的人才。

第二节　知识的获得

知识的获得是知识学习的第一个阶段。在此阶段，通过理解使新的知识纳入已掌握的知识经验体系中，或更新原有的认知结构，从而获得新信息。奥苏伯尔将这种旧知识吸纳新知识的过程叫作同化。

一、知识同化的一般条件

现代认知心理学认为，知识获得的最终表现是认知结构的形成和发展。为此，心理学家们对认知结构问题进行了大量的研究，如奥苏伯尔曾对认知结构的概念及其在知识的掌握中的作用进行过详细的阐述，他曾把认知结构定义为"个体在特殊学科领域内的知识的组织"。由于认知结构的稳定性和清晰度直接影响到知识的获得与保持，所以，奥苏伯尔认为知识教学应着重培养学生的良好的认知结构。

奥苏伯尔对认知结构的形成和发展持同化论的观点，认为学生知识获得的心理机制是同化，即知识的获得是学习者认知结构中原有的知识吸收并固定要学习的新知识的过程。新知识同化到原有知识结构中，使原有认知结构发生变化，并促使学生认知结构不断发展。知识同化的一般条件是：首先，学习者原有的认知结构中必须具有同化新知识的相应知识基础；其次，学习材料本身应具有内在的逻辑意义，并能够反映人类的认识成果；再次，学习者还应具有理解所学材料的动机。在具备了前两个条件的情况下，新旧知识之间才能够进行同化。另外，学生学习的内在动机能够促使学生积极主动地将新知识同化于原有的认知结构之中，并使这种学习真正成为有意义的学习。

奥苏伯尔的同化论观点可以用来说明知识获得的内在过程。在知识的学习过程中，从总体来看学生要学习的新知识与其认知结构中起固定作用的原有观念大致具有三种关系：即上位学习、下位学习和并列结合学习。关于这三种知识学习类型我们在本章第一节中已详细阐述，这里不再赘述。

二、知识获得的途径

为了保证有效地理解知识，首先必须获得充分的感性经验，其次必须对所获得的感性经验进行充分的思维加工，这主要是通过直观和概括两个环节来实现的。

（一）知识直观

1.知识直观的类型

直观是主体通过对直接感知到的教学材料的表层意义、表面特征进行加工，从而形成对有关事物的具体的、特殊的、感性的认识的加工过程。直观是理解科学知识的起点，是学生由不知到知的开端，是知识获得的首要环节。在实际的教学过程中，教师给学生提供感性材料可采用下列四种直观方式，即实物直观、模象直观、言语直观和电化（视听）教学。

（1）实物直观

实物直观即通过直接感知要学习的实际事物而进行的一种直观方式。例如，观察各种实物、标本、演示实验、现场参观等，都是通过实物直观的途径为理解知识提供感性材料。在这种感性材料基础上所获得的感性知识与实际事物的关系比较贴近，有助于提高理解的正确性，并能在实际生活中很快地发挥作用。因此，实物直观具有生动性、鲜明性和真实性，易于激发学生的求知欲，培养学习兴趣，提高学习的积极性。

但是，由于实际事物的非本质属性往往具有鲜明突出的特征，容易成为强烈的刺激，而本质属性具有内在的隐蔽性，不容易成为注意的对象，例如，在观察实际的杠杆时，杠杆的外在特征很容易觉察，而支点、动力及动力作用线与动力臂，阻力及阻力作用线与阻力臂等有关杠杆的本质属性却难以突出。同时，由于感性材料往往容易受到时间、空间和感官特性的限制，难以获得清晰的感性知识。例如，植物的生长过程，历史朝代的演变，原子、电子的结构等都难以通过实物直接感知，所以还必须同其他直观形式结合使用。

（2）模象直观

模象即事物的模拟性形象。所谓模象直观即通过对事物的模象的直接感知而进行的一种直观方式。例如，对各种图片、图表、模型等的观察，均属于模象直观。由于模象直观能根据教学需要使实物的特征放大、缩小、着色、变静为动、变动为静、虚实互换，因而模象直观在很大程度上可以克服实物直观的局限。从而突出事物的本质属性，扩大直观范围，提高直观的效果。例如，利用地图或模型，可以把某一地区的地形和地貌置于学生的视野之内（缩小）；利用原子结构示意图，可以清楚地看到原子核与电子结构（放大）。

但是，由于模象只是事物的模拟形象，而非实际事物本身，因此模象不如实物真实、全面和亲切，与具体实物之间总有一定距离。为了使得通过模象直观而获得的知识在学生的生活实践中发挥更好的定向作用，一方面应注意将模象与学生熟悉的事物相比较，同时，在可能的情况下，应使模象直观与实物直观结合进行。

（3）言语直观

言语直观是在形象化的语言作用下，通过学生对语言的物质形式（语音字形）的感知及对语义的理解而进行的一种直观形式。例如，在阅读文学作品时，对有关情景及人物形象的领会；在学习历史、地理知识时，对有关历史人物事件和有关地形地貌的领会等都需要借助于言语直观。

言语直观的优点是不受时间、空间和设备条件的限制，易使学生在头脑中形成事物的表象，具有一定的概括性，且活动、经济、方便，因此在教学中得到广泛的应用。但是，言语直观所引起的表象，往往不如实物直观和模象直观鲜明、完整、稳定。因此，在可能的情况下，应尽量配合实物直观和模象直观。

（4）电化（视听）教学

电化（视听）教学是指利用电影、电视、录音、录像、幻灯等一系列现代的手段进行教学的一种直观形式。

利用电化（视听）教学，可摆脱时间限制，可放可停，可以放大，可以缩小。根据需要，可将事物的重要特征进行特写，它可以重复，且生动形象。例如，利用幻灯或电影胶片，可以观察到植物的生长过程以及原子、电子的结构等；还可以利用故事片的形式再现历史的情节和用纪录片的形式显现各地的风光等。电化（视听）教学也可看成是一种模象直观，但由于它本身所具有的独特优势，已成为现代化教学的重要手段，是现代化教育技术学研究的重要内容。但是这种教育手段也有其局限性，即软件较难制作、水平要求较高，所以教师个人往往不易置备。

2.提高知识直观效果的方法

（1）灵活选用实物直观和模象直观

实物直观虽然能真实地反映事物的本来面目，但是难以突出事物的本质特征，而模象直观虽与具体实物之间有一定距离，却有利于突出实物的本质特征。因此，一般而言，模象直观的教学效果优于实物直观。

心理学家曾经研究过实物直观和模象直观对掌握花的构造的不同效果。该实验把学生分成能力相等的两组：一组为实物学习组，一组为挂图学习组。实物学习组的学生，实际到花园去观察各式各样花的构造，挂图学习组只在教室内根据放大了的挂图来学习花的构造，两组学习时间相等。事后以有关花的知识与实物辨认两种方式来测量两组的学习成绩。结果发现挂图学习组在两方面的成绩均较实物学习组为优。形成这一现象的主要原因就是实物学习组的学生受到过多无关刺激的干扰，不能从众多的刺激中发现事物的本质要素，不能很快地把握到要点。

以上实验说明模象直观一般比实物直观教学效果好。但是，这一结论只限于知识的初级学习阶段。当学习有了一定基础后，由简化的情境进入实际的复杂情境，即更多地运用实物直观，自然是必要的。我们强调的是先进行模象直观，在获得基本的概念和原理后再进行实物直观，比一开始就进行实物直观的学习效果好。

（2）充分利用言语直观，突出词与形象的结合

为了增强直观的效果，必须借助于言语直观，加强词与形象的结合。

在教学过程中，形象的直观结果需要以确切的语词加以表述，所以教师可通过生动的言语描述帮助学生形成鲜明的表象，并对所学习内容进一步加工、改造和说明。但同时教师还可以利用各种形象直观的手段帮助学生掌握各种抽象的概念、定理等。因此，依据教学任务，我们应选择合理的词与形象结合的方式。如果教学任务要求学生获得精确的感性知识，则词与形象的结合，应以形象的直观为主，词起辅助作用；如果教学任务要求学生获得一般的、不要求十分精确的感性知识，则词与形象的结合方式可以采取词的描述为主，形象直观起证实、辅助作用。

（3）运用感知规律，突出直观形象的特点

正确运用感知规律进行直观教学，可使重要教学内容成为学生注意、感知的重点，有利于提高教学质量。具体感知规律有以下四种：

①强度律。这条规律表明，作为知识的物质载体的直观对象（实物、模象或言语）必须达到一定强度，才能被学生清楚地感知到。因此，在制作演示直观教具时就应当考虑到直观对象的大小、颜色、声音等刺激的强度，这样才能提高感知效果。例如，教师讲课时的声音不仅要让所有学生听清，而且还要有抑扬顿挫的变化，才能引起学生的注意。

②差异律。在教学中，知觉对象和背景的差异越大，知觉的对象就越能清晰地呈现出来。因此，在制作和演示直观教具时，应当用背景把知觉对象衬托出来，使学生清晰地感知到对象的主要部分。例如，在设计板书时，可通过字体的变化，颜色的不同加大对象和背景的差异以突出教学的重点、难点。对于知识本身来讲，可合理地安排新旧知识，使旧知识成为学习新知识的支撑点。

③活动律。在不动的背景上活动的事物，容易成为知觉的对象。因此，要善于在变化中呈现对象，即通过活动性教具（如电视、电影等）进行教学，使教材成为活动对象，容易为学生感知和理解。

④组合律。指空间上接近、时间上连续、形状上相同、颜色上一致的事物，易于让人们形成清晰的整体感知。因此，教师在讲授、板书、挂图演示时要注意各感知对象之间的区别与联系。

（4）调动学生运用各种感官参与直观过程

在运用直观手段进行教学时应让学生尽可能多地运用各种感官参加感知活动，这样既可以激发学生积极参与的热情，又可以更好地理解和掌握所学知识。例如，有经验的教师在识字教学时不仅让儿童看字，还让他们动嘴念，用手写。这就是利用了视觉、听觉和运动觉的协同作用。多种感官参与到学习中，既有助于辨别的精确性，也有助于知识信息的保持，同时，也改变了以往"教师演，学生看"的消极被动的直观形式。

（5）培养学生良好的观察能力

观察是学生学习和理解知识的前提，教师在利用各种直观手段进行教学时所取得的效果如何，主要取决于学生的观察能力。因此，要培养学生的观察力，应从以下几方面入手：

①明确观察的目的、任务。学生观察活动的目的越明确具体，计划步骤越周详，观察效果越好。所以，每次观察前，要让学生知道观察什么，哪里是观察的重点，哪里只要一般了解，这样才能得到好的观察效果。

②教给学生观察的方法。学生可根据不同的观察目的、任务，选择有效的观察方法或观察顺序。观察可以按由整体到部分，再由部分到整体的顺序进行，也可按由近及远、由远及近的顺序。选择什么样的观察方法，要根据需要确定，不能顾此失彼。

③启发学生积极思维。在观察过程中，要鼓励学生善于从多角度、多层次对要观察的对象加以分析，不要满足于现成的答案。分析得越仔细，观察得越全面，越深入。

④做好观察记录和总结。要让学生边观察边记录，在观察结果后，运用分析整理资料的方法进行总结。总结的形式可以是书面、口头的、也可以是图表、图解的。这一要求会大大促进学生观察的积极主动性，并使观察过程变得更认真。

（二）知识的概括

概括是指主体通过对感性材料分析、综合、比较等深度加工改造，从而获得对一类事物的本质特征与内在联系的抽象的、一般的、理性的认识的活动过程。例如，当我们从鲤鱼、鲫鱼、黄鱼等鱼类中抽出了鱼类的本质属性之后，把它们联系起来，从而认识到"鱼是生活在水里，用鳃呼吸，行动靠鳍的脊椎动物"，这就是对"鱼"这个概念的概括。进而，我们还可以把"鱼"这个概念推广到所有鱼类中去。由此，通过概括可以使人们的认识活动摆脱具体事物的局限性和对事物的直接依赖关系，不仅扩大了人们认识的范围，也加深了人们对事物本质的了解。可见，概括是人们形成概念的前提，也是思维活动能迅速进行迁移的基础。因此，学校教师在传授知识过程中，必须重视培养和提高学生的概括能力，才能使学生真正理解和掌握所学的知识。

1.知识概括的类型

在实际的教学过程中，学生对于知识的概括存在着两种不同的水平，即感性概括和理性概括。

（1）感性概括

感性概括即直觉概括，它是在直观的基础上自发进行的一种低级的概括形式。例如，有的学生由于经常看到主语在句子的开端部位，因而就认为主语就是句子开端部位的那个词；有的学生看到锐角、直角、钝角等图形中都有两条交叉的线，就认为角是由两条交叉的线组成。

感性概括由于是对事物的各种不同属性，各个不同部分及其相互关系的综合的、直接的反映，所以，从形式上看，也是通过一定的概括得到的，是抽象的；但是从内容上看，它所概括的只是事物的外部特征和表面联系，并没有反映事物的本质特征和内在联系，因此，这是知觉表象阶段的概括，是概括的初级形式。

感性概括在中小学生中是很常见的，他们的思维在很大程度上还主要依靠直观的具体的内容，不能反映事物的本质特征与内在联系。因此，他们获得的知识不够系统，必须学会借助于高级的概括水平来完成学习任务。

（2）理性概括

理性概括是在前人认识的指导下，通过对感性知识经验进行自觉的加工改造，来揭示事物一般的、本质的特征与联系的过程，是概括的高级形式。理性概括不仅表现在它反映某一类客观事物共同的、本质的特征上，也表现在它反映了事物与事物之间的内在联系和规律上。一切科学的概念、定义、定理、规律、法则都是理性概括的结果。

学生在学校里学习大量的科学概念和理论，必须在分析、综合、比较的基础上，通过自己积极的抽象概括活动，才能真正理解和掌握。学生如不善于进行理性概括，就不能理解和运用所学知识。学生的理性概括水平越高，理解和运用知识的水平就越高。因此，教师在传授知识过程中，必须把培养和提高学生的理性概括能力当作一项重要的任务。

总之，从感性概括中，只能获得概括不充分的日常概念和命题；只有通过理性概括，才能获得揭示事物本质的科学概念和命题。因此，在教学条件下，我们关注的是如何有效地进行理性概括的问题。

2.有效进行知识概括的途径

（1）合理运用正例和反例

通过思维概括，人们抽取的是事物的本质属性，而舍弃的是事物的非本质属性。但由于事物不仅在本质特征上有共同点，在非本质特征上也有共同点，这就给学生的学习带来了困难。因此，教师在指导学生进行概括时，必须会合理运用概念或规则的正例和反例，这样才能有助于区别事物的本质与非本质特征。在心理学上，一般把概念定义为由符号（主要是语词）所代表的具有共同的关键特征的一类事物；规则是由概念组成的，它反映了概念之间的关系。规则常与原理、规律相联系，从而组成了学校里学生学习的大部分内容。凡概念或规则都有正例和反例。正例又称肯定例证，指包含着概念或规则的本质特征和内在联系的例证；反例又称否定例证，指不包含或只包含了一小部分概念或规则的主要属性和关键特征的例证。例如，"球"这个概念的关键特征：一般是圆形，用于游戏和运动。一切包含了该概念的共同关键特征的事物，如篮球、足球等就是"球"的肯定例证。一切不包含概念的共同关键特征的事物就是否定例证，如柚子、西瓜就是球的否定例证。一般而言，概念或规则的正例传递了最有概括的信息，反例则传递了最利于辨别的信息。

在实际的教学过程中，教师最好先呈现概念的若干正例，引导学生进行辨别，提出与检验假设，最后进行概括，得出同类事物的共同本质特例。在呈现若干正例的同时，必须伴随呈现适当的反例。正例同时呈现有助于学生进行概括，伴随呈现反例有助于学生辨别，使概念的概括精确化。例如，在教"鸟"的概念时，可以同时呈现麻雀、燕子、老鹰等正例。教师告诉学生，这些都属于鸟类，因为它们具有鸟的"能飞、长羽毛"这些共同关键特征。紧接着教师再呈现鸟的反例，如"蝙蝠""苍蝇"，它们也"能飞"，但不是鸟。这种反例的出现促使学生重新进行假设，排除无关特征，有利于加深对概念的本质的认识。

（2）运用变式组织感性经验，突出事物的本质特征

感性经验是学习和理解概念的心理基础。为此教师在通过多种教学形式来组织学生的感性经验时一定要运用变式，从各个不同角度、不同情况对概念加以说明，以突出其本质特征。

所谓变式，就是用不同形式的直观材料或事例说明事物的本质属性，即变换同类事物的非本质特征，以便突出本质特征。如2、3、5、7、9、11、13、17、19……都是"质数"的变式；等腰三角形、等边三角形、直角三角形等都是三角形的变式。

如果教学中呈现的感性教材缺乏变式，就会给学生理解概念带来困难，甚至出现错误。例如，讲解"哺乳动物"这一概念时，教师不仅要讲陆地上的狮、虎、狗，也要举水中的海豚和空中的蝙蝠。只有这样，才能突出其"哺乳""胎生"这一本质特征，而排除陆地上、空中、水下活动等非本质属性的干扰。所以教学中运用变式有助于学生区分事物的本质属性和非本质特征，摆脱感性材料的片面性，正确地理解概念。

在提供感性教材时，不用变式或变式用的不正确、不充分，就会引起两种错误。一种错误是把一类或一些事物所共有的非本质属性看作本质属性。例如，在动物分类中，由于鲸和鱼类一样，都有生活在水里的共同特征，于是就把鲸列入鱼类。这种错误常常是由于把"生活在水里"当作鱼类的本质特征，不了解鱼类的本质特征是"用鳃呼吸"。

另一种错误就是不合理地缩小或扩大概念。例如，有的学生把直线看成是处于垂直或水平位置的线，而认为处于倾斜位置的线不是直线，这就是在直线概念中，人为地增加了一个本质特征——空间位置，从而不合理地缩小了概念。为了避免出现上述两种错误，教师应选取在不同时间、地点、条件下的多种事例，剥离非本质属性，以突出内部的本质属性。

（3）科学地进行比较

比较是在分析综合的基础上确定事物之间共同点和差异点的思维方法。人们对客观事物的认识，都是通过比较事物实现的。比较还须确定一个标准，没有标准，就无法比较。所以人们常常通过把某一事物和与它十分相似的事物进行比较，找出它们之间的不同点，又把这个事物和与它差别很大的事物进行比较，找出它们之间的相同点。

教学中经常使用的比较方式有两种：同类比较和异类比较。同类比较是关于同类事物之间的比较，例如，各种三角形的比较，种子发芽的各个阶段的比较等都是同类事物的比较，人们正是通过这类比较，找出了一类事物所共有的本质特征。异类比较是指不同类却相似、相近或相关的事物间的比较。如对"虚词"与"实词"，"重量"与"质量"，"压力"与"压强"，"岛"和"半岛"等概念的比较，即是异类比较。通过这类比较，不仅使相比的对象的本质特征更加清楚，而且有助于认识它们之间的联系和区别，有助于知识的系统化。

比较对于学生学习和教师教学都具有十分重要的意义。教师在教学工作中广泛地运用比较，可以使学生准确地把握事物的本质特征，以突破教学上的难点，有利于提高教学效果。而学生通过比较，可以更好地掌握基本知识、基础理论和基本技能。

（4）启发学生独立思考，自觉概括

要真正地获得知识，教师应通过教学活动启发学生积极思考、自觉概括。即通过思维操作活动，抓住事物的本质属性，"消化"概念，把知识内化成自己头脑里的东西。这就需要鼓励学生自己去发现、总结原理、规律等，尽量避免死记硬背。教师启发学生进行自觉概括的最常用方法是鼓励学生主动参与问题的讨论。在讨论的时候，不仅要鼓励学生主动提出问题，而且要鼓励他们主动解答问题。在讨论的过程中，教师应从旁辅导，但不宜代替学生匆匆做结论。

简言之，在概括过程中，教师应充分调动学生的思维，让他们自己去归纳和总结，从根本上改变"教师做结论，学生背结论"的被动方式。

第三节　学习的迁移

学生对其学得的东西，不仅能重复、应用或表现，而且能举一反三，触类旁通，推广类化，这种现象就是学习迁移。学习迁移问题是学校教育心理学中一个重要的研究领域，历来为人们所重视。研究和掌握学习迁移的实质，揭示其规律，对教材的选择、编排，对教育教学过程的合理组织与教学方法的选择等都有十分重要的意义。正是在这个意义上，我们提倡"为迁移而教，为迁移而学"。

一、学习迁移的含义

迁移一词最初来源于桑代克。他把迁移定义为先前的学习对后继学习的影响。现在人们已经认识到这种理解的局限性，而认为迁移是一种学习对另一种学习的影响。这种影响可以表现在知识的学习和技能的形成方面，也表现在学习方法和学习态度的相互影响方面。

学习迁移表现最为人们熟知的是在知识和技能的相互影响方面。例如，学习加法与学习乘法之间的相互影响，学习汉语与学习英语之间的相互影响，这主要是知识学习的迁移；骑自行车和驾驶摩托车两种技能间的相互影响，主要是技能之间的迁移等等。学习方法的迁移主要表现在从事某种学习时所用的方法，一经养成习惯，以后此种方法也可应用于其他的学习。例如，学生采用试图回忆的方法去记忆中国散文，以后也能采用同样的方法，去背诵英文或记忆数学公式，学习数学的方法影响了学习物理的方法等。

虽然在学校教育教学过程中，对知识和技能的研究成果较多，应用较为普遍，对学习态度、学习方式迁移的研究较少，但是我们应注意在学习的不同方面都可能存在着相互影响的现象，研究和掌握它们的一般规律和不同特点都很重要。

二、学习迁移的种类

根据学习迁移的性质、方向以及学习材料的特点，可以对学习迁移进行不同的分类。分析不同类别学习迁移的特点、表现和作用，有助于我们在教育教学工作中促使或避免错误的发生，以提高学习的效率。

（一）正迁移和负迁移

根据迁移的性质可以把迁移分为正迁移和负迁移。正迁移是指一种学习对另一种学习产生的积极影响，就是使两种学习之间相互促进。例如，学习数学有利于学习物理，物理学习又促进数学知识、技能、态度和方法的形成、巩固和发展，这是不同学习科目间的迁移。相反，一种学习对另一种学习产生消极的影响就叫负迁移，也就是两种学习之间相互干扰。例如，已学的汉语拼音常干扰英语字母的读音，已掌握的汉语语法也易干扰英语语法的学习，以致阻碍了英语发音和语法的正确掌握，这是新旧观念间相互混淆和干扰的现象。一般来说，负迁移是暂时性的，经过有目的的练习可以消除。教学的重要任务之一就是促使学习中的正迁移，避免或消除相互干扰。

以上在记忆领域的心理学研究中，正迁移又叫作前摄易化或倒摄易化，负迁移又叫作前摄抑制或倒摄抑制。

（二）顺向迁移和逆向迁移

根据迁移发生的前后方向，又可把迁移分为顺向迁移和逆向迁移。先前的学习对后继学习的影响是顺向迁移，后继学习对先前学习的影响是逆向迁移。不论是顺向还是逆向迁移，都有正负之分。例如，在学习中国历史中形成的正确的或错误的态度和方法，可能促进或干扰后来学习世界历史的过程；而后来学习世界历史的过程，也可能强化或削弱原先在学习中国历史过程中形成的态度和方法。

（三）垂直迁移和水平迁移

根据前后学习的难度差异，可以把迁移分为垂直迁移和水平迁移两类。难易不同的两种学习之间的相互影响，叫垂直迁移。垂直迁移又分为由下而上的迁移和由上而下的迁移。由下而上的迁移即较简单学习对较复杂学习的影响，如先学习例证，再经归纳而帮助形成概念或原理。这类迁移类似奥苏伯尔所称的上位学习。由上而下的迁移也叫原则迁移，指较复杂的学习对较简单学习的影响，也就是经由原则的演绎、推广和应用，而确认某特殊事例隶属于该原则之内。例如，先学习某一概念或原则，再利用它们促进例证的学习，类似奥苏伯尔说的下位学习。

难易相同的两种学习之间的相互影响是水平迁移。因为两种学习均属同一难易层次，所以其影响在水平方向进行。人们常说的"举一反三""触类旁通"就是一种水平迁移。水平迁移经常发生于同一学科、同一难度各部门内容的学习或同一难度的不同学科的学习之中。在学校教学中，曾有过把史地或理化联名合科教学的实践。这就是促成水平迁移的一种尝试或努力。

三、学习迁移的简单测量

在教育教学过程中，学校管理人员、教师和教研人员常需了解学生学习后推广应用的效果、科目、不同时间及学生学习相互影响的特点和状况。为了科学地研究学习迁移的效果，准确地确定迁移的作用程序，以求改进，需要对学习迁移进行测量。学习迁移测量的方法有多种，表16-1列出的是一种较为简单的迁移测量设计模式。

表 16-1　迁移测验设计的简单模式

	教学课题 A	测验课题 B
实验组	X	X
控制组	O	X

表中 X 表示进行过学习或测验活动，O 表示未进行过学习或测验活动。实验组和控制组在分组时必须满足等组化的要求。如果两组均测验课题 B，其成绩有显著差异，这种差异可归因于先前学习 A 对后期学习的 B 的影响。两组成绩差异量越大，迁移也就越大。若实验组的成绩高于控制组，是正迁移；反之，为负迁移。

上面讲的是顺向迁移的测量，若要测量逆向迁移，可以让两组先学习课题 A，然后实验组学习课题 B，控制组不学习或从事与课题 B 无关的活动以防止被试复习。最后两组均测验课题 A。如果两组成绩出现了显著差异，这一差异可归因于后继学习对先前学习的影响。

在上述简单设计模式的基础上，可以发展许多变式。例如两组均可以学习课题 A，但学习方法不同。如果两组成绩出现了显著差异，可以推论：一种方法比另一种方法导致更大的迁移，等等。如格思里（J. T. Gl. Guthrie，1967）比较发现法、指导法与指导发现法的迁移效果的实验，就体现了这种设计思想。

四、学习迁移现象的理论解释

影响较大的传统理论主要有以下几种。

（一）形式训练说

学习迁移现象早已为人们所知。如我国古人就知学习可以"举一反三""触类旁通"，孔子说"举一隅不以三隅反，则不复也"。他要求自己的学生能"由此以知彼"。从心理学观点讲，"举一反三"和"触类旁通"都是指先前的学习对以后学习的促进，所以都是学习的迁移现象。但是，对于学习迁移现象最早的系统解释，则是形式训练说。

形式训练说主张迁移要经历一个"形式训练"过程才能产生。形式训练说的心理学基础乃是官能心理学。官能心理学认为，人的心是由"意志""记忆""思维"和"推理"等官能组成的。心的各种成分（官能）各自分属于不同的实体，分别从事不同的活动，如利用记忆官能进行记忆和回忆，利用思维官能从事思维活动。各种官能可能像肌肉一样，通过练习增强力量（能力）。

这些能力在各种活动中都能发挥效用，如记忆官能增强后，可更好地学会和记住各种东西。不仅如此，由于心是由各种成分组成的整体，一种成分的改进，也在无形中加强了其他所有官能。可见，从形式训练的观点来看，迁移是通过对组成心的各种官能的训练，以提高各种能力如注意力、记忆力、推理力、想象力等而实现的。

形式训练说把训练和改进心理的各种官能，作为教学的重要目标。它认为学习的内容不甚重要，重要的是所学习的东西的难度和训练价值。它还认为，学习要收到最大的迁移效果，就应该经历一个"痛苦"的过程。于是，难记的古典语言、数学和自然科学中的难题，就被视为训练"心"的最好材料。在这样的训练中，学生学会观察、分析、比较、分类，学会想象、记忆、推理、判断，甚至于创造……这样的造诣足以使学生们在日后的学习和工作中受益无穷。反之，学生们如果仅记住一些具体事实，其实用价值便十分有限。

（二）共同要素论

桑代克（Thorndike）在1913年以实验驳斥了形式训练说的谬误，并从其实验归纳出共同要素说用以解释正迁移作用的原因。根据共同要素说，一种学习之所以能促进另一种学习，是因为两种学习具有完全相同的共同要素。学习迁移的产生与共同要素关系密切，而且大致成正比例。例如，学会加法有助于乘法，因为乘法中具有能用加法处理的共同部分。

桑代克所指的共同要素，不仅包括学习内容的相同，也包括学习过程中表现出的习惯、态度、情绪、方法相同，它们都是学习迁移产生的原因。例如，进教室脱帽，进礼堂脱帽就非常迅速，这是习惯的迁移；因为科学的基本方法通用于各种科学领域，一旦掌握了科学方法，在适当的情境中，自然就会推广应用，这是方法的迁移。当然，两种学习中，如果学习内容和学习过程都有许多相同之处，正迁移产生的可能性则更大。

以共同要素解释学习迁移，虽然获得很多实验的支持，但也受到不同程度的批评。例如，有的人认为，学习活动是人与客观世界交互作用的过程，难以进行因素分析，不可能找出两种学习活动中完全相同的因素；另一些人认为学习迁移量与两种学习中因素相同的程度并不成比例；还有人认为仅有共同因素存在，并不足以保证使正迁移产生，而且，共同因素也可以导致负迁移（干扰的）的产生等等。这些批评都从不同角度指出了共同要素论存在着片面性，而且引出了其他的理论研究。

（三）概括化理论

贾德（Judd）1908年提出了解释学习迁移的类化理论。贾德认为，只要一个人对他的经验进行概括，那么从一个情境到另一个情境的迁移是可以完成的。他倾向于把两个情境的共同要素的重要性减到最低，而强调经验概括化的重要性。他依据的一个主要实验是：对一组儿童授予光学折射原理，给另一组不教，然后让两组儿童射击置于水中的靶子。最初射击置于高于水面3.05厘米的靶子时，成绩约略相等，但当靶子被移于水面下10.16厘米时，掌握折光原理的儿童，不论在速度上，还是在准确度上，均大大超过控制组。他认为，经过训练的儿童对不同深度的目标可以做出更多适当的调整，是因为他们对折射原理已经概括化，并能运用到特殊情境中去。贾德还认为，学习者概括化能力随年龄的增长而增长。

贾德的概括化理论强调原则的类推和应用，并不重视两种学习之间是否具有完全相同的因素。这种理论不仅被许多心理学家所接受，而且在实践中得到证实和发展。但是，概括化理论对学习迁移的解释是有限制的。在应用它们时，我们应注意：首先，原则的概括化并非自动产生，它需要不同的情境之间有概括的可能，还需要学习者具有概括的能力，年龄过小的儿童很难以语言做媒介，将学会的原则推广至另一情境之中；其次，错误的概括可能导致错误的心向，从而产生负迁移；最后，要防止学习者，特别是年龄较小儿童的过度概括，这样可能导致他们忽略不同情境之间的差异，而出现机械地使用或误用原则的情况。

（四）关系理论

格式塔心理学家强调迁移概括化理论中的另一元素，他们认为顿悟情境中的一切关系是获得一般训练的根本东西。苛勒（Kohler，1929）曾用小鸡和一个3岁小孩做实验证明了这一点。例如，他让被试者在两张纸中的一张上找到能吃的食物。一张纸是浅灰，一张纸是深灰，食物总是放在深灰纸上。被试者学会了只在深灰纸上才拿到糖果。当这个训练课题完全学会后，再用比原来用的两张都深的一张灰纸代替浅灰的那张（即原来深灰的那张纸相对于新用的更深的一张纸来说，成了浅灰纸），再让被试者去取食。小鸡的实验表明，它们对新刺激的反应为70%，对原来的刺激的反应为30%，而儿童则不变地对比较暗的新刺激做出反应，即对新刺激的反应为100%，格式塔派认为以上事实证明，顿悟关系是获得迁移的一般训练的真正手段。

上述各种理论看来都各自强调了一个侧面。共同要素强调的是客观刺激物间有无共同要素的存在，认为学习的迁移取决于两种情境中所具有的共同要素。概括化理论强调的是主体对已有的知识经验的概括，认为学习的迁移全在于主体的概括能力或水平。关系理论则可视为概括化理论的补充，一般说来，主体越觉察事物之间的关系，概括化的可能性也就越大。"共同要素""概括化""关系"等对学习的迁移无疑各有其一定的作用。20世纪30年代以来的心理学家和教育工作者力图把各种理论结合起来，应当说这是比较接近客观实际的。

五、影响学习迁移的主要因素

由于学习过程的复杂性，共同要素说、概括化理论和关系理论并不足以说明学习迁移现象的全部。许多研究进一步揭示了影响学习迁移的主要因素，了解这些有助于我们在全面理解学习迁移实质的基础上，在实践中应用有关的规律，提高教育教学效率。

（一）学习情境的相似性

学习迁移常常产生于两个相似的学习情境之间。例如，在具有相同的学习场所、相似的环境布置、相同的教师时，学习迁移较易产生，在"天时、地利、人和"的条件下，有可能水平发挥较为充分，成绩较佳。所以，创造适合的学习情境，能够促进学习迁移。

（二）学习材料的性质

1.学习材料的相似性

如果两种学习材料本身彼此相似，使学习者很容易对相似的刺激予以同样的反应，有助于迁移的发生。如教儿童称与母亲年龄差不多的女士为阿姨，是非常容易的事；学习代数可能有助于学习几何，学习生物有助于学习生理卫生，更是人们所熟知的。当然，学习材料相似，学习者又不能辨别其差异，也可能导致混淆，学习形近字、同音字时，就易出现相互干扰的情况。如果两种学习材料原来并不相似，也无直接关系，但是由于第三者的媒介，也可促使学习迁移的发生。例如"木"字与"鸟"字从形、声、义三方面看都互不相似，然而借助一段故事叙述啄木鸟，"啄"字便可成为促进迁移的媒介。当然，要注意选择利用最能引起迁移的媒介，防止不恰当媒介对学习的干扰。

2.学习材料的组织和结构

学习材料的组织和结构，也能极大地影响学习迁移。如果揭示出局部的材料在整体中的相关位置与相对意义，学习者就可能在通过理解和掌握这种结构关系后，帮助到以后的学习；如果教材按照由浅入深，由易而难的顺序排列，那么学习较简单的材料就可能有利于学习较复杂的材料，如学习加减法有助于后来学习乘除法。

3.学习材料的应用价值

学习材料的应用价值也影响学习迁移，越是具有应用价值的材料，越能产生迁移作用。一种学习如缺乏应用价值，难有应用或推广的机会，便难以产生迁移作用。经常应用的定理或定律，越能为学生所熟记，就越有机会去练习。冷僻的原则或定律，经久不用而生疏，即使在新学习中有应用的机会，也不易为学生所察觉，因而减少迁移的可能。许多学生爱用成语，就是因为许多成语含有应用价值，每当情况合适，便能随口而出，提笔成章。

（三）学习活动的多样性

学习者在学习中采用的方法或感受到的刺激越是多样，就越能有助于该学习的迁移。反之，刺激越单一呆板，就越难以产生迁移作用。因为原学习活动中刺激的多样性，能增加它与新学习之间相似或相关的可能。例如，语言学习采用多读、多听、多写、多比较的方法，会有利于巩固和扩大知识，形成技能。

（四）原学习的熟练和理解程度

熟练的学习是迁移发生的重要条件，所谓"熟能生巧"便是如此。例如，教学生"陈"字，说是左"阝"旁加"东"字。如果学生熟悉"阝"与"东"，便能立即写出"陈"字，反之，如果学生把"阝"或"东"字忘了，或一知半解，则其学习"陈"字便需费时。

死记的知识难以获得正迁移。正迁移需要对原理或原则完全理解，能运用自如、触类旁通。一知半解的学习，反而可能引起负迁移作用，因而影响其他学习的速度或正确性。

（五）年龄特征

学习材料如超越儿童的认知能力，纵使他们能"依样画葫芦"，由于他们缺乏学习的概括能力，正迁移作用也难以产生，所以，年龄也是影响学习迁移的重要因素。

（六）智力水平

多数心理学家同意，智力较高的学生，较能发现两者间的关系，较能应用先前的学习于后来的学习中。虽然智力影响迁移，但"勤能补拙"。前面我们已述及原学习熟练的重要性。因此学生如能勤于练习，虽然智力平平，亦能有所收获，将一种学习正迁移至另一学习中。

　　此外，分析问题的能力也是影响迁移的重要因素。有的学生具有回答各种问题的现成的知识经验，但不能独立地分析面临的新问题，因而他原有的知识经验不能迁移。学生的分析与概括能力往往有很大差异，能力差的学生常常表现为缺乏明确的目的性，往往用盲目的尝试与猜测去探求解决的途径，他们并不知道这种尝试会得到什么，解决什么问题，根据什么；缺乏明确的思维活动的组织性，往往不能一步步循序思考问题；缺乏灵活性，往往只能沿用惯例，死套法则公理，盲目搬用公式，不善于根据新课题的特点选取合适的解决方法。能力强的学生则相反，思维具有明确的目的性、严密的组织性和高度的灵活性，善于抓住新课题的特点，准确地进行归类。这两种学生在学习迁移上迥然不同。学习迁移同概括水平和分析能力之间有着相互制约的关系。一方面迁移有赖于概括水平和分析能力；另一方面，概括水平和分析能力又是在学习或不断迁移的过程中形成发展起来的。

第十七章　认知策略与心智技能

认知策略与心智技能都是学习活动的延续，掌握认知策略有利于我们更有效地加工整理和储存信息，促进学习的效能。提高心智技能则更有利于我们解决问题活动能力的提升。

第一节　认知策略与心智技能的形成

一、认知策略

（一）定义及功能

认知策略就是学习者用以支配自己心智加工过程的内部组织起来的程序性知识。其基本功能有两个方面：一是对信息进行有效的加工与整理，二是对信息进行分门别类的系统储存。在学习过程中，学习者针对所学内容画出网络关系图，这种策略属于认知策略。

（二）类型

认知策略分为复述策略、精加工策略和组织策略三个方面的内容。

1.复述策略

它是指在工作记忆中为了保持信息，运用内部语言在大脑中重现学习材料或刺激，以便将注意力维持在学习材料上的方法。

2.精加工策略

它是指把新信息与头脑中的旧信息联系起来从而增加新信息意义的深层加工策略。它常被描述成一种理解记忆的策略，其要旨在于建立信息间的联系。联系越多，能回忆出信息原貌的途径就越多，即提取的线索就越多。精加工越深入，越细致，回忆就越容易。对于比较复杂的课文学习，精细加工策略有说出大意、总结、建立类比，用自己的话做笔记，解释、提问以及回答问题等。

3.组织策略

它是将经过精加工提炼出来的知识点加以构造，形成知识结构的更高水平的信息加工策略。组织策略主要有两种：一种是归类策略，用于概念、语词、规则等知识的归类整理；一种是纲要策略，主要用于对学习材料结构的把握。

二、元认知与元认知策略

（一）定义

元认知是弗拉维尔提出的一个概念，指个体对自己的认知过程和结果的意识。它包括两个基本成分：元认知知识和元认知控制。

元认知知识：个体有关认知过程的知识和观念。包括三方面的内容：有关个人作为学习者的知识，有关任务的知识，有关学习策略及其使用方面的知识。

元认知控制：个体对认知行为的管理和控制，是主体在进行认知活动过程中，将自己正在进行的认知活动作为意识对象，不断地对其进行自觉监控的过程。它包括三个方面：计划、监视、调节。

元认知策略就是个体调节和控制认知行为的方法规则，它是个体的学习随着经验的增长而逐渐发展起来的。

（二）分类

元认知策略可分为三种：计划策略、监控策略、调节策略。

1.计划策略

它是根据认知活动的特定目标，在一项活动之前制定计划、预计结果、选择策略、想出解决问题的方法，并预计其有效性，包括设置学习目标，浏览阅读材料，产生待回答的问题以及分析如何完成学习任务。

2.监控策略

它是在认知活动进行的过程中，根据认知目标及时评价、反馈认知活动的结果与不足，正确估计自己达到认知目标的程度、水平，并根据有效性标准评价各种认知行动、策略的效果，包括阅读时对注意加以跟踪，对材料进行自我提问，考试时监视自己的速度和时间等。

3.调节策略

它是根据对认知活动结果的检查，如发现问题，采取相应的补救措施，或者根据对认知策略的效果的检查，及时修正、调整认知策略。

三、学习策略

（一）定义

学习策略是在学习过程中用以提高学习记忆效率的一系列活动。在有关学习策略的研究中，学习策略的界定始终是一个基本的问题。对于什么是学习策略，人们从不同的研究角度，使用不同的研究方法，提出了各自不同的看法，至今仍然没有达成统一认识。有的被用来指具体的学习技能，诸如复述、想象和列提纲等；有的被用来指较为一般的自我管理活动，诸如计划、领会、监控等；有的被用来指组合几种具体技术的复杂计划。

（二）原则

①主体性原则：是指任何学习策略的使用都依赖于学生主动性和能动性的充分发挥。

②内化性原则：是指训练学生不断实践各种学习策略，逐步将其内化成自己的学习能力，并能在新的情境中加以灵活应用。

③特定性原则：是指学习策略一定要适于学习目标和学生的类型。

④生成性原则：是指学生要利用学习策略对学习材料进行重新加工，生成某种新的东西。

⑤有效的监控：是指学生应当知道在何时以及如何应用他们的学习策略并能反思和描述自己对学习策略的运用过程。

⑥个人自我效能感原则：是指教师给学生一定机会使他们感觉到策略的效力以及自己使用策略的能力。

（三）学习策略的特征

1.主动性

一般学习者采用学习策略都是有意识的心理过程。学习时，学习者先要分析学习任务和自己的特点，然后，根据这些条件，制订适当的学习计划。对于较新的学习任务，学习者总是在有意识、有目的地思考着学习过程的计划。只有对于反复使用的策略才能达到自动化的水平。

2.有效性

所谓策略，实际上是相对效果和效率而言的。一个人在做某件事时，使用最原始的方法，最终也可能达到目的，但效果不好，效率也不会高。比如，记忆一列英语单词表，如果一遍又一遍地朗读，只要有足够的时间，最终也会记住，但是，保持时间不会长，记得也不是很牢固；如果采用分散复习或尝试背诵的方法，记忆的效果和效率一下子会有很大的提高。

3.过程性

学习策略是有关学习过程的策略。它规定学习时做什么不做什么，先做什么后做什么，用什么方式做，做到什么程度等诸多方面的问题。

4.程序性

学习策略是学习者制订的学习计划，由规则和技能构成。每一次学习都有相应的计划，每一次学习的学习策略也不同。但是，相对同一种类型的学习，存在着基本相同的计划，这些基本相同的计划就是我们常见的一些学习策略，如PQ4R阅读法。

四、心智技能

心智技能，也叫智力技能，是一种调节和控制心智活动的经验，是通过学习而形成合乎法则的心智活动方式；心智技能是一种动作经验，区别于程序性知识；心智技能具有观念性、内潜性和简缩性，区别于操作技能；心智技能是合法的活动，区别于习惯行为。

心智技能可分为一般的心智技能和专门的心智技能。前者如观察技能、分析问题和解决问题的技能等；后者如阅读技能、运算技能等。

心智技能的主要特征表现为：

第一，观念性。就心智技能的对象而言，它是一种观念活动，如法则、规则运用自如。因此心智技能具有观念性。

第二，内潜性。就心智技能的形式而言，它是借助内部言语在头脑里默默地进行，因此心智技能具有内潜性。

第三，简缩性。就心智技能的结构而言，它是从完整到压缩、简化，因此心智技能具有简缩性。

五、知识、认知策略与心智技能的关系

从知识、认知策略与心智技能的关系上讲，知识是个体通过与环境相互作用获得的信息及其组织。其中，陈述性知识是个人具备有意识的提取线索，因而能直接陈述的知识与认知策略无直接关联。而程序性知识是个人缺乏有意识的提取线索，而只能借助于某种作业形式间接推测其存在的知识。程序性知识可分为两类：一类为运用概念和规则对外办事的程序性知识，这称之为智慧技能，也就是心智技能，主要用来加工外在的信息；另一类为运用概念和规则对内调控的程序性知识，它称之为认知策略，主要用来调节和控制自己的加工活动。

第二节　认知策略与心智技能的培养

一、认知策略及其教学

认知策略作为有效学习的基本策略，被广泛应用于教学各环节，本节主要对精细加工与复述策略做较详细的介绍。

（一）注意策略

注意策略是指学习者学会与掌握将注意指向或集中在所需要的信息上的方法、技巧或规则。它指向学习活动的各个阶段，其主要作用是帮助学习者进行知觉意向，实行自我控制，促进有意义的学习。

（二）编码与组织策略

将分散的、孤立的知识集合成一个整体并表现出它们之间关系的方法。

（三）精细加工策略

精细加工策略是指对学习材料进行深入加工的活动。具体方法包括：

①位置记忆法。位置记忆法是一种传统的记忆术。

②首字联词法。这种方法是利用每个词的第一个字形成一个缩写。比如计算机 BASIC 程序语言就是 Beginner's All-Purpose Symbolic Instruction Code （初学者通用符号指令代码）各词首字母的联词。

③限定词法。学习一种新材料时运用联想，假借意义，对记忆亦很有帮助。早年威廉·詹姆士曾用比喻来说明联想有助于学习记忆。他将联想比成钓鱼的钩子，可以将新的知识，像在水中的鱼一样，用钩子钓起来，挂在一起，就可以在学生的记忆系统中保留不忘。

④关键词法。这种方法就是将新词或概念与相似的声音线索词，通过视觉表象联系起来。例如，英文单词"Tiger"可以联想成"泰山上一只虎"。

⑤视觉想象。许多有力的记忆术的基础都是通过形成心理想象来帮助人们对联系进行记忆。如前面所说的位置记忆法实际上就是一种视觉联想法，利用了心理表象。

⑥寻找信息之间的内在联系，利用信息的多余性的方法在所学信息之间建立联系是精细加工的基础，这意味着要对所记项目进行意义识记，寻找信息之间的内在联系。

⑦联系实际生活的方法。我们学习的好多信息，往往只能适用于限定的，常常是人为的环境之中，这就是所谓的惰性知识。实际上，我们常常所说的"书呆子""死啃书本"，就是不能将学校所学的知识技能应用于生活中。又如我们在数学课上学了容量问题，但在生活中不知如何用几个杯子量出一定的水来。这些脱离实际生活的做法从反面证明要掌握知识必须学会在生活实践中发生知识的迁移。

⑧充分利用背景知识的方法。精细加工强调在新学信息和已有知识之间建立联系，可见背景知识的多少在学习中是非常重要的，对于某一事物，你到底能学会多少，最重要的一个决定因素就是你对这一方面的事物已经知道多少。日本学者科奇玛等人做的一个研究很清楚他说明了这一点，大学生学习棒球和音乐方面的信息，结果是，那些熟悉棒球但不熟悉音乐的学生，棒球方面的信息学得多一些。相反，那些熟悉音乐而不熟悉棒球的学生，音乐方面的信息学得多一些。事实上，背景知识比一般学习能力更能使我们预测学生能学会多少。一个学习者如果非常了解某一课题，那他就有更完美的图式融合新的知识。

（四）复述策略

复述策略是指在工作记忆中为了保持信息，运用内部语言在大脑中重现学习材料或刺激，以便将注意力维持在学习材料之上的学习策略。在学习中，复述是一种主要的记忆手段，许多新信息，如人名、外语单词等，只有经过多次复述后，才能在短时间内记住并长期保持。

复述策略主要分为识记过程的复述策略和保持过程中的复述策略。

1.识记过程的复述策略

（1）利用随意记忆和有意记忆

（2）排除相互干扰

（3）多种感官参与能有效增强记忆

（4）整体与分散识记相结合

（5）尝试背诵

（6）过度学习

2.保持过程的复述策略

（1）及时复习

（2）分散与集中相结合

（3）复习形式多样化

（4）反复实践

复述策略的获得在个体记忆发展中起着至关重要的作用。具体来说，常用的复述方法有：①机械重复，②意义复述，③过度学习，④及时复习，⑤睡前复习，⑥清晨复习，⑦分散复习，⑧集中复习，⑨试图回忆，⑩过电影等。

（五）认知策略的教学原则

①在进行认知策略教学的同时教授元认知，②在原有知识经验基础上进行认知策略教学，③在积极主动基础上进行认知策略教学，④在具体学科内容中教授认知策略，⑤按程序性知识学习规律教授认知策略。

二、心智技能及其培养

（一）心智技能的原型模拟

原型也称原样，通常指那些被模拟的某种自然现象或过程。安德逊认为"原型是关于范畴最典型样例的设想"。原型即外化了的实践模式，"物质化"了的心智活动方式或操作活动程序。

心智技能的模拟通常用"心理模拟法"，也称"形成了的活动形式分析法"，也就是记录那些能有效解决某类课题的活动方法。

（二）心智技能的分阶段形成

1.原型定向及其要求

就是了解心智活动的实践模式，了解"外化"或"物质化"了的心智活动方式或操作程序，了解活动的结构，从而使主体知道该做哪些动作和怎样去完成这些动作，明确活动方向。

①要使学生了解活动的结构。

②要使学生了解各个动作要素、动作执行程序和动作执行方式的各种规定的必要性，提高学生的自学性。

③采取有效措施发挥学生的主动性与独立性。

④教师示范要正确，讲解要确切，动作指令要明确。

2.原型操作及其要求

依据心智技能的实践模式，把主体在头脑中应建立起来的活动程序计划，以外显的操作方式付诸执行。使心智活动的所有动作以展开的方式呈现。

①要注意变更活动的对象，使心智活动在直觉水平上得以概括，从而形成关于活动的表象。

②要注意活动的掌握程度，并适时向下一阶段转化。

③为了使活动方式顺利内化，动作的执行应注意与言语相结合。

3.原型内化及其要求

心智活动的实践模式向头脑内部转化，由物质的、外显的、展开的形式变成观念的、内潜的、简缩的形式过程。动作的执行就遵循由出声的外部言语到不出声的外部言语再到内部言语的顺序，不要颠倒。

①在开始阶段，操作活动应在言语水平完全展开然后逐渐缩减。

②注意变更动作对象，使活动方式得以进一步概括，以便广泛适用于同类课题。

③注意活动的掌握程度，不能过早转化，也不宜过迟，而应适时。

（三）心智技能的培养要求

为提高分阶段练习的成效，在培养工作方面，必须充分依据心智技能的形成规律，采取有效措施。为此，必须注意以下几点。

第一，激发学习的积极性与主动性。任何学习任务的完成均依赖于主体的学习积极性与主动性。学习的积极主动性取决于主体对学习任务的自觉需要。对学习任务缺乏自觉的学习需要就不可能有高度的学习积极性，而自觉的学习需要的产生往往同对学习任务的必要性的认识及体验分不开。由于心智技能本身难以认识的特点，主体难以体验其必要性，因而，在主体完成这一学习任务时，往往缺乏相应的学习动机及积极性。为此在培养工作中，教师应采取适当措施，激发主体的学习动机，调动其学习的积极性。

第二，注意原型的完备性、独立性与概括性。心智技能的培养，开始于主体所建立起来的原型定向映象。在原型建立阶段，一切教学措施都要考虑到有利于建立完备、独立而具有概括性的定向映象。

第三，适应培养的阶段特征，正确使用言语。心智技能是借助于内部言语而实现的，因此言语在心智技能形成中具有十分重要的作用。言语在不同的阶段上，其作用是不同的。言语在原型定向与原型操作阶段，其作用在于标志动作，并对活动的进行起组织作用。所以，这时的培养重点在于使学生了解动作本身，利用言语来标志动作，并巩固对动作的认知，切不可忽视对动作的认识而片面强调言语标志练习。此外，在用言语来标志动作时，用词要恰当，要注意选择表现力强而学生又能接受的词来描述动作。

当然，除上述三点基本要求外，教师在集体教学中还应注意学生的个别差异，充分考虑学生所面临的主客观条件，并针对学生存在的具体问题采取有针对性的辅助措施，以求最大限度地发展学生的心智技能。

第三节 技能的学习

一、什么是技能

（一）技能的定义

技能是个体通过练习而自动化了的动作方式或智力的活动方式。技能主要是人们在社会实践活动中表现出来的。人们具有操作某种机器、工具的技能，如能骑自行车、开汽车、操纵车床等；从事某些体育运动的技能，如跳水、射击的技能；还有学习的技能，如阅读、运算的技能，等等。技能是人们运用已有的知识经验，经过练习而达到极为熟练的、高度自动化的、合乎法则的操作活动方式。技能使人的活动有序化，减轻工作负荷，提高活动效率。

学习和掌握技能对于我们来说具有重要的意义。学生掌握读、写、算等基本技能，是进行其他学习的必要条件。学生技能的形成过程，是加深对知识的理解过程，是将抽象知识具体化的过程。掌握各种具体的技能，是发展一般能力和特殊能力，成为人才不可缺少的因素。所以，掌握技能可以促进学生整个能力的发展。

（二）技能的特征

1.技能是通过学习形成的，不同于本能行为

首先要把技能与本能相区别。技能是个体在后天的生活实践中通过学习获得的，是学习练习的结果。技能在形成的过程中，有机体的行为变化是由学习、练习而获得经验产生的变化所引起的。技能是通过学习产生的变化，这是后天习得的。不随意动作和反射性的动作虽然都是由具体的动作反应方式表现出来的，但它们是先天的本能反应。

本能是先天固有的反应方式，是通过遗传获得的无条件反射。本能是由简单刺激引起的先天的重复行为模式，具有连锁反应的性质。本能是有机体在特定情境第一次出现时，就能表现出相关的行为，而且是同一种属的所有个体都能以类似的方式表现出来的。

2.技能是一种活动方式，区别于知识

技能是由一系列动作及其执行方式构成的，属于动作经验，不同于属于认知经验的知识。知识学习所要解决的是事物是什么及怎么样（陈述性知识）、做什么及怎么做（程序性知识）等问题，即知与不知的问题。技能学习所要解

决的是完成活动要求的动作，解决的是会与不会及熟练与不熟练的问题，即会不会做，以及做得怎么样的问题。因此，程序性知识虽与活动动作的执行密切相关，但它仍只是一类专门叙述活动规则和方法的知识，它只是解决活动的定向依据，而不是活动方式的本身。因此，把技能界定为程序性知识是片面的，只看到了两者之间的联系，而没有看到两者之间的本质区别。例如，在"拧螺丝"这项活动中，程序性知识说明如何拧螺丝的动作步骤及执行顺序，技能则是实际拧螺丝的动作方式，是把这些程序性知识转化成相应的活动方式。因此，要真正掌握技能，不仅要掌握某些程序性知识，而且更重要的是要通过实际操作，获得动觉经验，才有可能实现。由此可见，技能不仅与陈述性知识不同，而且与程序性知识也不能等同。

3.技能是合乎法则的活动方式，区别于一般的随意运动

技能是由一系列动作组成的，单一的动作不能叫技能。技能中的活动方式不是任意的动作组合，各动作的构成要素、执行顺序和执行要求都体现了活动本身的客观法则的要求，符合活动的内在规律，不是一般的随意动作。随意运动主要强调的是人的意识对运动的主观控制调节作用。

技能是"合理的"、符合法则的活动方式。所谓"合理"是动作系统中的每一个动作都是合乎动作程序的必要的动作。活动的动作构成要素及其次序应体现活动本身的客观法则的要求，而不是任意的。同时，动作之间相互协调，共同达到预定的目的。那些无目的的或不必要的动作，不能称为技能。研究表明，合乎法则的熟练技能具有以下5个基本特性：一是流畅性，即各动作成分以整合的、互不干扰的方式和顺序运作。也就是说，动作顺序在时间上可以互相重叠和交叉。一组动作可以组合为单一的组合，而这种组合又可以作为一个整体加以控制和运作。二是迅速性，即快速地做出准确的反应。对专家与新手的研究发现，专家可以快速地处理大量的信息。三是经济性，完成某种活动所需的生理与心理能量较小。四是同时性，即熟练的活动的各成分可以同时被执行或者可以同时进行两个无关的活动。五是适应性，即能够适应各种变化的条件，显示其活动的稳定与灵活。

4.技能是通过有意识地反复练习形成的，区别于习惯

习惯是指人在一定情境下自动化地去进行某种动作的需要和特殊倾向。例如，儿童在饭前、便后或游戏后一定要洗手，完成这种动作已成为他们的需要，这属于讲卫生的习惯，还有学习的习惯，劳动的习惯，生活的习惯等等。习惯是一种特殊行为的熟练，它可能符合规律，但有可能不符合动作的法则，

它与技能不同。

技能的学习必须经过一定的练习，而且是通过有意识地反复练习形成的，不通过练习而获得的动作系统不是技能。习惯并不一定都是有意识的练习的结果。有些习惯是无意的多次反复的结果，而有些习惯并未经过任何练习，只要经历一次就巩固下来了。习惯形成后，不去进行这种动作往往会使人感到不安。而技能则是指人的一些巩固的、自动化的、完善化的动作系统，人根据活动需要可利用它，也可不利用它。技能是通过动作经验的不断内化而形成的。只有合乎法则的活动方式，才能对活动的对象进行有效的加工、改造，才能使对象本身朝着预期的目标发生变化，也才能使这项活动方式具有广泛的适用性和高度的稳定性，才能对活动本身具有广泛的调节作用。只有这样，作为技能的活动方式才能在活动中通过不断练习而形成动力定型，逐步实现自动化并向能力转化。

二、技能的种类

根据技能的性质和表现形式，通常把技能分为动作技能和智力技能。

动作技能，又称操作技能，是以机体外部动作或运动占主导地位的技能，如写字、做体操、操作理化实验等。

依据动作技能的复杂程度，动作是否有连续性，可以把动作技能分成非连续性技能和连续性技能。连续技能是以连续、不间断的方式来完成一系列动作，如跑步、竞走、游泳、划船、骑自行车、唱歌，滑冰等。这些技能中动作的持续时间一般较长，动作以周期式的形式完成，动作过程重复较多。非连续技能有可以直接感知的开端和终点，完成这种技能需要的时间相对短暂，动作以非周期式的形式完成，各环节之间无重复，如投掷标枪、推铅球、跳高、跳远、跳水、发球、踢球等。多数非连续性技能是由突然爆发的动作组成的。

依据动作技能实践中是否操纵工具，动作技能可以分为操作工具的动作技能和不操作工具的动作技能。不操作工具的动作技能不操纵任何东西，仅仅表现为肌体的一系列骨骼肌肉的运动，如跳舞、游泳、体操等。操作工具的动作技能操纵一定的器具、工具或机械，如生产劳动时操纵各种生产工具，书法作画时使用各种文具等，如打字、驾驶等。

智力技能是指以抽象思维为主导的解决实际问题的技能。它是借助于内部言语在头脑中进行的。如阅读、心算、实验设计等。智力技能又叫认知技能或心智技能。一般把智力技能分为一般智力技能和专门智力技能。

一般的智力技能是广泛应用到许多活动领域的技能，如分析技能、观察技能等；专门的智力技能是在某种专门的认知活动中形成并得到运用的技能，如下围棋、速算等。

　　动作技能和智力技能虽是两个不同的概念。但在实践活动中，往往密切联系，难以截然分开。

三、影响技能形成的因素

（一）起点行为

　　起点行为指学习者学习技能开始前的状况，即准备状况。个体在开始学习技能之前的准备状况一定程度上决定了其技能形成的快慢和程度的好坏。充分的准备是个体技能形成的重要条件。

（二）学习技能的动机

　　学习者有无学习技能的热情、责任感和忍耐力是影响技能形成的重要因素。当学习者对要学的内容没有兴趣或缺乏动机时，学习几乎是不可能的，相反，如果学习者对于所学的技能有相当大的热情和耐心时，则有助于技能的习得。

（三）技能的性质

　　主要指技能的难度、可分解程度等。一般而言，可分解的动作较易掌握，对于技能的形成有很大的帮助；而不可分解的、要求较高的、较精确的动作较难掌握，因此，技能的形成也就比较缓慢。

（四）教师示范和说明的状况

　　教师的示范和说明对于技能的掌握和形成有重要的作用。通常的规律是：简明扼要的说明，准确而完整的示范有助于学习掌握技能；而缺乏示范，冗长而烦琐的说明对于技能的掌握作用不大。

（五）与实践结合的程度

　　技能的形成与实践的结合程度有很大的关系。技能作为一种活动方式，主要在实践中表现出来。因此，如果学习者所学习的技能与实践结合程度较高，在实践中进行了一定的训练和检验，那么技能的形成就比较快。相反，如果学习者只是纸上谈兵，不结合实际，那么技能的形成就比较慢。

（六）强化的状况

　　一般说来，强化对于技能的学习也有非常重要的作用。强化主要分为外部强化和内部强化。外部强化在技能的学习过程中主要表现为教育者对于学习者活动和行为的干预和指导，即表扬或批评。而内部强化主要是指学习者根据自我体验，对于某一认知或行为的强化过程。技能的学习要将外部强化转化为内部强化，自身需要比外部要求和刺激对于形成技能更重要。

四、动作技能的形成与培养

（一）动作技能形成的阶段

根据学习者的认知过程，可以把动作技能的形成分为以下三个阶段。

1.认知和定向阶段

在这一阶段，学习者对所学习的动作技能及其结构要素有了初步的认识，在头脑中形成映像，并用它们来为所学的动作本身和结果定向。这一阶段可以看作动作技能形成的准备阶段。它是动作技能形成的首要环节。要使学生了解活动方式，需要具备一定的条件和要求。首先，要做示范动作，要求示范动作一定要正确，开始时动作的速度不要快，先进行整体动作的示范，而后进行分解动作的示范，并对相似动作进行区分。其次，是对动作方式要进行讲解。通过讲解可以使学生更好地认识活动的结构，确切地了解活动的各个组成部分，还可以使学生掌握完成各个动作的方法和原理。为了充分发挥讲解的作用，可以使讲解与示范相结合，边讲解边示范。

2.初步掌握完整动作阶段

这一阶段是技能形成的过渡阶段，其主要特点是学习者的个别动作已被联系起来，可以初步配合完整动作系统，原有的动作映像进一步得到充实和完善；学习者基本上能够控制动作趋向协调，能在不知不觉中运用来自效应器的反馈信息调节行动，但学习者仍不能完全做到动作协调。其正确性、稳定性和灵活性都差；活动结构上，表现为动作之间常有顾此失彼的互相干扰现象，有时还掺进不必要的多余动作；在对动作的控制能力方面，许多动作经常要在视觉的监督下才能完成，不能分配注意；在对动作的自我感觉方面，则感到紧张和疲劳。

3.动作协调和完善阶段

这一阶段是动作技能的最终形成和熟练阶段，学习者在前阶段掌握的个别动作能自动配合，并达到常规化和高度协调化，能随意控制动作。到这一阶段，学习者的动作几乎不需要有意控制，练习时的紧张状态减弱，多余动作消失，对动作的视觉控制明显减弱，动作控制作用增强，发现错误的能力也大为提高。

（二）动作技能形成过程主要表现出以下特征

1.在活动的结构方面

从活动结构的改变看，动作技能的形成一般表现在许多局部动作有机地联合成一个完整的动作系统。这些局部动作之间逐步协调一致（如体操、舞蹈等技能）。动作之间相互干扰的现象以及多余的动作逐步减少和消失。

2.在活动的速度和品质方面

从活动的速度和品质来看，动作技能的形成，一般表现在学习者动作速度的加快，动作的准确性、协调性、稳定性和灵活性增强。

3.在活动的调节方面

从活动的调节来看，动作技能的形成一般表现在学习者思想的紧张性渐渐消除，视觉控制减弱，动觉控制增强，并逐渐处于主导地位，基本动作接近自动化，动作精确性提高。

（三）动作技能的培养

1.明确练习目的和要求

动作技能的培养首先是要有明确的练习目标和具体要求。有了明确的练习目标，我们才能朝着正确的方向前进，并依据明确的目标要求评价自己的动作所达到的水平，为动作技能设立明确的方向和评价标准。

2.依据技能的种类、难易选择不同的练习方法

动作技能的养成需要借助一定的练习方式进行。正确的练习方式可以让动作技能的养成达到事半功倍的效果。因此，个体应该依据技能的种类、难易程度选取不同的练习方法。

3.有效地利用观察和表象

个体在技能养成的过程中，可能会遇到问题和困难。这就要求个体学会观察阻碍其前进的各种问题和表象。分析隐藏在表象背后的真实问题，从而从根本上解决问题，调节自己的行为，从而达到目标。

4.充分利用练习中反馈的强化作用

个体在动作技能的练习过程中，会从这一过程中得到一定的反馈，以确定自己的练习方向、方法等是否正确，如若得到的是正向积极的反馈，则对个体的联系过程有一定的正向强化作用。

五、智力技能的形成和培养

（一）智力技能形成的相关理论

1.加里培林的智力技能形成的阶段

苏联教育心理学家加里培林认为，智力活动是外部的物质活动的反映，是外部物质活动向反映方面——知觉、表象和概念转化的结果。这种转化是通过一系列的阶段来实现的，在每个阶段上都产生新的反映和活动的再现以及它的系统的改造，这就是他的智力活动按阶段形成的基本观点。其形成的阶段是：

（1）活动的定向阶段

这是个体的准备阶段，就是要了解、熟悉活动任务，使学生知道做什么和怎么做，从而在头脑里建立起活动的定向映象。这就要求教师不仅向学生呈现活动的模式，而且要说明活动的目的、客体和方法，就是向学生揭示所定向的学习内容，介绍学习的对象，指出动作中所包括的操作及完成这些操作的程序。此阶段的特点是把智力活动本身外部化，以物质或物质化形式向学生提示动作本身，这时学生还没有亲自行动，只是理解这种动作的逻辑和实现这种动作的可能性。加里培林认为，这一阶段对于智力活动的形成是必不可少的，因为这一阶段任务完成的性质和水平可以对智力活动的形成起决定性的影响。由于任何活动就其结构来说，都存在着活动的"定向、执行和检验"三部分。活动的定向是活动执行的调节机构，是成功地完成活动所必需的。

（2）物质活动或物质化活动阶段

这是借助于实物或实物的模型、图表、标本等进行学习。物质活动指运用实物而言。儿童学数数最先总是用实物，数实物，就是运用实物的物质活动。物质化活动是指利用实物的代替物如模象、图片、模式、示意图、图解等进行的教学活动，它不是实物本身而是实物的替代品。物质活动或物质化活动都是让学生亲自操作用手来完成的外显活动。这一阶段在智力活动的形成上具有重要作用。此阶段的关键，一是展开，二是概括。展开即把智力活动分为若干小的单元，概括指学生在初步掌握展开的外部操作的直观水平上，形成关于智力活动的较为概括的表象。

在教学过程中，学习科学基础知识能利用的物质活动是有限的，因此物质化活动就成为主要的活动形式了。它是物质活动的一种变形，能使学生通过外部物质化活动来进行智力活动，并保存了形成新智力活动的那种自然心理程序。而且图表、模型、图片、示意图等能再现出实物的本质特性和关系，利用这些物件来进行外部活动，还能对它们进行比较、测量、移动和改变等，是帮助学生理解所学内容的良好支柱，因此，这对学生的智力活动来说极其重要。

（3）出声的外部言语活动阶段

这一阶段是以出声的外部言语形式来完成实在的活动，是智力技能内化的第二步。此时智力活动已经摆脱了实物或实物的替代物，而代之以外部言语为支持物。它是智力活动形成的一个特殊阶段，是由外部的物质活动向智力活动转化的开始，是智力活动形成的一个重要阶段。加里培林说："可以毫不夸大地说，没有言语范畴内的练习，物质的活动根本不能在表象中反映出来。要离开实物的直接依据首先要求有言语的依据，要求对新活动做言语练习"，"言语活动的真正优越性不在于脱离实物的直接联系，而在于它必然为活动创造新的目标——抽象化。而抽象化则使活动大大地简化——消除了活动的变式。抽象化创造了不变的对象，进一步保证了活动的高度定型化，也保证了活动的迅速自动化"，"言语就成为一切指定的功课和动作过程的负荷者"。言语动作是物质或物质化动作的反映，它的活动内容仍停留在对象上，在掌握这种新的动作形式过程中，学生既应当对动作的对象内容进行定向，又应当对这个动作对象内容的词的表达进行定向，如果破坏言语动作这两方面的统一，那么动作就有缺陷。只对言语定向，会引起形式主义地掌握知识和技能，如果学生只定向于对象的内容，不在言语上反映出来，那么他只能解决那些在知觉方面得到充分定向的实践课题，在这种情况下，实际上既不会对所解决的问题进行推理，也不会说出理由。

（4）无声的"外部"言语阶段

这一阶段的特点在于智力活动是以不出声的外部言语来进行的，它要求对言语机制进行很大的改造，即在出声言语时是眼、口、耳、脑同时协同活动，现在仅是眼、脑同时活动，因而这种言语形式要求学生重新学习和掌握，这一点在儿童学习由朗读过渡到默读时表现得较明显。加里培林认为，不出声的外部言语形式的活动的形成，是活动向智力水平转化的开始。因此，这一阶段在智力活动的形成上同样十分重要。

（5）内部言语活动阶段

这是智力技能形成的最后阶段，是智力活动简化、自动化，似乎不需要意识的参与而进行智力活动的阶段，是名副其实的智力技能形成阶段。其主要特点是压缩和自动化，似乎脱离意识的范畴，脱离自我观察的范围，无论在言语机制和结构上都发生了重大变化。在机制上，外部言语是与他人进行交际的手段，是指向别人的。而内部言语则完全失去了这些功能，是"为自己所用的言语"，是为固定智力过程的个别因素与调节智力过程的进行而服务的，在结构上，常常被简缩的不合语法结构，主要是带有谓语的性质，不再是扩展的与合乎语法的了。

2.冯忠良的智力技能形成阶段理论

北京师范大学心理系教授冯忠良在加里培林"内化"学说的基础上，经过长期的"结构—定向"教学实验，提出了智力技能形成的阶段理论。这一理论认为智力技能形成阶段包括：

（1）原型定向阶段

智力活动的原型是指智力活动的实践模式，就是"外化"或"物质化"了的智力活动方式或操作活动程序。智力技能形成中的原型定向，就是要使学生了解智力活动的"原样"，从而使学生知道该做哪些动作和怎样完成这些动作，明确活动的方向。它是智力技能形成不可缺少的一个阶段。首先，智力技能是一种按照客观的、合理的、完善的程序组织起来的认知活动方式，要学生能独立做出。这样就得在头脑内建立起有关这种活动方式的定向映象，才能调节自己的活动，做出相应的动作。其次，智力活动是一种内化了的动作，是在头脑内进行的，是实践活动的反映。因此，智力活动的定向，必须借助于一定使这种活动得以"外化"的原型才能进行，由此这一阶段称为"原型定向阶段"。它的主要任务就是使学生建立起进行智力活动的初步自我调节机制，为进行实际操作提供内部控制条件。这一阶段学生的主要学习任务是：①要确定所学智力技能的实践模式；②要使这种实践模式的动作结构和程序在学生头脑内得到清晰的反映，并形成准确而清晰的动作和程序映象。在教学条件下，往往是在教师的直观示范及讲解的基础上实现的。在这一阶段，学生还没有亲自动手操作。

（2）原型操作阶段

原型操作就是依据智力技能的实践模式，学生进行实际操作。在此阶段，活动的执行在物质或物质化水平上进行。在原型操作阶段，动作的对象是具有一定物质形式的客体，是通过一定的机体活动来实现的，对象在动作的作用下所发生的变化也是以外显的形式实现的。学生在此阶段，不仅依据原有的定向映象做出相应的动作，同时使动作在其头脑中得到反映，从而在感性上获得完备的动觉映象，这种完备的感性的动觉映象是智力技能形成及以后内化的基础。因此，原型操作是智力技能形成的一个重要阶段。

研究表明，要使学生的智力技能在操作水平上顺利形成，应做到：①要使操作活动以展开的方式出现，让学生依据操作活动的原型，把构成这一操作活动的所有动作系列，一个个地分别按照一定的顺序做出，不能有任何遗漏或缺失，每个动作做完后，教师要及时检查，考察操作动作的方式是否能正确完成，对象是否发生了应有的变化；②变更操作活动对象使操作活动方式在直觉水平上得以概括，使学生形成操作活动的表象；③要注意操作活动的掌握程度，并适时地向下一阶段转化；④为便于操作活动的形成和向下一阶段转化，在此阶段的全过程中，要注意与言语结合，做到边说边做或边做边说，这样便于向下一阶段转化。

（3）原型内化阶段

原型内化是指动作离开原型中的物质客体与外观形式而转向头脑内部，借助言语作用于观念性对象，从而对对象进行加工改造，使原型在学生头脑中转化为心理结构内容的过程。为达到内化水平，在本阶段的动作执行的教学上应该做到：①动作的执行应从外部言语开始，逐步转向内部言语，在采用口头言语的场合，应注意从出声的外部言语转向不出声的外部言语，最后转向内部言语；②在原型内化开始阶段，动作应重新在言语水平上展开，然后依据动作的掌握程度，在较熟练时，进行适当而必要的缩简，为内化创造条件；③注意变更动作的对象，使动作的方式得以概括，以便能广泛适应同类课题；④在进行各阶段转化时，要注意动作的掌握程度，既不要过早又不要过迟，要适时，要求教师把握好学生头脑中原型转化为内部心理结构的时机。

3.产生式系统的理论

认知心理学家根据知识的不同表征和作用，将知识分为陈述性知识和程序性知识。智力技能实质上是个体习得一套程序性知识并按这套程序去解决问题的能力。智力技能的学习本质上是掌握一套程序，亦即在长时记忆中形成一个解决问题的产生式系统。所谓产生式系统，即由一系列以"如果……那么……"的形式表示的规则。

皮连生采用加涅的智力技能学习的层级论和信息加工心理学的产生式理论来解释智力技能习得的过程和条件，他认为智力技能的学习一般分为三个阶段。第一阶段，新信息进入短时记忆，与长时记忆中被激活的相关知识建立联系，从而出现新的意义建构。第二阶段，通过应用规则的变式练习，使规则的陈述性知识向程序性知识转化。第三阶段，程序性知识发展至最高阶段，规则完全支配人的行为，智力技能达到相对自动化。

（二）智力技能形成的标志

①智力活动的各个环节逐渐联合成一个有机的整体；

②思维活动表现出敏捷性、灵活性、深刻性和广阔性等特点；

③内部言语的进行需要意志的努力较少。

（三）智力技能的培养

学生的智力技能主要是在教学活动中形成的。教师在教学中对学生智力技能形成的培养，应考虑智力技能形成的阶段，采取多种教学措施有意识地进行。

1.识别课题类型

学生在解答课题时，若能识别课题属于哪一种类型，就能运用相应的认知技能进行解答。如解题时首先识别是算术题还是代数题，识别是平面几何问题还是立体几何问题；写作文时，知道是写记叙文还是议论文。课题的性质不同，解题的认知技能也就不同。心理学研究和教学实践表明：妨碍学生识别课题类型的关键因素在于不能清晰地分析出课题的本质关系。

2.创设良好情境，使学生形成完备的定向能力

在学生智力技能形成过程中，活动的定向是重要的，它是对智力技能形成有决定性影响的。在活动的定向阶段，学生主要是了解和熟悉智力活动，知道做什么和怎样做，让学生在头脑里形成关于认识活动和活动结果的表象，以对活动定向。因而要重视创设条件，给学生提供和建立起完备的定向基础。学生完备的定向基础应具备三个条件：

第一，正确完整地了解课题智力活动的全过程。如做作文，要了解写文章的全过程，即审题（命题）、围绕中心选材、组织文章结构、选词组句等等。

第二，对智力活动方式有概括的了解，如学生解决"作三角形的高"这一类问题时，应了解这一智力活动方式的概括程序，即从任何一种三角形的任何一个顶点到对边作高的程序，而不是某种特殊的三角形的某一顶点向对边作高的方法。

第三，定向基础应由学生独立地提出，而不是由教师把现成的活动方式告诉学生。

学生良好的智力活动定向能力，是接受教师在教学中提供的良好的现成模式，经过迁移而建立起来的。因此，教师在教学中不仅要给学生提供良好的实践模式，而且还要做到在指导学生理解知识和解决问题时，同时进行思维方式的训练和指导。如在解题时，让学生讲出自己解题的思路：如何概括题意，如

何分析条件和要求的关系，如何找到解题的关键，经什么步骤推导或计算出结果来。还可以让具有不同思路的学生发表自己不同的见解，然后找到最佳思路。经常这样做，学生不仅会对学习的课题进行思考，同时也对思维过程和思维方法本身进行思考，这就有利于培养学生独立定向的能力。

3.摆脱旧经验的影响

凭借已有的经验去把握课题的本质或关系，一般说来对当前课题的了解会起一定的促进作用，会产生正迁移的效果。但是由于经验具有定势的作用，也常常会妨碍人们去揭示课题的本质或关系。例如，一个课题要求"通过四个点作三条直线，不让铅笔离开纸，而能使铅笔回到原出发点"，被试由于定势的作用，认为所画的三条直线不能超过四点的范围，这个条件是被试根据自己的经验加进去的。如果打破这个定势经验，问题也就迎刃而解了。

4.提供分步练习的条件，促使学生智力技能的形成

智力技能的形成要经过练习。这一练习要经历物质和物质化活动阶段—出声的外部言语阶段—不出声的外部言语阶段—内部言语活动阶段这一过程。在教学中，教师应给学生提供这种展开形式的分步练习的条件，使学生在练习中能按模式将智力活动的程序展现出来，并从展开的形式逐渐概括化，从外部向内部，成为熟练的、自动化的活动，从而促使学生智力技能的形成。

六、练习过程的规律

学习进程及其效果可用曲线图表示，这种图解就叫学习曲线。学习通常都要经过一定的练习，把历次练习的进程及其效果用统计的方法处理，然后绘制成曲线图解，就可以看出学习过程的进步情况。因此，学习曲线也称练习曲线。通过练习曲线可以看出学习过程的效率、速度、准确性等方面的变化和特点。练习曲线的这种图解方法，可以广泛地运用于知识、技能的学习以及行为习惯的形成等各个方面。不过，因为有些学习现象非常复杂，学习效率较难测定，所以，在心理学中，练习曲线较多地运用于技能和熟练的形成研究中。

学习曲线的坐标式图表，一般以横坐标表示练习的次数、练习日数及练习的总作业量，纵坐标表示单位时间的作业量、完成作业所需的时间及完成作业的成功或错误的数量。（如图17-1，图17-2）

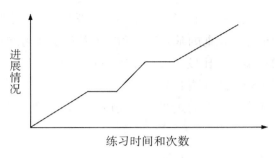

图17-1 练习曲线

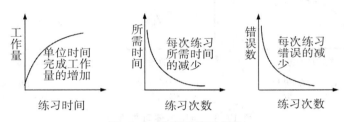

图17-2 典型的练习曲线

（一）练习曲线的几种共同趋势

1.练习成绩逐步提高

学习的进步，练习成绩的提高，虽然一般说来是逐步提高的，但由于学习内容的性质和难易不同，学习方法不同，以及学习者的能力、知识经验、学习动机和意志努力不同等原因，学习的进步情况也就不同，表现在学习曲线上也就有不同的趋势。一般情况如下：

第一，学习的进步先快后慢。在多数情况下，练习初期进步较快，以后逐渐缓慢（图17-3，A）。练习的进步先快后慢的主要原因是：开始练习时，学生对已熟悉的部分任务，可以利用过去的经验和方法，而且开始时教师往往把复杂的学习分解为一些比较简单的任务进行练习，比较容易掌握，加之练习初期兴趣浓，情绪饱满，比较努力，所以练习初期进步较快；后期，可以利用的已有经验相对地逐步减少，而且要把整个的学习联系和协调起来，比简单的局部学习任务复杂而困难，加之后期学习积极性可能会降低，所以成绩提高较慢。教师在指导这类学习时，应加强后期的指导和训练。

第二，学习的进步先慢后快。在有的情况下，练习初期的进步比较缓慢，以后逐渐加快（图17-3，B）。一些复杂的学习，在开始阶段需要掌握有关的基础知识和基本技能，所以进步较慢，但经过一段练习后，由于掌握了有关的基础知识和基本技能，进步就加快了，如学识字和学游泳就是如此。教师在指导这类学习时，应着重加强初期的基础知识和基本技能的练习和训练。

第三，练习的进步先后比较一致。在较少的情况下，练习的进步先后没有明显的快慢之分，比较一致（图17-3，C）。

在学习困难的无意义音节时进步速度先后就接近一致，这时练习曲线接近于直线。

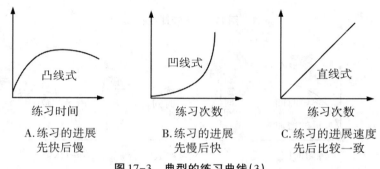

图17-3　典型的练习曲线(3)

2.练习中的高原现象

在练习中期往往出现进步的暂时停顿现象，即练习曲线上的所谓"高原期"（图17-4）。高原现象产生的原因主要有以下三个方面。第一，知识和方法的障碍。由于学习成绩进一步提高，需要改变旧的学习活动结构和方式方法，而代之以新的活动结构和方法。在学生没有完成这种改造以前，学习的进步就会处于停顿状态，甚至在这种改造过程中学习成绩还可能暂时下降，当完成了改造过程，成绩又会提高。第二，思维障碍。有的同学遇到困难就失去信心，考前的复习，范围广、容量大、时间长，缺乏新意，形式单调。相当一部分学生很容易产生已经复习的"差不多了"的感觉，缺乏耐心，急于"求战"，很容易减弱学习的动机，甚至产生烦躁厌倦的情绪。第三，情绪和身体上的障碍。学生经过一段时期的学习后，学习兴趣降低，情绪厌倦，身体疲劳，或发生疾病等，也会造成学习进步的暂时停顿现象。如果学习活动结构较简单，又没有主观上的原因，在练习过程中就不会产生这种现象。当学生出现高原现象时，教师要帮助学生分析原因，指导他们改变活动结构，采用新的方式方法，鼓舞其树立学习信心，突破高原，继续进步。

高原现象不具有普遍性。在技能形成过程中，并非必然出现高原现象。

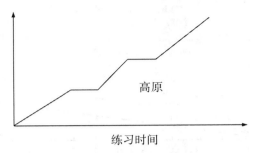

图 17-4 高原现象曲线

3.练习成绩的起伏现象

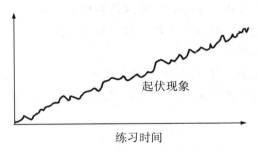

图 17-5 高原现象曲线

在各种学习过程中，都可以看到成绩时而上升时而下降的现象（图 17-5）。这种现象产生的原因不外有两个方面：一是客观条件的变化，如学习环境和练习工具的改变，学习材料性质的改变，教师指导方法的改变等；二是主观状态的变化，如自我感觉是否良好，有无强烈的动机和浓厚的兴趣，注意是否集中、稳定，意志的努力程度及采用的方式方法，还有身体条件等。

一般说，练习成绩的起伏现象是正常的，但当学生成绩出现突然急剧的下降时，就应引起注意，教师要教育和指导学生分析成绩下降的原因，克服缺点和困难，提高其练习的积极性，使练习顺利进行，并取得更好的成绩。

（二）练习曲线的个别差异

学习的进程，常常因人而异，在练习曲线上明显地表现出个别差异（图 17-6）。练习曲线上表现的个别差异的原因有：学生的个性特点不同，知识经验不同，努力程度不同等。因此，教师必须分析产生个别差异的具体原因，分别采取不同的具体措施，使学生的学习顺利地进行和提高。

练习曲线的个别差异主要有四种类型：速度较快，质量较好；速度较快，错误较多；速度较慢，错误较少；速度较慢，错误较多。

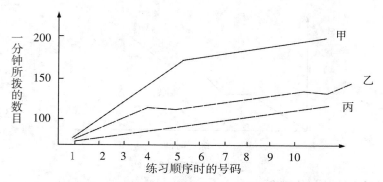

图17-6　掌握拨珠动作技能时,练习成绩的个别差异

在练习曲线上表现出个别差异的原因是多种多样的，除了某些客观的原因之外，主要与学生的个性特点、学习态度、知识经验、练习方法、准备状况和努力程度不同有密切关系。

学生在练习中既然存在着个别差异，教师就应当了解差异及其产生的原因，以便采取有针对性的措施，指导学生练习，使学生的技能得以顺利形成并进一步巩固和提高。

【选读资料】

PQ4R方法

PQ4R方法是由托马斯和罗宾逊（Thomas & Robinson，1972）提出来的一种学习策略。PQ4R由几个步骤首字母的缩写组成，分别代表预习（Preview），设问（Question）、阅读（Read）、反思（Reflect）、背诵（Recite）和复习（Review）。

预习　快速浏览材料，对材料的基本组织主题和副主题有一个了解。注意标题和小标题，找出你要读的和学习的信息。

设问　阅读时自己问自己一些问题。根据标题用"谁""什么""为什么""哪儿""怎样"等疑问词提一些问题。

阅读　阅读材料，不要泛泛地做笔记，而是试图回答自己提出的问题。

反思　通过以下途径，试图理解信息并使信息有意义：
①把信息和你已知的事物联系起来；
②把课本中的副题和主要概念及原理联系起来；

列的认知操作。操作成功，问题就得以解决。

心理学家们认为，提出问题是解决问题的先决条件，但仅仅满足于提出问题是不够的，提出问题的目的是为了有效解决问题。人生就是解决一系列问题的过程。个体克服生活、学习、实践中新的矛盾时的复杂心理活动，其中主要是通过思维活动解决相应问题。如教育心理学就着重研究学生学习知识、应用知识中的问题解决。例如，已知这样三个定理：

①如果两个三角形的两条边及其夹角对应相等，那么这两个三角形全等。

②如果两个三角形全等，那么这两个三角形所有对应的边和角都相等。

③三角形中两边相等，那么它们所对应的角也相等。

现在求证这样两道题：

①从图18-1-1和图18-1-2条件中能得出什么结论？

②根据图中的条件求证：$BD=CD$（图18-1-1）；$BE=CE$（图18-1-2）。

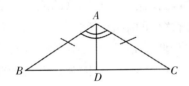

图18-1-1 等腰三角形　　　　　　图18-1-2 三角形求证

第一题不构成问题，这只是将已知的定理直接运用于新的情景。第二题就构成了问题，因为要转换和组合已知的定理，才能达到既定的目的。

（三）解决问题都具有一些共同的特点

①解决问题是解决新的问题，即所遇到的问题是初次遇到的问题。

②在解决问题中，要把掌握的简单规则（包括概念）重新组合，以适用于当前问题。因此，原先习得的简单规则，是解决问题过程中的思维素材。

③问题一旦解决，人的能力或倾向随之发生变化。在解决问题中产生的高级规则（已有规则的组合）贮存下来构成学生"知识宝库"（认知结构）中的一个组成部分，以后遇到同类情景时，借助回忆即可做出回答而不再视为问题了。所以解决问题是更为高级的一种学习活动。

二、问题解决的理论和模式

从某种意义上讲，教学的最终目的是要使学生能自主地解决各种问题。问题解决的过程是如何展开的？怎样才能培养学生问题解决的能力？这历来是教育学家和心理学家探讨的重点。这里，我们分别介绍几种较具代表性的问题解决的理论或模式。

（一）试误说

问题解决过程首先要通过一系列的盲目的操作，不断地尝试错误，发现一种问题解决的方法，即形成刺激情景与反应的联络，然后再不断重复巩固这种联结，直到能立即解决问题。

从心理学史来看，最早对问题解决进行实验研究的人，当推桑代克。在桑代克看来，问题解决实际上是一个试误过程。他的这种观点是建立在动物实验基础上的：他把饥饿的猫放在一个箱子里，箱子中有一个开关，猫只要碰动开关，就可以逃出箱子，吃到箱子外面的食物。猫在箱子里，一开始时会做出各种各样的动作，乱抓或乱咬箱子里的各种东西，直到偶然碰到开关。后来，猫逐渐消除错误动作，即把那些不能使它逃出箱子的反应消除掉了，而只是把成功的反应保持下来。基于动物是"通过尝试与错误，以及偶然的成功"逐渐学会如何解决逃出箱子的问题的，桑代克得出这样的结论：问题解决是由刺激情境与适当反应之间形成的联结构成的，这种联结是通过试误逐渐形成的。而且，桑代克还指出：猫之所以在箱子里做出各种尝试，是因为它们处于饥饿状态。因此，驱力和动机是问题解决的前提条件，正是为了达到某种目的，有机体才会去尝试各种反应，并根据以往的经验来指导行为。由此可见，这种问题解决是以一种多少带有盲目探索的活动为特征的，一种迷惘无望感常常会伴随这些杂乱无章的行为，即便通过尝试与错误找到了正确的方法，也不一定理解这种解决办法，甚至不能够告诉别人自己是如何解决的。如果要再次解决同一问题，一切还需从头开始，尽管所花的时间可能会比以前少些。初次玩弄魔方的人，可能都会有这种经历和体验。

（二）顿悟说

认为人遇到问题时，会重组问题情景的当前结构，以弥补问题的缺口，达到新的完形，从而联想起一种可行的解决方案。这一过程的突出特点是顿悟，即对问题情景的突然领悟。

格式塔心理学强调"顿悟"现象在问题解决中的作用。他们认为，在问题解决的过程中，人们不是通过长时间的尝试与错误才获得解决办法的，相反，解决的办法是突然闯进脑子里的。例如，我们有时对某一问题百思而不得其解，却突然一下子全明白了。心里在说："噢！原来是这么回事！"以后碰到这类问题时，不必从头开始，马上就知道该如何去做。苛勒的经典实验说明了这种顿悟现象：他把香蕉吊在天花板上，猩猩最初试图跳起来拿香蕉，但是太高了，够不到。猩猩没有像桑代克的猫那样乱抓乱咬，而是待在一边，突然，猩猩把边上的一个纸箱子移过来，爬在箱子上拿到了香蕉。在另一项实验中，猩猩被关在笼子里，笼子外放着香蕉，笼子边上放着竹竿。猩猩最初用前肢去拿，拿不到后也是坐在一边，后来突然想到用竹竿把香蕉移过来。以后遇到这种情况，猩猩马上会做这些动作，甚至做更复杂的动作，没有表现出"逐渐形成联结"的现象。同样是用动物进行实验，为什么桑代克的猫要经过"错误—尝试"过程逐渐学会解决问题，而苛勒的猩猩却能表现出顿悟行为呢？苛勒认为，关键的问题是要做出安排，使动物一下子看到解决问题所需要的全部必要要素。如果把纸箱和竹竿放在猩猩看不到的地方，猩猩就很难解决香蕉问题。由于桑代克的猫在箱子里看不到开关的结构，因此，只能通过经验逐渐发现，即只能通过一部分一部分习得的经验了解整个情境。从而，顿悟说又为"整体胜于部分之总和"做了进一步的论证。

（三）信息加工论模式

信息加工论者把问题解决看作信息加工系统（即大脑或计算机）对信息的加工，把最初的信息转换成最终状态的信息（如图18-2）。

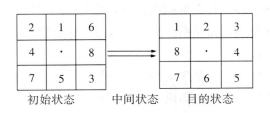

初始状态　　　　中间状态　　　　目的状态

图18-2

随着计算机技术的迅速发展，许多心理学家开始醉心于用信息加工模式来分析人类问题解决的过程。计算机通过编好的程序可以下棋，诊断病情，为宇宙飞船导航，解答各种复杂的数学问题等。其中许多活动都是与人类问题解决过程极为相似的。因而，信息加工论者把问题解决看作信息加工系统（即大脑或计算机）对信息的加工，把最初阶段的信息转换成最终理想状态的信息。因而，问题解决的模式应该包括：①对信息加工系统的结构和能力的完整描述，②对完成问题解决时所经历的每一个步骤予以描述。而且，对这两方面的描述，要尽可能精确到用计算机能够模拟的程度。纽厄尔与西蒙设计了一种问题解决系统，称之为"一般问题解决者"。这个程序把据认为是人类问题解决活动之基础的大量策略组合在一起。这个程序不但能证明逻辑定理，而且还能下棋、谱曲等。由此，他俩提出了一个问题解决过程所涉及的基本结构：

①接受系统：接受外部信息，并把它们传送到中心加工器。②中心加工器：加工来自接受系统的信息，在加工时需要利用记忆系统。③记忆系统：中心加工器在加工信息时需利用记忆信息，同时，记忆系统本身也为中心加工器提供信息。④反应系统：反应系统接受来自中心加工器的指令，实施问题解决过程中的决策。纽厄尔与西蒙把整个问题解决过程称之为"信息加工系统"（IPS）。

（四）现代认知派的模式

1.奥苏伯尔等人的模式

美国心理学家奥苏伯尔等人于1969年提出了问题解决的四个阶段：

（1）呈现问题情境命题

奥苏伯尔认为，问题是由有意义的言语命题构成的，其中包括目标和条件。他认为，一组命题之所以构成问题情境，是因为从已知条件到问题之间包含了认知空隙，学生已有知识结构中没有现成可以用于达到目标的步骤和方法。

（2）明确问题与已知条件

问题情境命题是客观存在的刺激材料，它们可以激发学生回忆有关的背景命题。学生把这两种命题相联系，从而理解问题的条件和要达到的目标。

（3）填补空隙过程

这是解决问题的核心。学生明确已知条件和目标之间的空隙或差距，并力图填补空隙，这需要一系列的知识和加工：

①提取背景命题。所谓背景命题是学习者认知结构中与当前问题解答有关的事实、概念和原理。学习者必须根据当前问题的需要提取有关命题。这些命题都是学习者平时学习所积累的。

②运用推理规则。所谓推理规则是做出合理结论的逻辑规则。在系统有序的学习中都存在着各种外显的或内隐的规则。

③采用一定策略。解决问题的策略通常指选择、组合、改变或操作命题的系列，以便填补问题的固有空隙。策略的功能就在于减少尝试与错误的任意性，节约解决问题所需的时间，提高解答的概率。策略提出一连串步骤，从差距的一端到另一端，可以是顺向的，也可以是逆向的。

（4）解答之后的检验。

问题一旦得到解决，通常需要一定形式的检验，查明推理进程有无错误，空隙填被的途径是否最为简捷，以及可否正式写出来供交流之用等。

这一模式不仅描述了解决问题的一般过程，而且指出原有认知结构中各种成分在问题解决过程中的不同作用，为培养解决问题的能力指明了方向。（图18-3）

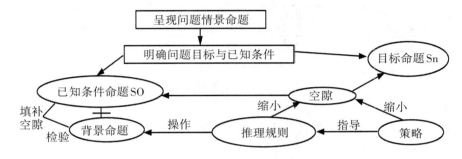

图18-3 奥苏伯尔问题解决模式

2.格拉斯的模式

格拉斯（Class）在1985年把问题解决划分为相互区别又相互联系的四个阶段。

（1）形成问题的初始表征

这是问题的理解阶段，首先要把问题空间转换到工作记忆中，亦即在工作记忆中对组成问题空间的种种条件、对象、目标和算子等进行编码，建立表征。

（2）制定计划

制定计划就是从广阔的问题空间中搜索出能达到目标的解决方法，也就是从长时记忆中搜索出与解决问题的方法有关的信息。如果搜索出过去解决同类问题的办法，就可以利用这种办法成功地解决当前问题，否则，就要探索其他方法才能解决问题。

（3）重构问题表征

如果第一阶段建构的表征对于执行计划是不充分的，就必须重构问题表征。重构的问题表征与建立初始问题表征在许多方面有相似之处，但有时需要摒弃初始问题表征，而建构新的表征。

（4）执行计划和检验结果

将解决问题的计划、方案在实际中加以操作、实施的过程，就是执行过程。（如图18-4）

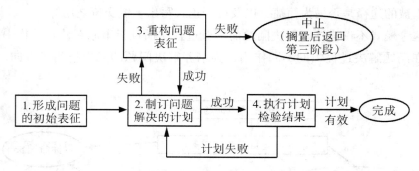

图18-4　格拉斯问题解决模式

3.基克等人的模式

基克把问题解决划分为以下几个阶段：

（1）理解与表征问题

理解和表征问题包括找出相关信息，忽略无关细节，准确理解问题中每一个句子的含义并集中问题的所有句子，达到对整个问题的准确理解。对于多问题，运用图形表征可能更有助于我们理解问题。

从解决问题过程的模式中，可以看到两种解决问题的过程：一是通过理解和表征问题，能联想起一个顿悟式的解决方案，用认知心理学家的话说，就是激活了一个适当的图式，按"图式激活"的途径，直接进入尝试解答阶段；二是如果没有一个现成的图式联想起一个即时的解答，就得遵循解答的路线。

（2）寻求解答

寻求解答时，可能存在算法式和启发式这两种一般的过程。常用的启发式有手段—目的的分析法，逆向反推法，爬山法以及类比思维，如果寻求解答失败就要回到第一阶段对问题重新进行表征。

（3）尝试解答

当表征某个问题选好解决方案后，下一步就是要执行计划，尝试解答。在执行任务时，要保证每一个步骤的正确，防止出现系统的故障。

（4）评价

当选择并完成某个解决方案后，就要对结果进行评价。如果成功，问题解决就停止，否则就退回到前几个阶段。

从以上三种模式可见，现代认知派模式基本上都认为，问题解决就是把问题划分成诸成分，从记忆中激活旧有的信息，或寻找新的信息。如果失败了，就可能退回到最初的问题，另找方法，或者重新定义问题或寻求解决问题的方法。这种问题解绝不是线性的，问题解决者可能跳来跳去，跨步或联合一些步骤。

（五）吉尔福特的智力结构解决问题的模式

吉尔福特认为，人的智力是由120个智力因子组成，这120个智力因子分别负责着人类不同领域的智力活动，智力活动的水平是由这些智力因子的发展水平来决定的。而影响这些智力因子发展水平的是思维内容、思维操作过程和思维结果。

1.思维内容

每天通过我们的感官系统输入我们头脑中的信息非常多，我们将这些信息划分为图形类、符号类、语义类和行为类信息。

①图形类：我们可以直接看到、听到或触摸到的具体信息，如图形、形状、简单的声音或一个具体的"东西"等。

②符号类：指具有代表特性的抽象信息，如标志、字母、数字、音符、电话号码、乐曲、统计表格等。

③语义类：指信息的概念和意义。如"树"在中文中用"树"来表示，在英文中用"tree"来表示，但它们都是指"树"这个词所代表的意义和概念。

④行为类：指那些非语言信息，是人类交往中的感受、想法、愿望、情绪、情感、意图以及行为的信息，是通过非语言线索获得的信息。

2.思维操作

我们对输入头脑中的各类信息会进行加工，加工的方式有认知、记忆、评价、聚敛思维和发散思维。

①认知：发现、吸收新信息和认识以前接触过的信息的能力。可视同为"理解能力"。

②记忆：储存和再现信息的能力。

③评价：按一定的标准进行比较的过程。在实际生活中指做出判断和决定的能力。可视同为"判断能力"。

④聚敛思维：根据给定信息，找到一个解决方案或确定的答案的能力。可视同为"解决问题能力"。

⑤发散思维：找到符合问题要求的多种答案的能力。可视同为"创造性思维能力"。

3.思维结果

在头脑中加工后的信息（思维结果）有不同的生成形式，我们归类为单元、类别、关系、系统、转换、推衍的形式。

①单元，是信息最简单的组织方式。单元指的是单一个体。一个图形、一个符号、一个词或意思、一个行为等。

②类别，是指理解信息的分类，能按一般特性进行分类的能力。

③关系，是指不同信息因为差异或某种关联建立起的联系。如：因果关系。

④系统，是指有组织或有结构的多种信息组成的整体，或复杂的、彼此相关的各个部分组成的整体。系统可以是图形的，比如迷宫、建筑物；也可以是符号的，比如有一定序列的数学操作；还可以是语言的，比如按一定的要求组建的句子等。

⑤转换，是指将给定信息转变成其他信息的能力。

⑥推衍，是指从已知的信息中领会到某些更深层含义的能力。比如，一个学生对知识的迁移能力等。

综上所述，人们对问题解决的研究经历了这样几个趋势：从研究途径和内容上，经历了研究动物—研究人—研究计算机—再研究人类教学实际问题的过程；从研究方法上，从实验研究、描述现象、理论思辨、计算机模拟，一直到理论思辨加实验验证；从研究的角度上，从一般的外部现象描述与解释到内部认知过程，如问题表征、图式激活，直到更微观的信息接收、转换、加工、存储、提取的层次上；从研究的目的上，开始是为了增长人类的知识、揭示一般的解决问题的规律，现在人们越来越强调为实际的培养和教学服务。总的来说，人们对问题解决过程模式的研究经历了一个螺旋式的上升与循环，并且每一种模式强调的侧面和角度又有所不同。

三、问题解决的四个阶段

（一）发现问题

我们生活的世界处处时时都存在着各种各样的矛盾，当某些矛盾反映到意识中时，个体才发现它是个问题，并要求设法解决它。这就是发现问题的阶段。从问题解决的阶段性看，这是第一阶段，是解决问题的前提。发现问题不论对学习、生活，还是创造发明都十分重要，是思维积极主动性的表现，在促进心理发展方面具有重要意义。

（二）分析问题

要解决所发现的问题，必须明确问题的性质，也就是弄清有哪些矛盾、哪些矛盾方面，它们之间有什么关系，以确定所要解决的问题要达到什么结果，所必须具备的条件、其间的关系和已具有哪些条件，从而找出重要矛盾、关键矛盾之所在。

（三）提出假设

在分析问题的基础上，提出解决该问题的假设，即可采用的解决方案，其中包括采取什么原则和具体的途径、方法。但所有这些往往不是简单现成的，而是有多种多样的可能。但提出假设是问题解决的关键阶段，正确的假设引导问题顺利得到解决，不正确不恰当的假设则使问题的解决走弯路或导向歧途。

（四）检验假设

假设只是提出一种可能的解决方案，还不能保证问题必定能获得解决，所以问题解决的最后一步是对假设进行检验。通常有两种检验方法：一是通过实践检验，即按假定方案实施，如果成功就证明假设正确，同时问题也得到解决；二是通过心智活动进行推理，即在思维中按假设进行推论，如果能合乎逻辑地论证预期成果，就算问题初步解决，特别是在假设方案一时还不能立即实施时，必须采用后一种检验。但必须指出，即使后一种检验证明假设正确，问题的真正解决仍有待实践结果才能证实。不论哪种检验，如果未能获得预期结果，必须重新另提假设再进行检验，直至获得正确结果，问题才算解决。

四、解决问题的过程

（一）理解和表征问题阶段

解决问题的第一步是确定问题到底是什么。这意味着首先要找出相关信息而忽略无关的细节。如在抽屉里有黑色和棕色两种短袜混在一起，黑袜和棕袜数量之比为4∶5，请问：为了得到一双相同颜色的短袜，你要从抽屉中最多取出多少只短袜来？

除了能识别问题的相关信息外，你还必须准确地表征问题。要成功地表征习题就要完成两个任务。第一个是语言理解，理解问题中每一个句子的含义。如"小船在静水中每小时比在流水中快64米"，这是一个关系命题，它描述了两种速度之间的关系。又如"糖的价格是每千克15元"，这是一个指定命题，它只指明了某种东西的价格，即一个单位糖的价格。

在解决包含这两种命题的问题时，你一定要弄清每个句子告诉了你什么。有些句子可能比另一些句子要难。有研究表明，关系命题比指定命题难于理解和记忆。在一个研究中，学生复述关系命题的错误是指定命题的三倍。有些学生将关系命题转换成了指定命题，如将"小船在静水中的速度比在流水中每小

时快64米"记成了"小船在静水中的速度为每小时64米"。一旦误解了问题中
每个句子的含义，你就很难正确地表征整个问题。

表征问题的第二个任务是集中问题的所有句子达成对整个问题的准确理
解。我们来看这样一个例子：

两个火车站相距50千米，某个周六下午2∶00，两列火车分别从两站相向
而行，正当火车驶出车站时，有一只鸟从第一列火车出发飞向第二列火车，到
达第二列火车后，又飞回第一列火车，如此反复，直到两车相遇，如果两列火
车的速度都为每小时12.5千米，小鸟的飞行速度为每小时50千米，请问在两车
相遇之前，小鸟飞行了多少千米？

第一步：求出小鸟在火车相遇之前飞行的时间（实际上是火车相遇前行驶
的时间）。小鸟飞行时间=两站距离÷（第一列火车的速度+第二列火车的速
度）=50÷（12.5+12.5）=2（小时）

第二步：求出小鸟在两车相遇前飞行的距离。飞行距离=小鸟飞行速度×小
鸟飞行时间=50×2=100（千米）

对于许多问题，图形表征是更为有效的方法。例如："有甲、乙、丙、丁
四个村庄在一条直线上。从甲庄到丁庄的距离是64000米，从乙庄到丙庄的距
离是16000米，现有小明和张华两个人自甲、丁两庄同时出发，相对而行，小
明每小时走3000米，张华每小时走2000米。当小明走到丙庄时，张华刚好走
到乙庄。问他们各走了多少路"，这道题对已学过相向而行并相遇问题的学生
来说，构成了问题情境。而该题的问题情境命题很多，已知和未知条件不易把
握。如果要求一名小学四年级学生理解这一复杂的行程问题，就需要画出如图
18-5的示意图。

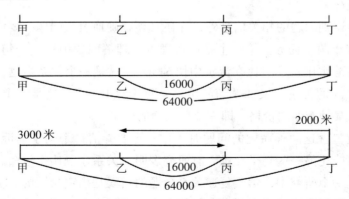

图18-5　一名小学四年级学生为理解复杂的行程问题所画的示意图

问题表征阶段有两个主要的结局：

第一，如果你对问题的表征能使你联想起一个即时的顿悟式解决方案，那你就能解决这一问题了。

第二，如果并没有一个现存的图式能使你联想起一个即时的解答，你就得遵循寻求解答的路线。很明显，这条路径并不如前面那条途径有效，但有时，这是唯一的路。

（二）寻求解答阶段

1.算法式

一个算法就是为达到某一个目标或解决某个问题而采取的一步一步的程序。它常与某一个特定的课题领域相联系。在解决某一个问题时，如果你选择的算法合适，并且你又能正确地完成这种算法，那么保证你能获得一个正确的答案。

在实际教学中，这样的例子屡见不鲜，如做一道大数目的除法。36748599/11，你只要仔细地按照乘—减的算法，反复地做下去，就能获得最终的解决。

2.启发式

所谓启发式就是使用一般的策略试图去解决问题。这种一般的策略可能会导致一个正确的答案。例如，在解连加题（1＋2＋3＋4＋5＋……＋10000=？）时，就可以根据其特点，转换成加乘除法（1＋10000）×（10000/2）进行简便计算。

（1）手段目的分析法

将目标划分成许多子目标，将问题划分成许多子问题，寻找解决每一个子问题的手段。例如，写一篇20页的论文对某些学生而言是十分头痛的问题，但如果将这个任务划分成几个子任务如选题、查找信息资料、阅读和组织信息、指定大纲等等，他们就可能表现得好一些。

（2）逆向反推法

应用反推法，从目标开始，退回到未解决的最初的问题，这种方法对解决几何证明题有时非常有效。例如，已知图18-6中的ABCD是一个长方形，证明AD=BC。从目标出发，进行反推时，学生会问："如何才能证明AD与BC相等？如果我能证明三角形ACD与三角形BDC全等，那么就能证明AD等于BC。"下一步的推理就是"如果我能证明两边和一个夹角相等，那么就能证明三角形ACD和三角形

图18-6 几何题

BDC 全等"。这样，学生从一个子目标出发反推到另一个子目标。

（3）爬山法

爬山法的基本思想是设立一个目标，然后选取与起始点邻近的未被访问的任一节点，向目标方向运动，逐步逼近目标。这就像爬山一样，如果在山脚下，要想爬到山顶，就得一点一点地往上走，一直走到最高点。有时先得爬上矮山顶，然后再下来，重新爬上最高的山顶。因此，爬山法只能保证爬到眼前山上的最高点，而不一定是真正的最高点。爬山法在我们日常生活中是最常用的方法之一，不少实际的问题就是靠这种方法解决的。

（4）类比思维

当你面对某种问题情境时，你可以运用类比思维，先寻求与此有些相似的情境的解答。当人们发明潜艇后，工程师们要思考如何让战舰确定潜艇隐藏在海下的方位。为此目的研究人员通过研究蝙蝠导航机制发明了声呐。

（三）执行计划或尝试某种解答阶段

当表征某个问题并选好某种解决方案后，下一步就要执行计划，尝试解答。如果解决方案主要涉及某些算法的使用，例如，解数学应用题中的列式计算，那么一定要记住，避免在使用算法的过程中产生一些系统性的错误。有些研究表明，学生常常是非常有逻辑地或"聪明"地犯错误，很少有错误是随机、偶然的，他们通常应用某些错误的规则或程序来回答问题或解决问题。

（四）评价结果阶段

当你选择并完成某个解决方案之后，你还应该对结果进行评价。评价结果的方法之一，就是寻找能够证实或证伪这种解答的证据，对解答进行核查。

例如：有3个人一起下象棋，每人下了2盘，问总共下了几盘棋？有的人脱口而出：6盘。这个答案适合3个人与其他人下棋，不适于3人之间下棋。只要核查，马上就发现解答有错误。

在解决数学问题时，常常采用验算的方法来评价解答。

五、问题解决的策略

（一）算法式策略

算法式策略是指对一个问题解决的所有可能途径都加以尝试的一种策略，例如，要开一个四位数的密码锁（每位数字号0至9），就要进行10⁴次尝试。这种策略的特点是，如果解存在，就一定能找到解，而且能找出所有的解，最终选出最佳的解；缺点是对所有的可能进行尝试，费时又费力，有时可能根本办不到。儿童在最初的问题解决中较多采用这种策略，但是随着学习的深入和成熟，使用会逐渐减少。

（二）启发式策略

启发式策略是凭借经验来解决问题的一种策略。用启发式策略解决问题，并不探索所有可能途径，仅仅对经验中认定的最有可能成功解决问题的途径进行探索，这一策略的优点是能提高问题解决的效率；缺点是，如果受到已有经验的误导，走了错误的途径，往往导致解决问题的失败。

主要的启发式策略有如下三种：

①手段—目标分析策略。将目标划分成许多子目标，将问题划分成许多子问题，寻找解决每一个子问题的手段。这种策略的核心是发现问题的当前状态与目标状态之间的差别，并采用一定的步骤来缩小这种差别，最终使问题得到解决。

②爬山法策略。这种策略的名称是一个形象的比喻，即在问题解决的过程中，假定目标是山顶。人们不可能一下子爬到山顶。在探索达到山顶的路径时，只要遇到有岔道，我们就看几条岔道中哪一个是向山上延伸的（而不是向山腰或山下延伸），就选择哪一条道路。这种策略也称为局部最优选择法。

③反推法策略。这种策略适合于解决那些从起始状态出发可以有多种走法，但是只有一条路能够达到目标状态的问题。这种策略常用于解决几何问题。如前述逆向反推法的例子。

六、影响问题解决的因素

（一）问题的特征

个体解决有关问题时，常常受到问题的类型、呈现的方式等因素的影响。教师课堂中各种形式的提问，各种类型的课堂和课后练习、习题或作业呈现问题的方式等都会影响个体对问题的理解。

有些陈述或图示直接提供了问题解决的线索，便于寻找解决问题的方法、方向，而有些则包含某些多余的信息，或者问题解决所需的部分条件被隐含起来，这就增加了问题解决的难度，需要个体能够发现、分离出解决问题所需的必要条件，撇开表面现象，抓住问题的本质特征。如图18-7所示，"已知圆的半径 R 的长度，求正方形的面积"，很明显，图 B 比图 A 提供的线索更隐蔽，因而解答也相对难一些。

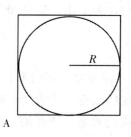　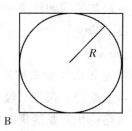

A　　　　　　　　　　　B

图18-7

（二）已有的知识经验

已有经验的质与量都影响着问题解决。质就是质量，主要是指已有知识经验在组织上的特征，表现为已有知识的可利用性、可辨别性以及清晰稳定性。量就是数量，在通常情况下，一个人与问题解决有关的经验越多，解决该问题的可能性也就越大。如思考下面四个问题（图18-8），每个问题都只许移动一根火柴，以使等式两端相等。

图18-8

解决前三个问题，不必有更多的知识。而第四个问题则涉及阿拉伯数字和平方根的知识。只有知道1的平方根等于1，将＼／‖=‖变化为√‾‾=1，它表示1的平方根等于1，问题才能解决。这便涉及知识的储备。

（三）定势与功能固着

定势指以最熟悉的方式做出反应的倾向。定势有时有助于问题的解决，有时会妨碍问题的解决。如前所述，定势是影响学习迁移的一个重要因素，而学校情境中的问题解决主要是通过迁移实现的，因此，定势也必然影响问题解决。

定势的作用还极明显地表现在"功能固着"上，功能固着指人们总是倾向将某一物体的常见功能看成是该物体的特定的功能，从而妨碍了发现物体的其他功能而影响问题的解决。也就是说，当一个人熟悉了某种物体的常用或典型的功能时，就很难看出该物体所具有的其他潜在的功能。而且最初看到的功能越重要，就越难看出其他的功能。（如图18-9）

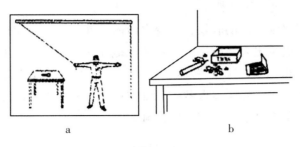

a   b

图18-9

七、提高问题解决能力的教学

（一）提高学生知识储备的数量与质量

1.帮助学生牢固地掌握和记忆大量的知识

知识记忆得越牢固、越准确，提取得也就越快、越准确，成功地解决问题的可能性也就越大。教师应该教给学生一些记忆和提取的方法，鼓励学生应用这些方法。

2.提供多种变式，促进知识的概括

只有深刻领会和理解知识，才能牢固地记忆和有效地应用，因此，教师要重视概括、抽象、归纳和总结各种应用问题。应用同质不同形的各种应用题的不同解法来突出应用题的本质特征，加强对不同类型的应用题的区分与辨别，提高学生对所学内容的理解水平。

3.重视知识间的联系，建立网络化结构

问题的解决往往是综合应用各种知识的过程，知识之间的有机联系是保证正确地解决问题的基础。为此，教师要有意识地沟通课内外、不同学科、不同知识点间的纵横交叉联系，使学生所获得的知识不只是一个孤立的点，而是能够融会贯通、有机配合的网络化、一体化的知识结构。

（二）教授与训练解决问题的方法与策略

1.结合具体学科，教授思维方法

有效的思维方法或心智技能可以引导学生正确地解决问题，教师既可以结合具体的学科内容，教授相应的心智技能，如审题、构思技能等，也可以根据已有的研究成果，开设专门的思维训练课。教授心智技能或策略的主要目的就是使学生学会学习、学会解决问题，成为一个自主的、自我调控的有效的学习者。

2.外化思路，进行显性教学

教师在教授思维方法的时候，应遵循由内而外的方式，即把教师头脑中的思维方法或思路提炼出来，明确地、有意识地外化出来，给学生示范，并要求学生模仿、概括和总结，这在一定程度上可以避免学生不必要的盲目摸索。学生通过这种学习，可以逐步掌握各种思维方法，将外在的教师经验内化为自己的经验，充实或完善自己的内部知识结构。

（三）提供多种练习的机会

避免低水平的、简单的提问或重复的机械的练习，防止学生埋没在题海中，应考虑练习的质量，根据不同的教学目的、教学内容、教学时段等来精选、设计例题与练习题，从而考虑练什么，什么时候练，练到什么程度，以什么方式练，如何检验练的效果等问题。比如，既要训练学生只有文字的应用题，又要训练他们图文并茂的应用题；既要有直接利用领会知识进行解答的基础问题，又要有灵活、综合利用有关知识进行解答的较复杂的问题；既要有促进学生理解所学知识的问题，又要有适当的结合现实的实际问题。多种形式的练习，可以调动学生主动学习的积极性，提高学生知识应用的变通性、灵活性和广泛性。

（四）培养思考问题的习惯

1.鼓励学生主动发现问题

鼓励学生对日常生活多观察，不要被动地等待教师指定作业后，才去套用公式或定理去解决问题。

2.鼓励学生多角度提出假设

在明确问题的基础上，教师可以鼓励学生从不同的角度，尽可能多地提出各种假设，而不要急于对这些想法进行评判，以免过早地局限于某一解决问题的方案中。

3.鼓励自我评价与反思

要求学生自己反思推敲并分析各种假设和各种方法的优劣，对解决问题的整个过程进行监控与评价。

八、问题解决能力的培养

（一）充分利用已有经验，形成知识结构体系

知识和能力内在关系的规律揭示出学生问题解决能力的培养提高受制于两个因素：一个是教师对学生知识基础状况的精确洞察与把握；另一个是在此基

础上为学生解决问题提供的知识准备。

（二）分析问题的构成，把握问题解决规律

分析问题即了解"四成分"——已知、目标、障碍、方法。

教学生分析问题的步骤是：①教师带着学生分析问题，②和学生一起分析问题，③让学生独立分析问题。

对问题解决规律的把握是解决问题的关键——普遍规律和具体规律。

（三）开展研究性学习，发挥学生的主动性

研究性学习可以让学生在探究中学会对信息进行收集、分析和判断，去获取知识，应用知识，解决问题，从而增强思考力和创造力，培养创新精神和实践能力。

研究性学习能够充分调动学生的积极性，发挥其主动性，有助于问题的解决。

（四）教授问题解决策略，灵活变换问题

策略，指的是人在思维过程中，从大的角度来考虑思维方向的思想方法。好的问题解决策略，是人们长期问题解决的经验总结，它对于解决特定问题很有效。因此，教师要经常教给学生一些好的问题解决的策略。同时，教师还要鼓励学生自觉地总结自己解决问题时所使用的策略并灵活运用。

（五）允许学生大胆猜想，鼓励实践验证

合理、科学的猜想是直觉思维的重要形式，也是科学发现的重要途径。因此，在教学中，要根据学生的认识规律，引导学生开动脑筋，鼓励学生勤于观察，大胆地提出猜想，允许学生提出各种"异议"，启发学生进行多向猜测、多向思考。此外，教师还要鼓励学生对自己的猜想进行实践验证。

第二节　创造性及其培养

一、创造性及其特征

（一）创造及创造性的含义

所谓创造，是指一种最终产生独特而有价值产品的活动或过程。创造性是指个体产生新奇独特的、有社会价值的产品的能力或特性，改也称为创造力。它有两种表现形式，一是发明，二是发现。发明是制造新事物，发现是找出本来就存在但尚未被人了解的事物和规律。

（二）创造性的基本特征

关于创造性的特征，可谓"仁者见仁，智者见智"。总体来说，研究者们主要是从以下三个不同的方面进行研究的：创造性作品，有创造性的人，创造的过程。

1.创造性作品

一般认为创造性作品应具有以下几个特征：

（1）新奇性

一项作品首先必须是新奇的，然后才能被称为是创造性的。关于这一点，研究者们的意见是一致的。而判断新奇性的标准，则是一个相对的东西。

（2）适当性

创造性的作品不仅要具有新奇性，而且在与其相关的范围内，作品是合适的且有用的，才算得上有价值、有创造性。

（3）改造性

任何杰作都是基于对某一现有观念或材料的重大改造而产生的。创造性的作品总是超越了先前思维方式的束缚和局限的产物。

2.有创造性的人

具有高度创造性或有创造潜力的人由和其同辈的比较研究以及成套的创造性测验予以鉴定。高度创造性的人们的共同个人特征有以下几点：

（1）人格特征

①认知的灵活性或无偏见性。能认真地去审视和思考有悖于常识和习俗的观念，对于无拘束的猜想的一种高度容忍精神，肯于扩展甚至乐于超越平凡与现实的倾向，以及接受一种不一定有的甚至不可能有的事物的倾向是创造者的共同特征。

②独立性。高创造者是一个节制的不顺从者，即：既不是一个绝对的不顺从者，也不是一个绝对的顺从者，而是一个独立的人。

③容忍模糊不明的事物。高创造者乐于接受不甚明确甚至是错综复杂的事物。

④容忍错误。

⑤独特的价值观念系统。

⑥可驾驭的焦虑水平。

⑦性别角色不受严格限制。

（2）创造性与智力和学业成绩的关系

①创造性与智力的关系。习惯上人们会想当然地认为，高创造性的人一定

都是最聪明的人。其实不然，心理学家们做了大量的研究，研究表明，创造性和智力的关系是相对独立的，在一定条件下又有相关的非线性关系。以上研究，其基本关系表现在以下几个方面。（如图18-10所示）

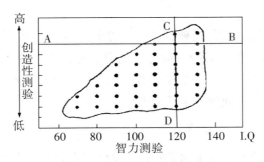

图18-10　创造性与智力的关系

A.低智商不可能具有创造性。

B.高智商可能有高创造性，也可能有低创造性。

C.低创造性的智商水平可能高，也可能低。

D.高创造性者必须有高于一般水平的智商。

上述关系表明，智力是创造力的必要条件，但不是充分条件，创造性不仅与知识技能、智力有关，还与人格有密切关系。

②创造性与学业成绩的关系。关于创造性与学业成绩的关系，研究者们的意见也很不一致，但总的说来，倾向于认为二者并不遵循绝对的线性关系。从许多跟踪调查研究中，我们也不难发现，一些在校期间成绩突出的学生，十几年后甚至是几十年后在其工作领域中也并无多少创新和建树，相反，一些成绩并不十分突出的学生，工作上却有较显著的技术创新和发明创造。

3.创造过程

尽管各种不同的研究及其相关测验分别强调创造性的不同特征，但目前较公认的是，创造性思维是创造性的核心，发散思维又是创造性思维的核心。发散思维也叫求异思维，是沿不同的方向去探求多种答案的思维形式。发散思维作为创造性思维的核心，其主要特征有三个。

（1）流畅性

个人面对问题情境时，在规定的时间内产生不同观念的数量的多少。该特征代表心智灵活，思路通达。对同一问题所想到的可能的答案越多，即表示他的流畅性越高。

（2）变通性

变通性即灵活性，指个人面对问题情境时，不墨守成规，不钻牛角尖，能随机应变，触类旁通。对同一问题想出不同类型答案越多者，变通性越高。

（3）独创性

个人面对问题情境时，能独具匠心，想出不同寻常的、超越自己也超越同辈的意见，具有新奇性。对同一问题所提意见愈新奇独特者，其独创性越高。创造过程是发散思维和辐合思维二者有机而完善的结合。在创造过程中，二者总是交互发生作用，共同服务于活动的目的。

二、影响创造性培养的因素

创造性的培养受多重因素的影响，主要体现在以下三个方面。

（一）不利于创造力培养的教育观念

不利于创造性培养的教育观念主要有：①过分追求成功，②以同龄人的行为为楷模，③禁止学生提问，④权威式教育。这些观念限制了个体的发散思维和创造性，不利于创造力的培养。因此，教师在教育过程中应改变这些观念，培养学生的创造力。

（二）教师的素质

教师对学生创造力的培养起主导作用。所以，一个教师自身的素质会直接影响学生的创造力。这些素质主要有：①自己本身具有创造力，②有强烈的求知欲，③努力设法形成具有高创造性的班集体，④创设宽容、理解、温暖的班级气氛，⑤具有与学生们在一起共同学习的态度，⑥创设良好的学习环境，⑦注重对创造活动过程的评价以激发儿童的创造渴望。

（三）学生自身的特点

1.智力

研究表明，创造性与智力的关系并非简单的线性关系，二者既有独立性，又在某种条件下具有相关性，即智力是创造力的必要条件，但不是充分条件。这点在前面已述及，不再赘述。

2.个性

一般而言，创造性与个性二者之间具有互为因果的关系。这一点在前一问题中也有论述，这里也不再重复。

三、创造性的基本结构

（一）静态结构

1.艾曼贝尔结构说

个体的创造性主要包括三种成分：有关领域的技能，包括实际知识、专门技能和该领域的特殊天赋，它可以被看作是一套解决问题或从事某项特定工作的认知途径；有关创造性的技能，包括认知风格、有助于探索新的认知途径的知识和工作风格，这些决定了个体创造力发展的成果或反映能否超越该领域以前的水平；工作动机，包括工作态度和对自己所能接受工作的理解，它是个体创造力发展与展现的推动力量。

2.吉尔福特结构说

创造力可以分解为以下六种主要成分：敏感性，即容易发现新事物，接受新问题；流畅性，即思维敏捷，反应迅速，对特定的问题情境能产生多种反应或提出多种建议；灵活性，即有较强的应变能力和适应性；犯创性，即产生新的非凡思想的能力；再定义，即善于发现特定事物的多种使用方法；洞察性，即能透过事物的表面现象，认清其内在含义和特性。

（二）动态结构

现代信息加工学派的代表人物西蒙认为，发明创造实质就是问题解决的过程。创造力是在产生有价值的新信息的过程中，所运用的智力品质的总和。一般包括如下成分：发现问题的能力，明确问题的能力，阐述问题的能力，组织问题的能力以及输出问题解决方案的能力。

四、创造性的培养

（一）创设有利于创造性产生的适宜环境

1.创设宽松的心理环境

教师应给学生创造一个较为宽松的学习的心理环境，让学生感受到"心理安全"和"心理自由"。如果营造了这样一种环境，学生就不会产生危机感和受批评的恐惧，也就不必为自己的创造意识而设防。要做到这一点，需要家庭、学校和社会三者共同的努力。

2.给学生留有充分选择的余地

在可能的条件下，应给学生一定的时间和空间，让学生有时间、有机会干自己想干的事，给学生留出一定的时间让他们从事一些具有独创性的活动，为创造性行为的产生提供机会。因此，在课程安排上，应注意为学生提供自由选择的机会，如实行选修课制度，让学生有机会选择不同的课程学习；加强学生综合素质的培养，如进行抽象逻辑思维和具体形象思维的培养；给学生呈现应用创造性思维才能解决的问题等。

3.改革考试制度与考试内容

考试制度和考试内容对学校的教学有着直接的影响。为了能真正有利于人才选拔，选拔有创造性的人才，促进学校创造性人才的培养，必须对传统的考试制度和考试内容进行改革。

（二）注重创造性个性的塑造

①保护好奇心。教师应该接纳学生任何奇特的问题，并赞许其好奇求知。

②解除个体对答错问题的恐惧心理。对学生所提出的问题，无论是否合理，均以肯定态度去接纳。

③鼓励独立性和创新精神。教师应该重视学生与众不同的见解、观点。

④重视非逻辑思维能力。非逻辑思维是创造性思维的重要组成部分，在各种创造性活动中都起着重要的作用。

⑤给学生提供具有创造性的榜样。通过给学生介绍并引导其阅读文学家、艺术家或者科学家的传记等正面作品，启发学生见贤思齐的心理需求。

（三）开设培养创造性的课程，教授创造性思维策略

1.发散思维训练

训练发散思维的方法有多种，如用途扩散、结构扩散、方法扩散与形态扩散等。用途扩散即让学生以某件物品的用途为扩散点，尽可能多地设想它的用途。结构扩散即以某种事物的结构为扩散点，设想出利用该结构的各种可能性。形态扩散即以事物的形态（如颜色、味道、形状等）为扩散点，设想出利用某种形态的各种可能性。方法扩散即以解决某一问题或制造某种物品的方法为扩散点，设想出利用该种方法的各种可能性。

2.推测与假设训练

这类训练的主要目的是发展学生的想象力和对事物的敏感性，并促使学生深入思考，灵活应对。例如让学生听一段无结局的故事，鼓励学生猜测结局，或者读文章的标题去猜测文章的具体内容。

3.自我设计训练

教师考虑到学生的兴趣及其知识经验，给他们提供某些必要的材料与工具，让学生利用这些材料，实际动手制作某种物品，如贺卡、图画、小模型等。学习通过实际的操作活动，完成自己的设计。此项训练通常需要教师协助

学生确定所涉及的课题并提供各种形式的帮助。

4.头脑风暴训练

通过集体讨论，使思维相互撞击，迸发火花，达到集思广益的效果。具体应用此方法时，应遵循四条基本原则：一是让参与者畅所欲言，对所提出的方案暂不做评价或判断；二是鼓励标新立异、与众不同的观点；三是以获得方案的数量而非质量为目的，即鼓励多种想法，多多益善；四是鼓励提出改进意见或补充意见。

（四）吉尔福特的多重策略

吉尔福特在总结了大量有关创造性思维培养和训练研究的基础上，提出了一整套多重形式训练创造性思维的策略。

1.拓展问题

使需解决的问题以更扩展的形式提出。比如，我们不问"如何改进灭蚊器？"而问"我们怎样才能消灭蚊子？"问题本身对回答起到开启思路的作用。

2.分解问题

使问题变得具体和明确，便于思维更易集中，以增加问题解决的可能性。

3.常打问号

创造性解决问题的前提是创造性提出问题，先有问题才能解决问题。发现问题是一种能力，也是一种思维习惯，因此应通过训练，培养学生善于不断发问的习惯。

4.快速联想和中止评判

基本做法同奥斯本的脑力激励法①，快速地产生大量的联想而先不评判联想的质量。此训练既可在课堂团体中进行，也可实施于个人。个人进行此训练时，不妨放开思路，尽量地把所有想起来的东西全部列出来，先不去管它正确与否，然后再整理和选择。

5.延长努力

不能过早过快地中止产生新观念的努力。一般人总是认为自己已经尽力了，于是常把思维过早地中止了。虽然，产生观念的速度在刚开始时最快，然后逐渐地减慢下来，但事实却是，后面产生的观念有78%比前半部分产生的观念质量更高些。

---

①又称头脑风暴法，是奥斯本于1939年所创立的，这种方法以一种特殊会议的形式使与会者畅所欲言，达到集思广益的目的。该方法可以为人们创造性地解决问题提供许多新的设想，因而被广泛使用。

6.列举属性

尽量地把事物的属性列举出来，或是根据不同特点把事物重新分类，从而能从不同角度认识事物，以便于产生新观念，新联想。

7.形成人为联想

经常尝试把两种不同的事物联想起来，从而产生新奇的观念或事物。获得新奇观念的一种可能的途径，是迫使自己把两种完全不同的事物联系起来，这种联系是自己以前从未听到过的，如带橡皮的铅笔就是橡皮与铅笔的组合。

8.尝试灵感

把无进展的思索停顿（搁置）一下，此时常可得到某种灵感，即在暂时松弛状态下，紧张的思维脱出原来的轨道，产生新的解决办法。对某一问题的实际工作停顿一会儿，但仍保持解决该问题的愿望，而得到的往往是灵感，即在没有料想到的情况下，突然涌现出很好的想法。

第十九章　社会规范的接受过程与条件

心理学研究的目的之一就是了解 "人" 如何从个体的 "人" 成为社会的 "人"，个体需要成为社会的人，就必须接受社会规范，依从于群体行为，认同社会规范或信奉社会规范。依从—认同—信奉是个体对社会规范接受产生遵从的三种不同过程，也表达了个体对社会规范不同的三种态度。在实际生活中，合理区分个体对待社会规范的态度，是从事思想政治工作与社会工作的首要任务。

第一节　社会规范的依从

一、社会规范的依从及其类型

依从作为社会规范的一种接受水平，一般指行为主体对别人或团体提出的某种行为要求的依据或必要性缺乏认识，甚至有抵触的认识和情绪时，既不违背，也不反抗，仍然遵照执行的一种遵从现象。

依从现象有从众与服从两种表现或类型。

（一）从众现象

所谓从众（Popular response）现象，指主体对于某种行为要求依据或必要性缺乏认识与体验，但能跟随他人行动的现象。

美国社会心理学家詹姆斯·瑟伯（James Thurber）对从众现象做过如下的生动描述：

突然，一个人跑了起来。也许是他猛然想起了与情人的约会，现在已经迟到了。不管他想些什么吧，反正他在大街上跑了起来，向东跑去（可能是去马拉莫饭店，那里是男女情人见面的最佳地点）。另一个人也跑了起来，这可能是个兴致勃勃的报童。第三个人，一个有急事的胖胖的绅士，也小跑了起来……十分钟之内，这条大街上所有的人都跑了起来。嘈杂的声音逐渐清晰了，可以听清"大堤"这个词。"决堤了！"这充满恐惧的声音，可能是电车上一位老妇人喊的，或许是一个交通警察说的，也可能是一个小男孩说的。没有人知道究竟是谁说的，也没有人知道真正发生了什么事。但是两千多人都突然溃逃起来。"向东！"人群喊了起来——东边远离大河，东边安全。"向东去！向东去！"一个又高又瘦、目光严厉、神色坚定的妇女从我身边擦过，跑到马路中央。而我呢？虽然所有的人都在喊叫，我却不明白发生了什么事情。我费了好大劲才赶上这个妇女，别看她已经快六十岁了，可跑起来倒很轻松，姿势优美，看上去还相当健壮。"这到底是怎么了？"我气喘吁吁地问她，她匆匆地瞥了我一眼，然后又向前面望去，并且稍微加大了步子，对我说："别问我，问上帝去！"

索罗门·阿希研究了关于知觉判断的从众实验，研究表明，大约有32%的被试存在错误的从众反应。从众现象的发生主要由于主体缺乏行为依据的必要信息，并与个体的个性特点有关。

从众现象在日常生活中通常表现为"随大流""无主见"。一般来说，自信心较强的人，发生从众行为的可能性较小。缺乏自信心的人更容易产生从众行为。

(二) 服从现象

所谓服从（obedience）现象，指主体对于某种行为本身的必要性缺乏认识甚至有抵触时，由于某种权威的命令或现实的压力，仍然遵从这种行为要求的现象。

美国心理学家斯坦利·米尔格拉姆研究了对他人施以惩罚的服从实验。实验中，很多充当"教师"角色的被试在实验中服从了实验者的惩罚要求，对"学生"释放了他们想象为非常强烈的电击，其中一半以上的人使用了标盘上的全部操纵杆，包括有"危险电击"记号的操纵杆。说明服从现象可以在经过特殊设计与安排的实验情境中产生。

服从现象的发生是由于权威的命令及现实的压力。服从现象在日常生活中极为常见。例如，有些汽车司机对于交通安全规则本身的必要性缺乏认识，甚至有时有受限制的反感，但在交通民警的监控情境中，由于他们惧怕违反交通安全规则会遭受到的惩罚，仍遵从交通安全规则的要求而不发生越轨行为。又如，缺乏遵守纪律习惯的学生，在严肃的集体气氛下和严格的教师面前也能被迫遵守纪律。服从现象的发生是由于权威的命令及现实的压力。

二、社会规范依从的特点

依从作为社会规范的一种接受水平，是内化的初级阶段，是确立规范遵从态度的开始。依从性水平具有下列特点。

（一）依从的盲目性

依从行为的典型表现是从众与服从。虽然这两种行为的原因并不相同，但主体的行为依据均有很大的盲目性。在从众场合，主体之所以跟随他人行动，主要原因在于自己对这种行为的依据缺乏足够的信息，不足以使自己坚持某种与众不同的行为。这显然是行为依据盲目性的一种表现。在服从场合，主体行为的主要依据在于权威的命令及情境的压力。主体以其依从行为作为获取安全需要的工具，并非出自对行为本身必要性的认识与体验。这种行为依据具有盲目性。由于从众与服从均有盲目性，所以依从行为又称盲从行为或盲从水平的遵从。

（二）依从的被动性

行为的被动性与行为依据的盲目性是直接相关的，两者是一种表里关系。所谓被动行为，一般指依靠外力推动而不是靠内在需要驱动的行为。依从行为被动性的内在原因是行为依据的盲目性。由于主体对某种行为的必要性缺乏明确的认识与相应的体验，这就失去了这种行为的内在驱动力，因而行为表现为受外力左右。总之，行为的被动性是依从行为的外在表现，行为依据的盲目性是依从行为的内在原因，行为的被动性与行为依据的盲目性是相关的。

（三）依从的工具性

依从行为虽有盲目性和被动性，但并不意味着其行为毫无内因，全凭外力推动。应该说人类的一切正常行为都属于有意识的行为，依从行为同样是一种在主体意识支配控制下发生的行为。依从行为的内因应该从发生机制方面去认识。从发生机制来看，依从行为是为满足某种需要（如安全需要）而产生的一种工具性行为。

服从行为的直接原因是对权威的命令及压力的屈从，以避免违背权威而可能带来的现实危险。因此，服从本身是一种取得安全的工具和手段。从这一意义上说，服从行为也具有工具性。

就从众行为来说，主体虽然没有面临现实的威胁或压力，但由于主体对行为的必要性缺乏充分的可靠信息，如果坚持某种与大众相悖的行动，这本身就潜藏着一种危险。经验表明，在一般情况下大多数人的选择往往比一个人的选择可靠。主体采取从众行为，本身也是为了避免潜在的危险，满足安全需要。这样，从众行为就成为趋安避危以及趋乐避苦的工具，具有了工具性。

（四）依从的情境性

依从行为的外在因素或诱发因素在于一定情境所引起的压力（服从）或潜在压力（从众），其内在因素或驱动因素在于维持安全的需要。依从行为的发生依赖于产生实在压力或潜在压力的情境，表明依从行为的产生同情境的引发直接有关。那么，一旦情境消失，这种行为也不复存在，即表现为一种"时过境迁"效应。因此，依从行为具有情境性。依从行为的这种情境性表明，它缺乏稳固性和持久性，具有变异性和短暂性。

三、社会规范依从的作用

（一）依从是社会规范接受及品德形成的初级阶段

依从作为社会规范接受或遵从态度确立中的一个阶段，在整个社会规范接受过程中处于初级接受水平。在这一阶段，由于主体对其行为的依据尚缺乏充分的认识与体验，仅仅认识与体验到这是维持某种安全需要的手段或工具，因而社会规范的内化程度是肤浅的，遵从态度机制是薄弱而不稳定的，相应的规范行为也是不巩固的。正如美国心理学家阿伦森所言，依从是最不持久的反应。人们仅仅为了获得奖励、免受惩罚才按照别人的要求去做。总之，社会规范的依从接受水平尚有很大的局限性。这一阶段仅仅是接受的开始，而不是接受的终结。如果在规范教育中满足于依从，使主体行为长期停留在依从水平乃是错误的。

（二）依从在个体社会规范接受及品德形成中具有重要意义

尽管依从水平的规范行为有很大局限性，但毕竟是接受、内化或遵从态度确立的开端，在社会规范学习中具有不可忽视的重要作用。此时，虽然主体对其行为的必要性缺乏充分的认识与深刻的体验，但通过依从行为，个体获得了社会规范的执行方式，确立起遵从态度结构中的执行成分。并且，在良好的教育条件下，随着依从行为的反复实践，主体将不断从其行为结果的内外反馈信息中，逐渐获得行为必要性的认识与体验，从而使社会规范的内化过程向深入发展，逐步确立起新的遵从态度结构。正如阿伦森所指出，一个人在依从时，如果发现自己的依从行为及其后果令人满意，那么，即使当初引起依从的条件并不存在了，行为仍然会继续。例如，车速必须从每小时110公里降至80公里，司机必须严格遵守这一规定。当司机降低速度行车后，发现耗能少，更安全，更节约燃料，那么，即使车速限制放宽，他们也不高速行驶了。人们把这种现象称之为"第二获得"。

研究表明，任何需要的发生，不仅可以由原有需要的巩固而直接发展，同样可由满足某种需要的手段或工具本身转化而成。这是人在社会生活过程中产生新的社会性需要的一个重要途径。在依从阶段，主体的规范行为本身尚未成为其内在的需要，仅是满足其自身安全需要的条件。但随着行为动机与行为效果的良性循环，这种原来是满足安全需要的手段或工具的规范行为本身可以转化为一种新的需要，从而形成一种稳固的遵从态度结构，即品德心理结构。在社会规范学习中企图摒弃依从，直接进入更高阶段是不合理的。

四、社会规范依从学习的条件

依从中的从众与服从两种行为，因其依从接受水平和受制条件的不同，各自的学习条件也不同。具体表现为：

（一）从众学习的条件

1.群体特征

由于从众行为本身是主体在一定情境中对群体影响的一种反应，因而必然会受一系列群体特性（情境特征）的影响。如有人曾就道德两难问题的从众性判断做了以下的实验研究：

研究1：张明和陈刚是同桌同学，也是朋友。陈刚生病，几天没来上课，重新上课的当天就遇到了数学单元测验。陈刚一直学习很好，是班上公认的好学生，这次数学单元测验若考不好，可能会影响到他期末是否能被评上三好学生。由于陈刚因病几天未听课，测验中有两道题不会做，张明考虑再三，最后告诉了陈刚这两道题怎么做。问：张明应不应该这么做？

研究2：王晓和李楠是同班同学，住在同一栋楼里。一天下午放学回家，王晓隔壁的一对叔叔阿姨因突然有急事外出，王晓自告奋勇帮着叔叔阿姨看他们的孩子，这样王晓就没有时间做家庭作业了。李楠得知后，为了使王晓第二天能按时交作业，就帮王晓做完了家庭作业。问：李楠应不应该这样做？

研究选择了小学四年级（品德水平相当的）15名学生（男8名，女7名）做被试，分别逐个进入实验情境Ⅰ与实验情境Ⅱ。在两种情况下，被试均被指定最后回答。

实验情境Ⅰ：由10人组成控制人员。对故事1中的问题7人给予否定回答，3 人给予肯定回答；对故事 2 中的问题 3 人给予否定回答，7 人给予肯定回答。

实验情境Ⅱ：由 10 人组成控制人员。对故事 1 中的问题 3 人给予否定回答，7 人给予肯定回答；对故事 2 中的问题 7 人给予否定回答，3 人给予肯定回答。

实验结果显示，实验情境Ⅰ中有 12 人的回答与控制人员中的多数人意见一致，实验情境Ⅱ中有 11 人的回答与控制人员中的多数人意见一致。这说明多数人的意见对被试起到了暗示性的作用。

实验表明，多数人的一致性意见可以构成一种情境压力，从而促使个体发生从众行为。并且这种压力不是以直接、强制的形式体现的，而是以一种潜在的压力或暗示性方式作用于个体，使个体感受到如果不与他人保持一致，自己就有可能出错误。

为进一步研究情境压力与依从行为之间的相关关系，对上述实验中未发生依从行为的 4 名被试再做实验研究。实验情境的设计与上述实验相同，但将控制组中的 7 名小学生换成中学生，并通过增加权威性达到了增加情境压力的目的。同时，新编了两个内容和结构与前面相同的道德两难故事，以避免已有经验的影响。结果，4 名被试均发生了依从行为。这说明依从行为的发生率随情境压力的增加而增加。由此，我们对群体特征的影响归结为以下三点。

①群体的一致性对从众行为具有极大的影响力。阿希（S. E. Asch）的线条判断实验发现，如果有一人的意见与群体中其他人意见不一致时，则从众行为的发生率急剧下降，仅为通常情况下的四分之一。证明从众行为发生率随群体一致性程度的提高而提高。

②从众行为受群体的内聚性的影响。群体的内聚性指群体内部的向心力，即群体对个人的吸引力。美国心理学家弗里德曼（J. L. Freedman）的研究表明，群体内聚性越大，则从众行为发生的可能性越大，群体成员的群体精神越强，遵从性就越大。

③群体成员的专长对从众行为的产生也有极大影响。群体越有专长，群体的意见越具有价值性和权威性，其影响力越大。

综上所述，从众行为受群体的一致性、规模、内聚性与专长等因素的影响。为通过群体影响来促进个人对社会规范的接受，应利用好各种因素，组织良好的群体，引发更多的积极从众行为。

2.个体特性

虽然群体特性（情境特性）对从众行为的发生有直接影响，但在同一情境、同一群体中，特性对不同个体的影响并不是完全一致的。这说明，从众行为的发生除了与群体压力有关外，还受一系列的个人特性影响。

①不同国籍、不同种族的人，由于其文化背景不同，遵从性表现也不同。米尔格拉姆（Milgram，1961）对挪威人和法国人的对比研究发现，挪威人的遵从性比法国人强。弗雷杰（Frager，1970）的研究发现，日本学生比美国学生更具有反遵从性。施奈德（Schneider，1970）的研究发现，当多数是白人时，黑人儿童比白人儿童的遵从性更大。

②同一种族、同一社会中的不同个体，在同一情境中，其从众行为的可能性并不完全一致。这与个体的个性差异有关，缺乏主见的人容易从众。

③从众行为还表现为一定的性别差异。西斯特伦（Sistrunk，1971）的研究发现，个体的性别差异对不同的情境项目的遵从性有差异。在女性项目（选择服装、从事烹调、挑选香水、照料孩子等）中，男性的遵从性大于女性；在男性项目中（体育运动、汽车驾驶、政治活动等）中，女性的遵从性大于男性。

④个人的责任感对遵从（从众）有很大影响。

总之，在同一情境中，不同个体特性的人有不同的从众反应。为此，在教育上如要利用积极的从众反应时，不仅要注意创设有效情境，以引发从众行为，同时要注意个别差异。

美国心理学工作者杜什和杰勒德在一项判断实验中发现，在一定情境中，个人责任感越强，则遵从性越低。在这一判断实验中，杜什等对被试责任感的控制分下列四种处理：①无责任感处理。要求被试在实验中看到刺激后，在听到群体其他人的判断之前，不对自己的判断做任何公开或私下的说明。②私下的写在模本上的处理。要求被试在实验中看到刺激之后和听到别人的判断之前，把自身的判断私下写在自己的模本上。这就要负一定的责任。但由于是私下的，别人并不知道，并且写在模本上又易更改，这种责任感是很弱的。③私下的写在纸上的处理。要求被试把自己的判断写在不易变动的纸上，但仍是私下的（不上交，不签名），其责任感略强于第二种而低于第四种。④公开答案的处理。不仅要求被试把自己的判断写在纸上，同时要签上名，在研究结果时，这张纸要上交给主试。结果如表19-1所示。

表 19-1　责任感与遵从

责任感的处理类型	遵从反应的百分比(%)
①无责任感处理	24.7
②私下写在模本上的处理	16.3
③私下写在纸上的处理	5.7
④公开答案的处理	5.7

（二）服从学习的条件

作为依从行为之一的服从本身，是在外力作用下维持自身基本需要的一种工具性行为，是对外在压力的一种反应。外在压力是诱发服从行为的根本诱因，外在压力可以有下列两种。

1.直接的外在压力

所谓直接的外在压力，即一般所说的奖励与惩罚。它是团体或个人为了使人（行为主体）从事期望中的行为而直接施加的一种外在压力。奖励是一种肯定性压力，对规范行为具有正向诱发作用。例如，人们为了获取某种奖励而产生对规范行为或权威命令的服从。惩罚是一种否定性压力，对某种背离规范的行为有制止作用。例如，人们为了避免某种惩罚而制止自己的越轨行为。

奖励与惩罚具有两个特征。一是外在性。对于行为主体来说，无论是奖励还是惩罚，都是外在于行为主体的团体或个人给予的。因而，这种压力是外在的。二是直接性。在一般情况下，这种奖励或惩罚是在行为发生后，作为行为结果的外反馈信息而直接作用于主体的。因而，这种压力是外显的、可以直接觉察的。

奖励与惩罚之所以能成为诱发服从行为的外在压力，是通过操作性条件作用机制而发生的。在操作性条件作用机制中，奖励与惩罚是作为操作反应（服从行为）的一种强化刺激而发生作用的。依据斯金纳的操作性条件作用原理，当某个操作反应得到强化（奖励或惩罚）后，则此反应发生的概率就会变化（增加或减少）。因而，作为强化刺激的奖励与惩罚可以成为诱发服从行为的外在压力。但两者的作用并不相同。奖励可以诱发服从行为，惩罚可以制止偏离行为。惩罚容易带来负面影响，使用时要特别谨慎。尤其是对于正在成长中的儿童，要多用奖励少用惩罚。在教育系统中，应禁止一切侵犯人权的体罚或变相体罚。

最后必须明确，奖励与惩罚的使用都应有限度。奖励虽对服从有较广的诱发作用，但频繁使用将使主体产生习惯化效应，而减弱其诱发作用。惩罚若超过了一定限度，将引起一种逆反或对抗心理。因此，无论是奖励还是惩罚都不能滥用。

2.间接的外在压力

间接的外在压力即情境压力，就是把人放置在一个控制得很好的情境中，一切都安排得使人很难不服从。在这样的情境中，即使没有对被试直接施加某种奖励或惩罚，人们也将服从某种要求。例如，有的学生在班主任在与不在时表现都一样，其中的原因就在于班主任的威严所构成的隐性情境压力。又如，当一个人在秩序井然的公共场所排队等候时，就会自觉地服从公共规范，而无须奖励与惩罚。而在一个秩序混乱的场所，即使有要求排队的公共规范，也很少有人服从。这就是情境所造成的无形压力通过暗示作用影响着服从性。事实表明，特殊的情境压力既可增加服从，也可降低服从。

情境压力作为一种外在压力，需通过主体对特殊情境及自己的行为结果的认识，才能发生作用。如在秩序良好的公共场所，主体必须认识到：人人都遵守排队规则，若自己插队，定会遭到公众的反对。这就是主体对情境的理解或认识。没有这种认识，情境压力再大，仍将无济于事。因此，情境压力不同于奖励和惩罚的直接外在压力，而是一种间接的外在压力。

在现实生活中，间接的外在压力即情境压力，对人的服从行为的影响是很大的。认识到这一点，对理解人类行为具有重要意义。在战争场合下，士兵对杀伤命令的服从也可能会出现犹豫。主体离受害者的距离越远，目睹受害者的可能性越小，则对杀伤命令的服从性越大，反之则降低。这就是情境作用的影响。

五、社会规范依从性遵从的教育策略

（一）依从性遵从教育策略需以"导行"与"践行"为核心

"导行"是导之以行的简称，即教师要依据依从性遵从的产生条件创设情境，采取各种方式方法引导学生去履行规范。"践行"是实践规范行为的简称，即学生要依据规范的要求，履行相应的规范。

"导行"与"践行"的策略是依据规范的依从性内化要求制定的。这是道德教育的起点策略。通过"导行"与"践行"，可以使学生去履行规范并获得相应的合乎规范要求的行为经验。

（二）依从性遵从的教育方式方法

依从性遵从的教育方式方法也即"导行"与"践行"的方式方法有：①强

化行为训练，开展行为评比；②加强监督与检查，保证规范的切实遵行；③适当进行奖惩，强化行为的遵循。

（三）依从教育活动的设计

依从教育活动，必须依据规范的依从性遵从的要求而进行，应当注意以下几点：①活动的主题应依据规范的依从性遵从的要求设定；②活动的内容及方式应以"导行""践行"为核心；③活动的重点在于确立新的规范行为，排除不良习惯的干扰；④活动成效的考核应以学生的规范行为是否确立为依据；⑤对活动应合理运用监督检查以及奖励与惩罚，强化行为后果。

第二节　社会规范的认同

一、社会规范认同研究的历史

关于社会规范的认同研究，最早可以追溯到西方社会心理学对遵从的研究。当时认同还没有与依从相区别而从遵从中分化出来。

最早研究遵从行为的是美国心理学家阿尔波特。1934年他发表《J型曲线假设》一文，用统计学的峭度和斜度描述人类遵从行为的分布曲线。而后索罗门、杜迪查等人对遵从行为的测量、遵从行为的分布特征等进行了研究。弗雷德里克森、弗兰克等人从遵守交通规则的角度，研究了时间、地点、性别、情境等因素对遵从行为的影响。

美国心理学家罗伯特·钦，在总结前人研究成果的基础上，对哥伦比亚大学毕业班的学生进行"守时规范"的实验研究，并于1943年出版《遵从行为分析》的小册子。首次对遵从行为做了定义，认为遵从是对特定社会压力的反应。同时，他们还研究了遵从情境、规范力度和物理因素等对遵从行为的影响。

20世纪40年代至50年代，遵从行为一度成为美国社会心理学的研究热点。1960年3月，美国召开"关于遵从和偏离行为"的座谈会。会上汇集了当时社会心理学界有关遵从与偏离行为的最新研究成果，包括某些临床研究、实验调查。1961年伯格和巴斯将其编辑成《遵从与偏离》一书。

早期遵从研究深受行为主义思想影响，将人类遵从行为主要理解为强化的结果。行为主义者将遵从定义为"对特定社会压力的反应"（罗伯特），"对他人成功影响的模仿"（巴斯）等。这种对遵从行为简单化地做工具性条件反射的解释，是将遵从降低为依从来理解。遵从作为对外部社会影响的一致性反应，包括依从、认同、信奉等多种层次。由于将遵从作为依从来研究，研究只涉及遵从情境、物理因素等外部因素对遵从的影响，这就限制了对遵从内部机制的探讨，将遵从现象简单化了。

二、社会规范认同概念的界定

认同是一种复杂的心理现象，从国内外文献来看，人们对认同的概念争议颇多。在英语中认同有两种表示。一是 identity，用于表示个体认同。如自我认同、性别认同等。自我认同是艾里克森人格发展理论中的核心概念，代表一种人格发展的成熟状态。它是整体的人格结构，使个体对"我是谁?"与"我将走向何方?"等问题不再有彷徨迷失之感。此种自我肯定的感觉，即认同感或统合感，又称自我认同感。它是心理健康的重要标志。与之相反的现象，即为角色混乱（role confusion），代表一种发展迟滞或行为偏差的不健康、不成熟状态。二是 identification，用于表示社会认同，如认同人物（identification figure）、双亲交叉认同（cross-parental identification）等，这是指个体向外汲取行为范式、价值观、意念等。社会认同是社会影响内化的心理基础，包括情感、态度乃至认识的移入过程。规范认同属于社会认同。正如《辞海》（上海辞书出版社 1999 年版）中所写：认同，"在社会学中泛指个人与他人有共同的想法。人们在交往过程中，为他人的感情和经验所同化，或者自己的感情和经验足以同化他人，彼此间产生内心的默契"。规范认同属于社会认同的范畴。

经过认同形成人的自我概念。认同在社会学上泛指个人与他人有共同的想法。在人们交往活动过程中，为他人的感情和经验所同化，或者自己的感情和经验足以同化他人，彼此间产生内心的默契。

我国学者认为，认同作为社会规范的一种接受水平，一般指行为主体在认识、情感及行为上对规范趋于一致，从而产生自愿对规范的遵从现象。

三、社会规范认同的类型

认同作为社会规范的一种接受水平，分为偶像认同与价值认同两种基本类型。

（一）偶像认同

所谓偶像认同，指出于对某人或某团体的崇拜、仰慕等趋同心理而产生的遵从现象。这种认同也叫自居作用或同一化。匡内外许多心理学家都对此有过研究。

精神分析学派创始人弗洛伊德将认同作为一种心理防御机制。原指幼童在产生爱恋异性父或母的冲动时，把自己置身于同性父或母的地位，以他们自居，从而获得替代性满足，并导致了超我的形成。弗洛伊德（Freud，1894）在两种意义上使用认同术语：一是将它作为自我试图把环境中的对象和事件与本我的主观愿望相配对的过程；二是把认同看作个人通过显示某些成功者的特征，来提高自身价值感的倾向。

凯尔曼（Kelman，1958）认为，认同是个人因为想要与另一个人或群体建立或维持一种令人满意的关系，而接受影响时发生的，即由于喜欢某人或某群体，而自愿接受他人的态度。虽然这不是自己的态度，但已接近自己的态度。

阿伦森（Aronson，1985）认为，认同是一种对社会影响的反应。之所以做出这种反应，是由于个人希望自己成为与施加影响者一样的人。由于在认同过程中个体满意地确立了自己与所认同的个人或团体的关系，因而采取了一种与他人相同的行动。如果一个人发现某个团体或个人在某一方面对自己很有吸引力和感染力，就会由于喜欢该团体或该人而倾向于接受其影响，采取与其相类似的准则或态度。不是为了获得奖赏或免受惩罚（如同依从那样），而只是为了和那个人一样。索里（J. M. Sawrey）等认为，认同是指主体试图与另一个人完全相同或无区别。

我国心理学界有人把认同看作由于某种动机而有选择地模仿别人某些特质的行为。有人认为认同是在社会化过程中，个体对他人的整个人格产生全面性、持久性的模仿学习。这些认同概念指的都是偶像认同。

综上所述，偶像认同的出发点是主体为了提高自身的价值感，想要同另一个人或群体建立或维持一种令人满意的关系，希望自己成为和施加影响者一样的人。其基本含义就是主体试图与榜样一致。因此，偶像认同即对榜样的遵从或模仿。

（二）价值认同

所谓价值认同，指个体出于对规范本身的意义及必要性的认识而发生的对规范的遵从现象。例如，尊老爱幼是一个人最基本的道德素养，只有人人都付出一点儿爱，世界才会变得更美好。出于这一认识，在乘公交车时主动让座，这就属于价值认同。又如，当司机认识到遵守交通法规是安全行驶的保障，便自觉执行交通规则。

价值认同在日常生活中极为常见。尤其是对于成年人来说，对社会规范的接受往往是通过价值认同实现的。当然有时也伴随偶像认同，若偶像认同与价值认同同时建立，其认同程度就更高。这种认同就容易向信念转化。

四、社会规范认同的特点

认同作为一种区别于依从的社会规范接受水平，具有以下特点。

（一）认同具有自觉性

偶像认同是出于对规范的体现者（榜样或偶像）的崇拜或仰慕等趋同情感而发生的。价值认同是出于对规范本身的必要性认识而产生的。无论是偶像认同还是价值认同，均出于主体自愿。因此，认同区别于依从之处在于个体的遵从行为是有其认知或情感依据的，而不是对外部情境或权威命令的直接或间接压力的屈从。正如阿伦森所说，在认同过程中，个体能逐渐相信自己所采取的观点和准则，虽然这些观点和准则还没有形成信仰。这种内部动因的存在，决定了认同行为并非盲目依从，而是一种自觉行动。

（二）认同具有主动性

无论是偶像认同还是价值认同，由于认同的发生受主体内部认知因素与情感因素的驱使，而非奖励或惩罚等外部压力。因此，认同行为有其内在驱动机制，是主动发起的、有选择性的，而不是被动地取决于情境。事实表明，认同的愿望越强烈，认同的意义越明确，认同行为就越主动。例如，孩子们认同了某个小英雄的勇敢顽强，就会在困难面前表现出坚强的意志与毅力，表现出高度的主动性。

（三）认同具有稳定性

由于认同是建立在对榜样或偶像的情感趋同或对规范本身的必要性认识基础上的，这种个体内部的心理因素不会随情境而改变，具有相对的稳定性。例如，个体认同了张海迪的刻苦学习精神，并认识到在知识经济社会不学好本领就无法生存的道理，无论教师、家长是否在场，都会努力学习。

五、社会规范认同的作用

通过对认同及其特点的分析，对于认同在社会规范接受及品德形成中的地位和作用，可以做如下总结：

（一）认同是社会规范的接受及品德形成的一个关键阶段

首先，表现为认同是一种较高的接受水平。认同源于对榜样的仰慕或对规范本身意义的认知，使社会规范的一系列要求或作用具体化为内在的认知与情感体验，因而认同是一种较高的接受水平。

其次，认同是规范内化的深入阶段。认同阶段，由于个体产生了对规范体现者（榜样或偶像）的崇敬心理或对规范本身的意义认知，说明规范已内化为个体内在的知、情心理因素及规范行为的自觉驱动机制。这表明认同的内化程度比依从深入了一步。

最后，认同是确立自觉遵从态度的开端。对于规范的自觉遵从态度的确立，有待于作为内在调节机制的遵从态度的结构构建。遵从的态度结构包含动机与执行两部分。认同是由主体对榜样的趋同心理或对规范本身的意义认同引起的，这种情感、认知因素便构成自觉遵从态度的动机因素。并且通过模仿，个体还获得了与规范相一致的行为方式，因而认同也为自觉遵从态度结构的确立提供了一定的执行成分。由于认同阶段已确立了自觉遵从态度的动力机制，同时也开始建立行为的执行机制，因此，认同是确立自觉遵从态度的开端。

（二）认同不是社会规范接受和品德形成的最高阶段

规范认同虽在规范的接受及品德形成中占有重要地位，但仍有一定的局限性。认同的局限性表现为：

首先，其动机系统是不够稳定的。无论是榜样认同还是价值认同，其认知与情感体验往往带有具体性、零散性特点，有待于深入提高，形成系统化与概括化的价值意识，才能形成其高度适应性的、稳定的规范行为调节机制。

其次，就遵从行为而言，在认同阶段也是不完整的。对于偶像认同来说，由于缺乏必要的认知深度，在现实情境中往往难以统一原则性与灵活性的矛盾，容易产生"愚忠愚孝"现象。

对于价值认同来说，虽然对规范必要性已有认识，但由于缺乏强有力的情感体验，做出规范行为的驱动力不强。

总之，规范认同在社会规范的接受及品德形成中固然重要，但不是最高阶段，必须进一步提高。

六、社会规范认同学习的意义、对象、条件及目标

（一）认同学习的意义

所谓认同学习，指通过学习确立起对社会规范的认同心理，包括对规范必要性的认知（晓之以理），对规范体现者（榜样或偶像）的崇拜仰慕情感（动之以情）以及行为趋同倾向（导之以行，助之以成）。

偶像认同是规范认同的典型类型，在认同学习中具有重要地位，在当代学习心理学中也有较多的研究。偶像认同即模仿学习（learning by modeling），也称造型学习。美国心理学家阿诺夫（W. Arnof）认为模仿学习是指观察行为模式，然后表现出与行为模式相同或相似行为的过程。由于模仿学习是一种较为

复杂的学习形式，心理学家往往从不同角度进行描述，所以又有观察学习（observational learning）、仿效学习（imitation learning）、社会学习（social learning）和替代学习（vicarious learning）等名称。当模仿学习被称为观察学习时，它所强调的是对刺激环境的注意及影响知觉的因素。当模仿学习被称为仿效学习时，它所强调的是行为反应的复制，这通常也叫纯模仿（pure imitation）学习。当模仿学习被称为社会学习时，它所强调的是这种学习在人际关系的适应及人格发展中的作用。当模仿学习被称为替代学习时，通常强调的是对动作后果的模仿。

价值认同是规范认同的另一种基本类型，它是建立在对社会规范本身的必要性与意义认识的基础上的，因而，其实现条件不同于偶像认同。研究表明，个体对某种规范的意义认知与其必要性的价值评价，是与个体积累的社会经验密切相关的。若个体直接或间接的社会经历所产生的社会认知和情感体验与规范是一致的，那么便会接受社会规范，产生一致的价值意识。若个体已有的社会经历所产生的是与规范不一致的社会认知和情感体验，那么个体在规范学习中就会有意义障碍或情感障碍，便无法实现价值认同。例如，一个被社会所抛弃、从未接受过爱的孤儿，与一个在充满爱的环境中成长的人，对"乐于助人"这条社会规范的体验是很不一样的，从而影响其对规范的价值认同。只有消除意义障碍与情感障碍，获得义情沟通，才能实现价值认同。

（二）社会规范认同的学习对象——榜样的学习

在偶像认同中，榜样（model）是主体认同的对象，是主体心目中的范例，是主体认为值得学习的好人或好事。为此，作为榜样，不仅是外在于主体的对象，而且必须对主体具有吸引作用。也就是说，能激起主体认同需要或仰慕心理的对象，才能称为榜样。

究竟什么样的对象才能对主体具有吸引作用，能成为主体所仰慕的榜样呢？有关研究表明，作为榜样需具有以下特性。

1.榜样的相似性

榜样的相似性是指，凡是同主体的主客观条件越相似或越相近的对象，对主体的吸引作用越大，越能成为主体模仿的对象。所谓"物以类聚，人以群分"，其中所描述的相似性是认同作用的一个条件，这对榜样也是适用的。人们所仰慕的对象应是同他的需要以及兴趣爱好相近的。这是认同对象（榜样）与认同主体的主观条件的相似性对能否作为榜样的影响。此外，年龄、性别和社会背景等相似性，也对能否成为榜样有一定影响。年龄、性别和社会背景越相近，越易于激起认同愿望，成为榜样。这些客观条件的相似性可以给认同主体提供一种可接近感，不致产生望尘莫及或望洋兴叹的心理。对此，美国心理学家班杜拉的实验发现，榜样可以是同一课堂上的另一个儿童，也可以是影片中的一个孩子，或是卡通片里的一个动物等。榜样与真实的人越不相像，导致受试的模仿越少。

2.榜样的地位（standards）或身份（status）

所谓地位，指一般人或团体在社会关系中所处的位置；所谓身份，则指人在社会上或法律上的地位。一般说来，地位高的、受人尊敬的身份易于成为人们模仿的榜样。对此，班杜拉曾指出，与受试有关的榜样的年龄、性别和地位是各种各样的，地位高的更会被人模仿。人们之所以以地位高的、受人尊敬的人作为榜样，在于认同需要同人的进取心或自我发展、自我完善的需要直接相关。所谓"人往高处走"就表明地位或身份对人具有吸引作用。

3.榜样行为的性质

研究表明，榜样的吸引作用，不仅同其相似性、地位或身份有关，而且与行为的性质有关。

班杜拉等的研究发现，侵犯行为易于激起儿童模仿而成为模仿行为。在1961年，班杜拉与罗斯等（D. Ross 和 S. Ross）进行了一项儿童目击侵犯行为作用实验：

实验的第一步：

第一组条件下，让一群儿童看到一个成人装配一种金属玩具（约1分钟）后，开始对另一个娃娃（约1.5米高的充气塑料娃娃）施加暴力行为。这个成人拿起这个娃娃拳打脚踢，还叫喊着"打它的鼻子""打倒它"等，施加了言语性暴力行为。让这群儿童被试连续观看了9分钟（这叫作暴力模式组）。

第二组条件下，让另一群儿童只看到成人安静地摆弄（装配）一种金属玩具而不对娃娃施加任何暴力行为（这叫中立模式组）。

实验的第二步（在第一步完成一定时间之后）：

给两组受试儿童一些玩具，在单独情境中玩20分钟。这些玩具中有一个不到1米高的宝宝娃娃（塑料娃娃）。

研究结果：如表19-2所示，结果发现这两组儿童在独自玩弄这些玩具时，目击暴力模式的那组儿童，对暴力行为的模仿大大超过了目击中立模式的那组儿童。

表 19-2　两组儿童对侵犯行为的模仿比较

目击条件	侵犯行为总量	
	有形的	言语的
暴力模式组	12.73	8.18
中立模式组	1.05	0.35

4.榜样行为的后果

研究表明，榜样行为的后果，对人具有不同的吸引力。那些受到奖励的行为比受到惩罚的行为易于激起模仿。

班杜拉 1965 年进行了一项实验，在这项实验中，主试让三组儿童（被试）观察了三种不同的行为后果。第一组儿童观察到的是一个成年男人对一个塑料娃娃做出了几种侵犯性行为之后，受到了另一个成人的表扬，并奖励了一些果汁和糖果。第二组儿童观察到的是这个成年男人在侵犯了那个塑料娃娃之后，受到了另一个男人的责骂与惩罚。第三组儿童所观察到的是这个成年男人侵犯了这个塑料娃娃之后，既没有受到别人的奖励，也没有受到别人的惩罚。此后，把这三组观察到同一榜样行为的不同结果的儿童分别一个一个地领到一个玩具室里，这个玩具室内有各种玩具，其中也有实验情境中所看到的那种塑料娃娃。在 10 分钟内，让这些儿童分别玩这些玩具，主试观察并记录这些被试在玩具室内的行为。结果发现，第一组儿童对侵犯行为的模仿显著多于第二组。这表明受到奖励的行为易于激起儿童模仿。

（三）社会规范认同学习中的模仿及其条件

偶像认同是对榜样（认同对象）的模仿，是对榜样的行为趋同即行为仿效。模仿的发生受榜样及其行为特点的影响。除此以外模仿的成效还受下列因素制约。

1.示范及其作用

示范（demonstration）指对认同主体呈现认同现象，即演示榜样行为。这对模仿具有一定作用。

第一，示范可以通过行为的导向作用使规范行为的陈述转变为规范行为的动作系列，使观察者（模仿的主体）获得一种新的行为模式。事实表明，新的行为模式的获得不可能只通过"说教"产生，还必须通过榜样的示范及观察者的模仿。通常所谓"身教重于言教"的经验中，也包含有对示范作用的肯定。社会规范的学习中，通过示范才能"导之以行"。

第二，示范可以对不良行为起抑制作用。例如，通过示范，使观察者看到行为的不良后果（如受到惩罚），就可以制止观察者对这种不良行为的模仿。所谓"惩一儆百"就是说通过一人受惩罚的示范作用，可以使众人受到警诫，从而抑制对不良行为的模仿。

第三，示范可以对良好行为发挥去抑制作用。如一些人因腼腆而不能在众人面前表示出对人的亲热，通过榜样的示范，可以消除这种抑制作用。

第四，示范可以对同类行为发生诱发作用。如看到别人在做好事，自己也去做好事，就是示范对同类行为的诱发作用。在这种情况下，观察者（模仿主体）所做出的行为反应并非是新获得的行为模式，而是已有的，是受示范的诱发作用而发生的。

2.观察的作用

在偶像认同中，模仿是通过主体对示范行为的观察实现的。研究表明，观察是影响模仿行为的一个重要变量。

例如，班杜拉等在一项实验（1966年）中，让儿童在三种不同的条件下，观察影片中的示范者的行为。在第一种条件下，不仅要求被试仔细观察示范行为，且同时要被试大声说出示范者所演示的新的行为序列。这是用言语来增强观察的一种措施。在第二种条件下，只要求被试仔细观察所示行为序列，并不要求大声说出所示行为序列。在第三种条件下，被试需要在观察所示行为序列的同时进行快速数数，以干扰对所示行为的观察。结果发现，在后果的模仿作业测验中，第一种条件下的被试成绩最好，第三种条件下的被试成绩最差。这说明增强观察是促进模仿、提高模仿成效的一个因素。

3.强化的作用

事实表明，强化是对模仿有重要影响的一个因素。对模仿行为进行奖励，可以增进模仿发生的概率。对模仿行为进行惩罚，可以减少模仿发生的概率。模仿学习中的强化可以有下列几种。

（1）榜样强化

行为的主体即榜样在看到模仿者所做的模仿以后，给予肯定或否定的强化，可以对模仿行为的发生产生重要影响。凡得到榜样肯定的行为，其重复发生的可能性增强；凡受到榜样否定的行为，其重复发生的可能性减少。

（2）自我强化

凡是在模仿之后得到一种自我满足感，则该行为重复发生的可能性增加；凡是在模仿之后得不到这种自我满足感，则该行为重复发生的可能性减少。

（3）替代强化

观察者看到别人行为的后果，可以对其行为产生影响。例如，看到别人行为之后的受赏，可以增进对这类行为的模仿；看到别人行为之后的受罚，则可以减少或制止对这类行为的模仿。

（四）社会规范认同学习的目标——消除义情障碍

规范认同是个体规范接受的一种自觉形式，是个体出于认知或情感上对规范的一致性反应而产生的趋同心理。由于儿童已有的社会经验影响到对规范的接受态度，因而要实现规范认同，个体必须首先消除原有经验中的认知障碍与情感障碍，实现义情沟通，即认知或情感对规范的一致趋同。比如，对于"助人为乐"这一规范，不同的个体体验是不同的。如果一个人在困难中从未得到过别人的帮助，或者从未体验过需要帮助，就可能会产生助人行为的情感障碍。

由于儿童的道德认知能力发展还不完善，看问题往往以偏概全，就容易产生意义障碍，从而影响其对规范的认同。

要消除义情障碍，必须使新旧经验发生沟通，新经验整合原有经验。这一过程一般包括两个方面：一是个体通过对社会规范的学习，对新旧经验进行分析、比较、综合等一系列信息再加工；二是个体通过反复实践社会规范，获得直接强化或替代强化，尤其是通过执行规范后的行为后效作用，建立对规范或榜样的新的积极情感体验，一旦这种体验累积到足够的强度，超过了原有经验中的消极情感体验，便能消除原有经验中的情感障碍，实现情感共鸣。

这时，主体无论在偶像认同还是价值认同方面，都达到了一致性，完成了认同过程。

七、社会规范认同性遵从的教育策略

（一）认同性遵从教育策略需以"晓理"与"明义"为核心

"晓理"是晓之以理的简称，即教师要使学生认识履行规范的种种必要性。"明义"是明白规范意义的简称，即学生要明了履行规范的各种必要性。"晓理"与"明义"策略是依据认同性内化要求制定的，是产生自觉德行的前提，是基础道德教育的核心策略。

（二）认同性遵从的教育方式方法

认同性遵从的教育方式方法即"晓理"与"明义"的方式方法：①体验法，通过行为后果的回顾，直接认识规范的必要性；②榜样观察法，通过对榜样行为的观察及评论，间接认识规范的必要性；③开展规范必要性的讨论与辩论，深化必要性的认识。

（三）认同性遵从活动设计的基本要求

①活动的主题应依据规范的认同性遵从的要求设定；

②活动的内容应以"晓理""明义"为核心；

③活动的重点，在于使学生提高对规范行为的个体意义与社会意义的认识，克服规范接受方面的意义障碍，确立德行的自觉动机，提高规范遵从的自觉性；

④活动方式要注意观察与体验相结合，感性与理性相结合，领会与巩固应用相结合；

⑤活动成效的考核应以规范的意义与作用的领会与应用为重点。

第三节　社会规范的信奉

一、社会规范的信奉及其特点

（一）社会规范信奉的定义

规范的信奉（believe）是规范的一种高级接受水平或高度遵从态度，是品德形成的最高阶段。规范的信奉性接受或信奉性遵从，表现为主体的规范行为的动机以规范本身的价值信念为基础，其规范行为是由社会规范的价值信念所驱动的。

所谓规范的价值，指人们对规范本身的伦理意义与作用（效益）的认识。如人们认为，助人是一种高尚行为，是善行。这就是人们对助人这一社会规范本身价值的认识。人们对事物的价值的认识与判断，不仅同事物的特性有关，而且更重要的是直接与人们的价值观相连。价值观是人们判断事物的意义与作用的原则与标准，也就是人们认识事物价值的立场、观点与方法的思想体系。由于人们认识事物的立场、观点与方法即价值观或价值思想体系不同，对同一事物的价值判断可能相异。

所谓规范的价值信念，是人们对规范的伦理学意义与作用的认识与体验，是系统化、概括化的道德认识与稳定、持久的情感体验的结晶。规范的价值信念是人们自觉追求的一种强大动力。以信念为基础的行动通常能带来一种自我满足感，即能获得一种"内部奖励"。因而信念是强大的内在动力，是稳定而自觉行动的内在条件。

规范的接受或遵从态度形成的信奉阶段，在美国心理学家凯尔曼与阿伦森的著作中叫作内化（internalization）阶段。凯尔曼（Kelman，1958）认为，内化可以被说成是个体因诱发行为的内容——这种内容由观念和行动所构成——得到内部奖励而接受其影响时发生的。个体采取这种诱发行为，是因为这种行为同他的价值体系一致。这种行为方式，往往是与个体现有的价值观融为一体的。因而，从这种内化中产生的满意感是由于相信这种新的行为的价值。

阿伦森认为，内化是将准则和信念内化。这是对社会影响的最持久、最根深蒂固的反应。这种信念内化的动机是使自己正确而不犯错误的愿望。因而，对这种信念的奖惩也是内在的。如果我们觉得施加影响的那个人是可信赖的，而且他有很好的判断能力，那我们就会接受他所提倡的信念，并把这些信念纳入自己的准则体系中。一旦成了我们自己的准则体系的一部分，它就可以和发源者无关而成为自己的准则，并且变得非常难以改变。

从凯尔曼和阿伦森对于内化的说明来看，这种行为与主体的价值体系一致，同主体的信念有直接关系，这同我们所说的信奉行为是一致的，均属于规范的高级接受水平或高级遵从态度。对此，美国心理学家克拉斯沃尔（D. R. Krathwohl）等指出："在这个层次上，个体被描述为是根据信奉做出反应：把一种价值结合进自己的体系，并组织这个体系，形成一种指导自己行为的价值复合体。"[1]由此，我们把这一接受阶段称为信奉，把依从、认同、信奉看作规范内化过程的三个连续的阶段。

（二）社会规范信奉的特征

信奉作为规范的一种高级接受水平或高度遵从态度，这一阶段上的行为有下列特征。

1.信奉行为的高度自觉性

信奉行为的高度自觉性表现在这种行为由主体对规范的价值信念所引起，而且同主体认识问题的立场、观点和方法即价值体系相一致，因而是高度自觉的。这种行为的诱因与主体的人生目的及人生观相连，既不同于屈从于压力的依从行为，也不同于由于榜样的吸引作用或对规范必要性的认识所产生的认同行为。以遵守交通规则为例，依从性遵从是为了免受罚款；认同性遵从是出于榜样（模范）的吸引及模仿或认识到遵守交通规则的某种意义；信奉性遵从则出于对交通规则本身的价值（维护良好的交通秩序，防止交通事故）的信念。

---

① 冯忠良等：《教育心理学》，人民教育出版社，2010年版，第501页。

在这三个不同的遵从层次上，行为的自觉性及自觉程度是不同的。只有信奉性遵从行为才是高度自觉的。

2.信奉行为的高度主动性

由于信奉行为由主体对规范的价值信念及内在奖励（自我满足）所引起，这种行为的动机是内在的，不受外力制约，因而这种行为完全是一种自主行为，具有高度的主动性。

3.信奉行为的坚定性

由于信奉行为与主体的价值体系相连，其动机具有深远性，因而这种行为不仅具有高度的稳定性，且具有高度的灵活性。行为的稳定性表现为行为不因威胁或利诱而动摇，而是如孟轲所说，"富贵不能淫，贫贱不能移，威武不能屈"，具有高度的稳定性。

二、社会规范信奉的作用

信奉在社会规范学习中的地位、作用可以从三方面来说明。

首先，从规范的接受意义方面来说，规范的信奉行为，不仅接受了规范本身的含义（知道做什么和怎么做），同时也接受了规范的价值（效益）及价值观（价值判断所依据的观点及信念系统）。由此可见，信奉达到了最高的接受水平。

其次，从遵从的态度机制的确立来看，在信奉阶段，主体不仅能依据规范做出合乎规范要求的行为，同时对规范的依据或价值有了深刻的认识与情感体验（规范的信念系统）。在信奉性水平阶段，作为遵从态度的内在机制已完备了。

第三，从规范的内化意义上来说，信奉行为的产生，标志着外在于行为主体的规范的社会要求转化成为行为主体的内在需要（规范的信念系统本身就是一种行为需要）。信奉阶段规范的内化过程已经完成了。

依据以上三方面所说，规范的信奉标志着相应品德的形成，因为品德的形成发展过程就是社会规范的接受及迁移过程，就是对规范的遵从态度的确立过程，就是规范的内化过程。

三、社会规范信奉学习的条件

信奉行为由社会规范的价值信念所引起。信奉学习的关键就是要使学生确立起规范的价值信念，从而才能使学生对规范的遵从达到信奉水平。

规范的价值信念是一种认识与情感相结合的复合心理结构。规范的信念结构是在反复的遵从实践基础上，不断获得规范价值的认识以及相应的情感而逐步确立的。为此，在信奉学习中，首先要注意使学生获得有关规范的价值认识，同时要注意丰富规范价值的情绪体验（情感）。

（一）对规范价值的认识

1.对规范实践后果的认识

规范的价值认识是在对规范的实践后果进行伦理学判断的基础上产生的。对规范实践结果的认识是获得规范的价值认识的感性基础。规范的价值认识是关于规范行为（合乎社会规范要求的行为）的是与非、善与恶、美与丑的价值判断。没有社会规范的实践结果这一感性基础，人们就无法认识这种社会行为的伦理价值（即是非、善恶、美丑方面的作用）。只有从劳动结果所产生的客观变化中，才能真正认识到劳动在改造世界方面的作用，才能认识到劳动的光荣与伟大。只有在助人结果中看到被帮助的人脱离困境，才能认识到助人是一种高尚行为。

规范的实践后果是遵从行为的一种反馈信息，因而这种认识只有在依据社会规范去实践的基础上才能获得。这可以结合依从学习与认同学习进行。在依从实践与认同实践的基础上，注意使学生认识这些遵从行为的后果，为社会规范的价值认识提供感性基础。

2.集体主义价值观的掌握

规范的价值认识是依据社会规范的价值观对规范的实践后果进行价值评判而产生的。规范的价值观是关于人与人之间正确相处的原理、原则，是评价人的社会行为的是非、善恶、美丑的伦理学标准。

价值观受社会历史条件制约，不同的时代、不同的阶级具有不同的价值观。马克思主义的伦理学认为，社会主义、无产阶级的价值观是与剥削阶级的利己主义价值观相对立的。无产阶级的价值观以集体主义为基础，它以个人的私人利益服从于全社会的整体利益为根本原则。马克思和恩格斯在《神圣家族》一书中指出："既然正确理解的利益是整个道德的基础，那就必须使个别人的私人利益符合于全人类的利益。……既然人天生就是社会的生物，那他就只有在社会中才能发展自己的真正的天性，而对于他的天性的力量的判断，也不应当以单个个人的力量为准绳，而应当以整个社会的力量为准绳。"[①]这就是说，由于个人离不开社会，因而社会利益高于一切。集体主义的价值观坚持社会、集体的整体利益高于个人利益，必须从集体利益出发来判断个人的社会行

---

①《马克思恩格斯全集》，第2卷，人民出版社，1957年版，第167页。

为价值，从社会利益出发来判断个人行为的是非与善恶。

要使学生掌握集体主义价值观，必须以集体主义的价值标准来评判规范的实践结果，从而揭示规范的伦理学意义（作用），从实际评判过程中逐步掌握集体主义价值观。

3.消除意义障碍

所谓意义障碍，指妨碍学生对社会规范价值做出正确认识的错误思想。例如，资产阶级的利己主义思想认为，利己主义是人的天性，宣扬"人不为己，天诛地灭"。这种思想不消除，将严重妨碍集体主义价值观的掌握。此外，有些狭隘的个人利害关系也往往模糊人对集体主义社会规范的正确认识。总之，意义障碍是多种多样的，有的是由一种对立的思想造成的，有的是由认识的局限性造成的。在信奉学习过程中，对各种意义障碍都要晓之以理，摆事实，讲道理，进行说服教育，不可压服。

（二）社会规范的情绪体验

研究表明，信奉学习不仅要"晓之以理"，使学生领会规范的价值，同时要"动之以情""导之以行"与"助之以成"，即要使学生获得并丰富与价值相应的成功的情绪体验。对此，必须了解什么是情绪体验，如何丰富学生的情绪体验。

1.情绪体验及其信息源

情绪体验即情的感受或称情感，是主体在外界刺激的作用下所产生的一种唤醒或激活状态的反馈感受。情绪体验是一种对多种信息源产生的复杂感受。

图 19-1　情绪的信息整合

图 19-1 所示的情绪信息整合图表明，情绪体验决定于三种信息源的整合。情绪体验首先同在外界刺激作用下所引起的由交感神经系统所激活的内部器官和身体其他部位对脑的反馈产生的一种唤醒和未分化的感情状态有关。但是，情绪体验是由主体对唤醒状态做出解释所决定的。主体对当前情境的唤醒

状态所做的解释是依据储存在记忆中的信息（过去经验）以及对环境中正在发生的事件（刺激因素）的知觉而做出的。对当前情境的解释〔基于认知因素与刺激因素做出〕与来自主体的身体变化（生理因素）的反馈相互作用，决定了主体的情绪状态及感受（情绪体验）。

当代情绪心理学家的研究表明，有意识的情绪体验由下列三方面的输入信息的整合感受产生。第一信息源为由冲击感受系统的外部刺激到脑的输入信息，这个信息源称为"刺激因素"。第二信息源为过去经验的记忆和对当时情境的评价产生附加的输入信息，这个信息源称为"认知因素"。第三信息源为从内部器官和骨骼肌到大脑的输入信息，这个信息源称为"生理因素"。人的有意识的情绪体验是对这三种信息源的整合感受而产生的，这同样可以由图19-1来表明。

2.如何丰富学生的情绪体验

丰富学生的情绪体验，是指在使学生获得规范价值认识的同时，使学生获得相应的情感，即情绪体验方面的感受。这就要让学生感到遵从规范光荣，背离规范可耻，履行规范心安理得，背离规范内疚。

依据上述情绪体验的发生机制，丰富学生的情绪体验可以从以下几方面入手。

首先，注意丰富主体对情境的感受。前文已指出，情境〔刺激因素〕是情绪感受的来源之一。因而，要丰富学生的情绪体验，就要丰富学生对情境的感受。经验表明，现实的情境与文学作品、戏剧、电影等都对情绪有强烈的感染力。为此，在社会规范教育中，要避免抽象空洞的说教，要用生动直观以及形象化的教育手段来丰富学生的感受。

其次，要注意结合学生已有的经验对情境进行评价，丰富学生对社会规范后果及其意义的认识。研究表明，人的情绪受对情境的不同解释的影响。有人在一次实验中，让被试在下列四种不同的情况下观看一个能有效唤起紧张情绪的影片（展现澳大利亚某土著部落在男性进入成年时用石刀切割其阴茎包皮的仪式）。在第一种情况下，所设计的解说用强调仪式的残酷和痛苦来增加情绪的紧张性；在第二种情况下，所设计的解说倾向于否认或减轻银幕上所表现的痛苦；在第三种情况下，所设计的解说对仪式表现出一种超然的态度（无动于衷）和知识化的说明；在第四种情况下，只是观看影片，不配备解说。在实验中，分别测量并记录在这四种不同情况下观看同一影片的被试的皮肤电反应，即GSR。结果表明，在第一种情况下观看影片的被试的GSR的值最高，其次是在第四种情况下观看影片的被试，在第二种和第三种情况下观看影片的被试的GSR值最低。增强紧张的解说明显增强了对影片的情绪反应，而否认的和知识化的解说与静观相比，降低了情绪反应，但差别不是很明显（Spisman, Lazarus, Mordkoff & Davison, 1964）。这一实验表明，情绪的紧张性受不同的评价影响。这也说明，不同的评价可影响人的情绪体验。

最后，情绪体验也可以通过"替代"作用，即通过观察别人的情绪反应（观察别人经历痛苦和愉快时的情绪反应）而习得。例如，当一个儿童看到别人拔牙时的痛苦表情时，他自己在拔牙时就会很紧张、害怕。这是通过一种移情（empathy）作用而实现的。移情又叫情感移入，它一般表现为在人际交往中人与人之间情感上的相互作用。当一个人感受到对方的某种情绪时，自己也能体验到相应的情绪。这就是由于对别人的情绪觉察而导致自身的情绪唤起。另外，移情也表现为设身处地感受和理解别人的心情，移情是丰富情绪体验的一种渠道。为此，教育过程中要注意教育者对受教育者的情绪感染。教师的道德情感可以通过移情作用而影响学生的情感。

四、社会规范信奉性遵从的教育策略

（一）信奉性遵从的教育策略需以激情与感悟为核心

激情可以解释为激之以情，指教师要依据信奉发生的条件，激发学生对规范执行的感情。感悟是感受并领悟的简称，指学生在履行规范中，通过感悟对合乎规范的行为产生相应深厚的情感。激情与感悟的作用，在于使学生产生与规范执行的必要性相一致的情绪体验（即情感），从而使德行的动机由必要性的观念上升为信念，使相应的态度得以稳固。

（二）信奉性遵从的教育方式方法

信奉性遵从的教育方式方法即激情与感悟的方式方法：

①依据知情统一原理，强化、加深、提高对德行情境的认识，丰富学生相应的情感；②鼓动渲染法，对德行后果进行宣扬，以激发、扩大、加深学生的情感体验；③共鸣法，充分利用具有情绪感染作用的文艺作品激起学生的情绪共鸣；④利用榜样的情感感染作用。

（三）信奉教育活动的设计

信奉活动设计的基本要求是：①活动的主题应依据规范的信奉性遵从的要求设定；②活动的内容及方式应以激情与感悟为核心；③活动的重点，在于使学生在获得规范遵从的丰富的积极情绪体验，克服规范执行方面的情绪障碍，

从而强化德行的动机，并使规范行为习惯化；④活动中要充分利用各种以理激情和以情激情的方法，丰富学生的内心感悟；⑤活动成效的考核应以活动的自觉性和稳定性为重点。

第二十章　社会规范的背离及其纠正

社会规范背离是对规范接受过程的偏离或逆反，是品德建构过程中的异常现象。对于它的研究是对规范接受过程研究的补充，是完整地揭示个体社会规范学习规律所必需的内容。社会规范背离也是逐步发展的，依据其程度与危害性的逐步递进，最典型的有社会适应障碍、品德不良、违法犯罪三类。

第一节　社会规范的背离及其危害

一、社会规范背离的含义

社会规范的背离是对规范遵从现象的逆反，是指对社会规范、准则的偏离、违反、背叛等。

由于社会规范本身具有历史性与可变性，社会规范的背离既可能是积极的，又可能是消极的。对陈腐的旧规范的背离是社会进步力量的标志，也是道德发展的动力，是值得倡导的。而对维护社会稳定发展服务的合理规范的背离，则是对社会和个人都有害的，是要防止和纠正的。本章中所谈的社会规范背离特指对合理规范的背离，因而是消极的。

二、社会规范背离的类型

关于社会规范背离的分类，可以有多种方法。

（一）按危害程度分类

我们认为社会规范背离按其危害程度来分，可以分为社会适应障碍、品德不良与违法犯罪三类。社会适应障碍主要是对个体自身造成心理伤害，品德不良则对他人与集体的利益造成一定的损害，而违法犯罪则是对社会构成严重的不良后果。

社会适应障碍、品德不良与违法犯罪是三个既有区别又有联系的问题。三者之间并没有不可逾越的鸿沟，社会适应障碍是社会规范背离的早期，往往是品德不良的萌发期，而品德不良常常是违法犯罪的前奏，违法犯罪是长期品德不良进一步发展的必然结果。因而，为防止或纠正社会规范的背离，应尽早抓起。

1.社会适应障碍

社会适应障碍指个体由于心理障碍或心理疾患所引起的，采用偏离社会规范的方法与他人或群体相处时使个体不为他人与群体所接受，但不直接构成对他人利益的侵犯，属于轻度的社会规范背离。如由嫉妒、逆反、敌对、恐惧、焦虑等心理障碍引起的多疑猜忌、烦躁不安、讽刺挖苦，恶意攻击、易怒冲动等人际关系障碍；注意力不集中、维持注意困难等注意障碍与多动、多话等不随意行为异常而引起的违反常规的行为和攻击性行为，甚至出现具有捣乱性和破坏和睦等扰乱别人的行为等，均属于社会适应障碍。这不仅影响个体的待人处事，也影响个体的身心健康，同时不利于群体与社会的进步与发展。

2.品德不良

品德不良指经常发生违反道德准则的行为或采用违背道德规范的方式和手段来达到个人的目的，构成对他人利益的侵犯，犯有较严重的道德过错。如行为不文明、不礼貌，无理取闹，欺侮同学，不尊重教师与家长；不守纪律，无故旷课，作业抄袭，考试作弊；吵架、骂人、打人、小偷小摸、打架斗殴等均属于品德不良，但一般不受法律的惩处。长期的品德不良得不到纠正，也容易发展成违法犯罪。

3.违法犯罪

违法犯罪指直接触犯法律的反社会行为，对他人与社会造成严重的不良后果，要受到法律的惩处。如某大学生因嫉妒同伴学习成绩优秀，常常寻事与其争吵，属于社会适应障碍；进而产生破坏同伴学具与生活用具的不轨行为，属于品德不良；最后发展到刺伤同伴脸部，危及他人生命，这就触犯了刑法。

违法与犯罪是既有联系又有区别的两个概念。违法行为具有较广的含义，泛指违反了国家一切法律法规的行为，既包括触犯刑事法律规范的行为，也包括民事上的违法、行政上的违法、经济上的违法及治安管理上的违法行为等等。违法行为并不都是犯罪，只有社会危害性达到触犯刑法的严重程度时，这种行为才被认为是犯罪。但犯罪以外的违法行为对社会也有一定的危害性，而且如不及时制止，还可能发展成为犯罪。因此，对一切违法行为都要按其性质和程度予以严肃处理，必要时给予法律裁决。

（二）按背离根源分类

依据背离的内部根源进行分类，可以分为错误依从、错误认同与错误信奉三类。

1.错误依从

这是指个体或某些非正式群体与不正当的小团体建立较密切的联系或加入这些组织后，迫于这些群体的内部压力，盲目服从或接受这些群体不正确的规范与准则，从而做出有悖于社会规范的行为。

一些在学校中因学习不好而受到歧视的学生，因家庭离异而缺少温暖的孩子，特别容易受不良群体的侵蚀，出现错误依从。一些小群体或小团伙，带有浓厚的个人特色和感情色彩，成员间处境相似，思想感情相通，年龄相近，更具诱惑力。尤其是一些游离于犯罪边缘的小群体，在价值观上有严重的偏差，以拜金主义与享乐主义为价值取向，行为表现为不守纪律，不爱学习，吃喝玩乐，低级趣味，偷窃打架等。这类小团伙一旦被错误依从，将对儿童青少年身心发展造成极大的危害。

2.错误认同

这是指个体由于个人情感、个性等方面的原因，错误地将某个不符合社会规范准则要求的人物，作为自己仰慕崇拜的偶像而进行模仿学习，从而发生社会规范的背离行为。如儿童受某些暴力影视文化的影响，容易将攻击性行为与暴力活动作为某个英雄人物的行为特征，发生错误认同，受错误的个人英雄主义需要的驱使，经常出现打架斗殴等违规行为。

3.错误信奉

这是指个体由于个人的生活环境与特殊的经历，产生或接受了一些错误的道德观念或思想，甚至根深蒂固，成为一种道德信条，从而使个体发生社会规范的背离。如有些人错误地信奉"人不为己，天诛地灭""人生在世，吃喝玩乐"等所谓人生信条，进而常常做出损人利己的事。

（三）按综合要素来划分

社会规范背离是个体在社会学习过程中所发生的异常行为，也可作为问题行为来分析。左其沛依靠"全国品格研究协作组"在全国各地向优秀班主任收集了五百多份个案材料，根据内部动因、外部情境、心理状态及个性特点、行为方式、行为后果、自我评价等项综合指标，将问题行为分为四种基本类型：过失型、品德不良型、攻击型、压抑型。认为前两种属于品德问题行为，后两种属于情绪问题行为[①]。

1.过失型

由不良的需要或好奇、好动、试探、畏惧等心理引起，由于缺乏知识经验和认识能力不足，采取了不适当的行为方式，如采取违反纪律或一般行为规则的行为。带有情境性、偶然性、盲目性等特点。

2.品德不良型

由错误意识倾向或个性特点所产生的违反道德规范、损害他人和集体利益的不良行为。带有经常性、倾向性、有意性等特点。

3.攻击型

由挫折造成的愤怒、不满等情绪所引起的发泄、对立、反抗、迁怒等攻击性行为。它受一定的气质性格所制约，经常在与他人发生冲突时产生。一般具有公开性、暴发性等特点。

4.压抑型

由受挫折引起的焦虑，并受一定的气质性格所支配，在挫折持续作用下所产生的逃避、消极、自暴自弃等行为。一般带有隐匿性、持续性等特点。

此外，还有人将社会规范背离按程度不同划分为社会规范偏离、社会规范违背和社会规范抗拒三类。社会规范偏离指的是主体的心理或行为离开了社会规范所规定的范围，是一种对社会规范的轻度背离。社会规范的违背指个体在社会生活中对规范本身的一种反向心理活动及状态，是一种对社会规范的中度背离。社会规范抗拒指对社会规范的抵抗和拒绝，是社会规范背离的最高、最强烈状态[②]。

三、社会规范背离的危害

社会规范的背离无论对社会，还是对个人都会造成危害。就社会来说，每一个社会的繁荣发展都离不开稳定有序的社会环境。这是依靠社会成员对社会规范的遵从来实现的。社会规范的背离轻则对周围环境造成不安，重则威胁他人生命与财产的安全，使稳定发展的社会秩序遭到破坏。

对个人来说，社会规范的背离是一种反社会现象，表明个体对群体与社会的不适应性，必然会受到群体与社会的排斥，甚至被痛恨而抛弃，这使个体丧

① 左其沛，品格研究协作组：《关于中小学生问题行为的个案研究》，见中国心理学会：《全国第五届心理学学术会议文摘选集》，1984年版。

② 蓝维：《社会规范背离倾向研究》，载《上海教育》，1997年第5期，第20－21页。

失生存发展的社会基础，必然会对个人的身心健康造成巨大的威胁。一项社会调查表明，罪犯患恶性病的概率高出常人十多倍，平均寿命减少二十年以上。

第二节　社会规范背离的原因及其纠正

一、社会规范背离的原因

社会规范背离是个体社会学习中的异常行为，成因极为复杂，是由多种因素综合作用的结果，既受社会环境、家庭与学校教育等客观因素的制约，又与个体本身的思想基础与心理特点有关。因而是外在因素与内在条件交互作用的结果。

（一）社会规范背离的外部动因

社会规范背离的外部动因，来自于由家庭、社会与学校三方所构成的微社会环境中的消极的客观因素。

1.家庭的不良影响

家庭是个体生活的第一个社会组织，家庭关系是以血缘为纽带，以经济为基础的亲情关系，家庭对个体道德的发展所产生的影响是最早、最深远、最持久的。调查表明，目前关押在少管所的少年犯大部分家庭环境不好。要么父母离婚，孩子缺乏家庭温暖；要么父母本身就有犯罪行为；要么父母只顾赚钱，无暇对孩子进行教育。

首先，家长是孩子的第一任老师，家长的言行对孩子起着言传身教的作用。这种作用是任何人都无法取代的。然而，有些家长并没有认识到这一点，出言不逊，谈吐不雅，举止粗暴，不尊重长辈，小气自私，行为不端，都会成为孩子的模仿对象。

其次，家庭的文化氛围对孩子起着潜移默化的影响。家庭的娱乐内容、文化生活对孩子的精神追求影响甚大。有些家长业余生活从不读书看报，沉湎于喝酒、赌博、搓麻将、打扑克，精神贫乏，低级趣味，甚至观看、传播黄色淫秽音像制品。孩子在这样的家庭环境中生活，就可能会不爱学习，不守纪律，吃喝玩乐，增长恶习。

第三，家庭的教养态度与方式对孩子的品德与个性影响很大。尤其要注意的是有些家庭采用一种开始溺爱、放纵，后来专制的教养方式，最容易使孩子背离社会规范，开始出现社会适应障碍，而后品德不良，甚至走上违法犯罪的道路。

最典型的教养模式有：溺爱型、专制型、放纵型与民主型四种。

由于独生子女所带来的"四二一"的家庭结构，孩子被视为"小太阳"与"小皇帝"得到百般宠爱，无节制地满足不合理的愿望，放纵无理的要求，逐步养成了自我中心、自私任性、抗诱惑力差等不良个性。遇到一些小问题，家长也不正确对待，而是加以袒护。当出了大问题后，家长又往往以简单粗暴的严刑拷打来剥夺孩子的一切情感需要和自尊要求，引起孩子心理上剧烈的矛盾冲突和逆反情绪，从而使孩子逃跑、失足，造成更大的违规。

2.社会环境中的消极因素

我们正处在一个社会转型期，社会经济呈现出良好的发展态势，但特殊的发展阶段往往有许多不完善的方面，对人的道德发展也会带来一些负面影响。而少年儿童正处于人生观、价值观尚未定型的时期，容易受不良影响而产生社会规范的背离行为。主要表现在以下几个方面：

第一，受到社会上多元文化的影响。滋生享乐主义、拜金主义；人际紧张、人情冷漠，缺乏同情心、责任感和助人为乐的社会风尚。

第二，在物欲的驱使下社会风气不容乐观。行骗、行贿、敲诈、盗窃等案发率上升，给社会带来不安定因素，对儿童青少年品德发展带来负面影响。

第三，暴力、淫秽等黄色书刊与音像制品仍在污染文化市场，腐蚀人们的精神生活，毒害青少年的心灵。

第四，社会上的犯罪团伙或不正当群体，把眼光瞄准了学校教育中受歧视、被淘汰的学习差生，以及一些因家庭离异而缺少关爱的流浪儿，常常设法引诱他们就范，就是一种潜在的危险。

3.学校教育中的失误

学校是对儿童青少年实施德育的主阵地。然而由于长期以来未能从根本上摆脱应试模式的困扰，学校德育难以落到实处，收效甚微，相对于开放社会的强大社会影响，显得软弱无力。

首先，学校未能真正将德育放在首位。由于片面追求升学率，重智育、轻德育的现象时有发生，对有轻微品德问题的学生未能及时有效地进行教育，尤其是对学习成绩优秀的学生，放松了思想品德的要求。所有这些都将有碍于学生成为德才兼备的人才。

其次，学校德育生态环境不良。由于片面重视考试分数，学生沉湎于作业考试，精神生活单调贫乏，师生关系与生生关系紧张，情感冷漠，心灵扭曲，缺乏对人的基本关爱与对生活应有的热情。

第三，德育的内容与方法陈旧，未能适应时代的需要。随着时代的发展，许多道德观念也急需补充新的内涵，否则就难以为学生所认同。

同时，传统的以灌输为主的道德说教，也难以为今天富有主见的孩子们所接受。缺乏情感体验与道德实践能力的旧德育模式，很难实现道德内化。因而，传统德育若不改革就不会有生机与活力。

（二）社会规范背离的内部动因

个体的微社会环境中的消极因素，是通过个体内部的主观因素而起作用的。因而，在考察了外部动因的基础上，必须研究社会规范背离的内部动因。这种内部动因既有思想意识方面的问题，也有认知、情感、行为等方面的心理障碍，可以概括为下列几方面：

第一，受不正确的人生观、价值观驱动，产生种种不合理的需求。首先，集中反映为三大错误的价值取向，即金钱万能的拜金主义、吃喝玩乐的享乐主义、封建帮会的哥们儿义气。其次，典型表现为三种错误的意识观念，即亡命称霸的英雄观、无政府主义的自由观和低级下流的娱乐观。

第二，受错误的道德观念与道德逻辑的支配。接受了"人不为己，天诛地灭"的利己主义道德观，认为人都是自私的，利欲熏心，私欲膨胀，对社会规范存在着意义障碍，一有机会就会产生损人利己的不良动机。

第三，道德意志薄弱，抗诱惑能力差。道德行为是一种受内心舆论监督、道德意识控制的自觉行为。若一个人没有形成坚定的道德信念，没有形成一种良好的自我控制能力，遇到各种外部诱因时，就会经不住考验，而做出违背道德规范的行为。尤其是从小因娇生惯养而形成不良行为习惯的人，对社会规范的接受存在着一定的行为障碍，又缺少艰苦环境的意志磨炼，往往容易出现违规行为。

第四，情绪不稳定，情感冲动，感情扭曲。儿童青少年正处于心理发展的半成熟与半独立时期，可塑性大，可变性也大。有些人由于特殊的神经类型与特殊经历造成异常心理，对社会规范的接受构成情绪情感障碍。如情绪喜怒无常，变化多端，难以自控，常因小事而大动干戈，借以发泄不良情绪；对人冷酷，缺乏同情、怜悯之心，产生憎恨社会的变态心理。

二、社会规范背离的纠正原则

对社会规范背离行为的纠正，需要综合治理，家庭、学校、社会齐抓共管。学校教育中要坚持耐心细致，不怕反复，个别教育与集体教育相结合。尤其要根据具体情况，采取有针对性的措施。

（一）以充满信任的教育关爱，消除疑惧心理与对抗情绪

首先，教师对有违规行为的学生不能歧视、打击，相信每一个孩子都是可以教育好的，通过努力都可以成为人才。

其次，给予特殊的关爱，经常了解这类学生的所需所想，建立师生间的合作、依赖关系，沟通内心世界。

（二）坚持心理疏导，消除心理障碍

社会规范的背离往往发端于与规范不一致的知情意行的障碍。通过认知疗法和道德辩论，消除不正确的道德认知，提高道德判断能力；通过行为矫正，克服不良的动力定型，消除行为障碍；通过移情训练，解除内心的情感矛盾，宣泄不良情绪，消除情感障碍，形成积极的情绪体验。从而，为社会规范的接受扫清道路。

（三）在集体活动中激发道德自尊感

首先，树立正确的教育观。相信每一个违规学生的身上都有向善发展的可能性，只要通过合理的方法将这种潜能开发出来，便可以通过自身的力量来战胜自我。

其次，激活道德的主体力量。首先来自于自尊心与道德自尊感的激发，因而，通过创设丰富的集体活动，让违规学生通过自身的道德行动，获得大家的尊重，确立在群体中的地位，培养道德自尊感，这是思想转变的关键。

（四）转变德育模式，实施知情意行的整合训练

要从根本上提高学校德育的效果，必须转变传统的德育模式。

第一，改变以灌输为主的道德认知模式，以事实为基础，采用开放式民主辩论活动，澄清模糊认识，消除错误观念，提高道德鉴别力与判断力。

第二，以强化道德情感体验与增强道德实践能力为核心，构建情感教学模式与活动教学模式，以切实提高学生对社会规范的情感体验水平与自觉实践意识。

（五）加强道德意志训练，增强抗诱惑能力

许多学生违规是由于道德意志薄弱，不能抵制各种外部诱惑。道德意志训练是一项长期的任务，要有目的、有系统地开展。通过劳动教育，体验有付出才能有收获，学会艰苦奋斗，磨炼顽强意志；通过军训，学会用纪律约束自己；通过合理愿望教育，学会区分并克制自己的不合理愿望；通过妙用精神鼓

励与延迟奖励，培养远大的理想以及为他人的快乐而克制自己的情操。

（六）学校、家庭、社会全方面配合

以学校教育为主体，积极争取社会力量的支持与家庭教育的配合，对违规学生进行综合矫治，为他们创造纠正社会规范背离行为的良好生态环境。对违法犯罪青少年，要实行教育、挽救和改造的政策，采取一些特殊措施，如建立社会、家庭、学校三结合的帮教组织，少年管教所等。此外，工读学校也是教育、改造品德不良和有轻微违法犯罪行为的青少年的一种有效形式。

第三节　心理健康教育与法制教育

从大德育观点来看，学校德育应该包括政治教育、思想教育、道德教育、法制教育与心理健康教育五大内容系统。它们相互联系、相辅相成，围绕对人、对事、对己的基本态度，共同构建完整的品德结构。

一、心理健康教育的来源与内涵

进入21世纪以来，心理健康教育已成为我国教育领域中的一个热点，但心理健康教育的意义作用与实施途径等一系列根本理论问题尚待进一步探讨澄清。

为澄清心理健康教育的含义，首先要对心理健康教育这一概念有个明确的界定。纵观心理健康教育的内涵，在其历史发展过程中，是不断扩充变化的。为了正本清源，首先要了解当代心理健康教育的来源。

（一）当代心理健康教育的来源

当代心理健康教育问题，来源于20世纪初的临床医学实践。心理健康运动在20世纪初由美国人比尔斯提出。比尔斯于1908年写了名为《一颗失而复得的心》一书。

他于1908年5月在康捍狄格州成立了世界上的第一个心理健康协会，1909年成立了"全美心理健康委员会"。1917年，出版了《心理健康》季刊。

随后的20年中，先后在加拿大、法国、比利时、英国、巴西、匈牙利、德国、日本和意大利等国相继成立了心理健康组织。在1930年5月，于美国首都华盛顿召开了第一届国际心理健康大会，到会代表有包括中国在内的53个国家，3042人。

在世界心理健康运动的推动下，我国早在1936年于南京成立了中国心理健康协会。因全面抗日战争于翌年爆发，全民投入了抗日救亡运动，工作被迫停止。到了 1948 年由联合国教科文组织主持，建立了全世界心理健康联合会（WFMH）。我国直到 1985 年 9 月，由北京安定医院牵头，重新举行了心理健康成立大会，并在一些省市地区的卫生部门建立了心理健康组织。

1990 年 11 月在北京师范大学成立了中国心理卫生协会大学生心理咨询专业委员会。2000 年 2 月在北京成立了全国中小学心理健康教育专业委员会。

简单回顾心理健康运动发生、发展的历史，可以发现：心理健康问题，最初由改革临床医疗提出，随着这一运动的展开，其工作目标、活动范围、参与人员不断扩大。目前的心理健康工作内涵，不仅限于不同人群中的心理疾病的防治，同时关注到怎样培养健全的个性，以便能很好地适应高度复杂而紧张的社会环境。心理健康的内涵大大扩展了。

（二）心理健康的含义

从狭义方面来说，就是运动初期提出的，指对心理疾病的防治，使心理健康功能得以维护和发挥。

从广义方面来说，心理健康泛指个体对社会的良好适应。若把心理健康教育看作德育的五大内容（政治教育、思想教育、道德教育、法制教育与心理健康教育）之一，则指心理疾病的防治。这里所取的是狭义的一面。

（三）心理健康的作用

1.个人作用

心理健康对于个人来说，乃是事业成功之本，幸福之源。从根本意义上来说，就是主体在面临来自环境的挑战时，能充分利用其心理机制的调节潜能，做出适应性的行为和活动的抉择。可以预见，在未来的社会生活中，一般性心理负荷将日益增加。科学界已有报道，目前人们的心理疾病越来越多，越来越复杂。据 1987 年，美国精神医学会公布，人们心理异常的名称已有 200 多种。其中心因性的身心疾病不断增加。

2．社会作用

社会是人群的结合体。从心理健康的社会作用来说，因为人民乃国之根本，所以心理健康乃是强国之本。全民心理健康素质提高，一切财富的创造才能有充分保证。启迪民智，历来都是有远见卓识政治家的强国之策。中华民族之所以是优秀民族，在于具有勤劳、勇敢、好学、创新等特质，在于全民具有良好的心理健康水平。

二、心理健康的标准与思想基础

（一）心理健康的标准

心理健康的标准是心理健康含义的引申，所要说明的是怎样的人才是心理充分健康的人。这历来是心理健康研究者共同关心的问题，目前由于人们的观点不同，方法不同，对此没有一致的认识，比较著名的是马斯洛的15特质说。在马斯洛看来，心理健康者，即他所说的潜能的充分自我实现者。他通过对48名杰出工作者，即他认为的潜能充分自我实现者（心理充分健康者）研究发现，这些人具有下列15个特质：A.能准确充分地认识现实；B.对自己、对别人、对整个自然的最大的认可；C.表现出自然、朴实和纯真的美德；D.常常关注各种社会疑难问题；E.具有喜欢独处和稳静的品质；F.独立自主，不受文化和环境约束；G.具有清新不逊的鉴赏力；H.经常感受到神秘和高峰体验；I.具有全人类的共性；J.与少数人具有深厚久远的人际关系；K.易于接受民主价值观；L.具有强烈的伦理观念；M.具有良好发展的、非敌意的幽默感；N.具有创造性；O.能抵制消极地适应现存的社会文化类型。

我国学者提出，确立心理健康的标准，必须以良好的社会适应为根据，从浅层的显性表现和深层的隐性内涵两方面来说明。从浅层的显性表现来说，心理健康应有下列六项特征：①敬业，指一个人对自己所从事的工作及学习负责的态度；②乐群，指一个人喜欢和群体在一起生活、工作的个性特征，乐群性的反面是孤独个性；③好学，指对学习的极度热情和积极主动的学习状态；④创新，指以现有的思维模式为基础提出有别于常规思路的见解并以此为导向，利用现有的知识和物质，在特定的环境中，为满足社会需求，而改进或创造新的事物、方法、元素、路径、环境，并能获得一定有益效果的行为；⑤坚韧，指在遭遇身体及精神压力时，坚持而不放弃的忍受力；⑥自制，指个体能自觉控制自己的情绪和行动。

上述六项品质是相互联系，相辅相成的一个良好适应调节系统。它们各有不同的层次，随着相应经验的获得，以及有关心理调节结构的构建而不断发展，心理健康水平不断提高。

（二）心理健康的思想基础

从心理的结构观点来说，上述六项显性特征，受主体更为内在的隐性的思想意识制约。直接制约上述六项特征的思想意识，有以下几方面：①个体对社会的意识，其中包含对社会与事业的认识及其情绪体验；②个体对群体的意识，其中包括对群体的看法，以及在群体社会中的实际情绪感受；③个体对自身的认识，即自我意识，包含对自我潜能的评估、自尊、自爱、自强、自立等的认识与体验。

这三种个体意识，受制于主体学习过程中逐渐形成的世界观、人生观与价值观。

三、心理健康教育与社会规范背离的矫治

（一）心理健康教育的含义

心理健康教育旨在提高心理健康水平的教育。依据我们所倡导的教育的系统观点，任何教育都是一种人际交往系统。心理健康教育是从提高学生的心理健康水平出发，通过有关心理健康经验的传递而确立的一种人际交往系统。

作为心理健康教育的人际交往系统，同其他教育系统一样，都是由教育者、学习者和所要传递的有关心理健康的经验组成的统一体。由于这个三元统一体具有独特的目的、任务与活动内容，学术界又常称为"心理辅导机构""心理咨询机构"或"心理治疗机构"。

（二）心理健康教育的作用

要了解心理健康教育的作用，首先必须注意以下三点：

第一，心理健康并不是人本主义学者马斯洛、罗杰斯所说的那样，是人们自身固有潜能自我实现的结果。

第二，心理健康教育系统的功能是通过有关心理健康经验的传递而实现的。

第三，心理健康教育活动是一种双边双向的协同互动过程，其成效取决于双方互动主体的主动性。

另外，必须了解当前心理疾病防治的迫切性。由于当前社会生活的节奏加快，人与人之间的竞争越演越烈，心理负荷增加，人类的心理疾病越来越多。

1987年，美国精神医学会公布的心理异常名称，多达200多种，其中最常见的有下列7类20余种：

第一类为焦虑症，包括泛虑症、恐慌症、恐惧症与强迫症。

第二类为体化症，包含虑病症、心因性痛症与转化症。

第三类为解离症，包含心因性失忆症、迷游症与多重人格症。

第四类为性心理异常，包含性别认同障碍与性变态，即恋物症、扮异性

症、暴露症、性虐待、恋童症等。

第五类为情感症，包含抑郁症（忧郁症）、躁郁症与躁狂症等。

第六类为精神分裂症。

第七类为人格异常症。

根据国内各地进行各级各类学生心理健康状况的调查表明，当前学校学生实际情况有以下几点：

第一，国内各地区各级各类学生，均存在着这样或那样的心理健康不良问题及轻重程度不同的心理障碍，分布较广。

第二，有心理问题的学生，据一般估计，最低不下于25%左右，差不多占学生总数的四分之一。

第三，个别地区（浙江省杭州市）调查发现，随着学生的年级增高，具有心理问题的学生人数存在扩大趋势。

第四，学生的心理问题一般是轻微的，但个别极其严重。

从造成心理健康不良的原因来看，绝大多数不是原发性或身源性的（即生理型的）。在继发性的心因型不良类型中，就其发生根源来说，又可分为师源性的与学源性的两种类型。

（三）心理健康教育的实施途径

学校究竟如何实施心理健康教育，目前尚无公认的模式。我国学者认为，从学生心理障碍以致心理疾病的防治出发，学校的心理健康教育的途径，可以有以下三条渠道：①心理辅导，主要传递预防心理障碍或心理疾病所需的知识与技能及技术；②心理咨询，传递治疗心理障碍或心理疾病所必需的知识与技能及技术；③心理治疗，运用各种心理学方法及技术，来消除心理患者的各种心理疾病。

（四）社会规范背离的矫治

当代心理治疗过程中对于社会规范背离的矫治，大体有四种，即精神分析法、行为矫治法、人本治疗法与认知法。其中，行为治疗法与认知法最为常用，分别扼要论述如下：①行为矫治法与社会规范偏离行为纠正，②认知法与情绪障碍的消除。

四、法制教育与儿童青少年违法犯罪的预防

（一）法律是一种特殊的社会规范

法律规范与道德规范都属于社会规范。道德规范是依靠舆论力量和内心驱使来支持的行为规范的总和。而法律规范是把社会准则用法律条文规定下来，由国家强制执行的。法律规范区别于道德规范的特殊性在于它是国家制定或认可的，由国家强制实施的，是具有普遍约束力的社会规范。而道德规范是出于人们社会生活的日积月累、约定俗成而存在于人们的社会生活、社会意识中，它不具有国家强制的约束性。道德规范的实现是靠社会舆论、人们的内心信念的力量来实现的。法律着重调整人们的外部行为，不表现为行为的思想活动就不属于法律调整的范围；道德着重调整人们的内心活动，违反道德观念就会受到舆论的谴责。

（二）法制教育的目的

法制教育是德育的重要组成部分。对少年儿童进行法制教育，使学生知法、懂法、守法，逐步树立法制观念，养成守法的习惯。

1.知法

使学生掌握法律知识，知道什么是法律，理解法律与一般行为规范的区别，认识法律在规范人们行为方面具有指导作用、评判作用、预测作用与警示作用。

2.懂法

使学生懂得法律是强制性调节社会关系的工具。理解违法行为的构成要件，懂得什么是犯罪，并逐步学会运用法律武器维护自身的合法权益，使身心获得健康发展。

3.守法

使学生增强法制观念，自觉维护法律的尊严。将学到的知识与实践相结合，加深对法律知识的理解，真正做到学以致用，严格遵守法律，在实践中养成守法的习惯，并敢于、善于同违法犯罪行为做斗争。

（三）法制教育的作用

法制教育以法律的权威性，来加强人们对社会规范的遵从意识。对个体社会规范背离行为的预防具有强制性作用。

1.法律教育在预防儿童青少年违法犯罪中发挥着主导作用

近几年来在我国的基础教育中，通过多种形式开展法制教育，使儿童青少

年法制观念得到加强，有效遏制了在校生犯罪的隐患，虽然社会风气没有明显好转，但在校生犯罪率呈下降趋势。

2.法律教育有助于增强少年儿童的自我保护意识与能力

通过法制教育，使学生加强了自我保护意识，懂得未成年人的保护有法可依，保护未成年人是全社会的共同责任；并自觉运用法律的武器，与危害未成年人身心健康、侵害未成年人合法权益的行为做斗争，做到自尊、自爱、自强。

参考文献

著作类：

[1] 马克思，恩格斯. 马克思恩格斯全集 [M]. 第2卷. 北京：人民出版社，1957.

[2] 叶浩生. 心理学史 [M]. 北京：高等教育出版社，1998.

[3] 高觉敷，主编. 西方心理学论史 [M]. 合肥：安徽教育出版社，1995.

[4] 章志光，金盛华. 社会心理学 [M]. 北京：人民教育出版社，2008.

[5] 汪凤炎，燕良轼，主编. 教育心理学新编 [M]. 广州：暨南大学出版社，2006.

[6] 冯忠良，等. 教育心理学 [M]. 北京：人民教育出版社，2010.

[7] 〔美〕丹尼斯·库恩. 心理学导论——思想与行为的认识之路 [M]. 郑纲，等，译. 第9版. 中国轻工业出版社.

[8] 黄希庭. 心理学导论 [M]. 第二版. 北京：人民教育出版社，2007.

[9] 梁宁建. 心理学导论 [M]. 上海：上海教育出版社，2011.

[10] 斯蒂芬·P. 罗宾斯. 做出好决定：理性掌控工作与生活 [M]. 北京：北京联合出版有限责任公司，2016.

[11] 安德鲁·J. 杜布林. 人际关系：职业发展与个人成功心理学 [M]. 第10版. 姚翔，陆昌勤，译. 北京：机械工业出版社，2015.

[12] 陈学军，林志红. 管理心理学 [M]. 杭州：浙江教育出版社，2009.

[13] Hovland C, Janis I L, Kelley H H. Communication and Persuasion [M]. New Haven, Conn: Yale University press, 1953.

[14] Altman I, Taylor D A. Social Penetration: The Development of Interper-

sonal Relationships ［M］. NY: Holt, Rinehart and Winston, 1973.

［15］Homans G C. Social Behavior: Its Elementary Forms ［M］. N Y Harcourt Brace and Jovano vich, 1974.

［16］Freedman J L, et al. Social Psychology ［M］. 5th ed. N J: Prentice-Hall Englewood Cliffs, 1985.

论文类：

［17］章志光，王广才，季慎英. 个人在班级集体中的地位及其对品德影响的心理分析［J］. 心理学报，1982（2）：190-198.

［18］苏晓波. 精神分析的过去、现在与未来［J］. 德国医学，2000，17（4）：190-191.

［19］蓝维. 社会规范背离倾向研究［J］. 上海教育，1997（5）：20-21.

［20］左其沛，品格研究协作组. 关于中小学生问题行为的个案研究［C］//中国心理学会. 全国第五届心理学学术会议文摘选集，1984.

［21］David Rapaport. A Historical Survey of Psychoanalytic Ego Psychology ［J］. Psychological Issues, 1959, 1(1): pp. 5-17.

［22］Staats A W, Staats C K. Attiudes Established by Classical Conditioning ［J］. Journal of Abnormal and Social Psychology, 1958(57): 37-40.

［23］E-Midlarsky, Bryan J H, Brickman P. Aversive Approval: Interactive Effects of Modeling and Reinforcement on Altruistic Behavior ［J］. Child Development, 1973(44): 321-328.

［24］Rubin Z, Shenker S. Friendship, Proximity, and Self-disclosure ［J］. Journal of Personality. 1978(46): 1-22.

慕课类：

［25］耶鲁大学开放课（中英字幕）：http://v.163.com/special/sp/introduction-topsychology.html.